HAZEL SOAN

Die Kunst der reduzierten Farbpalette

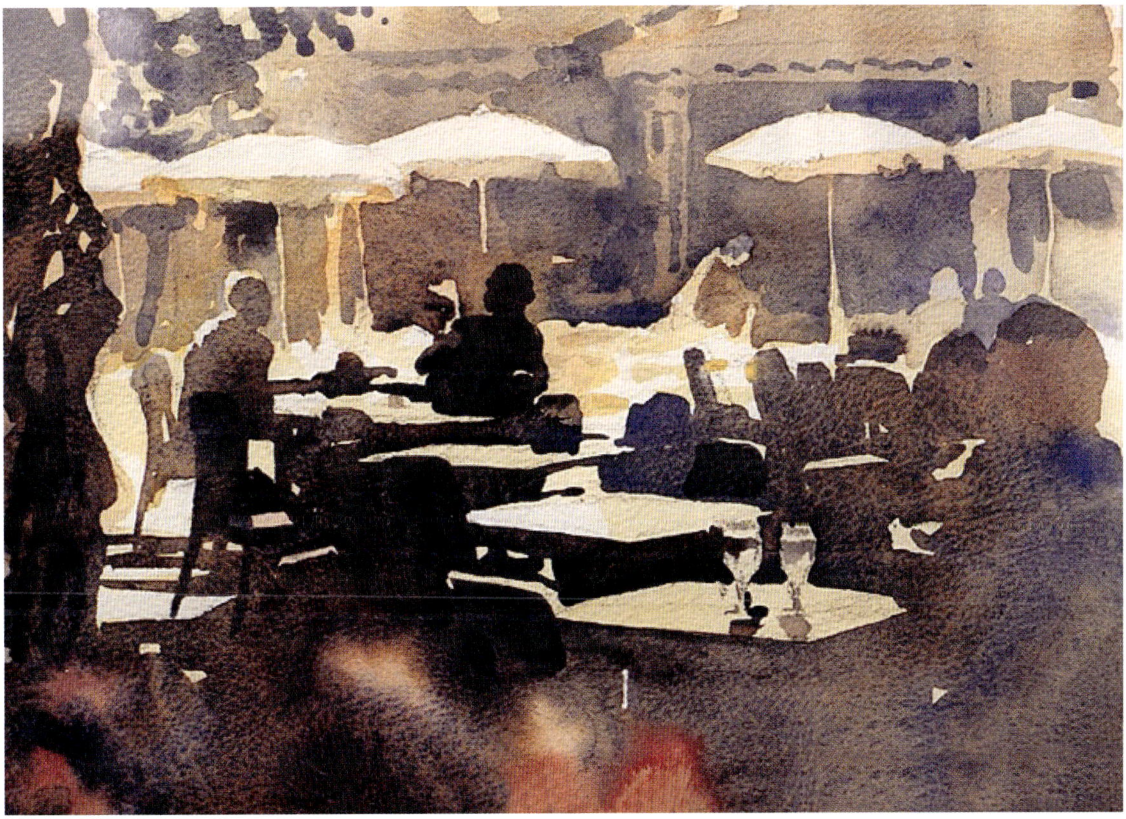

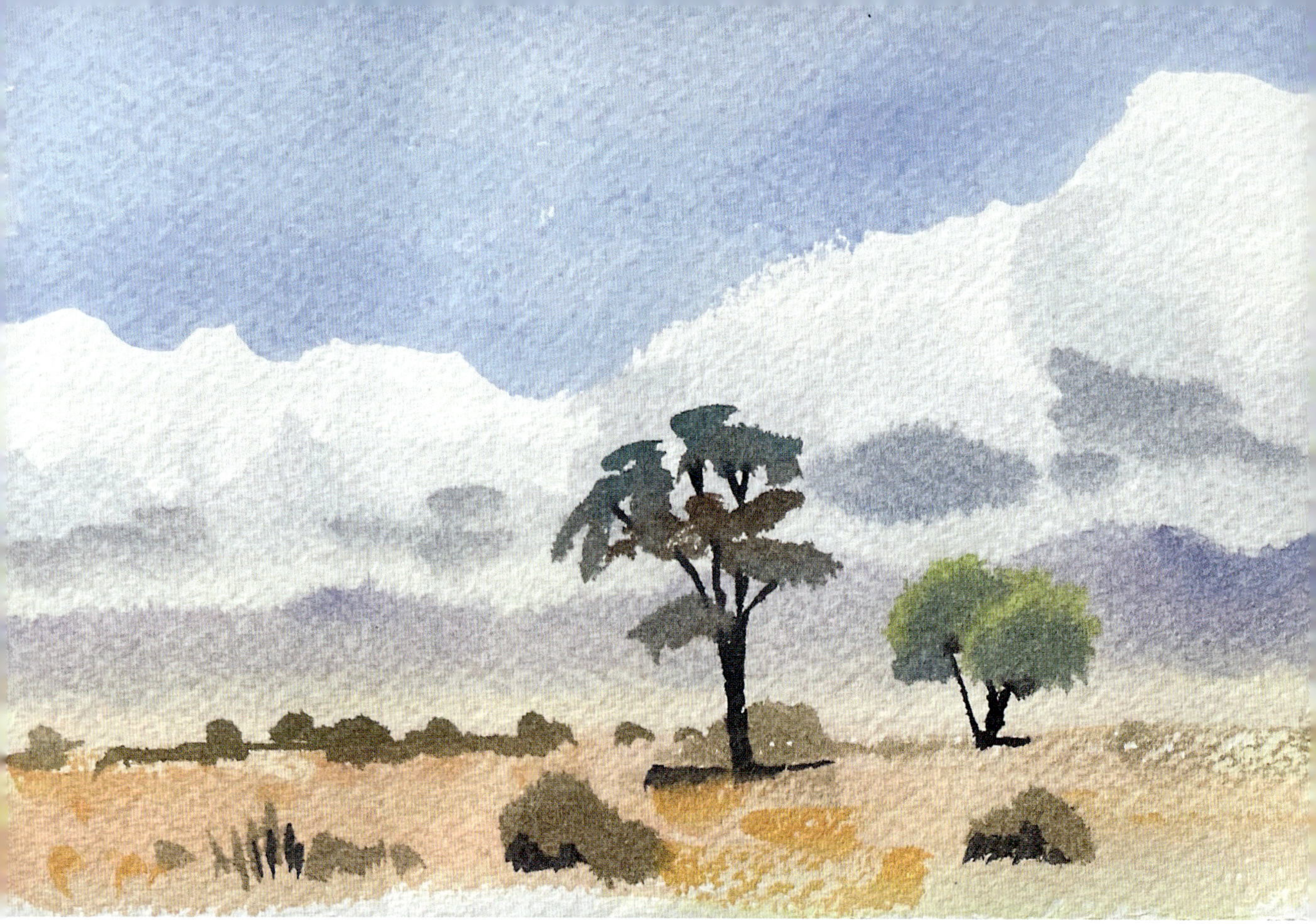

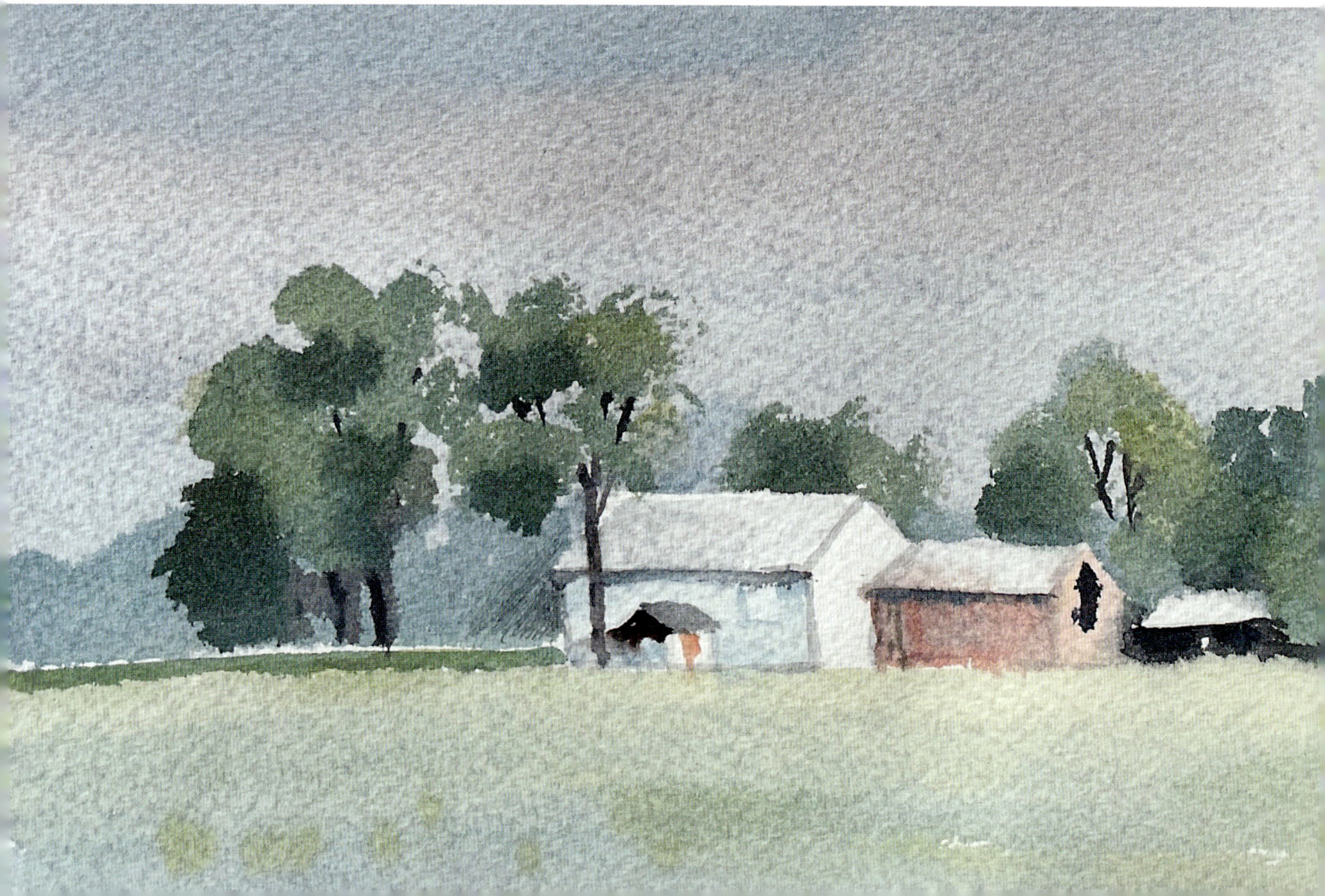

HAZEL SOAN

Die Kunst der reduzierten Farbpalette

stiebner

Widmung: Ich widme dieses Buch meiner Familie, meinem Mann und meinem Sohn, meinen drei Schwestern und meinen Verwandten. Eine Familie ist wie eine reduzierte Palette: Man sieht vielleicht nur zwei oder drei Mitglieder auf einmal, aber das Wissen, dass die anderen immer da sind, macht das Leben so lebenswert!

Erstmals erschienen unter dem Titel »Hazel Soan's Art of the Limited Palette« bei B.T. Batsford Ltd 43 Great Ormond Street London WC1N 3HZ, einem Imprint von B.T. Bats-ford Holdings Ltd

Übersetzung aus dem Englischen:
Dr. Christian Rochow

Satz & Redaktion: red.sign GbR, Stuttgart

Cover: Danai Afrati

Gedruckt bei Dream Colour, China

ISBN: 978-3-8307-1462-0

Bibliografische Information der Deutschen Nationalbibliothek:

Die Deutsche Nationalbibliothek verzeichnet diese Publikation in der Deutschen Nationalbibliografie; detaillierte bibliografische Daten sind im Internet über http://dnb.dnb.de abrufbar.

www.stiebner.com

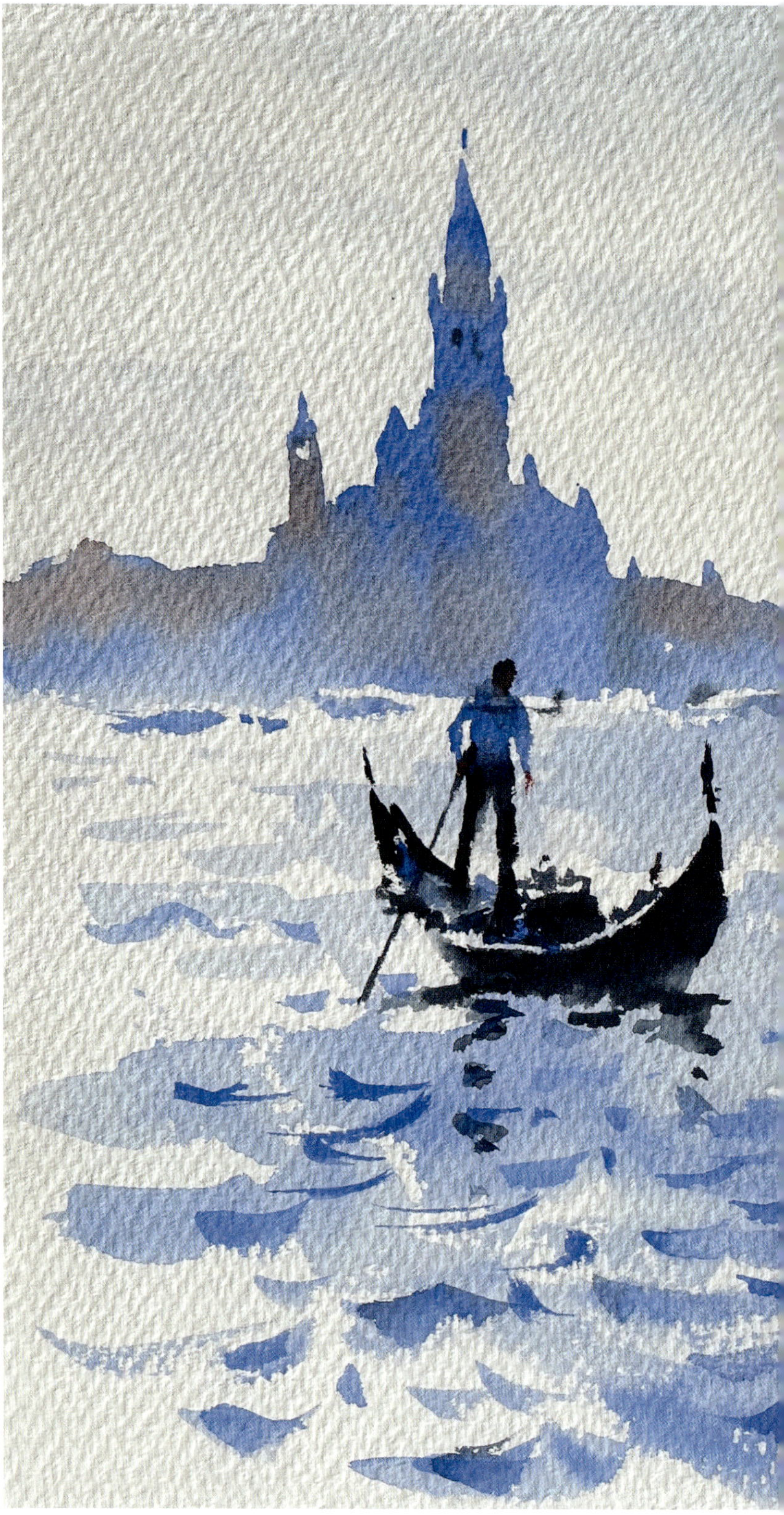

Inhalt

Einleitung

Wer dieses Buch in die Hand nimmt, hat wahrscheinlich schon einmal etwas von »Malen mit einer reduzierten Farbpalette« gehört, ohne wirklich zu verstehen, was das bedeutet, weshalb es funktioniert und warum die reduzierte Palette für die Aquarellmalerei so nützlich ist. Wie können Bilder, die mit weniger Farben gemalt wurden, farbenfroher wirken als solche, bei denen mehr Farben zum Einsatz kamen? Und »wenig Farben« – wie viele sind das eigentlich?

Mein Buch klärt all diese Fragen und bietet zahlreiche Beispiele. Es ist als ein praktischer Leitfaden gedacht, der beim eigenen Malen hilfreich sein soll. Sehr bald wird man verstehen, dass das Arbeiten mit einer reduzierten Farbpalette nicht nur der Aquarellmalerei zugutekommt, sondern auch äußerst effizient ist (s. Seite 13).

Dieses Buch besteht aus zwei Teilen: Der erste liefert die allgemeinen Informationen, die im zweiten dann auf einzelne Gemälde angewendet werden.

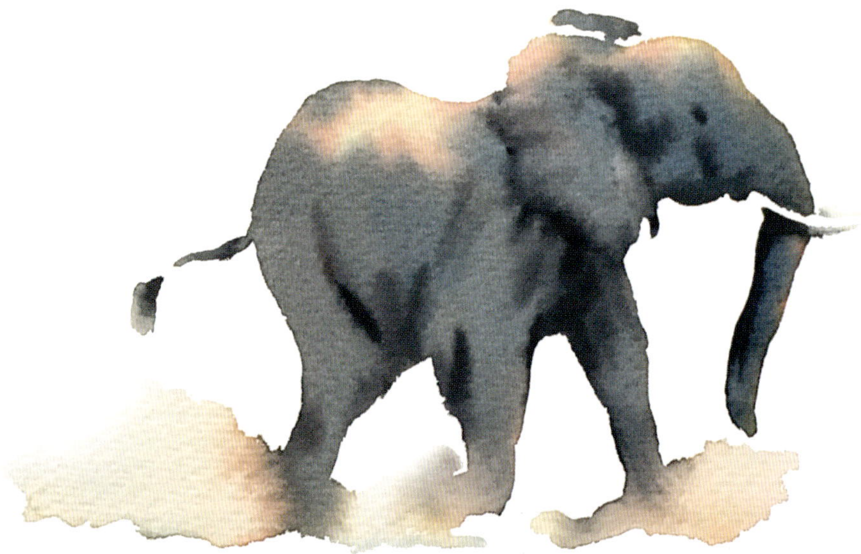

◀ Man lernt, wie sich Gelb, Rot und Blau – wie bei dem Bild dieses jungen Elefanten – zu einem farbenfrohen Grau mischen.

▶ **Wall Street,**

38 × 28 cm

Drei Farben – Indischgelb, Ultramarin feinst und Alizarin-Karmesin – werden auf dem Papier verbunden und auf der Palette vermischt, um das sich ständig verändernde Treiben in den Straßen von New York auf diesem Bild schnell festzuhalten.

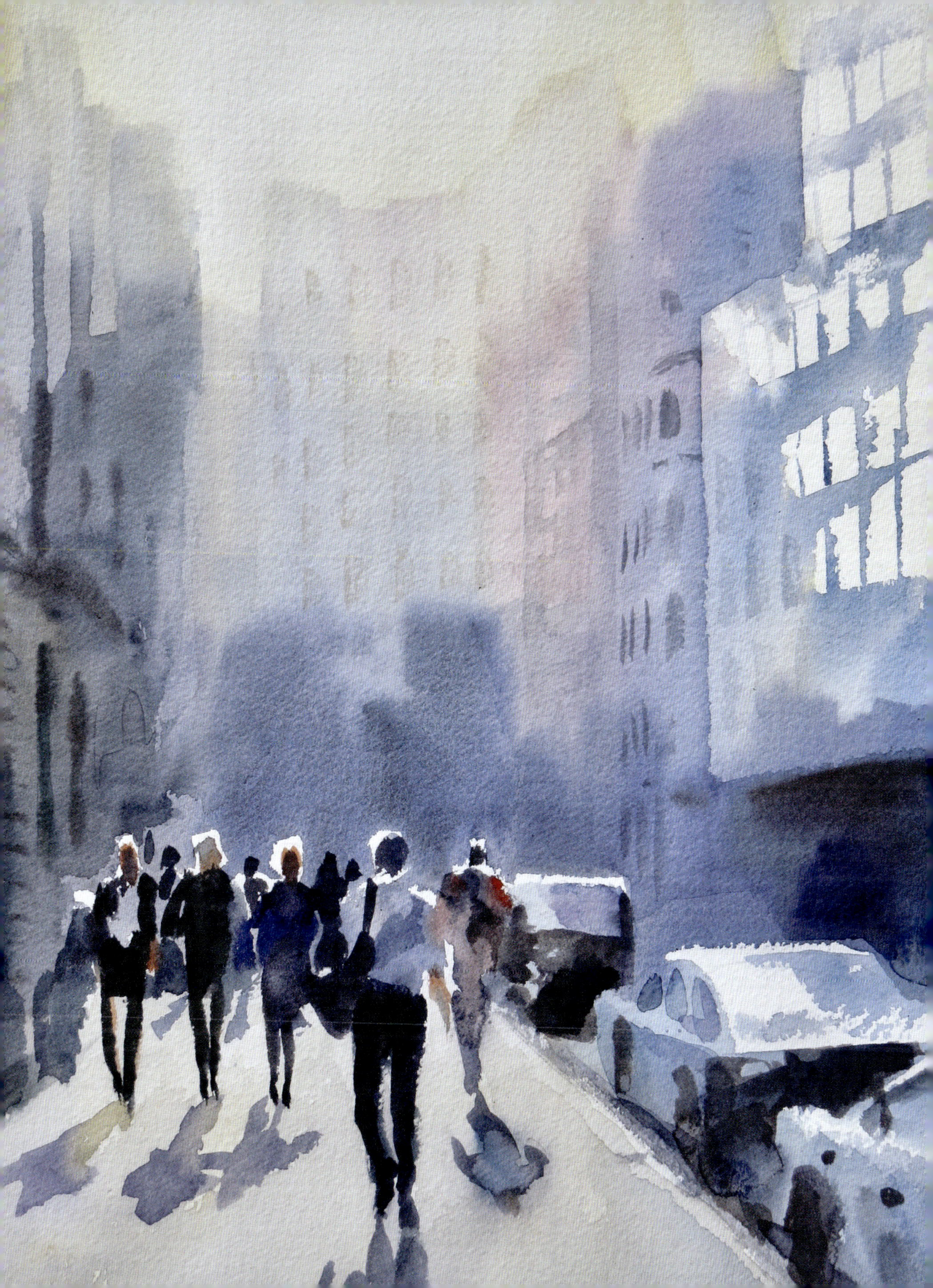

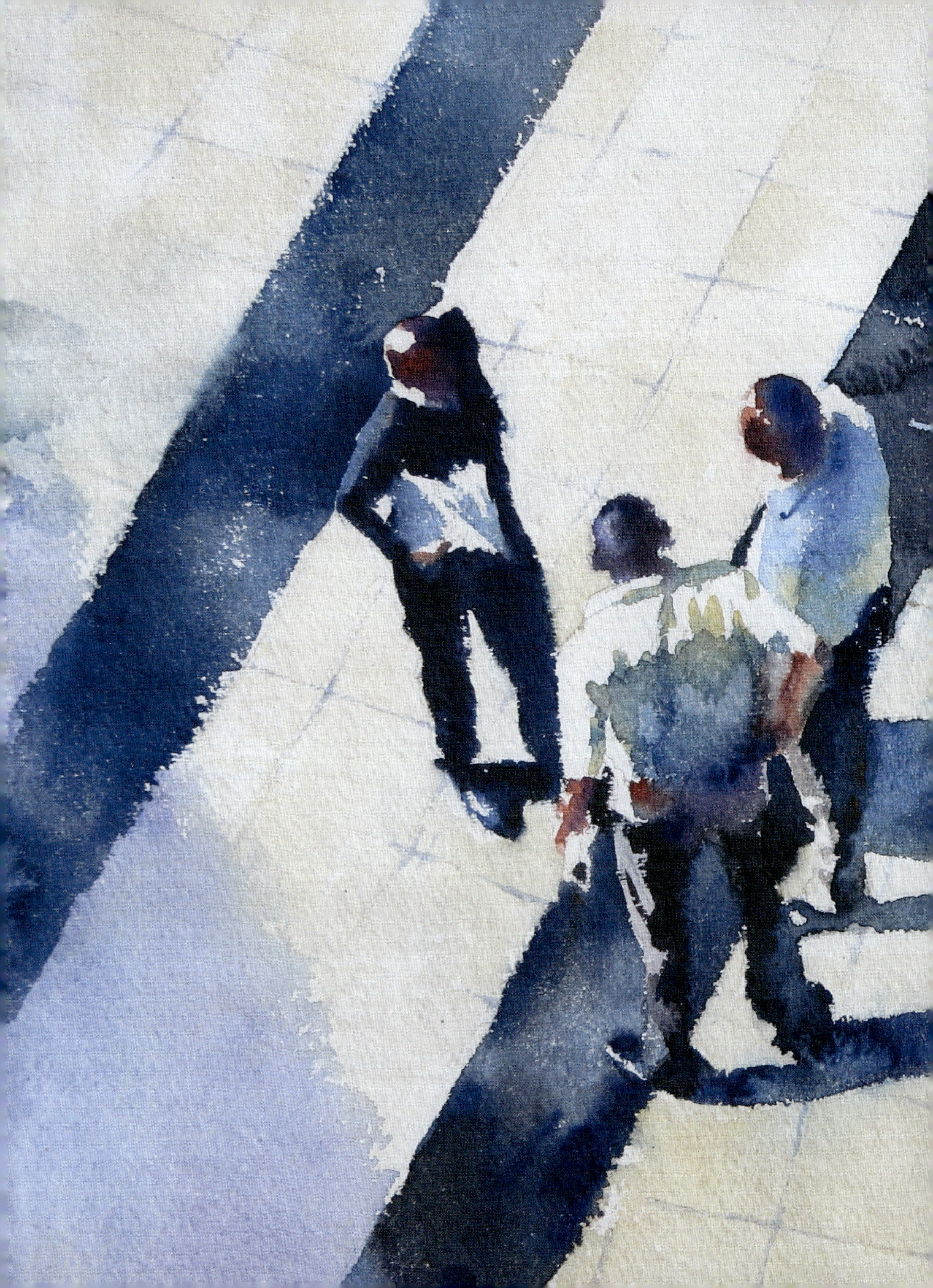

TEIL I

Die reduzierte Farbpalette verstehen

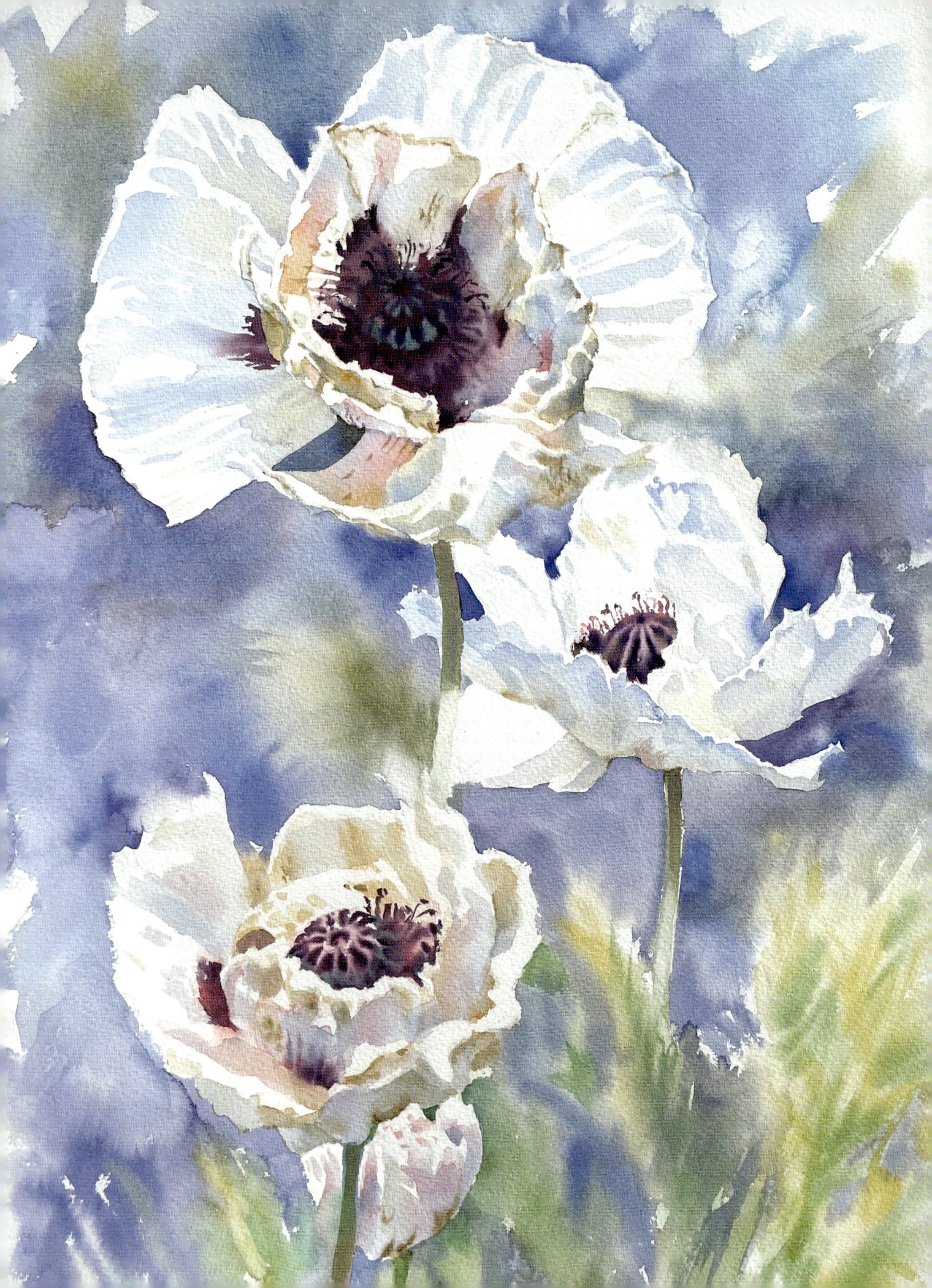

Was ist eine reduzierte Farbpalette?

In diesem Buch verstehe ich unter einer reduzierten Farbpalette das Verfahren, beim Malen die geringstmögliche Anzahl von Farben zu verwenden, um eine große Bandbreite von Farbgebung auf dem Gemälde zu erreichen. Das Ziel besteht darin, alle unnötigen Farben zugunsten des Gemäldes auszuschließen.

Die Absicht ist, eine kleine Zahl von Farben zu finden, aus deren Vermischung all die Farben hervorgehen, die für das Gemälde erforderlich sind. Nach meiner Erfahrung ist die »reduzierte Farbpalette« alles andere als einschränkend, vielmehr ist sie ein Weg zur Freiheit: Sie macht das Mischen zu einem anregenden Erlebnis und ermöglicht es mir, mich auf die Komposition, die Form und den Ton des Bildes zu konzentrieren. Ich gehe von dem Grundprinzip aus, dass aus der Vermischung der drei Primärfarben – Blau, Gelb und Rot – alle anderen Farben gewonnen werden können. Dieses – wie ich es nenne – »Drei-Farben-Denken« hilft mir, für jedes Sujet und alle Umstände in meiner Beschäftigung mit der Aquarellmalerei die jeweilig richtigen Farben effizient auszuwählen.

◄ **Weißer Mohn,**

76 × 56 cm

Indem ich die Zahl der Farben von Beginn an minimiere, kann ich die Harmonie zwischen den satten Violett- und den blasseren Grüntönen sicherstellen und frei und sicher die Vielfalt der Farben auf den weißen Blütenblättern erkunden.

► **San Giorgio in der Morgendämmerung, Venedig,**

20 × 25,5 cm

Eine reduzierte Palette kann aus nur zwei Farben bestehen, wenn mehr nicht benötigt wird: Hier reichen Hellrot und Ultramarin feinst für die Farben der Morgendämmerung aus, wenn die Sonne über der Kirche San Giorgio Maggiore und der Lagune von Venedig aufgeht.

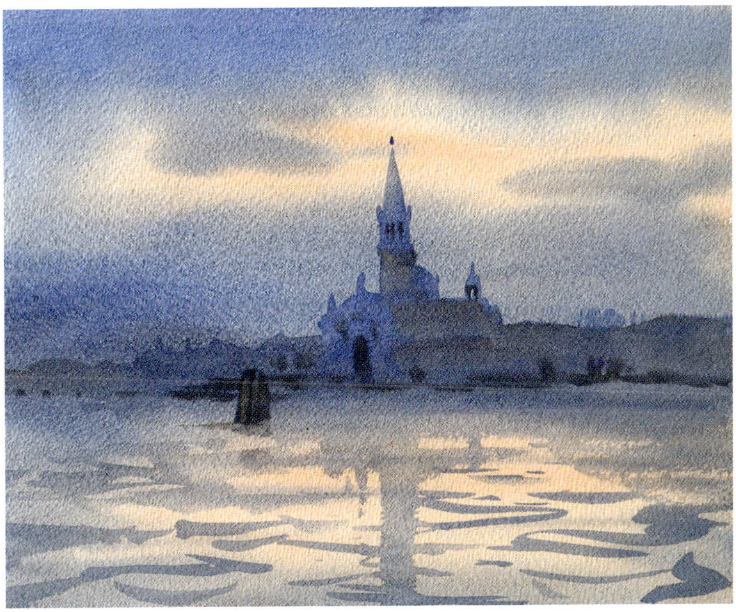

Malen mit zwei, drei und vier Farben

Dieses Buch konzentriert sich in erster Linie auf Malereien mit zwei, drei und vier Farben, um zu zeigen, welche Spannweite, Harmonie und Effizienz so wenige Farben bieten können. Aus drei Farben lassen sich alle anderen mischen, und das kann zum Vorteil werden oder auch nicht, wie wir auf den nächsten Seiten sehen werden. Es gibt Gelegenheiten, wo mehr Farben benötigt werden, und andere, bei denen zwei Farben völlig ausreichen. Das Malen ist eine Kunst, aber was auf dem Papier geschieht, ist eine Wissenschaft, und die Malerei sollte niemals Zugeständnisse machen. Die reduzierte Farbpalette ist ein faszinierender Schlüssel, der die Tür zum »Weniger ist mehr« öffnet. Ich bin überzeugt, dass Sie diese Reise genießen werden.

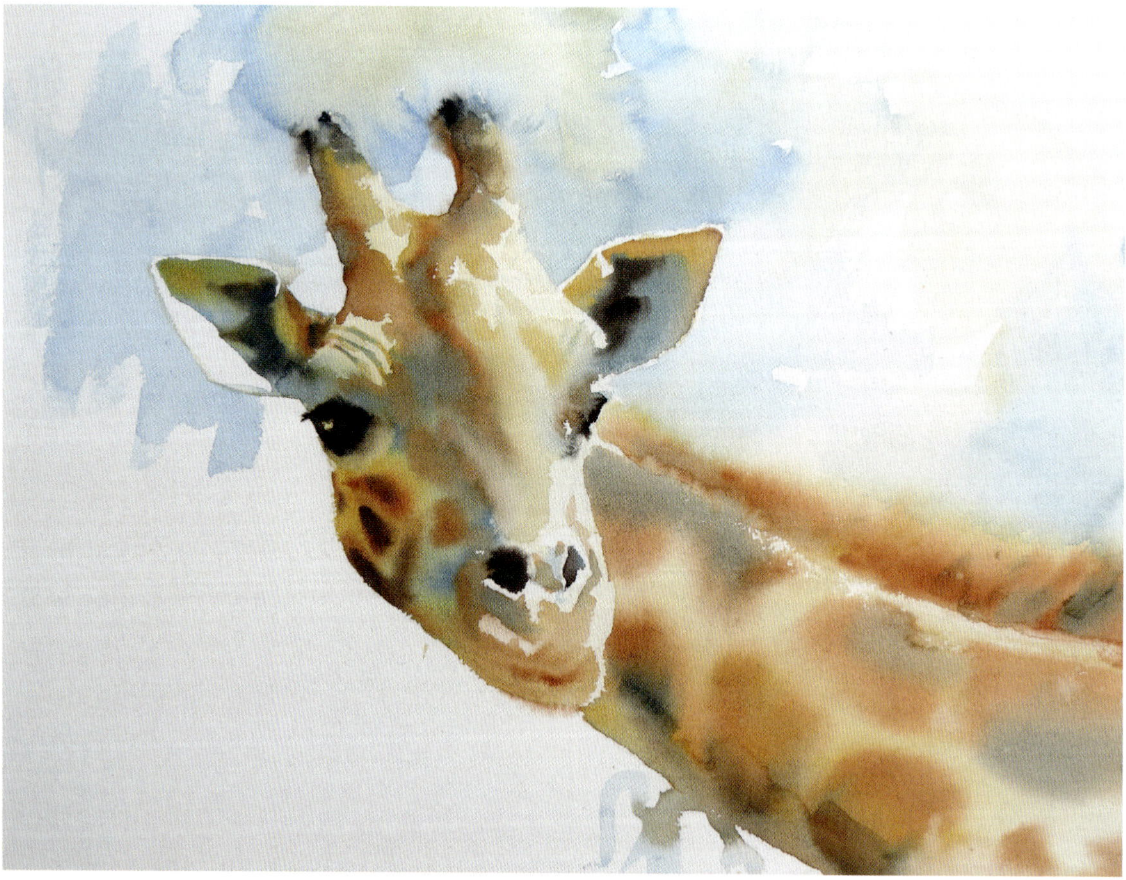

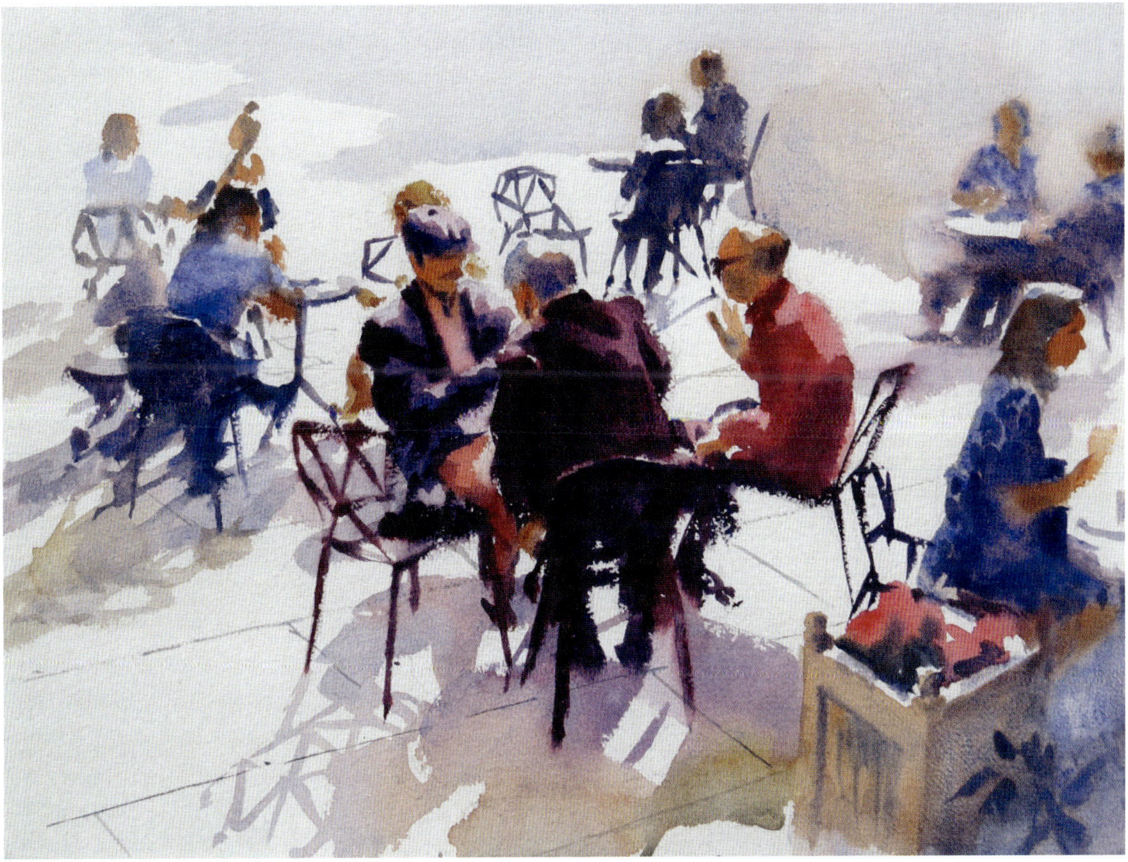

▲ **Künstlergespräch,**
30,5 × 40,5 cm

Die Wahl einer begrenzten Zahl von Farben beschleunigt das Mischen, weil sie die Bandbreite der Farbmischungen festlegt und damit Zweifel und Zögern beim Mischen reduziert.

◀ **Blick hinunter,** *56 × 76 cm*

Die Trias aus Preußischblau, Lichter Ocker und Siena gebrannt liefert alle Farben, die für das Malen der Giraffe erforderlich sind.

Der Vorteil der Effizienz

Ein großer Vorteil der reduzierten Farbpalette liegt in ihrer Effizienz. Aquarelle werden meistens nach dem Leben gemalt. Und dabei muss häufig schnell vorgegangen werden, um das Spiel von Licht und Schatten in den sich ständig ändernden Lichtverhältnissen erfolgreich festzuhalten. Eine reduzierte Farbpalette ist effizient, weil eine begrenzte Zahl von Farben die Variablen beim Mischen auf der Palette vermindert, sodass man direkter und effektiver beim Malen vorgehen kann. Wenn man Lichteffekte einfangen, sich bewegende Motive erfassen oder Lavieren möchte, ist entschlossenes Mischen unverzichtbar.

Wie die reduzierte Farbpalette funktioniert

Die reduzierte Farbpalette ist nicht nur effizient, sondern verstärkt auch die Farbwirkung des Gemäldes, indem sie Harmonie garantiert, die Farbinteraktionen innerhalb des Bildes maximiert und die Gefahr schlammiger Mischungen und trüber Farben vermindert. So seltsam es klingt: Je weniger Farben eingesetzt werden, umso farbenfroher kann ein Aquarell erscheinen.

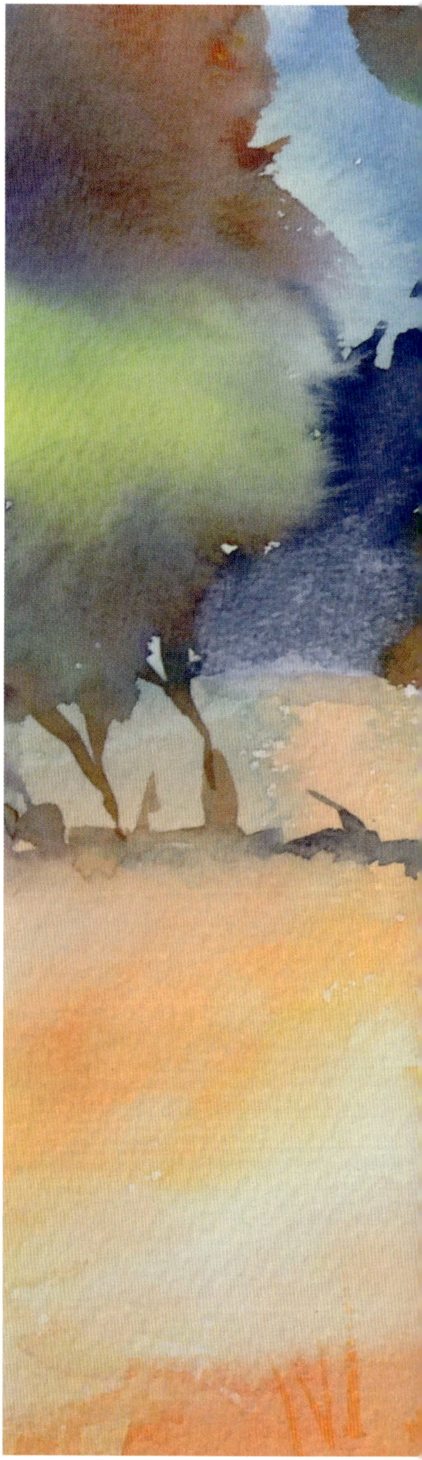

MISCHEN DER PIGMENTE

In der Aquarellmalerei spielen die physikalischen Eigenschaften der Pigmente eine größere Rolle als in jeder anderen Maltechnik. Die Farben, die auf das Papier aufgetragen werden, werden aus vielen verschiedenen Pigmenten hergestellt. Wenn beim Zusammenmischen verschiedene Pigmentfarben hinzugefügt werden, wird das Ergebnis dunkler (und/oder trüber) – das verrät das Wasserglas von Kunstschaffenden. Das Ziel der Aquarellmalerei ist es aber, frische, lebhafte Farben zu schaffen. Wenn zu viele Farben – entweder auf der Palette oder auf dem Papier – zusammengemischt werden, besteht wegen der Tendenz zum Dunklerwerden beim Mischen der Pigmente die Gefahr trüber Mischungen und einer matschigen Farbgebung. Durch die Mischung von weniger Pigmenten wirkt man dieser Tendenz entgegen.

Preußischblau

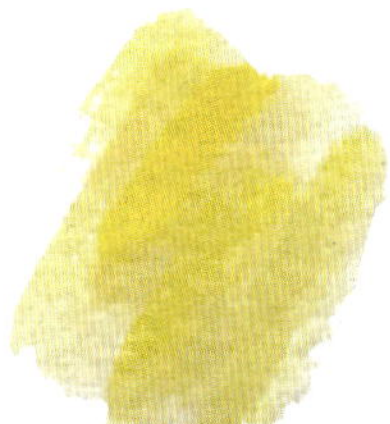

Aureolin

Alizarin-Karmesin

▸ **Die Farben Afrikas**, *28 × 38 cm*

Innerhalb eines Gemäldes werden Farben nicht isoliert, sondern in Relation zueinander wahrgenommen. Die drei oben gezeigten kalten Versionen von Blau, Rot und Gelb wurden hier verwendet, gleichwohl strahlt das Bild Wärme aus: Das Orange erscheint warm und leuchtend im Gegensatz zu dem kühleren Violett, das wiederum im Kontrast zu dem gelblichen Grün strahlender hervorkommt.

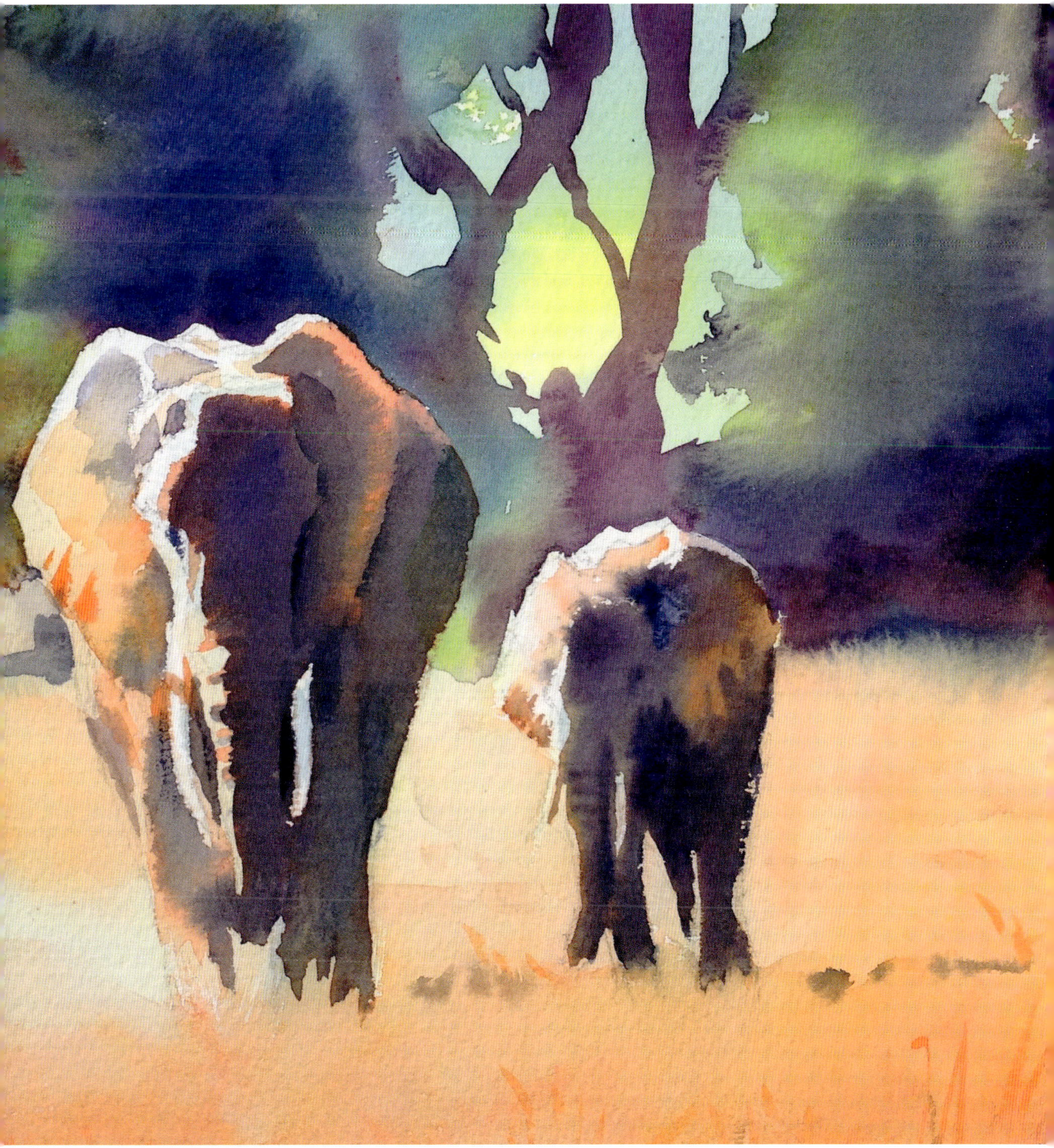

Wertvoll: Der Farbkreis im eigenen Kopf

Da Farben relativ sind und miteinander interagieren, wird eine große Bandbreite der Farbgebung aus nur wenigen Farben und den aus ihnen resultierenden Mischungen möglich.

Einen Farbkreis wie den gegenüberstehenden findet man wohl in jedem Buch zu Maltechniken – er ist unverzichtbar, um zu verstehen, wie Farbe funktioniert. In unserem Fall ist er wertvoll, um die reduzierte Farbpalette zu verstehen. Versuchen Sie, den Farbkreis im Kopf zu behalten, oder blättern Sie immer wieder auf diese Seite zurück – das hilft, sich schneller vorzustellen, welche Mischung oder Interaktion aus einer bestimmten Farbwahl oder Farbkombination hervorgehen kann.

Ultramarinblau

Preußischblau

▶ Der Farbkreis ist für Kreative der Leitfaden zum Mischen von Farben und zum schnellen Erfassen der Komplementärfarben. Er erinnert zudem ständig an die Farbtemperatur (s. Seite 34). Allen, die noch nie einen Farbkreis gemalt haben, kann ich dies nur dringend empfehlen: Es ist eine befriedigende und lohnende Übung. Dieser Farbkreis ist mit den sechs Farben gemalt, die ich regelmäßig verwende: jeweils einer kalten und einer warmen Version aller Primärfarben.

Rubinrot
Kadmiumrot
Indischgelb
Aureolin

Erste Überlegungen

Bevor ich mit dem Auftragen von Farbe aufs Papier beginne, wähle ich zunächst das Set von zwei, dann drei Farben aus, die zum Einsatz kommen sollen. Weil ich weiß, wie diese sich mit den jeweilig anderen mischen, kann ich schnell einschätzen, ob drei Farben ausreichen werden. Zugegeben, dafür braucht man Übung – deswegen habe ich dieses Buch geschrieben, um diesen Prozess für Sie abzukürzen! Meine Überlegungen vor dem Malen gehen von den drei Farben Blau, Gelb und Rot, und zwar meistens in dieser Reihenfolge, und von der weitesten Bandbreite an Farbschattierungen aus. Dieses Trio ist der Grundstein, auf dem alle Farbmischungen beruhen, da sich, wie Sie sicher schon wissen, aus den Grundfarben Rot, Gelb und Blau alle Farben durch Mischung darstellen lassen. Bedenkt man das Mischen der Farben in diesem Dreierschema, vermeidet man die Suche nach der Übereinstimmung einzelner Farben. Auf diese Weise stellt man auch sicher, dass die Farben zusammenpassen und nicht isoliert, sondern in ihrer Gesamtheit gesehen werden. Bei der Auswahl dreier Ausgangsfarben lässt sich bald erkennen, ob drei Farben ausreichen und, falls nicht, welche zusätzlich benötigt werden.

▶ **Das Geräusch des Sandes,**
28 × 38 cm
Das »Blau« auf diesem Bild ist Kobaltcoelin, das »Gelb« ist Umbra natur und das »Rot« Manganviolett. Die drei Farben ergeben zusammengemischt das Schwarz der Hengste und sorgen, da sie alle granulierend sind, bei Himmel und Sand für eine wundervolle Textur.

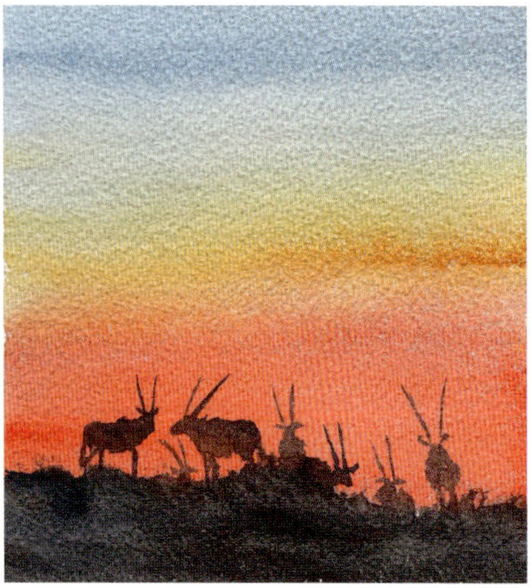

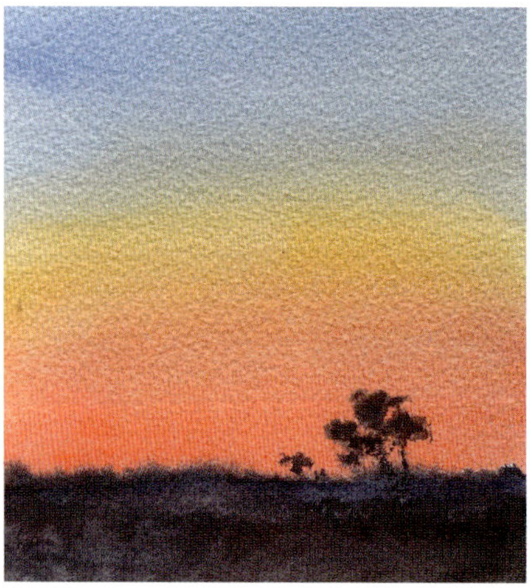

◀ Der Himmel zeigt sich nach Sonnenuntergang häufig in den drei Grundfarben, zusammengemischt formen sie in Schwarz, der Summe aller Farben, die Silhouette der Landschaft.

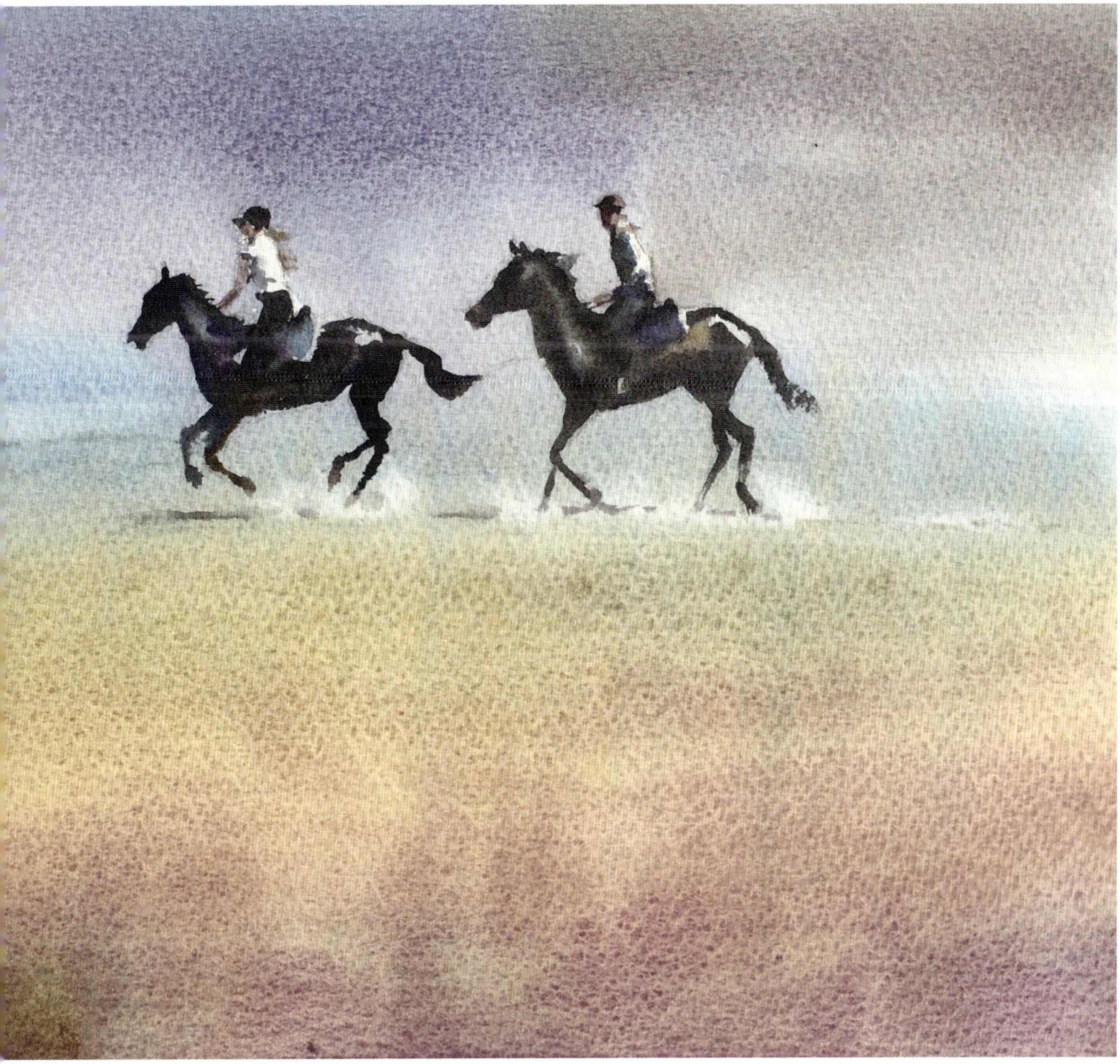

BLAU, GELB, ROT

Wenn ich an »Blau«, »Gelb« oder »Rot« denke, dann bedenke ich diese Farbtöne in ihrer ganzen Bandbreite, nicht reduziert auf die plakativ leuchtenden Grundfarben, die man schon aus dem Kindergarten kennt, sondern in ihrem ganzen Umfang und Farbspektrum, den sie in Bezug auf Tönung, Wärme, Kälte, Helligkeit und Farbtiefe, Transparenz und Deckkraft, Anlösbarkeit und Granulation zu bieten haben. Lernt man die Farben erst einmal genau kennen, werden sie zu engen Freunden mit eigenen Persönlichkeiten und zu einem integralen Bestandteil des eigenen Lebens als Maler:in, denen man sich bei unterschiedlichen Bedürfnissen zuwendet.

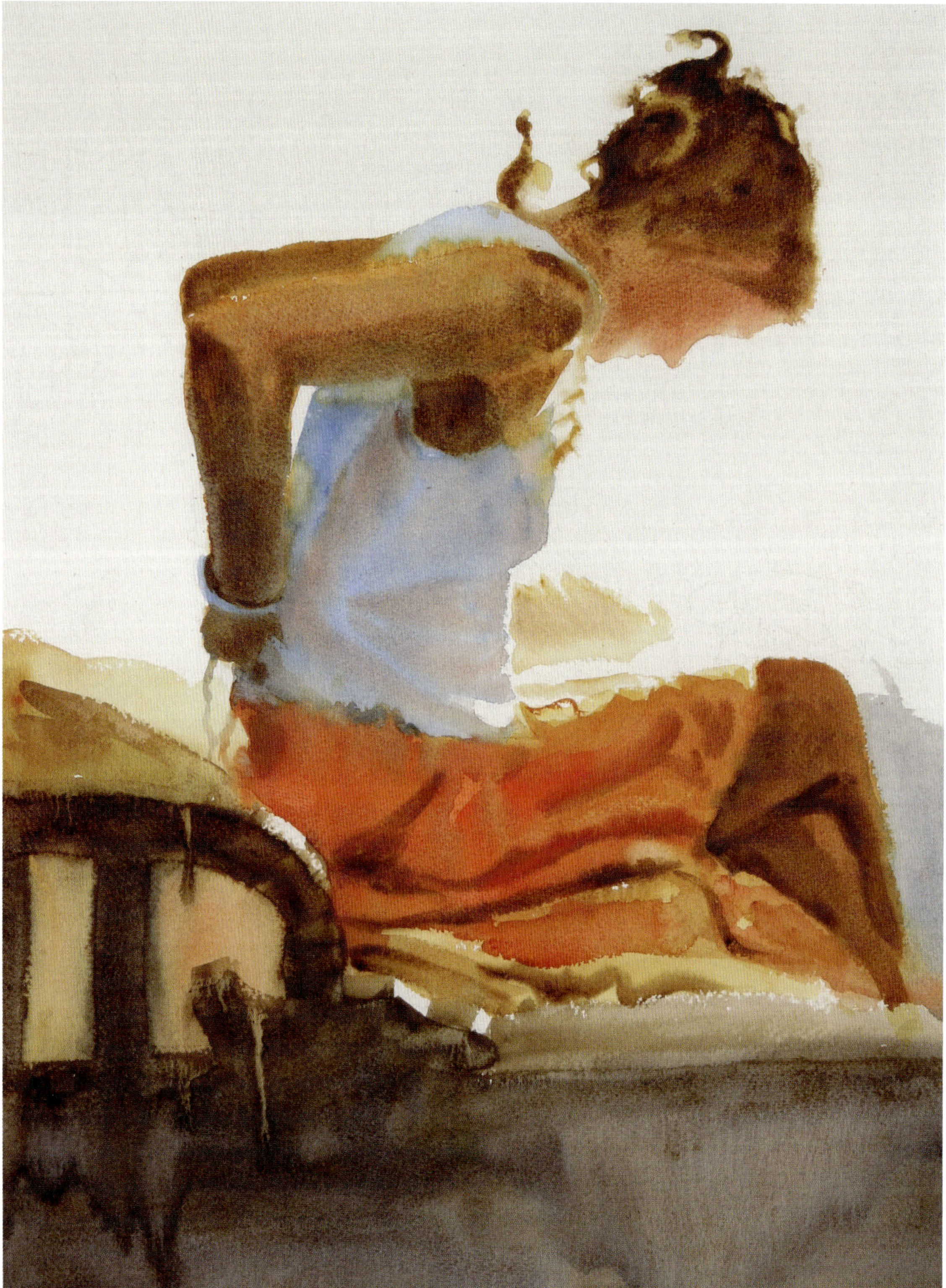

Farben kennenlernen

Um zu verstehen, warum eine reduzierte Farbpalette in der Aquarellmalerei so wirkungsmächtig ist, müssen wir zunächst die Farben selbst anschauen und lernen, wie sie sich verhalten. Die einzelnen Farben sind nämlich weit interessanter, als man es sich vielleicht vorstellt; jede aus einem unterschiedlichen Pigment hergestellte Farbe besitzt ihre eigene Persönlichkeit.

FARBEN SIND INDIVIDUELL

Das Pigment verleiht jeder einzelnen Farbe ihre individuellen Eigenschaften. Das ist der Grund, warum es im Bereich des Aquarellierens so viele Farben gibt – alle haben Kunstschaffenden etwas Einmaliges anzubieten. Es würde lange dauern, die Merkmale jeder einzelnen Farbe zu erlernen. Stattdessen wählen Künstler:innen ein Set von Farben aus, mit dem sie sich vertraut machen. Damit lernen sie ein paar Farbfavoriten richtig gut kennen und wissen, was sie bei deren Mischung erwartet.

Dieses Buch zeigt, wie wenig Farben für ein Gemälde benötigt werden. Da aber jedes Bild anders ist, braucht man immer noch eine gewisse Anzahl von Farben in der eigenen Palette, auch wenn man nur wenige davon für ein einzelnes Gemälde nutzt. Ich selber verwende regelmäßig rund zwanzig Farben. Einige Farben, beispielsweise Ultramarinblau, sind ständig wiederkehrende Favoriten, und Sie werden hier einen Kernbestand von etwa acht Farben finden, die häufiger auftreten als viele andere. Insgesamt sind rund dreißig verschiedene Farben in den Gemälden dieses Buchs vertreten. Ich experimentiere stets mit Farben, um zu überprüfen, ob ich die für meinen Zweck beste Auswahl getroffen habe.

◀ Eng beieinanderliegende Farben aus dem gleichen Pigment können beim Mischen als eine Farbe betrachtet werden. Bei diesem Porträt meiner Schwester verbinden sich Siena gebrannt und Lichter Ocker, die beide aus Eisenoxid hergestellt sind, mit Kadmiumrot und Ultramarinblau und geben dem Bild Farbe.

▶ Farben des gleichen Farbtons haben unterschiedliche Merkmale: Das hier sind alles Blautöne. Sie haben aber ganz unterschiedliche Charakteristika, die wir im Folgenden kennenlernen werden.

Preußischblau

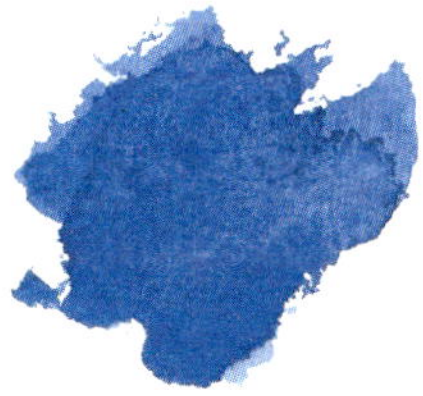

Coelinblau

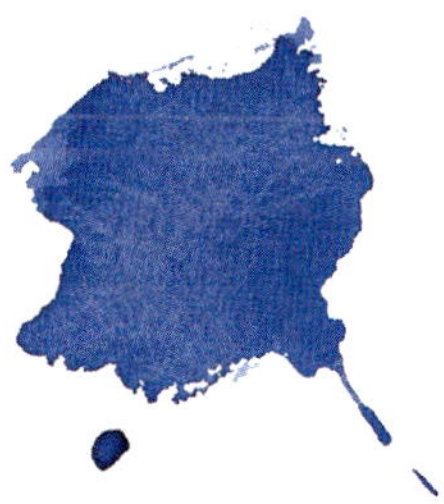

Ultramarinblau

Zwei Farbmerkmale

Eine Farbe besitzt sowohl einen Ton als auch einen Sättigungsgrad. Unter Farbton versteht man generell die Farbe, also z. B. Rot, Blau, Grün oder Gelb; die Farbsättigung bezeichnet die Intensität der Farbe. Das Erste, was man in der Aquarellmalerei bei jeder Farbe auf der Palette bemerkt, ist der Farbton, man muss sich aber auch mit dem jeweiligen Umfang der Sättigung auskennen, den sie erreichen kann – also wie dunkel oder blass sie auf dem Papier erscheinen kann. Die konzentrierte, unverdünnte Farbe, im Topf getrocknet oder aus der Tube gepresst, zeigt uns den tiefsten Farbwert der jeweiligen Farbe. Mit Wasser aufgelöst, können selbst die dunkelsten Farben so blass wie Luft werden. Im Allgemeinen haben dunklere Farben wie Blau-, Braun- und Violetttöne das Potenzial zu größerer Farbtiefe und einen weiteren Umfang an Nuancen als hellere Farben wie etwa Gelb. Doch in jeder Klasse von Farbtönen gibt es viele Variationen.

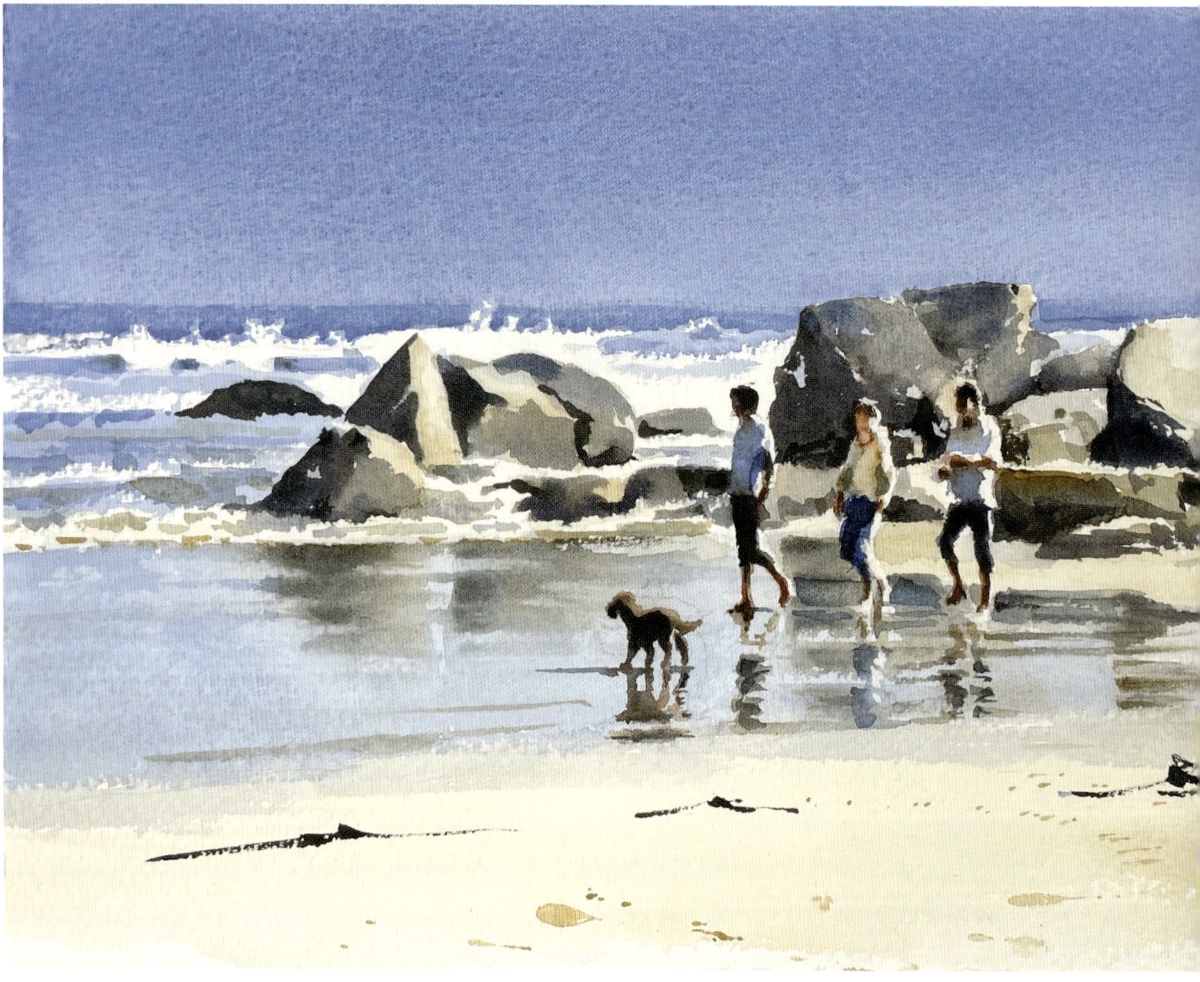

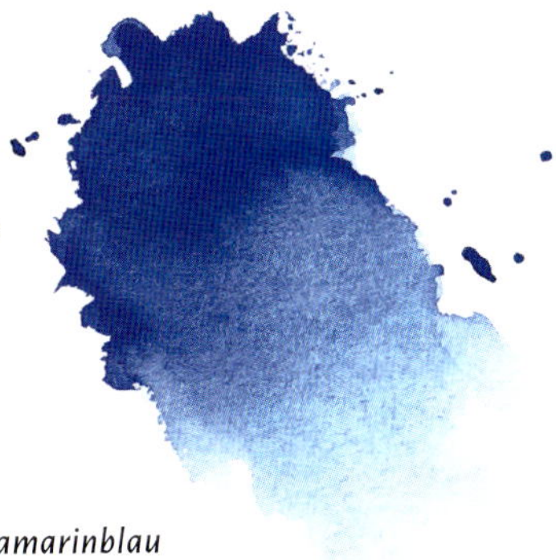

Ultramarinblau

Mit Wasser verdünnt, variiert dieses Ultramarinblau-Muster in der Sättigung von einem satten, starken und leuchtenden Blau bis hin zu einer blassen bläulichen Tönung.

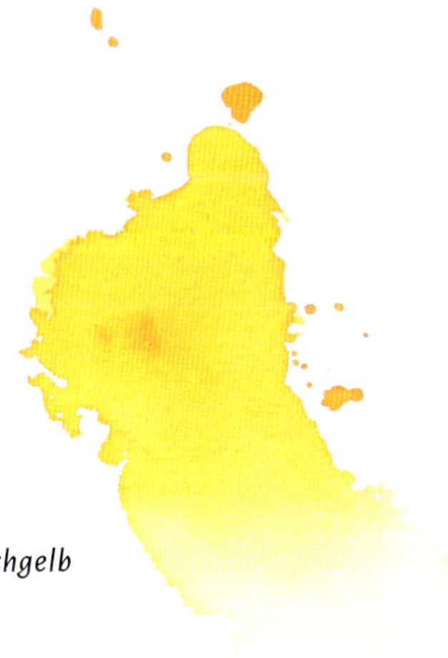

Indischgelb

Der Sättigungsumfang bei einem helleren Farbton wie diesem Indischgelb ist geringer: Er kann eine sehr helle Tönung liefern, aber keine dunklen Nuancen.

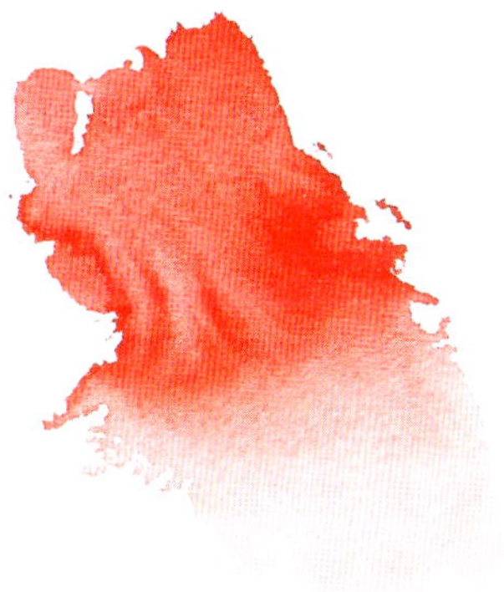

Kadmiumrot

Rottöne liegen hinsichtlich ihrer Sättigungseigenschaften generell zwischen Blau- und Gelbtönen. Das konzentrierte Kadmiumrot hier erreicht eine dunklere Tönung als das reine Gelb, aber keine so dunkle wie das reine Blau.

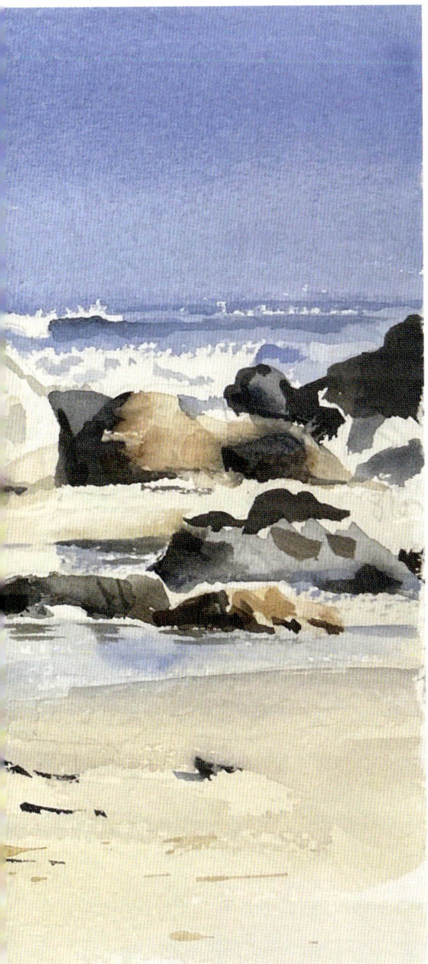

◀ **Unter Freunden,** *25,5 × 46 cm*
Die abgerundeten Formen dieser Felsen werden durch eine Abweichung der Sättigung von helleren Tönungen bis hin zu dunkleren Schattierungen angedeutet. Gemalt sind sie aus Mischungen der drei Farben Ultramarinblau, Siena gebrannt und Umbra natur.

Farbtonumfang, Farbtiefe

Zur Familie eines Farbtons gehören viele verschiedene Mitglieder. Die Blautöne reichen von Indigo bis Türkis; die Gelbtöne von blassem Zitronengelb bis zu bräunlichen Gelbtönen wie Umbra natur und Chinacridongold. Unter den Rottönen finden sich Karmin, Magenta und Scharlachrot – verschiedene Rottöne, die aber alle zur selben roten Farbfamilie zählen. Siena gebrannt, ein rötliches Braun, kann manchmal auch als ein Rotton betrachtet werden, während Violett sowohl als Rot- als auch als Blauton fungieren kann.

Die Farbtiefe variiert stark je nach dem Pigment. Indigo ist deutlich ein viel dunkleres Blau als Coelinblau, beides sind aber Blautöne. Phthalotürkis ist ein grünliches Blau wie Coelinblau, hat aber einen weit größeren Farbtonumfang und eine weit größere Farbtiefe. Alizarin-Karmesin ist ein dunkleres Rot als das leuchtende Kadmiumrot und hat einen viel weiteren Farbtonumfang, während Chinacridonrot etwas lichter und rosafarbener wirkt als Kadmiumrot und einen ähnlich beschränkten Farbtonumfang besitzt.

Indischgelb

Lasurgelb

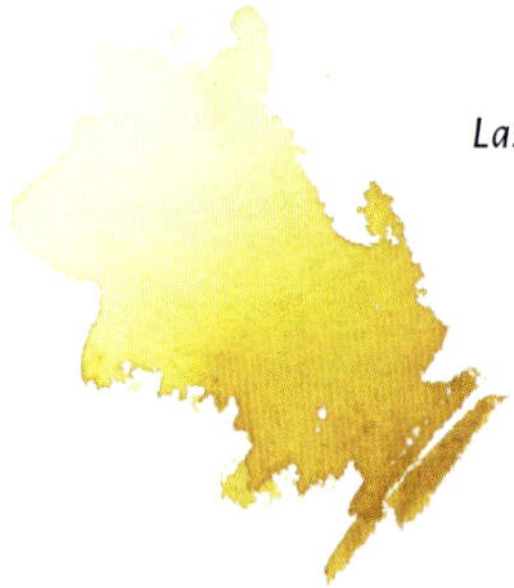

▲ Beim Vergleich dieser beiden Zitronen fällt auf, dass das Lasurgelb einen viel tieferen Tonwerteumfang besitzt als das Indischgelb. Man sollte an diesen Unterschied denken, wenn es um das Mischen geht.

Coelinblau

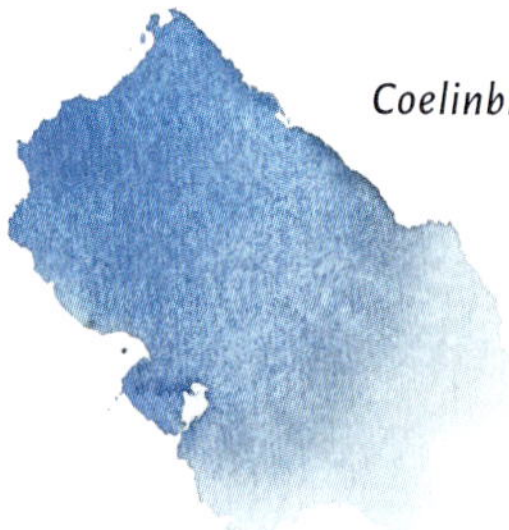

Indigo

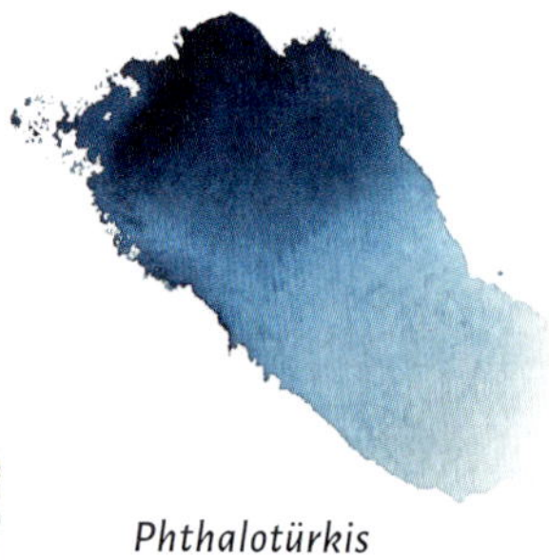

Phthalotürkis

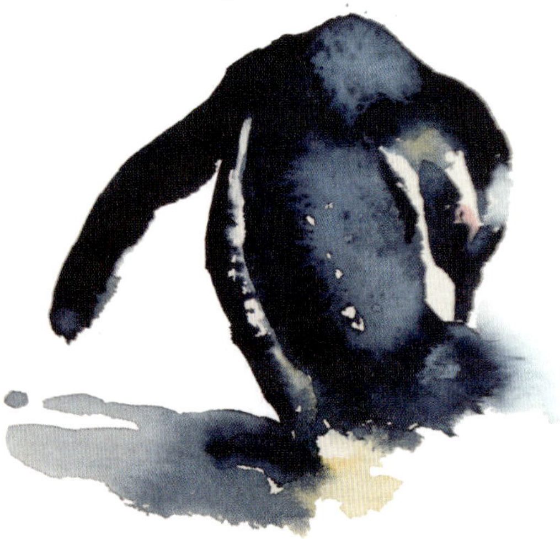

▶ Dunklere Tonwerte treten hervor, lichtere zurück: Auf dem Papier suggerieren sie Entfernung und Raum. Die Variation und der Kontrast der tonalen Werte beschreiben hier die Lage des einen Felsens vor den anderen und vermitteln die Illusion von Tiefe.

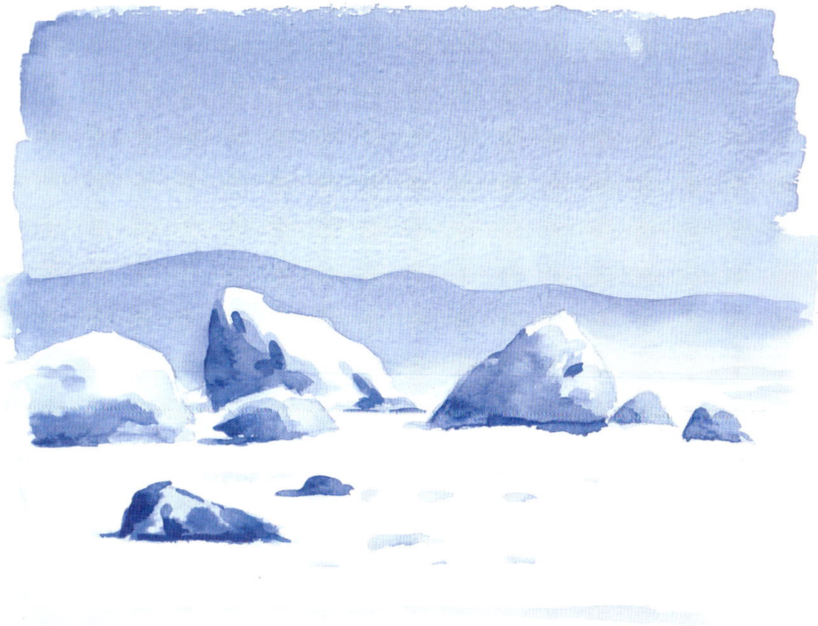

Ultramarinblau

▶ Die graduelle Variation zwischen der hellsten und der dunkelsten Schattierung von Ultramarinblau lässt die runde Form eines Ballons entstehen.

Kadmium-rot

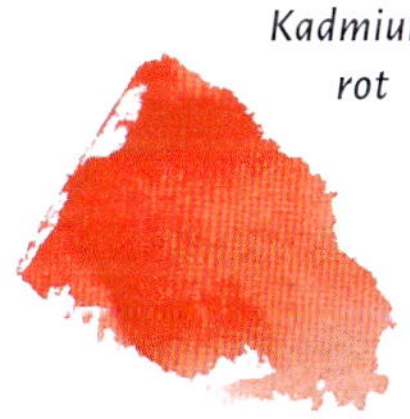

▲ ▶ Die Rose oben wurde nur mit Kadmiumrot gemalt. Für die Schatten zwischen den Blütenblättern wurde es in seiner konzentriertesten Form benutzt. Gleichwohl kann mit dieser Farbe nicht die gleiche Tiefe erreicht werden wie bei der Rose rechts. Bei dieser wurde für die Schatten Alizarin-Karmesin, ein satteres Rot, hinzugefügt.

Alizarin-Karmesin

Farbtiefe in der Praxis

Je größer der Tonwerteumfang einer Farbe ist, umso dunkler sind die Schattierungen, die beim Mischen mit ihr möglich sind. Die beiden Elefantenbilder auf dieser Doppelseite sind mit drei Farben gemalt. In beiden Gemälden wurden Preußischblau und Indischgelb verwendet, hingegen unterscheiden sich die Rottöne. Im Bild unten kommt das dunklere, sattere Alizarin-Karmesin zum Einsatz, im Bild rechts das weichere, leuchtendere Chinacridonrot. Der Unterschied ist klar zu erkennen: Das Alizarin-Karmesin besitzt den größeren Tonwerteumfang und ermöglicht daher die Schaffung stärkerer Farben und Schattierungen. Das weichere Chinacridonrot erzeugt eine freundliche, warme Stimmung.

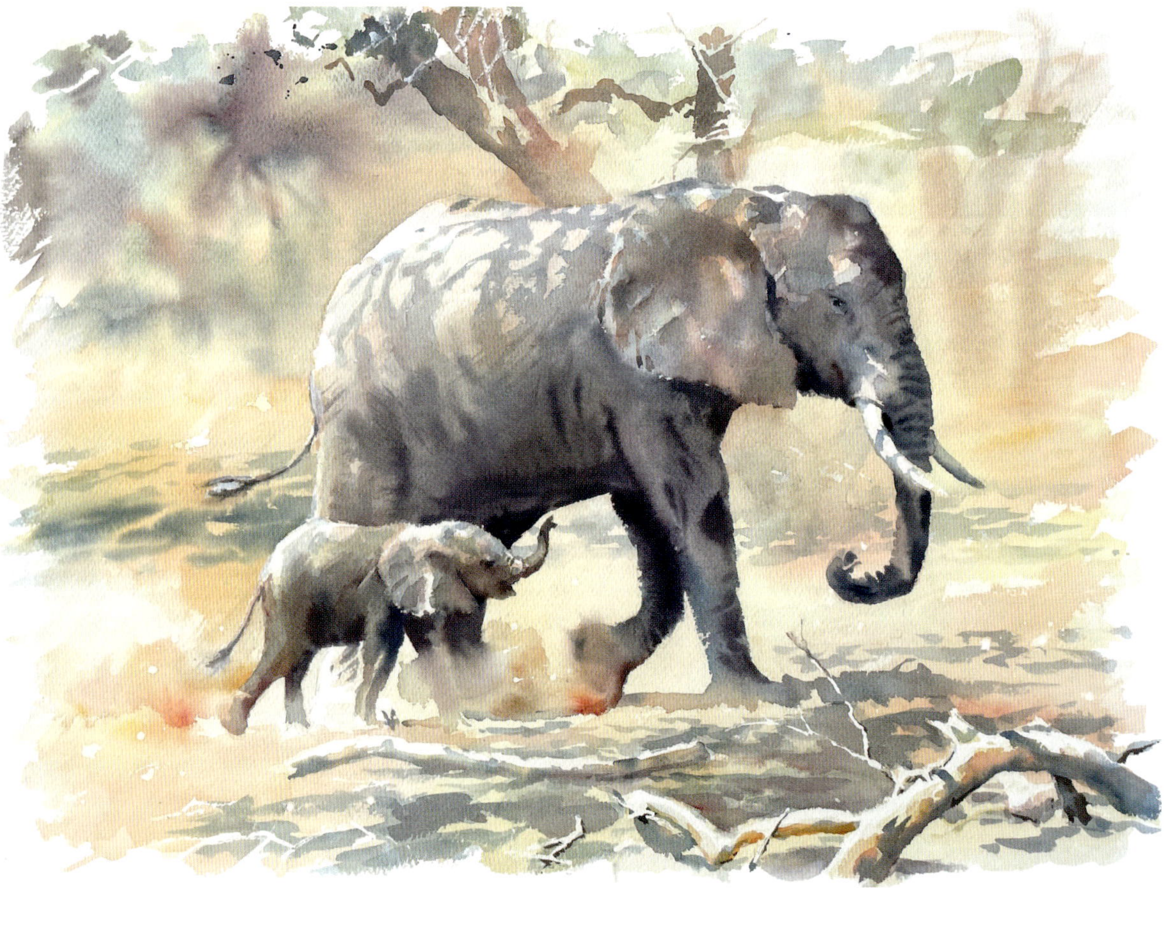

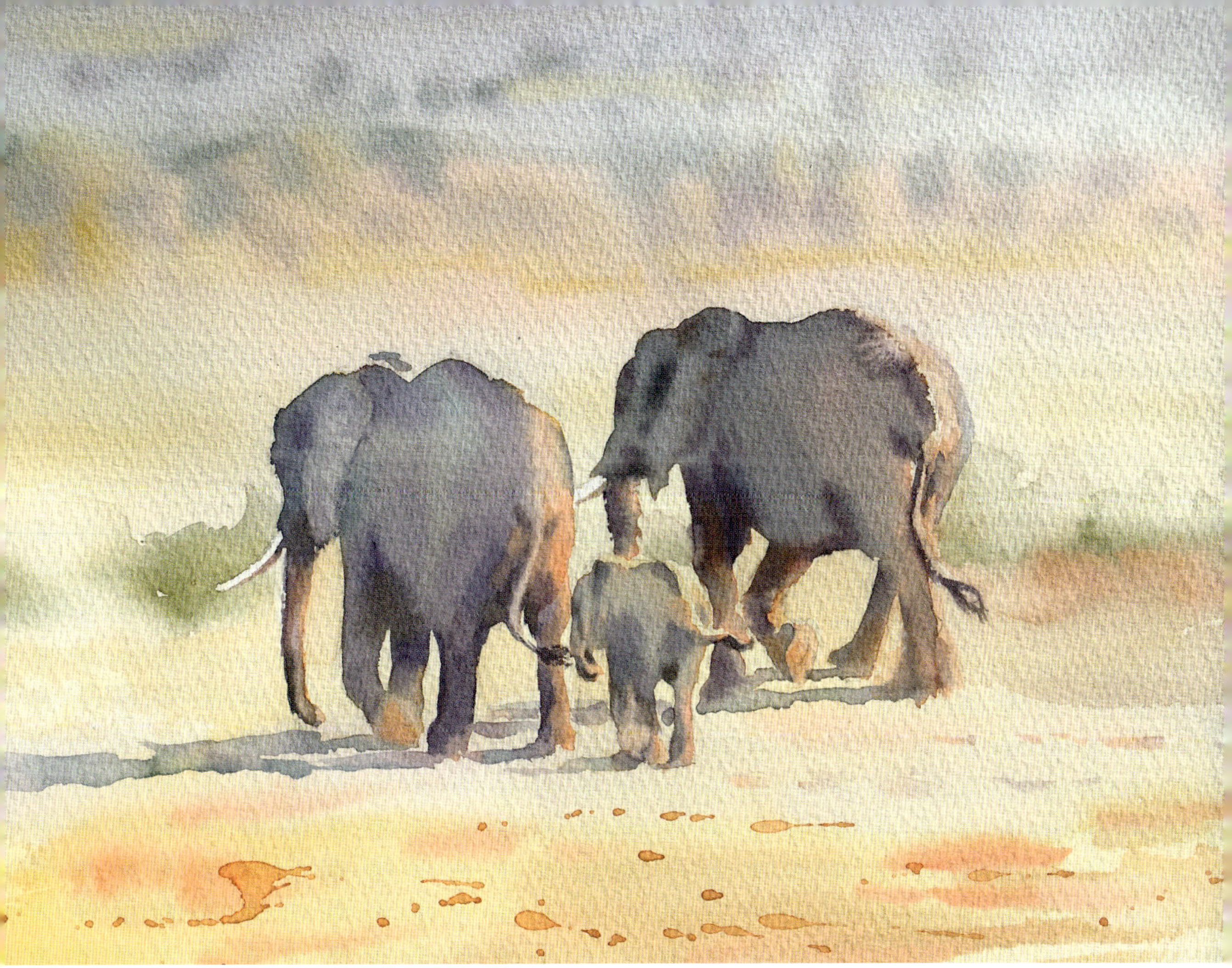

Chinacridonrot

▲ Elefanten in der afrikanischen Ebene, *28 × 38 cm*

Beim Mischen mit dem weichen, hellen Chinacridonrot ergeben sich sanfte Mauve- und Orangetöne. Die Farbe hüllt das Gemälde in einen dunstigen Schleier, der die anrührende Szene verstärkt.

◄ Sei mein Schutz und Schirm, *56 × 76 cm*

Die mit Alizarin-Karmesin möglichen dunkleren Mischungen tragen dazu bei, die starke Dynamik des Motivs einer Elefantenkuh, die ihr Junges vor der Hitze der Wüstensonne schützt, darzustellen.

Alizarin-Karmesin

Deckkraft

Die Farbtontiefe der einzelnen Farben hängt mit dem Transparenzgrad des Pigments zusammen. Die Pigmente der Aquarellfarben variieren in ihrer »Durchscheinbarkeit«: Ihre Transluzenz reicht von lasierend (völlig transparent) über halblasierend bis hin zu halbdeckend und deckend. Eine lasierende Farbe ist lichtdurchlässig und erlaubt generell, eine sattere Farbwirkung zu erreichen als deckende Farben, insbesondere wenn es sich um ähnliche Farbtöne handelt. Diese Eigenschaft ist beim Mischen von Farben sehr wichtig, weil sie festlegt, ob die jeweilige Farbe, wenn sie einer anderen hinzugefügt wird, den Mix abdunkeln oder aufhellen wird. Für die Auswahl der Farben einer reduzierten Palette ist die Kenntnis ihres Transparenzgrads ungeheuer hilfreich.

▼ ▶ Hätte ich diese beiden Sonnenuntergänge nicht nebeneinandergestellt, wäre der Unterschied in den Schwarztönen der Landschaftssilhouetten kaum wahrnehmbar. Im linken Bild sind drei lasierende Farben (Indischgelb, Alizarin-Karmesin, Ultramarinblau) verwendet, im rechten drei deckende Farben (Kadmiumgelb, Kadmiumrot, Coelinblau). Man sieht, dass die deckenden Farben in der Mischung kein so sattes Schwarz erreichen können wie die lasierenden Farben.

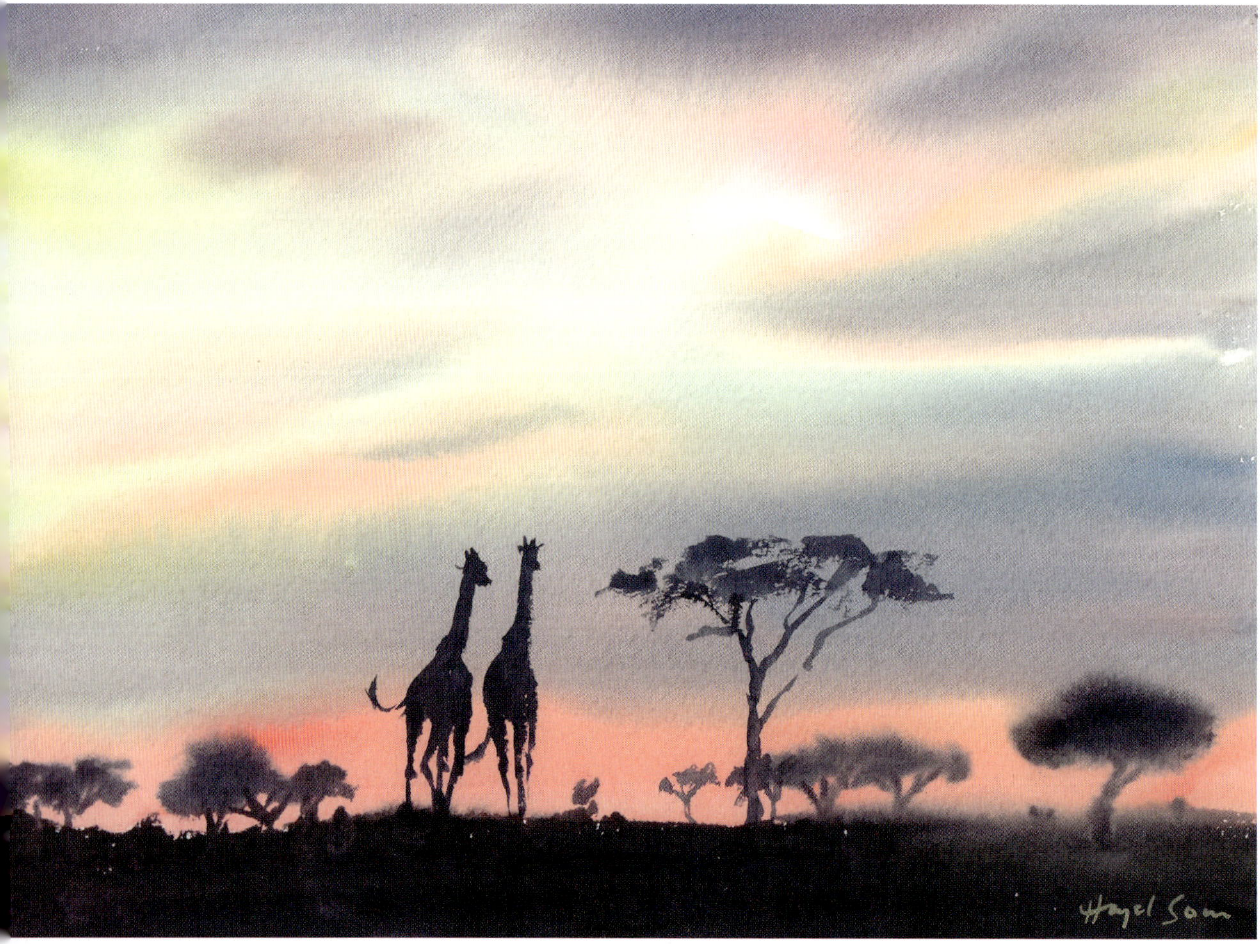

HINWEISE AUF DIE LICHTDURCHLÄSSIGKEIT

Wenn man sich beim Transparenzgrad einer bestimmten Farbe nicht sicher ist, spült man sie in einem Glas mit Wasser aus: Wenn eine klare Tönung entsteht, ist die Farbe lasierend; wenn das Wasser trüb wird, ist sie deckend.

Man kann auch die getrocknete, konzentrierte Farbe in der Schale oder Tube betrachten und sie mit den anderen vergleichen: Sieht sie dunkel aus, kann sie sich für düstere Farbmischungen eignen; wirkt sie hell und farbintensiv, kann sie deckend sein und wird dann eine Mischung aufhellen oder auch eine dunkle Farbmischung verderben.

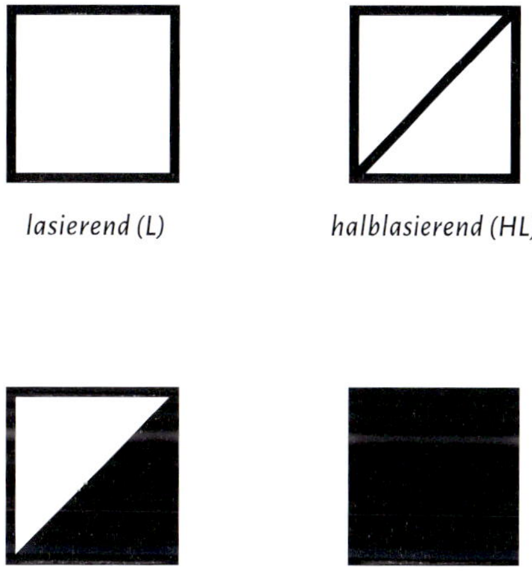

lasierend (L) · *halblasierend (HL)* · *halbdeckend (HD)* · *deckend (D)*

▶ Die Transparenzeigenschaft ist auf jeder Farbtube mit einem Quadrat gekennzeichnet – ein ungefülltes steht für lasierend, ein gefülltes für deckend.

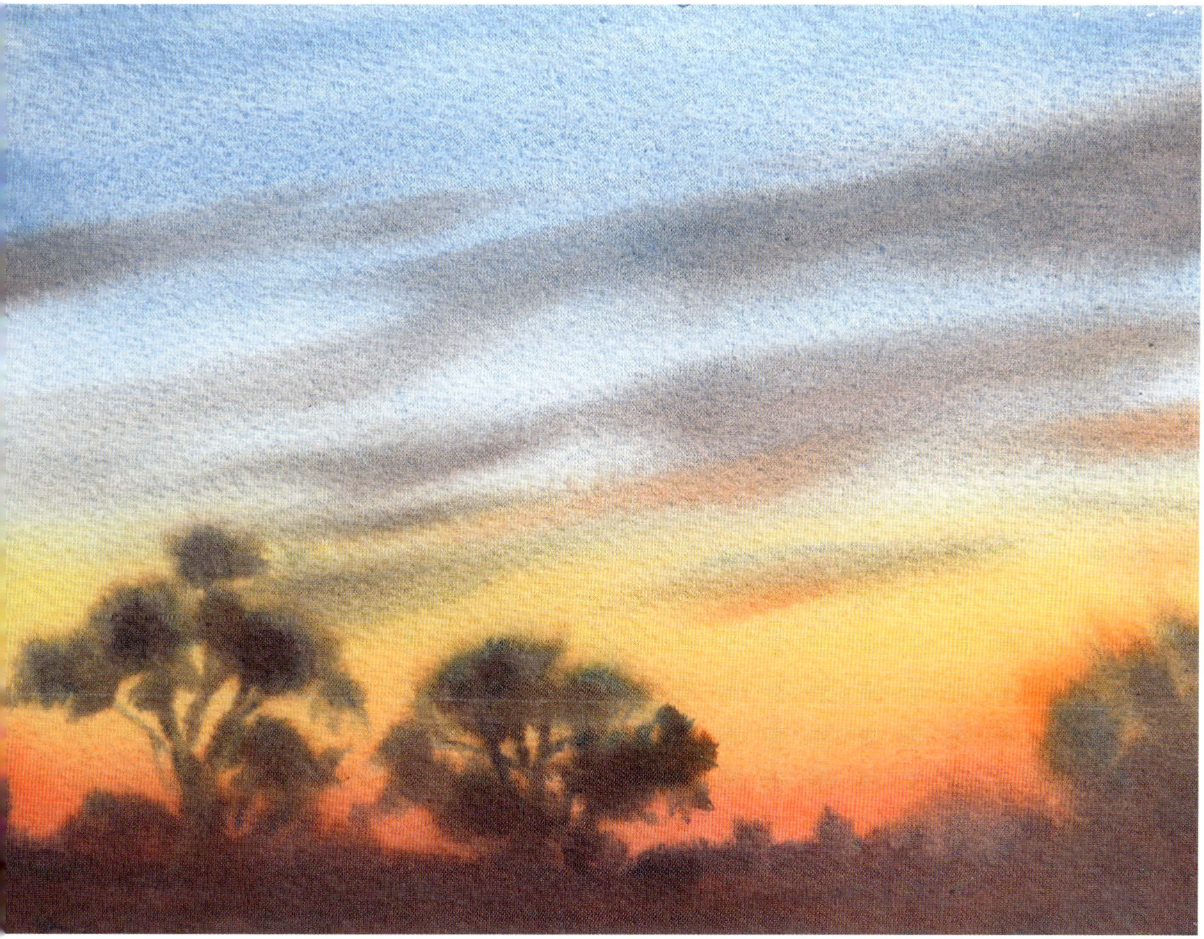

Das Wesen der Anlösbarkeit

Eine Eigenschaft der Pigmente, die die Auswahl der Farben für ein Gemälde bestimmen kann, ist die Fähigkeit der Farbe, sich auf dem Papier zu verankern. Aquarellfarben bestehen aus fein gemahlenen Pigmenten. Die Pigmentpartikel sind mikroskopisch klein und mit Gummi arabicum gebunden. Mit Wasser vermischt, schweben die Pigmentpartikel in den dünnen Filmen aus Wasser und Bindemittel auf dem Papier, aus denen die Lavierungen und Pinselstriche entstehen. Die meisten Farben sind so fein gemahlen, dass sie in das Gewebe des Papiers, welches für gewöhnlich aus Baumwolle oder Zellstoff hergestellt ist, eindringen. Andere Pigmente, überwiegend jene aus größeren Partikeln, legen sich auf die Oberfläche des Papiers oder in die Vertiefungen rauer Papieroberflächen; sie lassen sich, auch nachdem sie getrocknet sind, in einem gewissen Maße vom Papier lösen. Diese leicht anzulösenden Farben sind oft granulierend und bilden reizvolle Texturen (s. Seite 19, Das Geräusch des Sandes). Der Grad, in dem sich eine Farbe vom Papier abnehmen lässt, ist auf der Tube mit einem dreieckigen Symbol angezeigt.

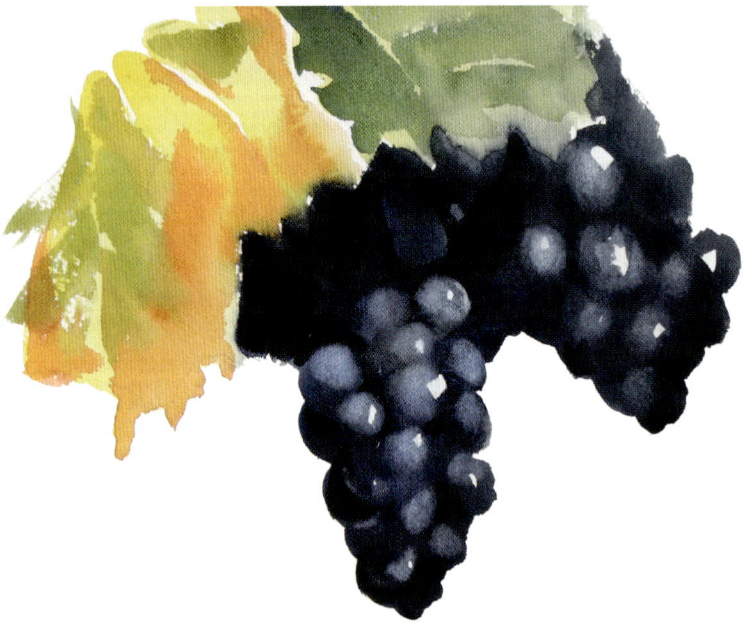

◀ Eine Mischung aus zwei anlösbaren Farben, Umbra gebrannt und Ultramarinblau, wurde hier verwendet, um die dunkle Farbschattierung der Trauben zu malen. Durch Abheben wurde dann der Lichteinfall auf die einzelnen Beeren erzielt und so ihre matte Oberfläche und runde Form herausgearbeitet.

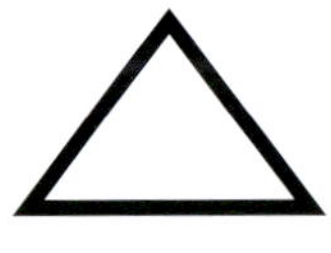

leicht vom Papier anlösbar (A)

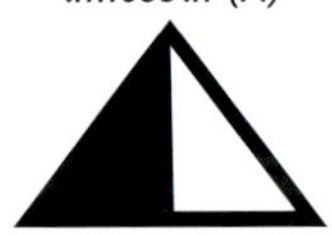

halb vom Papier anlösbar (H)

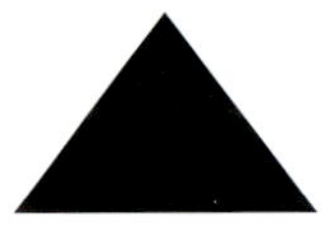

schwer vom Papier anlösbar (S)

▶ Auf den Etiketten von hochwertigen Aquarellfarben ist neben der Pigmentbezeichnung und dem quadratischen Transparenz-Symbol auch ein kleines Dreieck aufgedruckt: Es verrät die Abstufung der Anlösbarkeit der jeweiligen Farbe.

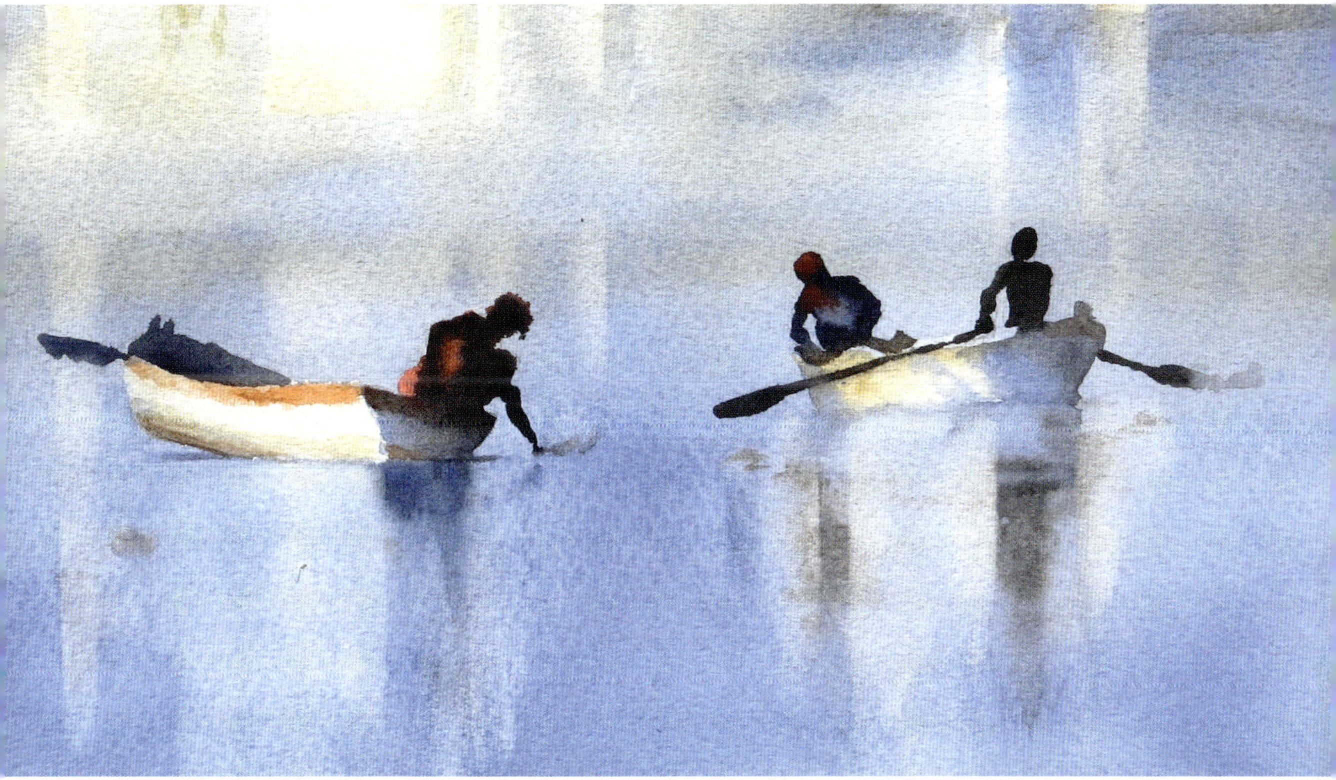

▲ **Abheben:** Ultramarinblau ist ein wundervolles, sehr nachsichtiges, leicht abhebbares Blau. Es ist die ideale Wahl, um bei diesem See Spiegelungen herauszuheben, die heller erscheinen als die generelle Farbe des Wassers.

SCHWERES VS. LEICHTES ANLÖSEN

Die schwer anlösbare oder die granulierende Eigenschaft einer Farbe zu kennen, ist wichtig, weil sie darauf vorbereitet, wie sich die entsprechende Farbe auf dem Papier verhalten wird. Eine schwer anzulösende Farbe kann nach dem Auftrag nicht mehr verschoben werden und nach dem Trocknen ohne Risiko übermalt werden. Die meisten leicht anlösbaren Farben lassen sich hingegen bis zu einem gewissen Grad verschieben und sogar vom Papier abheben. Diese Beschaffenheit macht die Farbe nachsichtig gegenüber Korrekturen und Verbesserungen, und sie ist nützlich für die Schaffung von Licht, weil die Farbe mit leichtem Reiben abgehoben und die Färbung dadurch aufgehellt werden kann. Sie bietet ein Sicherheitsnetz, wenn einmal ein Pinselstrich falsch gesetzt wurde – deshalb bezeichne ich die leicht anlösbaren auch gerne als freundliche Farben! Die Kehrseite ist, dass obwohl das Gummi arabicum die Farbe an ihrer Stelle auf dem Papier hält, sie doch durch anschließende Pinselstriche oder zu feuchte Überschichtung gestört, unbeabsichtigt abgehoben oder in andere Farben verlaufen kann. Auf diese Weise wird die Klarheit beeinträchtigt.

Beispiel:

Farben abheben – ein inneres Licht

Die Benutzung von Farben mit granulierenden oder leicht anzulösenden Eigenschaften ermöglicht es, allzu dunkle Farbtöne aufzuhellen und gibt eine gewisse Flexibilität zum Aufweichen und Verblenden der Ränder getrockneter Pinselstriche und Lavierungen. Die hier eingesetzten Farben sind Franz. Ultramarin, Lasur Siena und Aureolin. Man braucht außerdem einen kleinen Schwamm, der bei Bedarf hilft, größere Partien abzuheben.

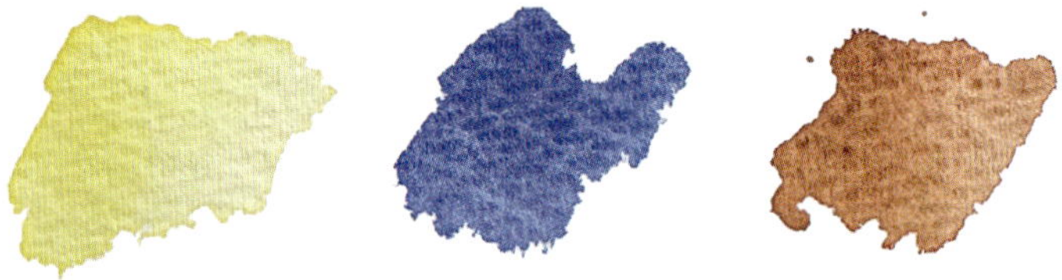

Aureolin *Franz. Ultramarin* *Lasur Siena*

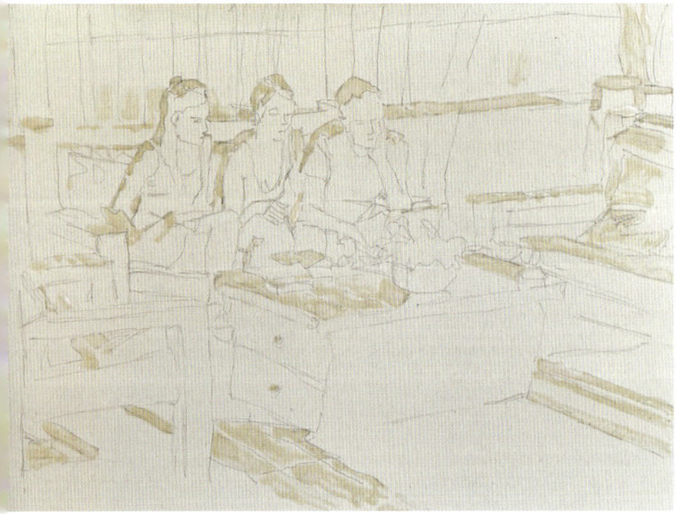

1 Nachdem ich die Komposition der Figuren im Raum vorgezeichnet hatte, deckte ich alle hellen Lichtstellen mit blasser cremefarbener Maskierflüssigkeit ab. (Da die Latexflüssigkeit Pinsel ruiniert, verwendet man dazu einen alten Pinsel oder einen Applikator.)

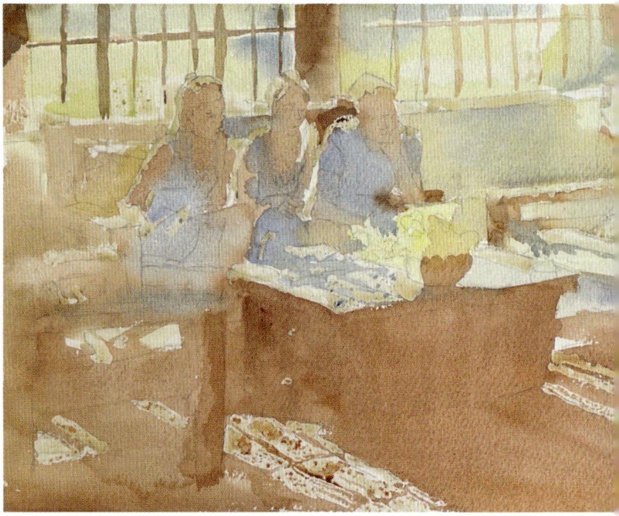

2 Erst als die Abdeckung vollständig trocken war, malte ich eine lockere, bunte Lavierung über das gesamte Bild. Ich begann mit verdünntem Aureolin für den Hintergrund und die Pflanze, gefolgt von Franz. Ultramarin für die Kleidung und schließlich Lasur Siena für die Möbel, die Schatten und den Hautton. Ich ließ das beliebige Verlaufen der Farben zu.

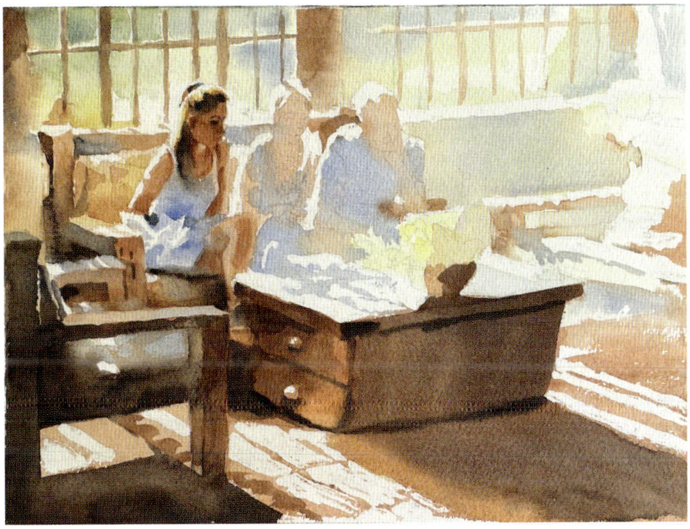

3 Als die Grundlavierung getrocknet war, rieb ich sorgfältig das Maskiermittel ab und begann, die mittelhellen und dunklen Partien der Figuren und Gegenstände zu bemalen. Mit einem kleinen, sauberen und feuchten Pinsel weichte ich bei gerundeten Formen die harten Ränder von Pinselstrichen auf, um einen weichen Übergang zu schaffen.

4 Am Ende wurde Farbe abgehoben und verschoben: bei der Kleidung und den Gesichtern, zum Betonen der rechten Ecke des Unterbaus des Tisches und zur Abschrägung des Vorhangs. Die Streben des rechten Fensters wurden mit einem sauberen, feuchten Schwamm abgerieben, um die Wirkung des einströmenden Lichts herauszuarbeiten.

▼ Gemeinsame Erinnerungen,
28 × 38 cm

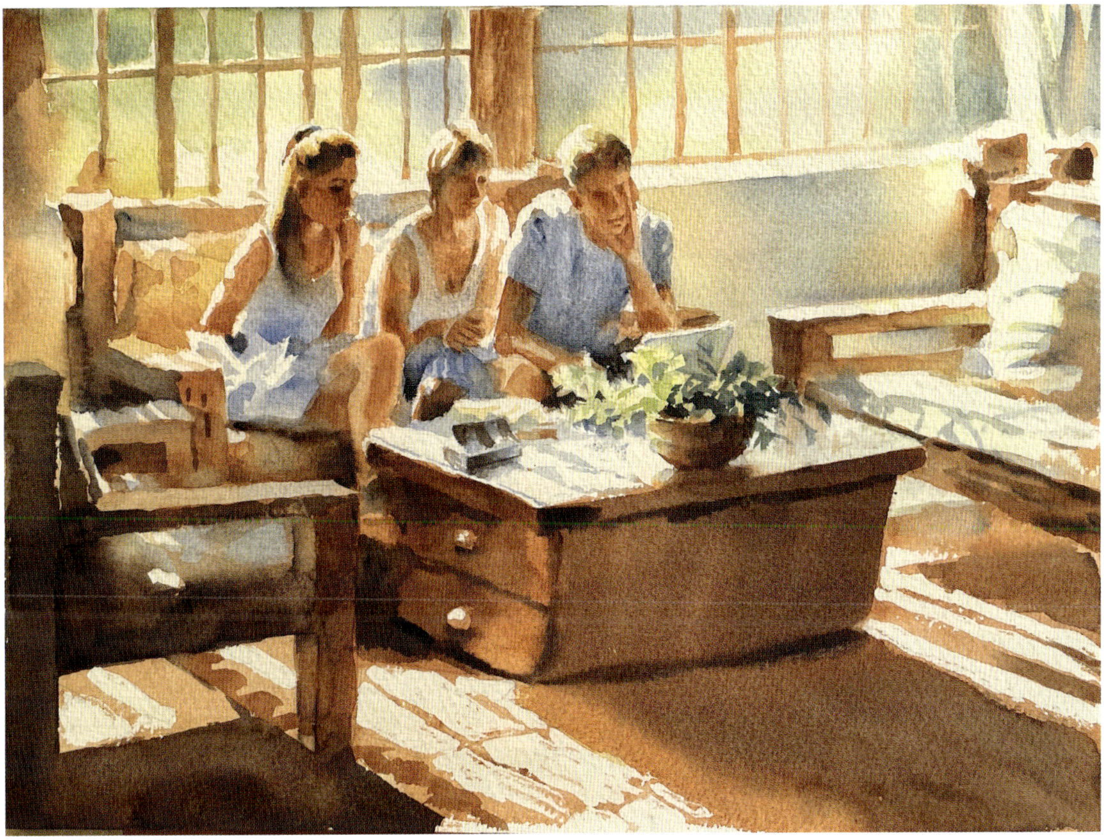

Die Auswirkung der Temperaturtendenz

Eine sehr wichtige Eigenschaft jeder Farbe ist ihre Temperatur, da diese das Mischen und die Interaktion der Farbe beeinflusst. Farben unterschiedlicher Töne haben in einem Rot-Blau-Spektrum eine Temperatur, die zwischen warm und kalt liegt. Dabei gelten Rottöne als warm, Blautöne als kalt.

Auch innerhalb eines generell warmen oder kalten Farbtons zeigen die einzelnen Farben eine Neigung zu einer warmen oder kalten Temperatur, je nachdem, ob sie im Spektrum Rot oder Blau näher liegen. Es lässt sich also sagen, dass die Farben im Spektrum in Richtung von Rot oder Blau streben. Die Farbe, die innerhalb eines Farbtons nach Rot tendiert, gilt als warm; jene, die nach Blau strebt, als kalt. Beispielsweise ist ein Gelb, das nahe bei Orange angesiedelt ist, warm, da es sich in Richtung auf Rot und fort von Blau bewegt. Das Gelb nahe bei Grün ist hingegen kalt, weil es hin zu Blau und weg von Rot steuert. Entsprechend ist ein Blau, das sich in Richtung Grün befindet, kühler als ein Blau, das nach Violett strebt usw.

Unter den Rottönen sind beispielsweise Chinacridon Magenta und Alizarin-Karmesin beides rote Farben und daher warm im Vergleich zu Blau. Verglichen mit anderen Rottönen (etwa der hellen Primärfarbe Kadmiumrot, der wärmsten aller Farben) haben sie jedoch eine kühlere Temperatur, weil sie in Richtung Blau streben. Man bezeichnet sie daher als kalte Rottöne.

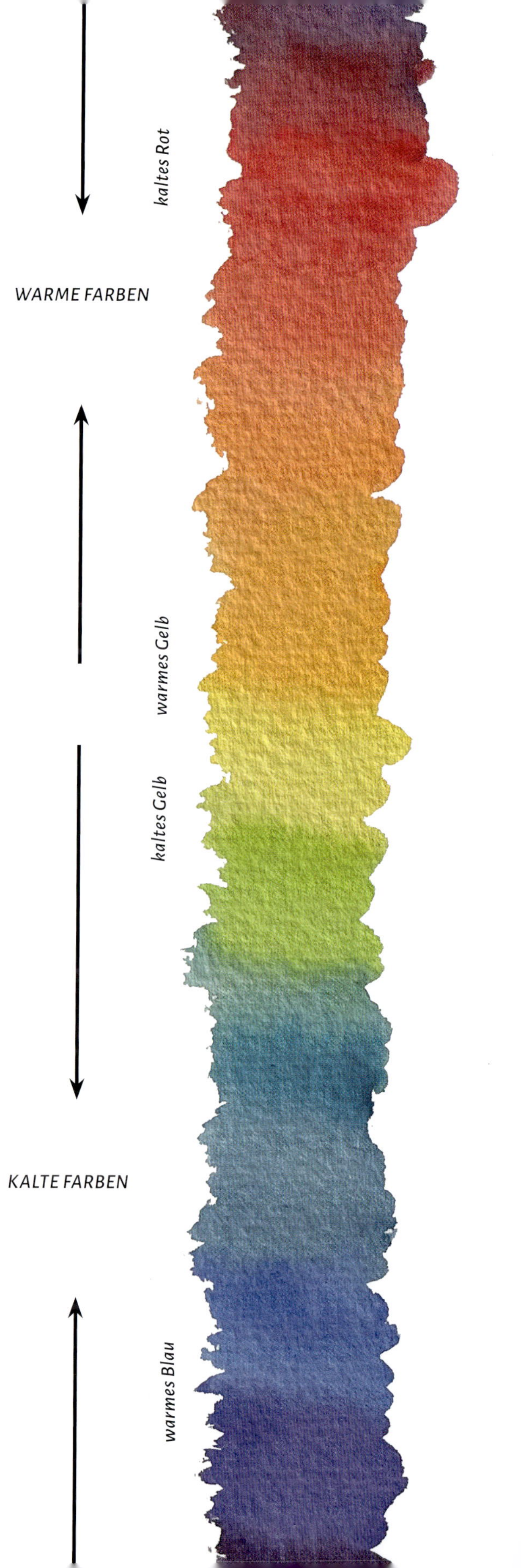

▶ Das Spektrum der sichtbaren Farben von Magenta bis Violett zeigt den Umfang der Farbtemperaturen vom warmen Rot bis zum kalten Blau. Zieht man die Enden des Spektrums zu einem Kreis zusammen, ähnelt es dem Farbkreis auf Seite 17.

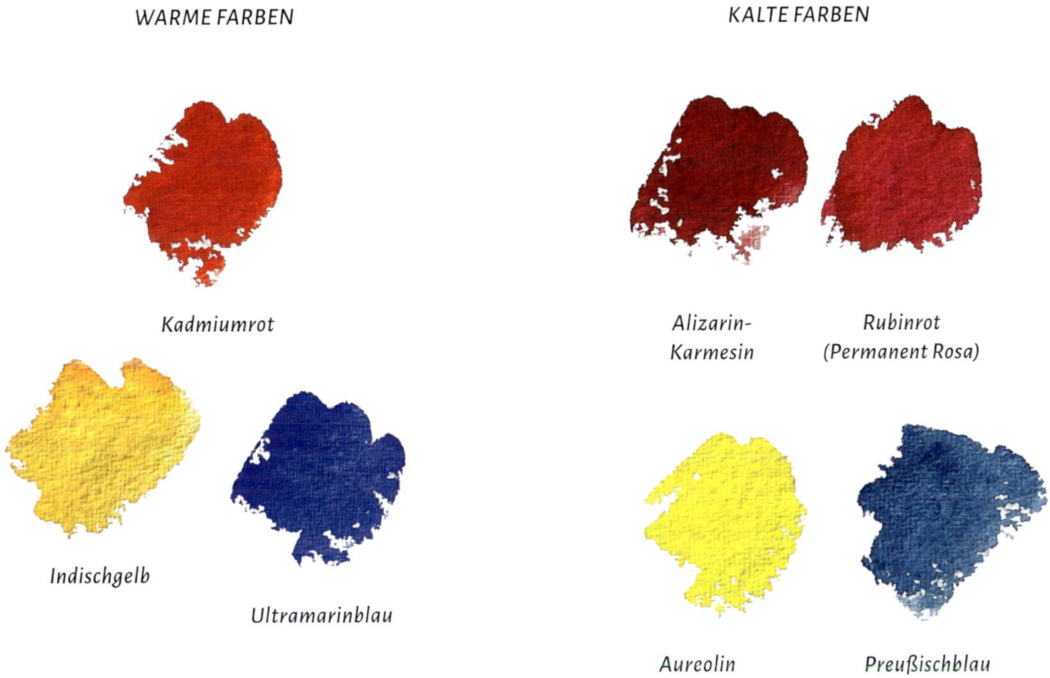

▲ Eine warme und eine kalte Version jeder Grundfarbe bilden die wesentlichen sechs Farben meiner Palette.

DIE TENDENZ DER TEMPERATUR BEIM MISCHEN

Die Temperatur der Farben ist beim Mischen von großer Bedeutung, weshalb sie auch ein entscheidender Faktor bei der Auswahl der Farben für eine reduzierte Farbpalette ist, wie sich in diesem Buch immer wieder zeigen wird. Möchte man etwa die Sekundärfarbe Orange haben, ergibt die Mischung eines warmen Rots mit einem warmen Gelb ein leuchtenderes Orange als der Mix eines warmen Rots mit einem kalten Gelb, weil Orange eine warme Farbe ist. Entsprechend entsteht aus einem kalten Blau mit einem kalten Gelb ein helleres Grün, weil Grün eine kalte Farbe ist. Beim Mischen von Violett braucht man für den reinsten Farbton ein warmes Blau und ein kaltes Rot. Wie im (links dargestellten) Spektrum zu sehen, liegt Violett am Ende der Skala, da es aus Rot und Blau besteht.

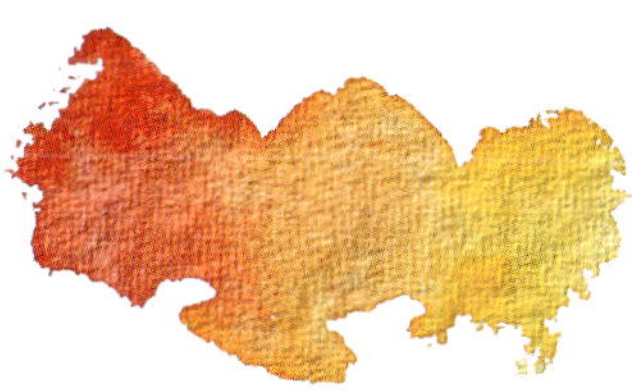

Orange: Zwei warme Farben, Kadmiumrot und Indischgelb, ergeben das strahlendste Orange.

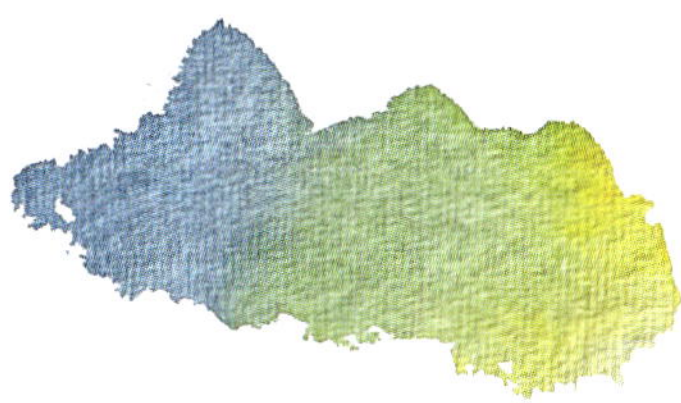

Grün: Aus zwei kalten Farben, Preußischblau und Aurelion, geht das leuchtendste Grün hervor.

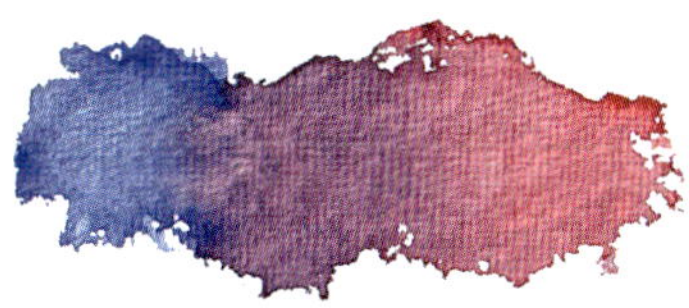

Violett: Zwei Farben unterschiedlicher Temperaturneigung – warmes Blau, Ultramarin, und kaltes Rot, Rubinrot – machen das brillanteste Violett.

Ultramarinblau (UB; warmes Blau)

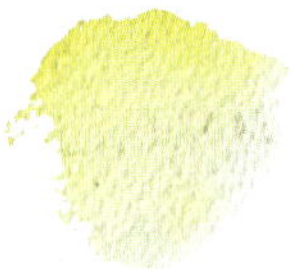

Aureolin (AU; kaltes Gelb)

Indischgelb (IG; warmes Gelb)

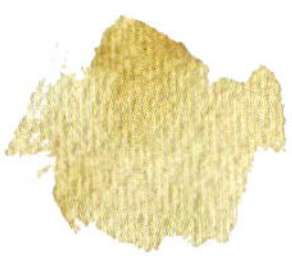

Lichter Ocker (LO; warmes, erdiges Gelb)

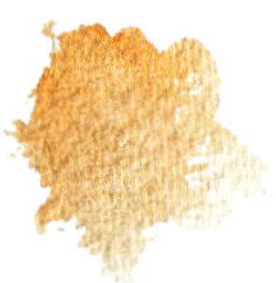

Lasurorange (nur für den Schnabel und die Beine)

Beispiel:

Temperaturtendenz – Mischen von Grüntönen

Das Ziel dieser Übung ist es, den Effekt der Temperaturtendenz bei einem gemischten Grün zu erkennen. Wir werden auch prüfen, wie die blaue Schattenfarbe durch die Überlagerung der diversen Grüntöne abgemildert wird. Für diese Übung braucht man drei Blätter Papier und fünf Farben.

UB + AU gemischt

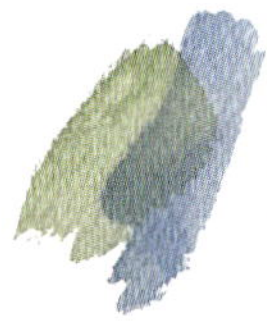

Farbüberlagerung: UB + AU über UB

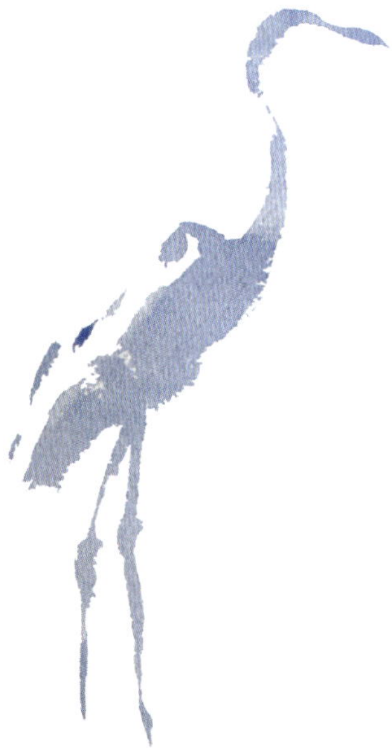

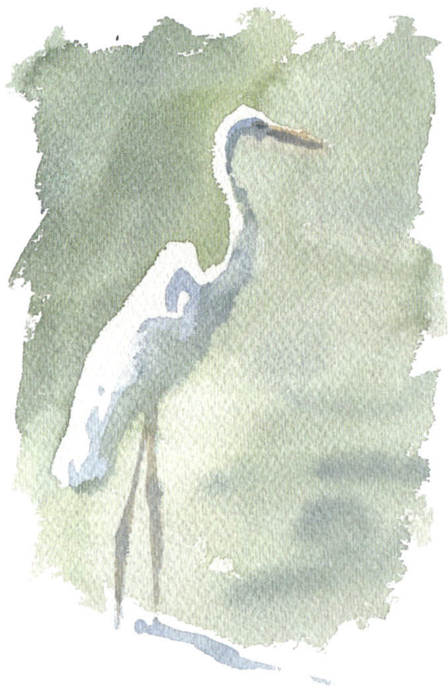

1 Übertragen Sie mit Ultramarinblau die blaue Form, die die Schatten auf dem Vogel darstellt, auf drei kleine separate Blätter Papier.

2 Mischen Sie Ultramarinblau mit Aureolin (einem kalten Gelb), um einen Grünton zu erhalten. Malen Sie auf dem ersten Blatt den Hintergrund rund um den ersten Vogel; die Form des Körpers entsteht negativ durch das Freilassen der lichten Partien auf dem Rücken und Hals. Bringen Sie nun das Grün auch vor dem Vogel ein und überlagern Sie damit die untere Partie seines Bauchs.

Beobachtung Die Temperatur des Gelbtons bestimmt die Helligkeit des Grüns

- Je kälter das Gelb, umso leuchtender ist das Grün. Das leuchtet ein, weil Aureolin Richtung Grün tendiert. Wo der Mix den Schatten auf dem Bauch überlagert, verwandelt sich das Blau in Grün.
- Je wärmer das Gelb, desto weniger leuchtend, aber natürlicher wirkt das Grün. Indischgelb strebt Richtung Orange, dämpft also das Grün, indem es einen Hauch von Rot, der Komplementärfarbe von Grün, einbringt. Wo dieses Grün den Schatten auf dem Bauch überlagert, verändert sich das Blau in Richtung Grau.
- Das warme, stumpfe Lichter Ocker bringt ein mattes Grün hervor. In der Überlagerung auf dem Bauch verstärkt es den Schatten zu einem natürlichen Grau.

UB + IG gemischt

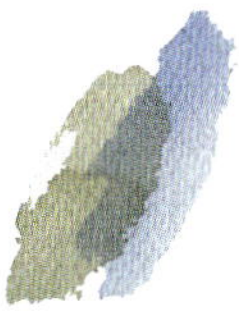

Farbüberlagerung: UB + IG über UB

UB + LO gemischt

Farbüberlagerung: UB + LO über UB

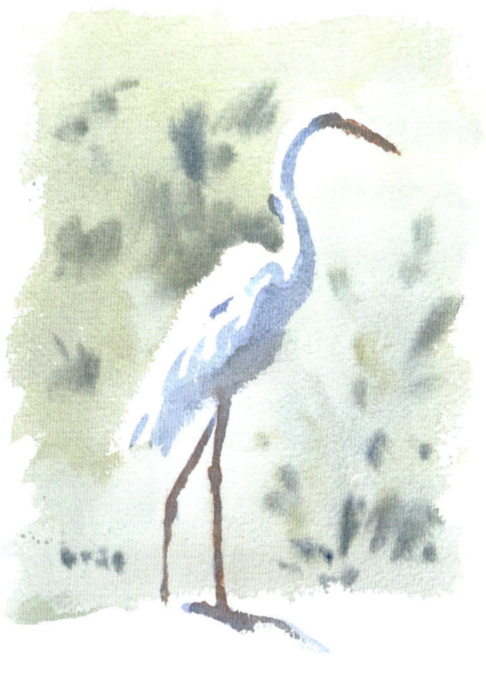

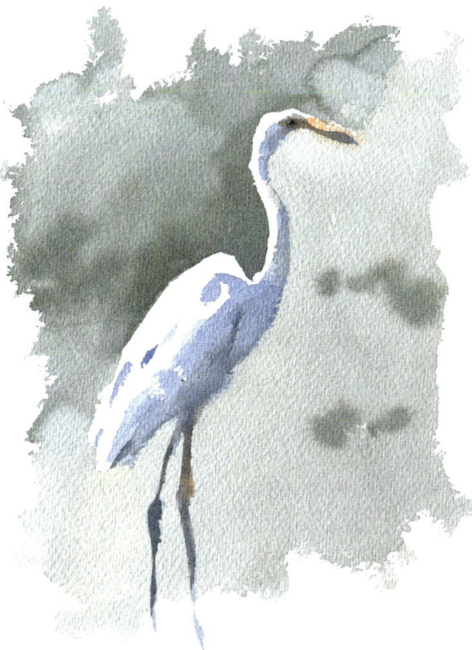

3 Mischen Sie Ultramarinblau mit Indischgelb (einem warmen Gelb), um einen Grünton zu erhalten. Malen Sie auf dem zweiten Blatt wie zuvor den Hintergrund um den Vogel und lassen Sie die Stellen weiß, die die Körperform des Vogels bilden. Überlagern Sie die Bauchpartie des Vogels, um den Schatten zu vertiefen.

4 Mischen Sie Ultramarinblau mit Lichter Ocker (einem warmen, erdigen Gelb), um einen Grünton zu erhalten. Er wirkt matter als die beiden anderen Grüntöne, weil es sich um ein bräunliches Gelb handelt. Malen Sie auf das dritte Blatt den gleichen Hintergrund wie zuvor und überlagern Sie wieder die verschattete Partie des Bauchs.

5 Wenn die Bilder getrocknet sind, färben Sie den Schnabel und die Beine aller drei Vögel mit Lasurorange, um die Skizzen zu vollenden.

Der Einsatz der Farbtemperatur

Die Wärme des Rots und die Kälte des Blaus tragen auch stark zum Raumgefühl auf dem Aquarellpapier bei. Rot hat die Eigenschaft, auf der Bildebene hervorzutreten, und Blau tendiert zum Zurückweichen. Beispiele dafür aus der realen Welt sind die Fähigkeit roter Warnschilder, die Aufmerksamkeit auf sich zu ziehen, oder die Tatsache, dass Hügel umso blauer erscheinen, je weiter sie vom Beobachtenden entfernt sind. Die reduzierte Farbpalette kann sich diesen Effekt ganz einfach zunutze machen, indem sie bei den Farbmischungen für den Hintergrund die kältesten Farben und für die Mischungen im Vordergrund die wärmsten Farben bevorzugt. Bei einer reduzierten Palette, die sich auf die drei Farben Rot, Gelb und Blau beschränkt, bedeutet dies oft, einfach mehr Blau in die Farbmischungen für den Hintergrund und mehr Rot oder Gelb in die Farbmischungen für den Vordergrund einzubringen.

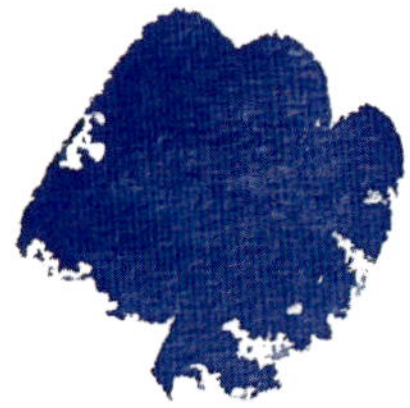

Ultramarinblau

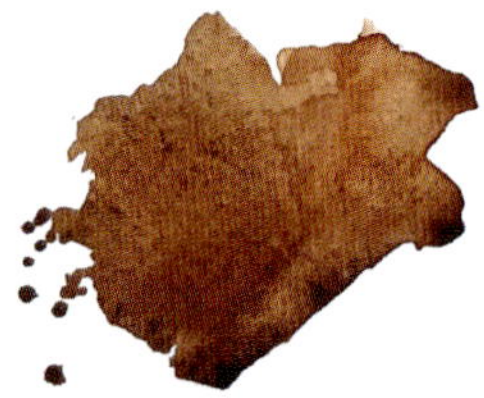

Siena gebrannt

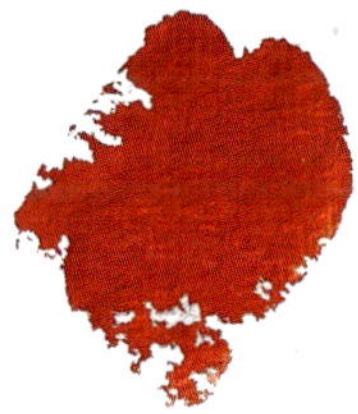

Kadmiumrot

▼ **Am Strand, Vater und Söhne,**

18 × 23 cm

Rot ist eine Farbe, die auf der Bildebene in den Vordergrund tritt. Das rote Hemd des Jungen hebt sich viel deutlicher gegen den Hintergrund ab als die anderen Farben der beiden Figuren neben ihm.

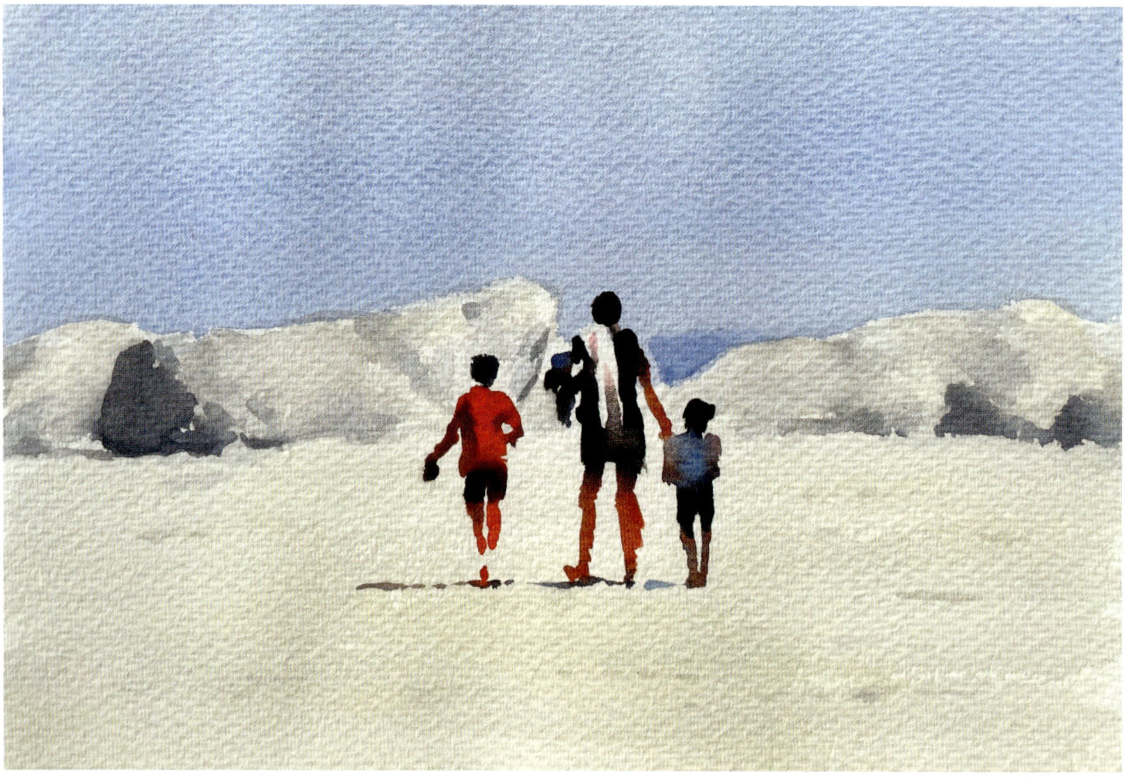

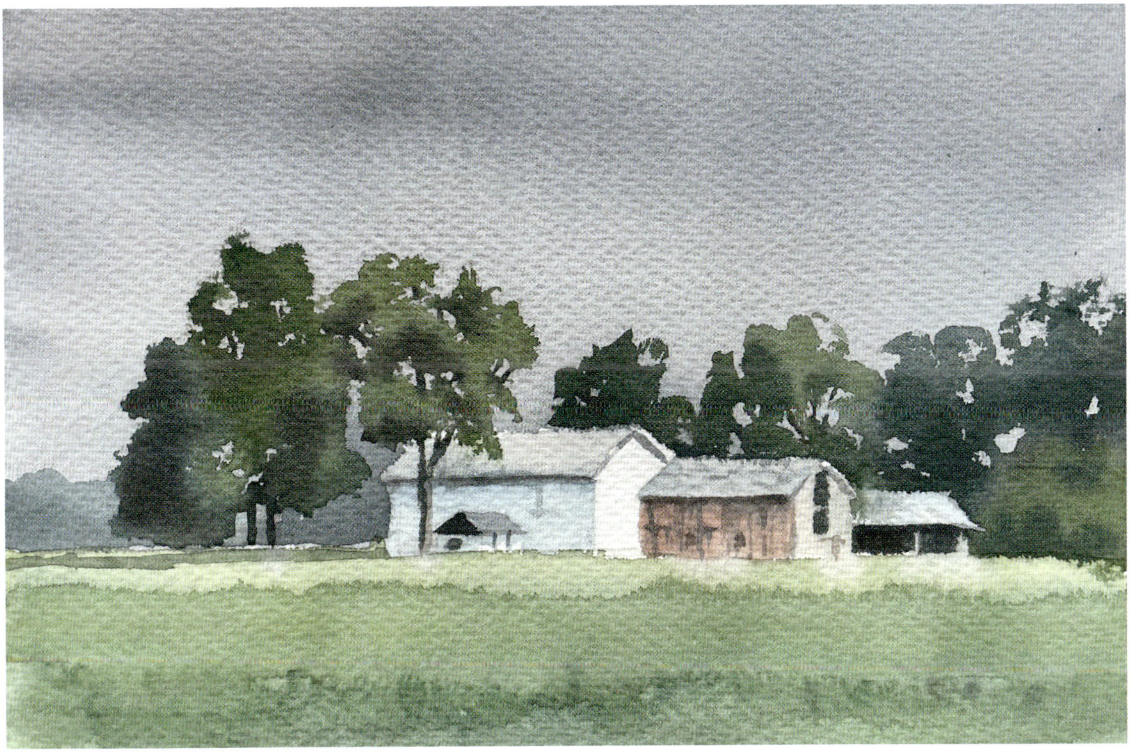

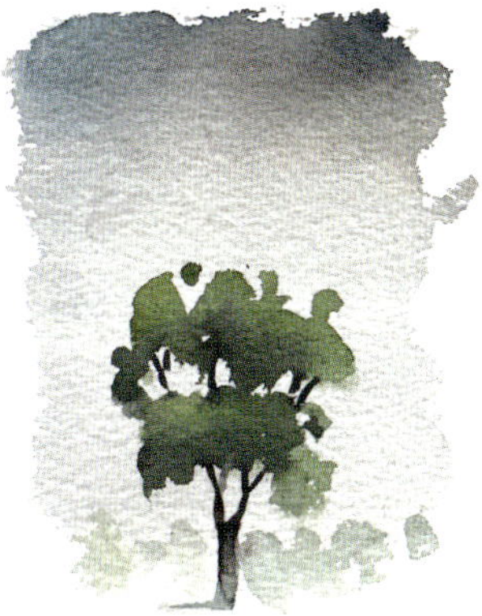

▲ **Auf der Fahrt durch Michigan,**

18 × 23 cm

Die Farbtemperatur hilft uns, das dicke Papier als eine Repräsentation des dreidimensionalen Raums zu sehen. Die stärker bläuliche Farbe der fernen Baumreihe verrät uns, dass sie weiter entfernt ist als die in einem leuchtenderen Grün gemalten Bäume rund um das Haus und die Scheunen; das warme Gelb in dem Grün des Feldes verortet dieses im Vordergrund. Preußischblau und Indischgelb ergeben die Grüntöne in diesem Bild; für die Schatten wurden sie mit Kadmiumrot abgedämpft.

Preußischblau

Indischgelb

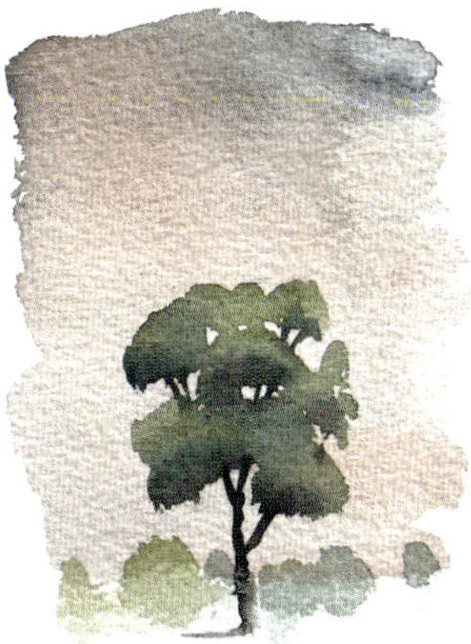

◀ Indem man den relativen Anteil des Preußischblaus oder des Kadmiumrots bei dieser aus nur zwei Farben bestehenden Mischung für den Himmel anpasst, lässt sich die Temperatur leicht von Kalt nach Warm verschieben. Sie kann aber auch, wie im oberen Bild, neutral bleiben.

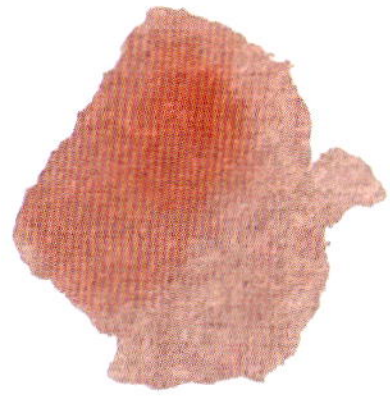

Kadmiumrot

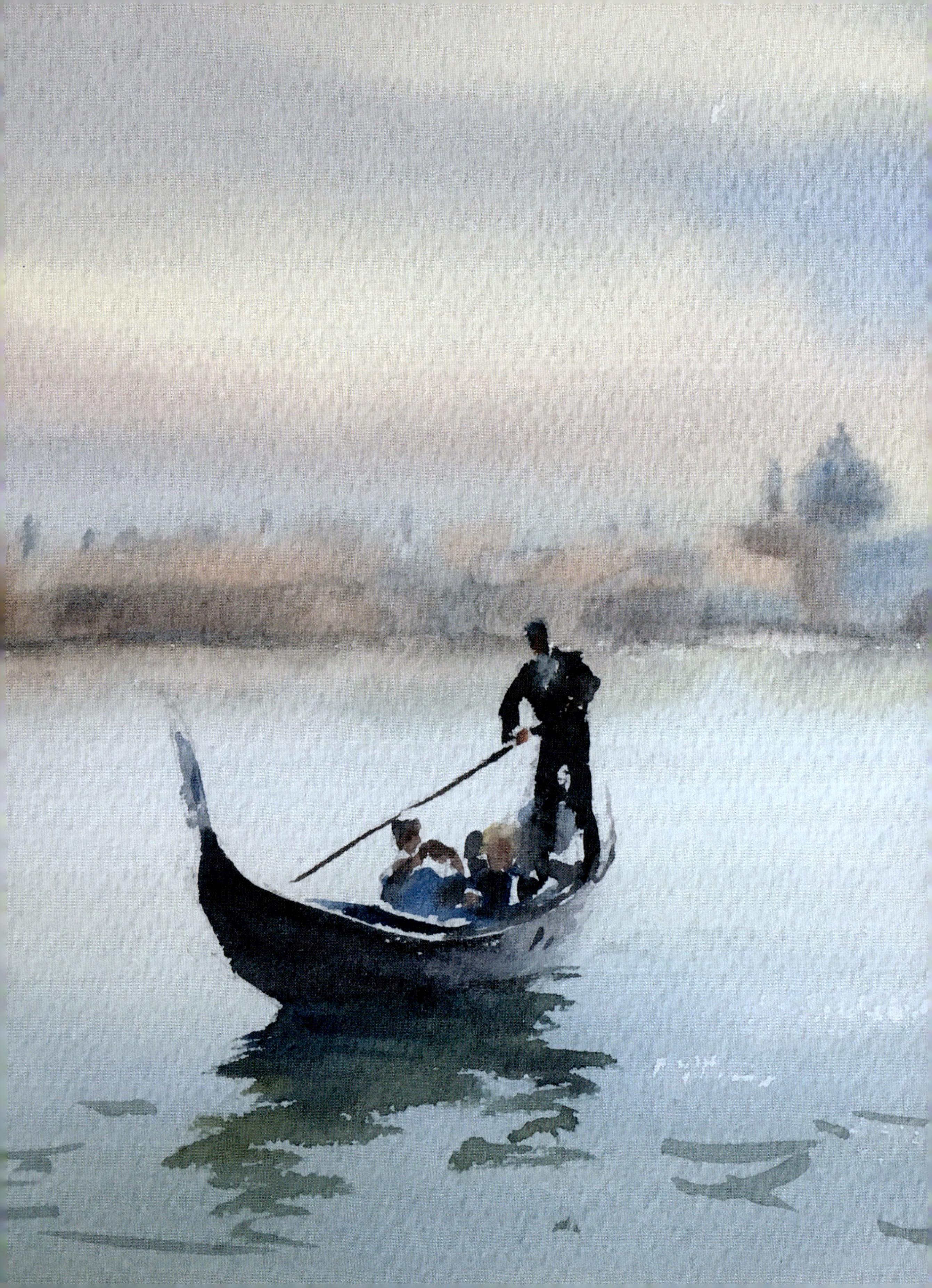

Kombinieren der Primärfarben

Den meisten dürften die Grundprinzipien des Farbmischens bereits vertraut sein. Rot, Gelb und Blau sind die Primärfarben der Malerei. Aus dem Mischen zweier Primärfarben entstehen die Sekundärfarben Orange, Grün und Violett. Aus der Vermischung der drei Primärfarben ergeben sich die Braun-, Grau- und Schwarztöne.

Palette aus Primärfarben

Da die drei Primärfarben so gemischt werden können, dass aus ihnen alle anderen Farben entstehen, ist es vernünftig, zu lernen, wie sich ein Bild mit einer Palette aus nur drei Farben malen lässt. Das ist der Leitgedanke hinter der reduzierten Farbpalette. In diesem Buch finden sich ständig Bilder, die mit nur drei Farben gemalt wurden; meist mit Versionen von Blau, Gelb und Rot. Welches Blau, Gelb und Rot genau genutzt wurde, ist der Schlüssel zum Erfolg ihrer jeweiligen Farbgebung. Manchmal ersetzt ein Braun das Rot oder das Gelb, oder ein Violett kommt statt Blau oder Rot zum Einsatz.

Die Beschränkung auf nur drei zu bedenkende Farben macht das Mischen hinsichtlich der aufzuwendenden Zeit und Arbeit effizient. Damit beschleunigt es den Malvorgang – ein entscheidender Vorteil, wenn man die sich ständig verändernden Lichtverhältnisse im Bild festhalten möchte!

Das Prinzip ist in der Theorie ganz leicht zu verstehen, aber seine Umsetzung in die Praxis ist deutlich schwieriger. Genau dabei möchte dieses Buch eine Hilfe sein.

◀ Venezianische Impression,

30,5 × 48 cm

Drei Farben, Ultramarinblau, Kadmiumrot und Aureolin, also ein Blau-, ein Rot- und ein Gelbton, verbinden sich auf dem Papier zu subtilen Grün-, Mauve- und Orangetönen. Die Mischungen aller drei Farben ergeben die Brauntöne der Haut und die Schwarz- und Grautöne der Gondel.

Mischen zweier Primärfarben

▼ Ein Farbraster aus den sechs im Text genannten Farben zeigt einige der vielen möglichen Varianten von Sekundärfarben, die aus dem Mischen zweier Primärfarben hervorgehen können. Malen Sie ihr eigenes Raster, um zu erkennen, wie fein die Unterschiede zwischen ähnlichen Farbtönen sind, und wie leicht sie heller oder stumpfer wirken können, wenn sie nebeneinander auftreten! (Und nach dem Malen des Rasters kann man beim Blick ins Auswaschwasser feststellen, dass zu viele verschiedene Pigmente zusammen ein schlammiges Braun oder stumpfes Grau ergeben.)

Um zu verstehen, wie man so wenig Farben wie möglich für ein Bild auswählt, beginnen wir mit dem Mischen zweier Primärfarben. Das Mischen ist eine Kunst, die Präzision verlangt, und man kann nie zu viel Sorgfalt darauf verwenden, die Grundfarben auf der Palette oder dem Papier zu mischen, um den gewünschten Farbton zu erzielen. Angesichts all der schönen Versionen von Rot-, Gelb- und Blautönen in jedem beliebigen Farbensortiment sind viele verschiedene Grün-, Orange- und Violetttöne möglich. Um die Auswahl zu erleichtern, will ich mich auf den nächsten Seiten auf die warmen und kalten Varianten der Primärfarben beschränken, die ich am häufigsten verwende. Aus ihnen mischen wir dann die Töne der Sekundärfarben. Bei den Farben handelt es sich um: **Ultramarinblau** (warm) und **Preußischblau** (kalt); **Indischgelb** (warm) und **Aureolin** (kalt) sowie **Kadmiumrot** (warm) und **Rubinrot** (Permanent Rosa, kalt). Unser Ziel besteht darin, den feinen Unterschied in den Mischungen hinsichtlich Leuchtkraft und Mattheit zu erkennen. Dass sie diese Feinheiten verkennen, verleitet angehende Künstler:innen oft dazu, auf der Suche nach dem richtigen Ton viel mehr Farben zu verwenden, als sie brauchen.

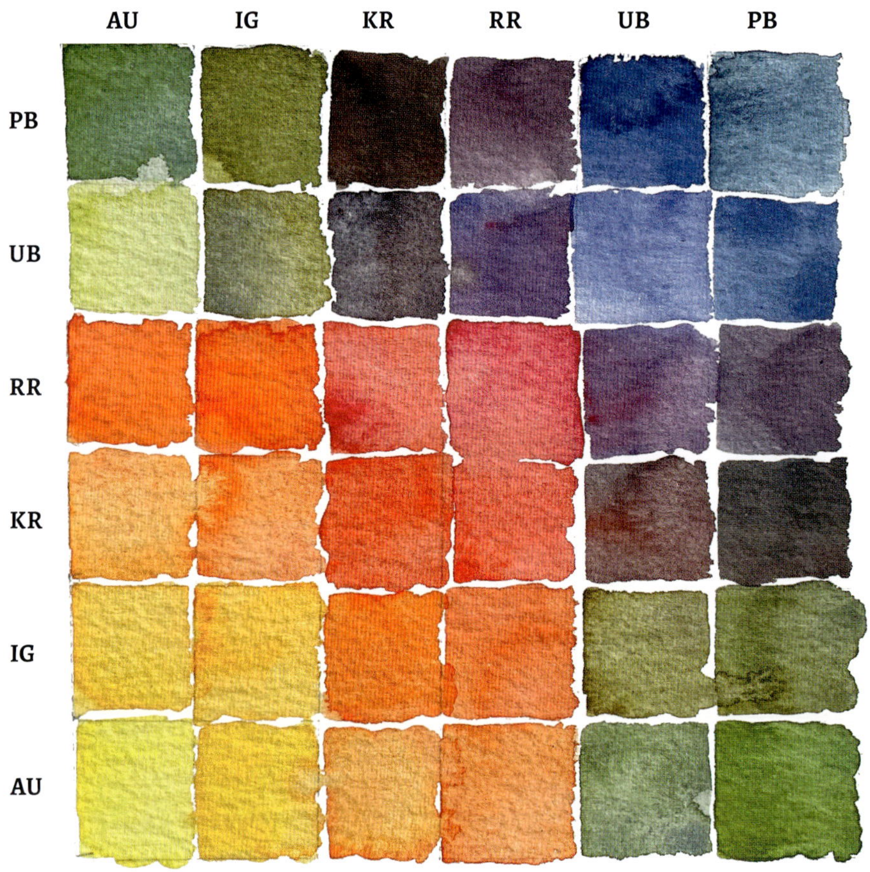

PB = Preußischblau
UB = Ultramarinblau
RR = Rubinrot (Permanent Rosa)
KR = Kadmiumrot
IG = Indischgelb
AU = Aureolin

Harmonie von Farben

Mit diesen sechs Farben kann man eine Fülle von Farben isoliert nebeneinander bringen; aber Gemälde bestehen nicht aus isolierten, sondern aus kombinierten Farben. Die Kunst des erfolgreichen Mischens ist es, Farben zu veranlassen, als Gesamtheit zusammenzuarbeiten, miteinander so zu interagieren, dass sie die Farbgebung wiedergeben, die die Maler:innen darstellen möchten. Ich bin der Meinung, dass die reduzierte Farbpalette eine »Kunst der Annäherung« bewirkt, weil durch eine Einschränkung der Variablen jede Farbe befähigt wird, mit anderen Farben direkter zu interagieren. Farben, die sich auf dem Farbkreis gegenüberliegen, intensivieren den Farbton der jeweils anderen und erscheinen durch den Kontrast ihre Komplementärfarbe leuchtender. Ebenso verstärken Farben, die hinsichtlich ihrer Temperaturtendenz gegensätzlich sind, die relative Wärme oder Kälte der jeweils anderen, wenn sie im Gemälde nebeneinander auftauchen.

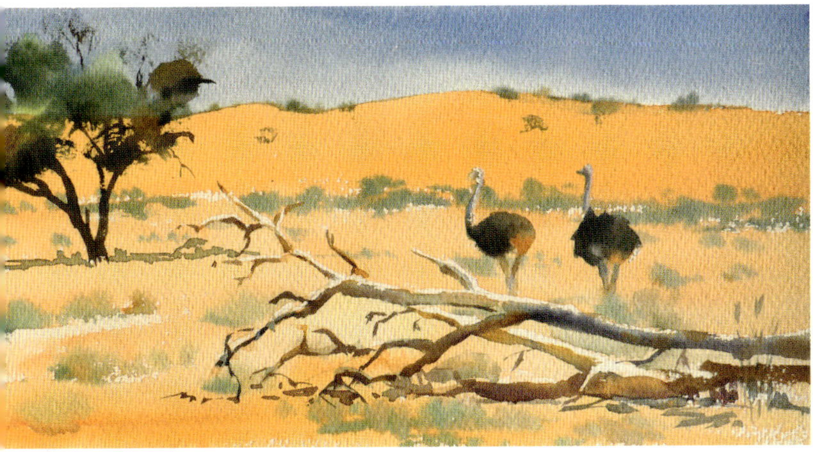

◄ **Auf dem Weg in die Dünen,**
15 × 30,5 cm

Das leuchtende Orange der Dünen ist aus Indischgelb und Rubinrot gemischt und wird durch das angrenzende Blau (seine Komplementärfarbe im Farbkreis) des Himmels verstärkt. Das Preußischblau, ein kaltes Blau, lässt das Orange durch den Kontrast wärmer wirken. Vergleichen Sie diese Farbgebung mit der des Gemäldes darunter!

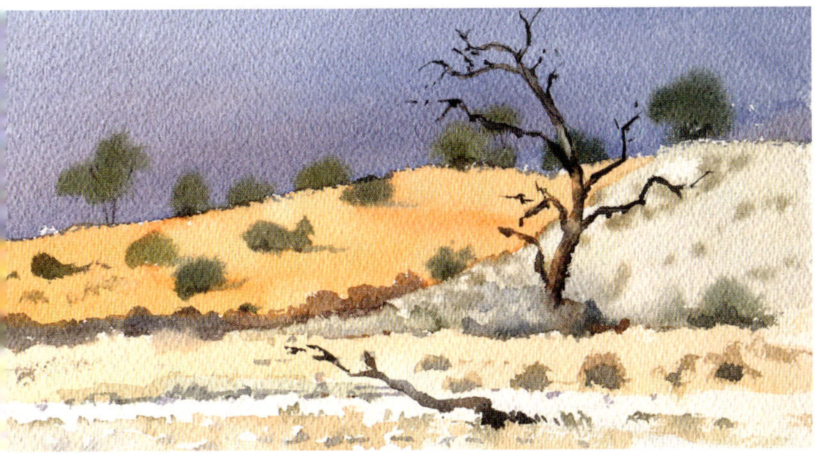

◄ **Dünen in der Kalahari,**
15 × 30,5 cm

Hier ist der blaue Himmel mit Ultramarinblau (einem warmen Blau) gemalt, dem ein Spritzer Rubinrot hinzugefügt wurde, um ihn violetter zu machen. Die Dünen sind mit den gleichen Farben gemalt wie im Bild darüber, durch den Kontrast zu dem Violett des Himmels (seiner Komplementärfarbe im Farbkreis) wird aber das Gelb in der Orange-Mischung verstärkt.

Kaltes Blau + Gelb-Variationen = Grün

Die Sekundärfarbe Grün wird aus einer Kombination von Blau und Gelb gemischt: Je kühler das Blau und das Gelb sind, umso leuchtender wird das Grün; je wärmer diese beiden Farben sind, umso stumpfer wird das Grün.

Preußischblau (kaltes Blau) + Aureolin (kaltes Gelb)

Preußischblau, eine sehr kräftige, schwer vom Papier anzulösende Farbe, ist ein kaltes, lasierendes Blau, das im Farbkreis in Richtung Grün tendiert. Gemischt mit Aureolin, einem kalten, halblasierenden Gelb, ergibt sich ohne große Mühe ein strahlendes Grün. (Phthaloblau ist ein ähnliches, aber leuchtenderes kaltes, lasierendes und vom Papier schwer anlösbares Blau.)

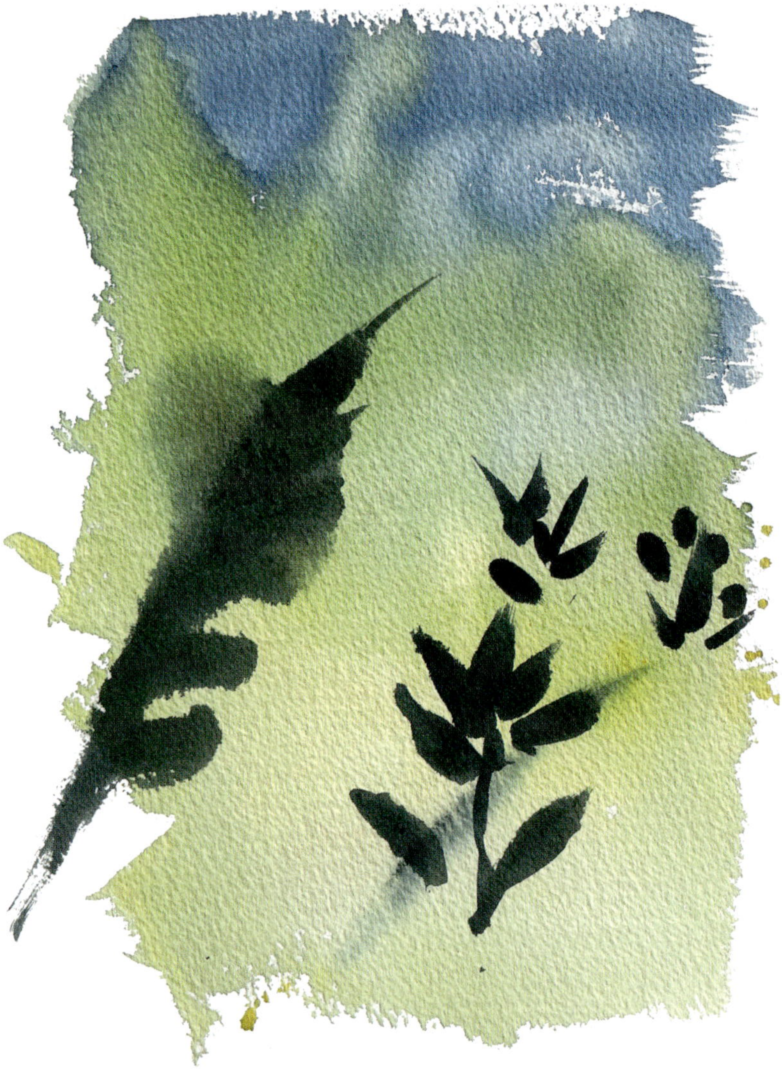

◀ Die Mischung eines kalten Blaus mit einem kalten Gelb ergibt ein leuchtendes Grün, weil beide Farben nach Grün streben. Der zusammengemischte Farbton hängt weitgehend davon ab, wieviel Gelb dem Blau hinzugegeben wird. Bei den dunkelgrünen Formen der Blätter wurde sehr wenig Aureolin hinzugemischt, beim blassgrünen Hintergrund wurde hingegen viel Aureolin mit sehr wenig Preußischblau angerührt.

Preußischblau (kaltes Blau) + Indischgelb (warmes Gelb)

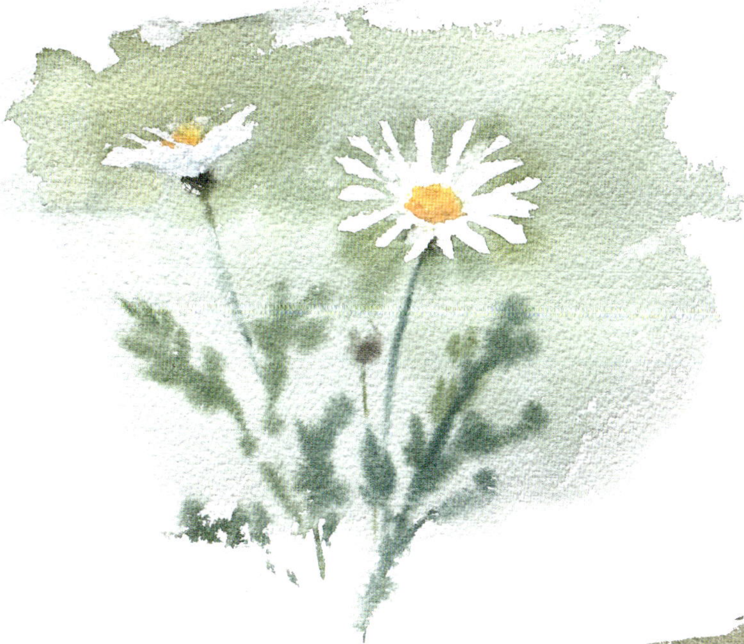

Indischgelb ist ein viel wärmeres Gelb als Aureolin. Die Grüntöne, die aus der Mischung mit Preußischblau hervorgehen, sind weniger kräftig als die Grüntöne auf der gegenüberstehenden Seite, weil ein warmes Gelb nach Rot strebt, der Komplementärfarbe von Grün, und das Rot das Grün abstumpft (mehr dazu folgt später).

▲ ▶ Das Goldgelb des Pollenkerns des Gänseblümchens verlangt nach einem warmen Gelb, hier dem Indischgelb. Entsprechend ist das gemischte Grün weniger leuchtend und sieht sehr natürlich aus. Die Grüntöne für den Hintergrund werden abgestuft, um je nach größerer oder geringerer Zugabe von Indischgelb in der einzelnen Mischung stärker gelb oder blau zu erscheinen.

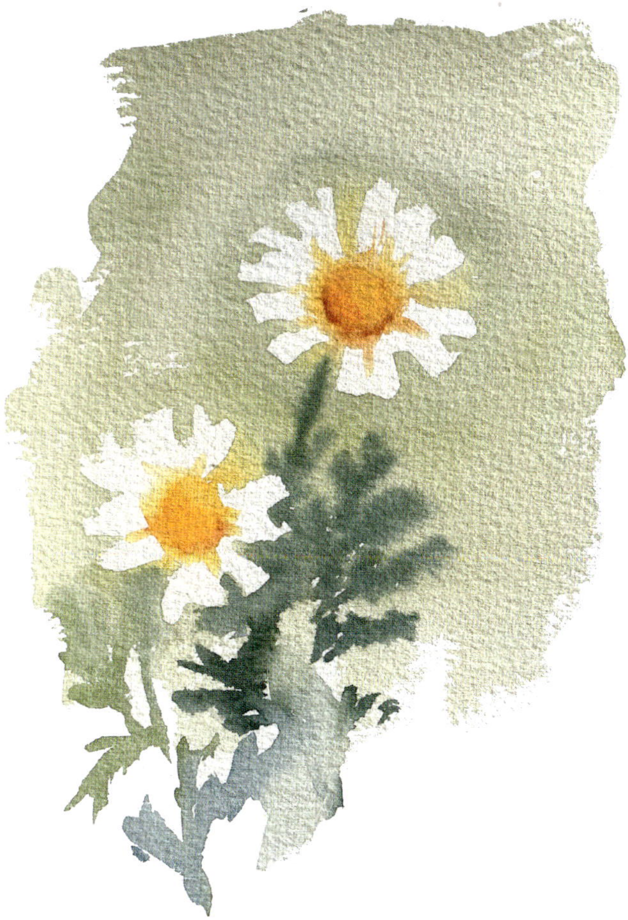

Warmes Blau + Gelb-Variationen = Grün

Ultramarinblau (warmes Blau)
+ Aureolin (kaltes Gelb)

Ultramarin ist ein warmes, transparentes Blau, das für gewöhnlich in zwei Zwischentönen angeboten wird: eher grünlich oder eher rötlich. Hier kommt die eher grünliche Variante zum Einsatz: Ultramarin feinst (die Pigmentpartikel sind feiner gemahlen als bei der rötlichen Version, dem Franz. Ultramarin). Ultramarin feinst ist eine leicht vom Papier anzulösende Farbe, die sich durch leichtes Reiben gut abheben lässt. Franz. Ultramarin ist wärmer und besteht aus größeren Partikeln, wodurch es granulierender ist. Beide Varianten ergeben in der Mischung mit Aureolin ein etwas stumpferes Grün als der Mix aus Aureolin und Preußischblau.

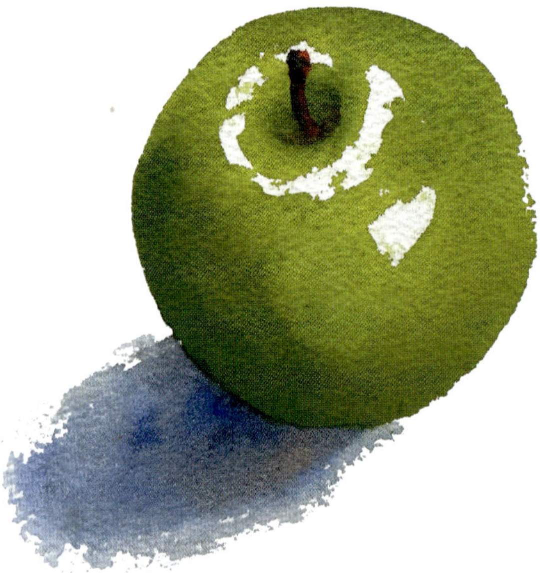

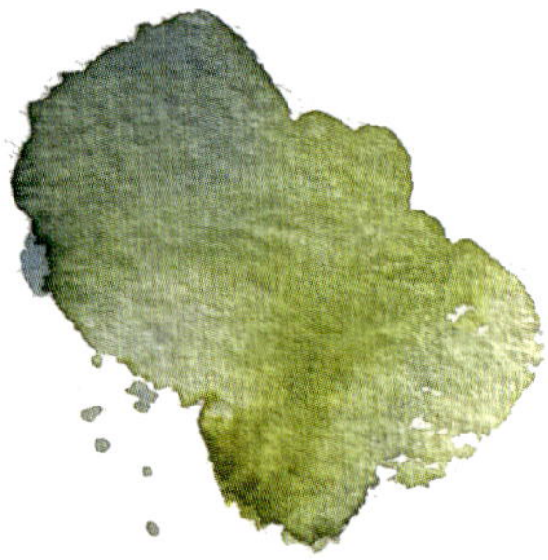

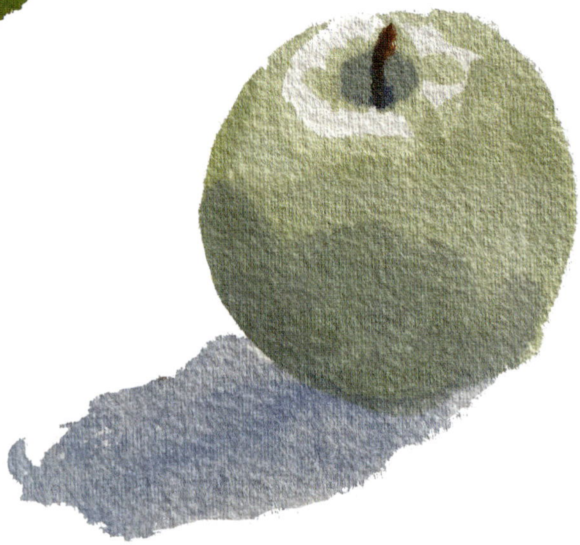

▲ ▶ In diesem Beispiel ist der obere Apfel mit einer satten Mischung aus warmem Ultramarin und kaltem Aureolin gemalt, das mit einem hohen Anteil von Aureolin immer noch ein leuchtendes, natürliches Grün ergibt. Der untere Apfel wurde mit einer verdünnten Lavierung der gleichen beiden Farben skizziert; die Mischung enthält aber mehr Blau und wirkt weniger lebhaft als der entsprechende Farbton auf S. 44, der aus Preußischblau und Aureolin angerührt wurde.

Ultramarinblau (warmes Blau) + Indischgelb (warmes Gelb)

Aus dem warmen Blau und dem warmen Gelb entwickelt sich gemischt ein stumpferes Grün, weil sowohl Ultramarin feinst als auch Indischgelb nach Rot streben, der Komplementärfarbe von Grün. Viele Grüntöne in der Natur sind nicht besonders leuchtend, daher ist diese Mischung sehr praktisch, um stumpfe, natürliche Grüntöne der Landschaft wiederzugeben.

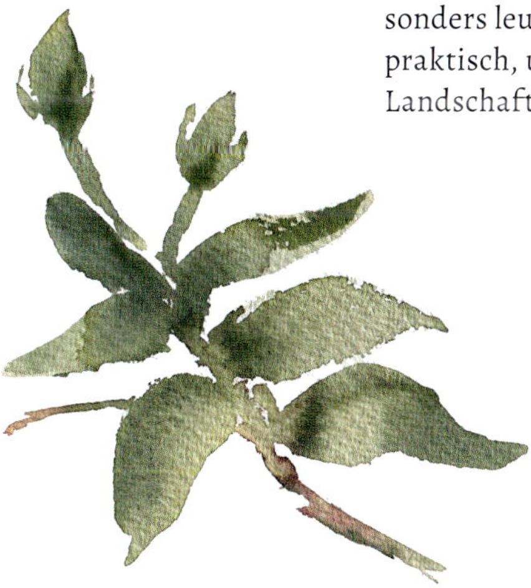

▲ ▶ Das warme Blau und das warme Gelb ergeben gemischt ein recht mattes, aber natürlich wirkendes Grün, weil beide Farben im Farbkreis in Richtung Rot tendieren; da Rot die Komplementärfarbe von Grün ist, stumpft es die Grünwirkung der Mischung ab.

▼ **Das rosa Kleid,**

25,5 × 38 cm

Die Vegetation auf den Dünen zeigt hier ein stumpfes Grün, der Sand ein warmes Gelb und der Himmel ein warmes Blau – Indischgelb und Ultramarinblau eignen sich also ideal. Ergänzend kommen in dem Bild Rubinrot (Permanent Rosa) und Siena gebrannt zum Einsatz.

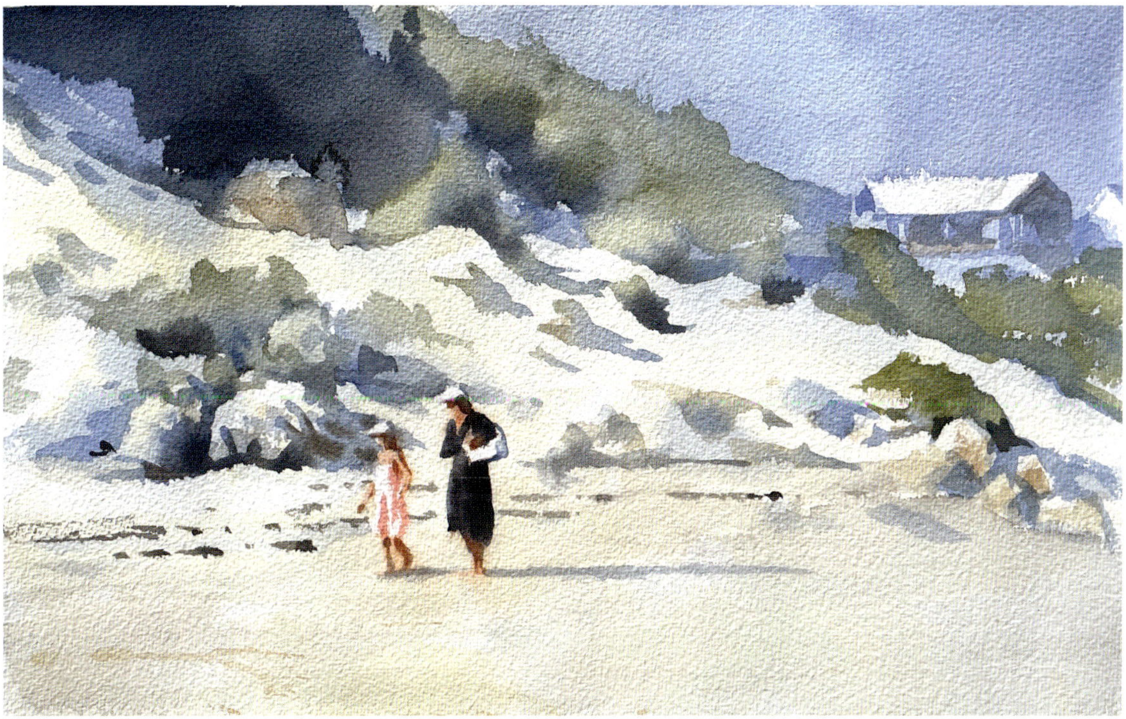

Warmes Gelb + Rot-Variationen = Orange

Die Sekundärfarbe Orange entsteht aus der Mischung von Gelb und Rot. In der Regel wird mehr Gelb als Rot für die Mischung benötigt, weil rote Pigmente meist kräftiger oder intensiver sind. Die Temperatur der Farbe bestimmt die Leuchtkraft der Mischung. Da Orange eine warme Farbe ist, ergibt die Mischung eines warmen Gelbs mit einem warmen Rot das leuchtendste Orange. Die Mischung eines kalten Gelbs mit einem kalten Rot führt zum stumpfesten Orange. Wenn das erwünschte Orange Deckkraft besitzen soll, ersetze ich die hier verwendeten Gelbtöne durch Kadmiumgelb oder Zitronengelb, die stärker deckend sind.

*Indischgelb (warmes Gelb)
+ Kadmiumrot (warmes Rot)*

Indischgelb ist ein warmes, lasierendes, halb anzulösendes Gelb auf dem Weg Richtung Orange. Es ist seit vielen Jahren mein bevorzugtes warmes Gelb und lässt sich gut mit Rottönen mischen, um die trockenen Landschaften Afrikas und anderer heißer Länder zu malen. Kadmiumrot ist ein deckendes, leuchtendes Rot; wenn ich mehr Transluzenz haben will, ersetze ich es durch ein warmes, lasierendes Rot wie Scharlachrot oder das etwas kühlere Chinacridonrot.

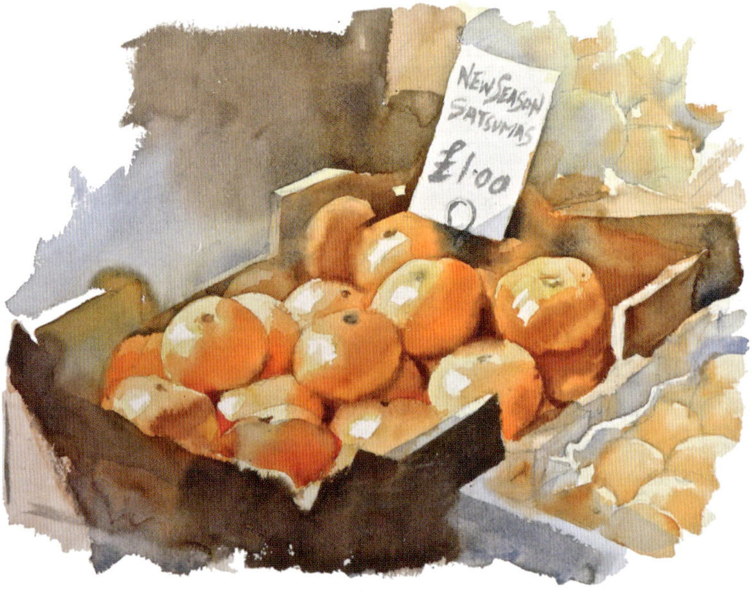

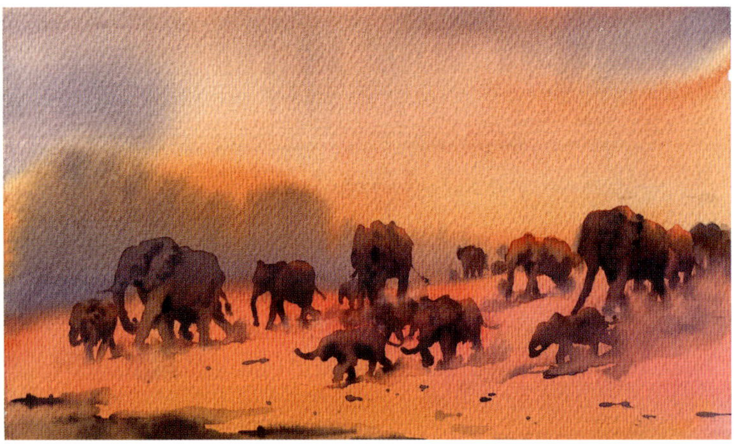

▲ Das warme Indischgelb und das warme Kadmiumrot ergeben ein strahlendes Orange – ideal zur Wiedergabe dieser Satsumas.

◀ In diesem Gemälde wollte ich für den warmen Schimmer des Himmels ein kräftiges, leuchtendes Orange. Daher tauschte ich in der Mischung mit Indischgelb das Kadmiumrot gegen Scharlachrot aus, das aus dem modernen, transparenteren Pigment Pyrrol besteht.

Indischgelb (warmes Gelb) + Rubinrot (kaltes Rot)

Rubinrot (Permanent Rosa) ist ein kaltes, lasierendes Rosarot. Gemischt mit dem warmen Indischgelb erhält man ein leuchtendes Orange, das dank der Transparenz einen schönen, strahlenden Glanz besitzt.

▼ Indischgelb und Rubinrot ergeben ein strahlendes Orange für die Darstellung der Früchte. (Die dritte in diesem Gemälde verwendete Farbe ist Preußischblau; dieses vermischt sich gut mit dem Indischgelb zu den natürlichen Grüntönen der Blätter).

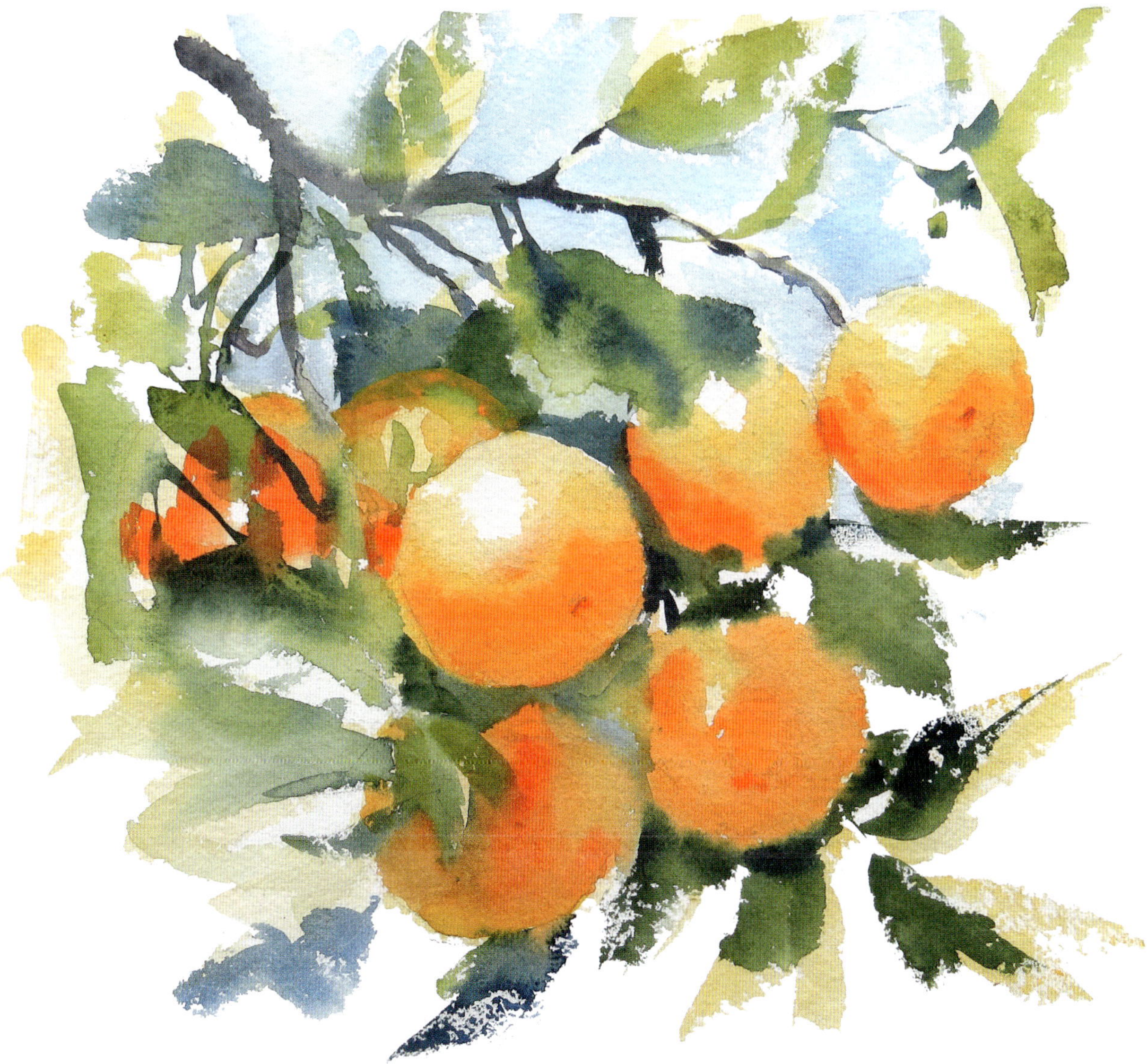

Kaltes Gelb + Rot-Variationen = Orange

Aureolin ist ein kaltes, halblasierendes, halb vom Papier anzulösendes Gelb, das Richtung Grün (und weiter nach Blau) strebt. Orange ist im Farbkreis die Komplementärfarbe zu Blau. Wir können also daraus schließen, dass ein weniger leuchtender Orangeton entstehen wird, wenn wir das Rot mit einem kalten Gelb mischen. Orange ist aber eine warme Farbe und bleibt strahlend.

Aureolin (kaltes Gelb) + Kadmiumrot (warmes Rot)

Die Lebhaftigkeit des Orange wird durch das kalte Aureolin und die Deckkraft des Kadmiumrots leicht abgedämpft. Wegen der Wärme des Kadmiumrots bleibt das Orange allerdings leuchtend.

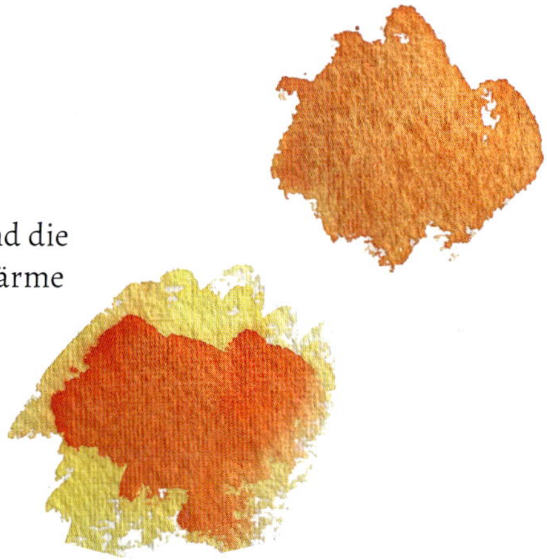

▲ Die Mischung aus Aureolin und Kadmiumrot in der oberen Probe ist nicht so strahlend wie in der unteren, wo Aureolin über Kadmiumrot gelegt ist.

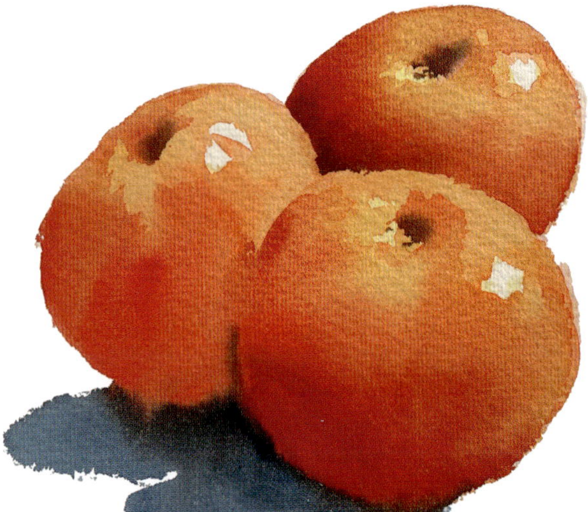

▲ Zur Untermalung dieser Tomaten diente eine blasse Lavierung aus Aureolin. Dann wurde reines Kadmiumrot von der Schattenseite her aufgepinselt, das sich mit dem Gelb zur Wiedergabe der runden Form verbindet. Nach dem Trocknen wurden die Früchte mit einem leichten Hauch transparenten Aureolin bemalt, um dem Orangeton mehr Lebhaftigkeit zu verleihen.

▶ Wenn sich Aureolin und Kadmiumrot auf dem Papier verbinden, wirkt das Orange ein wenig stumpfer als bei einer Überlagerung, wie der Vergleich mit der Probe oben zeigt.

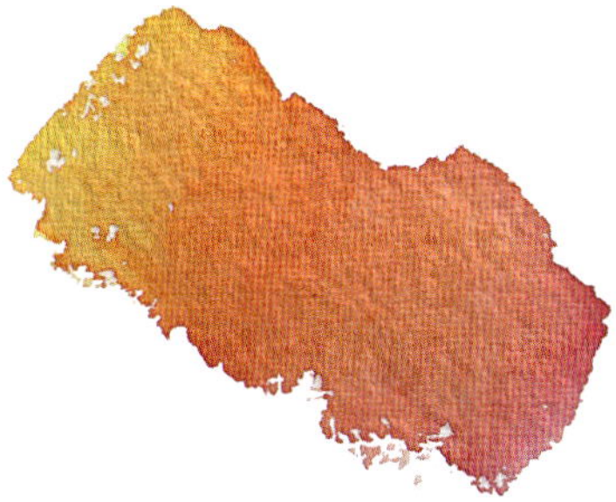

◀ Aureolin und Rubinrot ergeben ein reizvolles, weniger lebhaftes Orange.

Aureolin (kaltes Gelb) + Rubinrot (kaltes Rot)

Da sowohl Aureolin als auch Rubinrot (Permanent Rosa) kalt sind, ist das aus ihnen gemischte Orange am wenigsten leuchtend. Diese Kombination eignet sich ideal für Orangetöne der Natur. Da Orange zu den warmen Farbe gehört, erscheint es immer noch freundlich im Kontrast mit anderen kühleren Farben wie Grün, Blau und Violett (siehe die Orange-Mischungen im Raster auf Seite 42).

▼ Umherziehende Strauße in der Kalahari,

30,5 × 40,5 cm

Die kräftige, natürliche orangerote Färbung der roten Dünen der Kalahari ist mit einer Mischung aus Rubinrot und Aureolin gemalt. (Als dritte Farbe kommt bei dieser reduzierten Farbpalette Ultramarinblau zum Einsatz; gemischt mit dem kalten Gelb hebt es die Gräser im Zentrum des Gemäldes hervor. Siena gebrannt wird der Mischung für ein klares, lebendiges Schwarz hinzugefügt.)

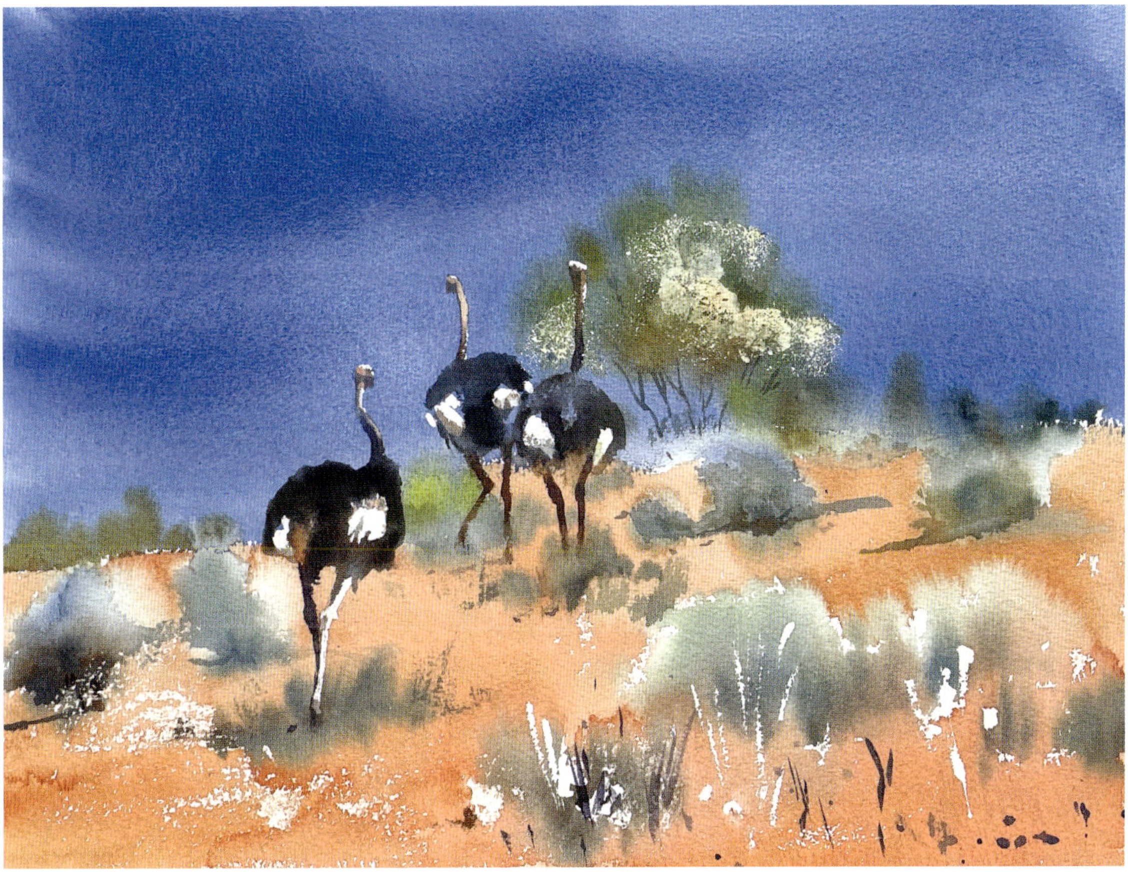

Kaltes Rot + Blau-Variationen = Violett

Violett ist eine Sekundärfarbe, die aus Blau und Rot gemischt wird. Rot und Blau liegen an den entgegengesetzten Enden der Farbtemperaturskala, daher ergeben ein kaltes Rot (das in Richtung Blau strebt) und ein warmes Blau (das nach Rot tendiert) in der Mischung das leuchtendste Violett.

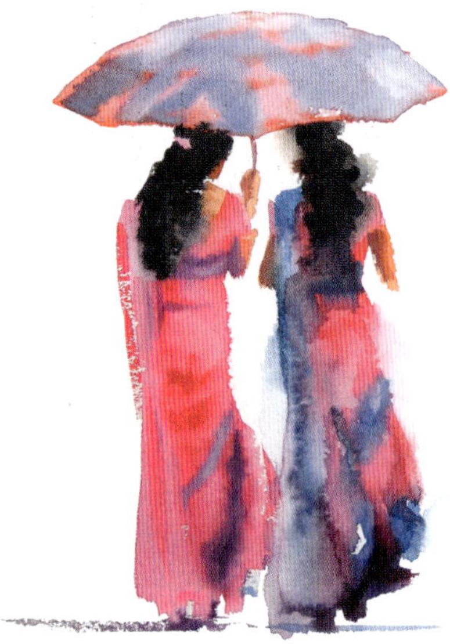

Rubinrot (kaltes Rot) + Ultramarinblau (warmes Blau)

Rubinrot (Permanent Rosa) ist ein kaltes, lasierendes Rosarot und Ultramarinblau ein warmes, lasierendes Blau. Diese Kombination entgegengesetzter Temperaturtendenzen von beiden Enden des Spektrums ergibt das reinste Violett. Wenn ich ein etwas weniger lebhaftes Mauve haben möchte, ersetze ich das Rubinrot häufig durch Alizarin-Karmesin, mein alternatives kaltes Rot.

◀ Werden Rubinrot und Ultramarinblau vermischt, wie bei den Saris und dem aufgespannten Schirm in diesem Bild, entsteht aus den beiden Farben ein reines Violett.

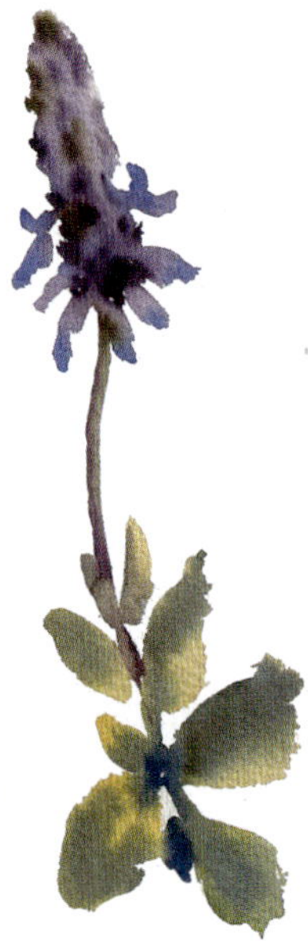

▶ Rubinrot und Ultramarinblau ergeben gemischt ein leuchtendes, klares Violett.

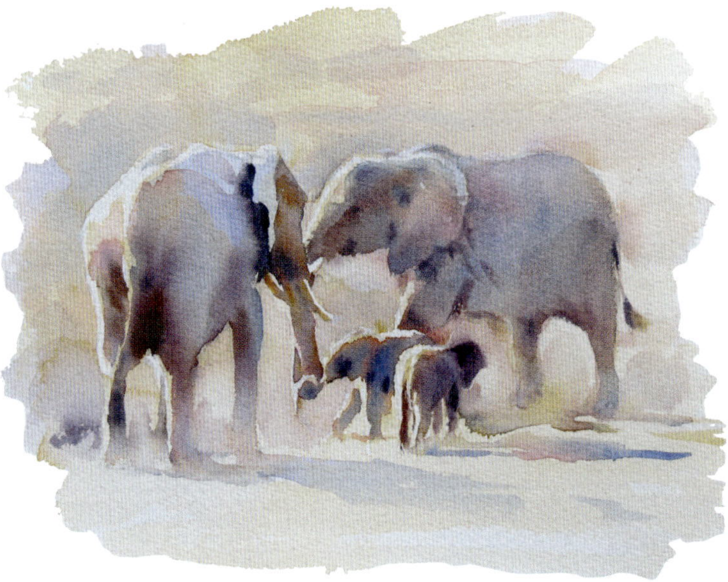

◀ **Treffen der Mütter,**
18 × 23 cm

Um ein leichteres, natürliches Violett zu erzielen, tausche ich Rubinrot gegen Alizarin-Karmesin aus. Gemischt mit Ultramarinblau erzeugt dieses kalte Rot die warmen Mauve- und Violetttöne der Elefantenhaut.

◀ Die Mischung aus Rubinrot (einem kalten Rot) und Ultramarinblau (einem warmen Blau) bringt klare Violetttöne zwischen Purpur und Magenta hervor, abhängig vom jeweiligen Anteil an Blau bzw. Rot.

Rubinrot (kaltes Rot) + Preußischblau (kaltes Blau)

Preußischblau ist ein kaltes Blau. Mit Rubinrot gemischt, ergibt sich ein weniger lebhaftes Violett, das durch das nach Grün tendierende und daher von Blau fortstrebende Preußischblau abgestumpft wird. Diese heruntergedimmte Mischung ist ideal für natürliche Violetttöne, und ich nutze diese Kombination häufig zum Malen von Elefanten. Oft ersetze ich das Rubinrot durch Alizarin-Karmesin, um das Violett noch weiter abzudämpfen.

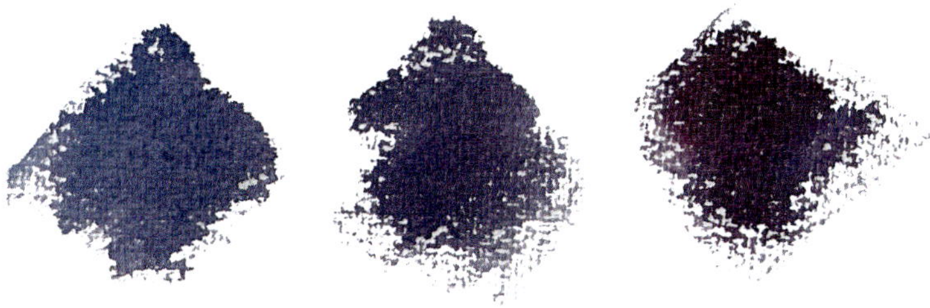

▲ Rubinrot und Preußischblau ergeben gemischt weniger lebhafte Violetttöne zwischen Purpur und Karminrot.

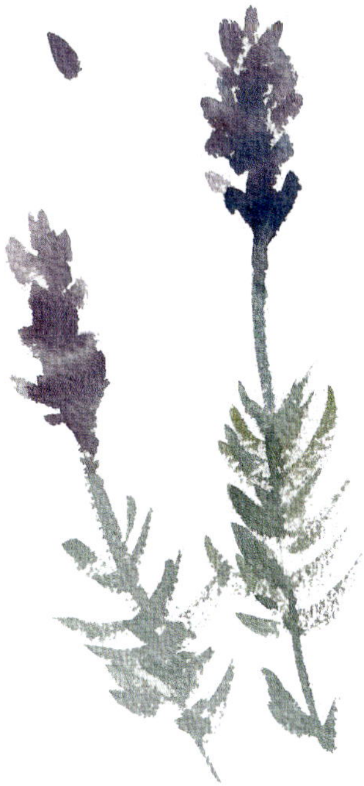

◀ Die beiden kalten Farben Rubinrot und Preußischblau erzeugen gemischt ein ruhiges, abgetöntes Violett – ideal, wenn das Grün der Blätter von einem kühlen Blau profitieren soll.

▼ Rubinrot wurde hier mit Alizarin-Karmesin ausgetauscht. So wird ein stumpfes Violett geschaffen, mit dem sich die Grautöne der Elefantenhaut gut mischen lassen.

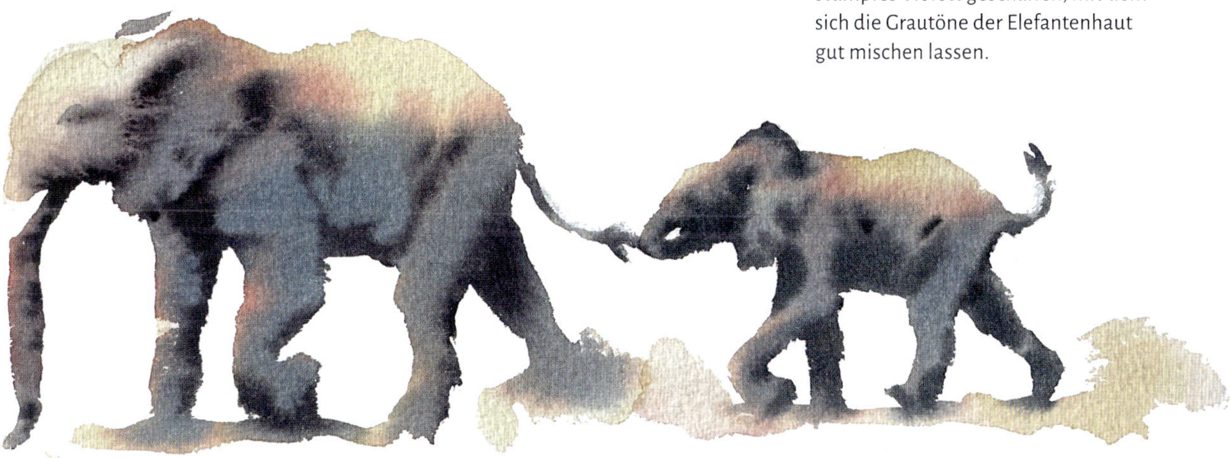

Warmes Rot + Blau-Variationen = Violett

Aus einem warmen Rot- und einem kühlen Blauton geht nicht wirklich ein Violett hervor, weil Rot und Grün Komplementärfarben sind – der Mix dieser Töne ergibt deshalb Braun oder sogar Schwarz.

Kadmiumrot (warmes Rot) + Ultramarinblau (warmes Blau)

Ein reines Violett kann nicht aus der Mischung eines warmen Rots mit einem warmen Blau erzielt werden, weil die rote Farbe in Richtung Gelb, der Komplementärfarbe von Violett, strebt. Daher ergeben Ultramarinblau und Kadmiumrot gemischt abgetönte Purpur-, warme Brauntöne oder sogar ein annäherndes Schwarz.

▼ **Mädchen am Strand,** *25,5 × 25,5 cm*

Diese Kombination eines warmen und eines kalten Farbtons, bei der beide Farben eine Temperaturneigung nach warm haben, verbindet die zwei Extreme von den jeweiligen Enden des Temperaturspektrums. Kadmiumrot und Ultramarinblau bringen zusammen eine befriedigende, interessante Reihe von Mischfarben hervor.

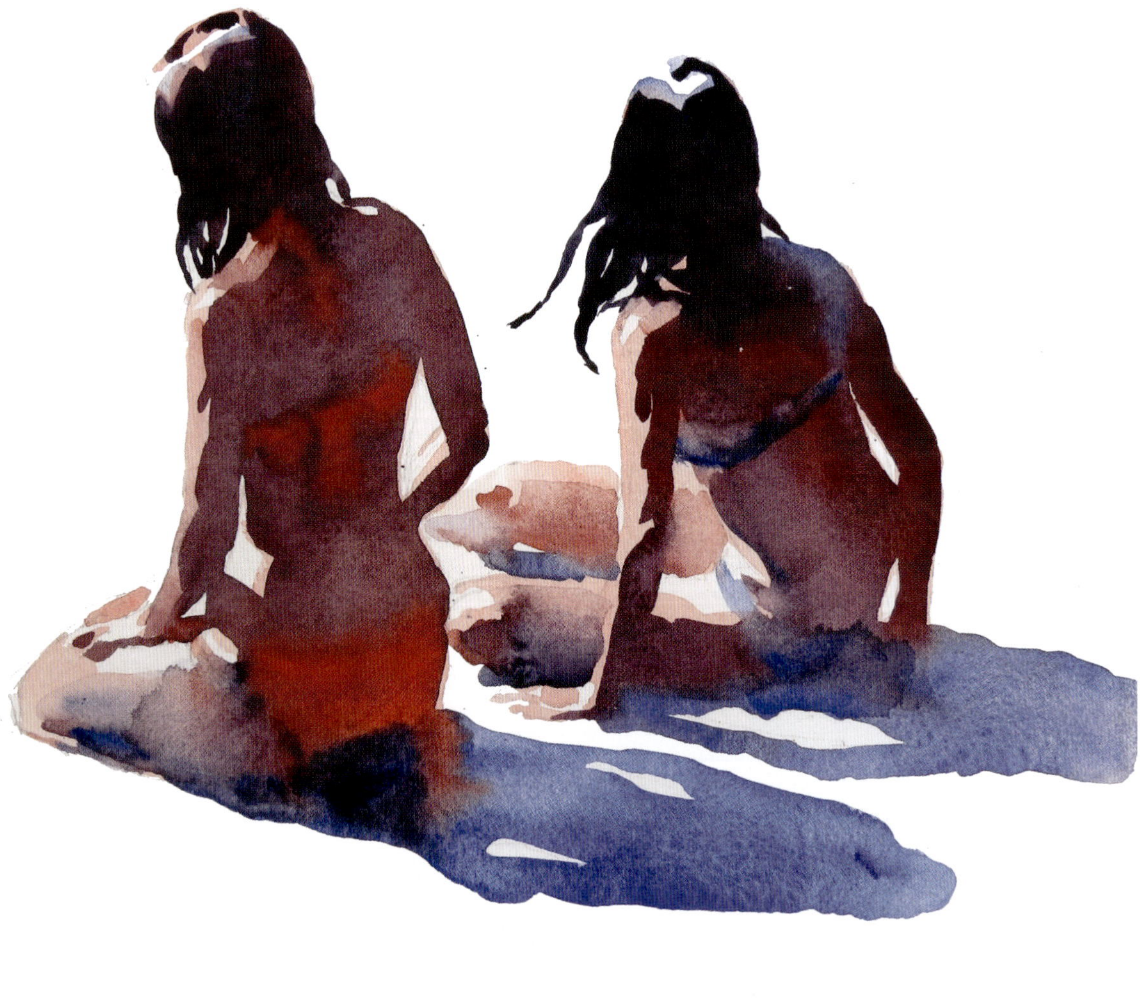

Kadmiumrot (warmes Rot) + Preußischblau (kaltes Blau)

Kadmiumrot und Preußischblau sind im Farbkreis nahezu Komplementärfarben (s. Seite 17). Da sie sich gegenüberliegen, verbinden sie sich zu Grau oder einem schönen Schwarz.

▲ Nur in verdünnter Form kann eine Mischung aus Kadmiumrot und Preußischblau Anklänge an Violett haben. Tatsächlich ergibt sich ein hübsches Grau, das je nach dem Anteil von Rot und Blau zur Wärme oder Kühle tendiert (s. die Skizzen des Himmels auf Seite 39).

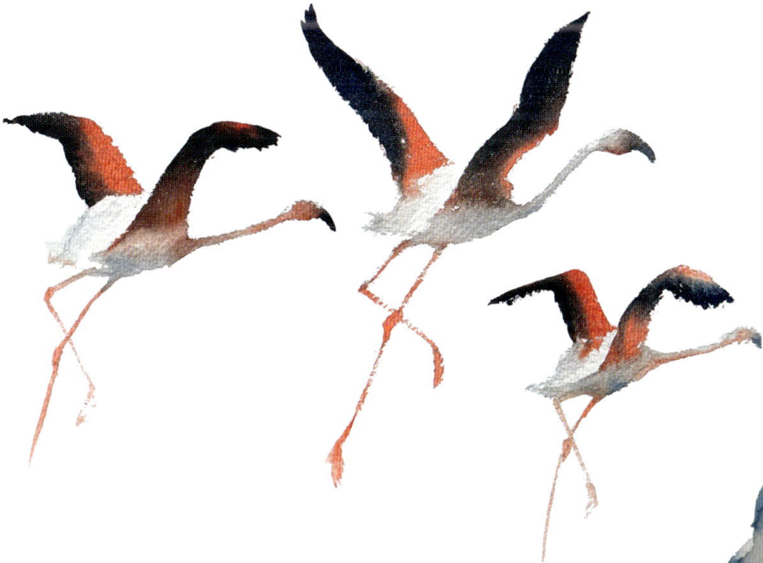

▲ Kadmiumrot und Preußischblau erzeugen gemischt in konzentrierter Form ein schönes Schwarz. Das »Grün« im Preußischblau ist dem Rot entgegengesetzt: Wenn sich zwei gegensätzliche Farben verbinden, ergeben sie, wie wir im nächsten Abschnitt sehen werden, die Summe aller Farben, Schwarz, oder ein dunkles Braun.

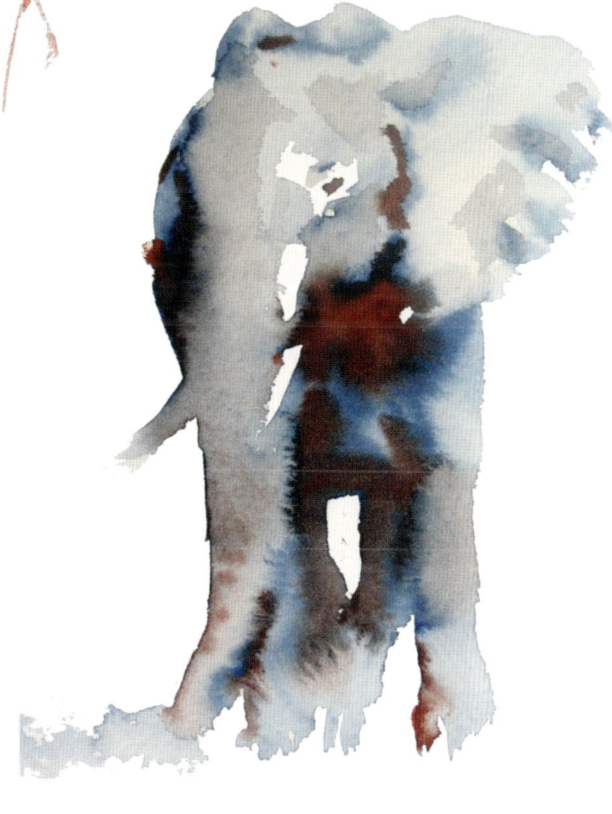

▶ Kadmiumrot und Preußischblau verbinden sich zu einem Grau oder Schwarz, wenn sie sich wie auf dieser Elefantenskizze nass-in-nass vermischen.

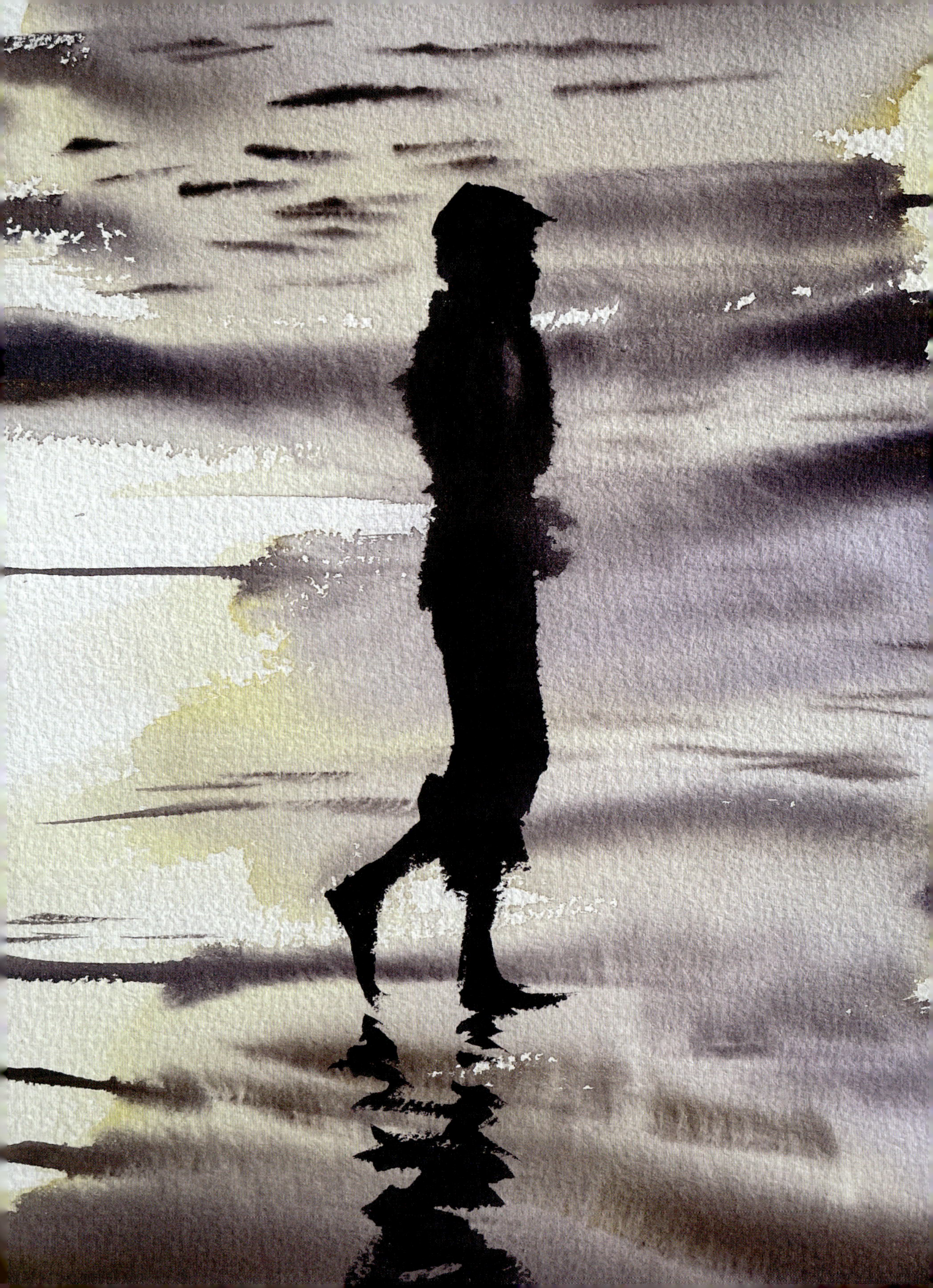

Gegensätze kombinieren

Farben, die sich im Farbkreis gegenüberstehen, bilden ausgezeichnete Paare für Zwei-Farben-Kombinationen – und ergeben automatisch eine sehr reduzierte Palette!

Sehen Sie sich noch einmal den Farbkreis auf Seite 17 an: Wenn zwei Farben im Farbkreis gegenüberliegen, enthalten sie zusammen alle drei Primärfarben. Aus der Vermischung dieser Komplementärfarben entstehen Versionen der Tertiärfarben Grau, Braun und Schwarz, wobei Schwarz die Summe aller Farben ist. Da jedoch auch in einer Zwei-Farben-Kombination die Farben rein oder gemischt verwendet werden können, ergibt sich eine angenehme Bandbreite von Farbgebung und Kontrast.

◄ Am Strand, *38 × 28 cm*

Aureolin und Schmincke Violett: Helles Aureolin wurde auf das Papier gestrichen. Ein verdünntes Violett, die Komplementärfarbe zu Gelb, wurde dann über einige Bereiche des noch nassen Gelbs gepinselt. Die Farben wurden mit einem dicken Pinsel gemischt und so aufgetragen, dass sie die lang gezogenen kleinen Wellen und Wirbel des Meeres wiedergeben. Nach dem Trocknen wurde die Figur aus einer konzentrierten Mischung beider Farben gemalt, die direkt aus den Tuben gequetscht wurden, um eine maximale Farbtiefe zu erhalten. Dabei kam mehr Violett als Gelb zum Einsatz, um die Farbe dunkel zu halten.

▼ San Giorgio di Maggiore, *23 × 35,5 cm*

Lasurorange und Preußischblau: Zunächst wurde das gesamte Papier mit Lasurorange bemalt. Dann wurde Preußischblau aufgepinselt, um die dunstigen Wolken der Morgendämmerung und das Wasser darzustellen. Nach dem Trocknen wurde die Silhouette von San Giorgio mit Preußischblau hineingemalt. Die Komplementärfarben Blau und Orange erzeugen ein dynamisches Farbschema.

Mischungen aus zwei Farben

Eine Palette aus zwei Farben ist absolut reduziert und effizient, wenn man schnell malen will, weil man nur über das Mischen dieser beiden Farben nachdenken muss und sich ganz darauf konzentrieren kann, die richtige Schattierung zu finden. Wo eine große Bandbreite der Abtönung zwischen zwei entgegengesetzten Farben existiert, z. B. zwischen Gelb und Violett oder Orange und Blau, ergibt das eine robustere und brauchbarere Kombination zum Malen als die enge Bandbreite zwischen ähnlich abgetöntem Rot und Grün.

Ein so großer Umfang der Farbgebung wie beim Mischen der drei Primärfarben ist natürlich nicht möglich, wenn man sich auf zwei Komplementärfarben beschränkt. Durch das Mischen von Komplementärfarben gelangt man jedoch schnell zu Braun-, Grau- und Schwarztönen, und wir werden sehen, dass einige Kombinationen zweier Farben zügiger und »sauberer« zu einer bestimmten Farbmischung führen, selbst wenn sich der gleiche Farbton auch aus drei Farben zusammensetzen ließe. Diese »Abkürzungskombinationen« sind eine wundervolle Entscheidungshilfe für die beste Auswahl und Anzahl der Farben in einer reduzierten Palette.

▼ Hier ein weiteres Bild von San Giorgio, dieses Mal mit Ultramarinblau und Hellrot, einer rötlich-orangenen Erdfarbe, gemalt. Das große Spektrum der Abtönung zwischen den Komplementärfarben Blau und Orange ermöglicht einen starken Kontrast von Licht und Schatten.

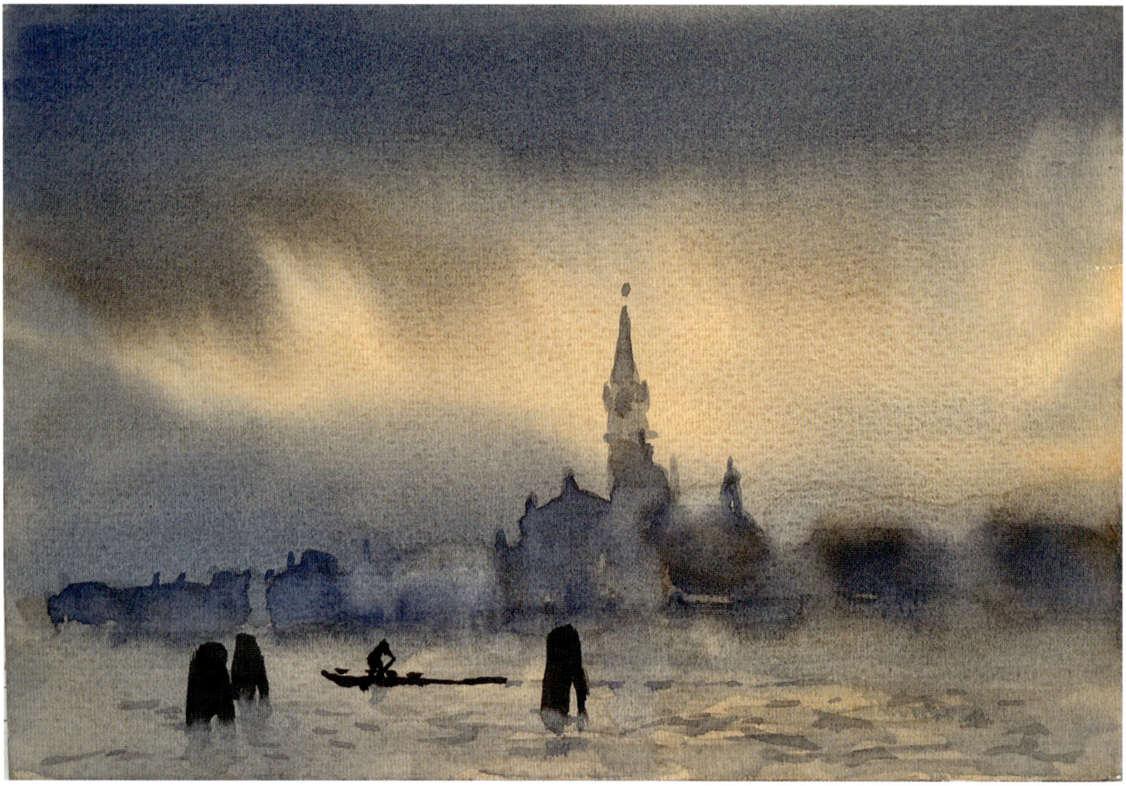

Gebrauchsfertige Sekundärfarben

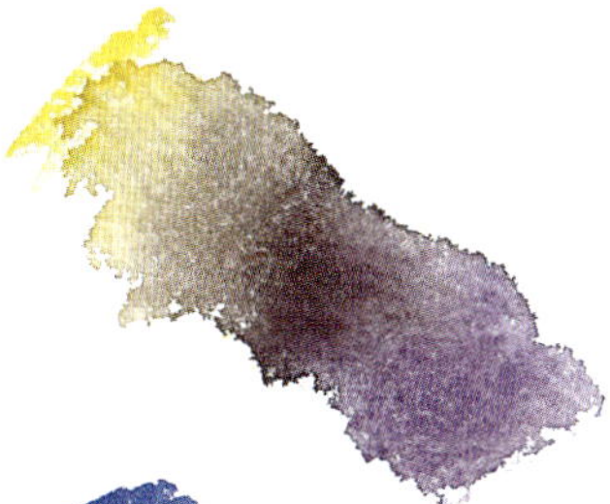

◀ Aureolin und Schmincke Violett ergeben gemischt ein tiefes, warmes Braun.

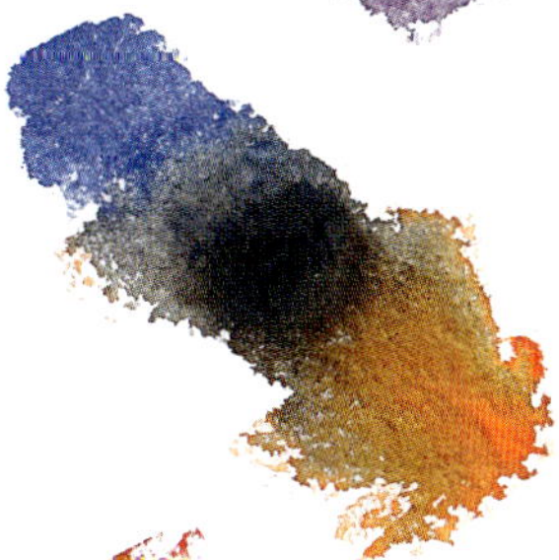

◀ Das Mischen von Ultramarinblau und Lasurorange erzeugt Braun- und Grautöne sowie ein zufriedenstellendes Schwarz.

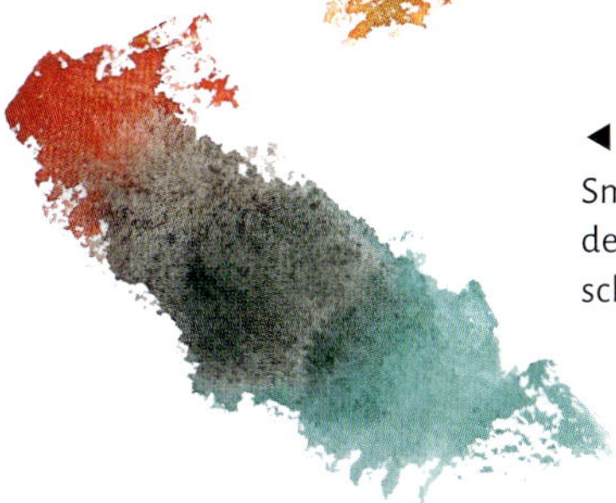

◀ Kadmiumrot und Smaragdgrün verbinden sich zu einem schönen Grau.

Gegenüberliegende Farben werden als komplementär bezeichnet, da sie zusammen die drei Primärfarben enthalten und den Farbkreis vervollständigen.

Die drei hauptsächlichen Komplementärpaare sind: Rot und Grün, Blau und Orange sowie Violett und Gelb. Um zwei entgegengesetzte Pigmente zu mischen, müssen wir zu unserem Grundbestand aus sechs Farben (s. Seite 35 und 42 – je eine warme und eine kalte Version von Blau, Gelb und Rot) gebrauchsfertige Sekundärfarben hinzufügen.

Sekundärfarben, die aus einem einzigen Pigment bestehen, bieten den Vorteil, dass weniger Pigmente an einer Mischung beteiligt sind (zur Erinnerung: Die Mischung von Pigmenten tendiert zur Abdunklung; zu viele Pigmente in einer Mischung bringen die Gefahr mit sich, dass das Ergebnis trüb und stumpf wird). Ich selber verwende die nur aus einem Pigment bestehenden Sekundärfarben Schmincke Violett und Lasurorange, und gelegentlich auch Smaragdgrün und Permanent Saftgrün, obschon diese Farbe aus zwei Pigmenten hergestellt ist. Fertig zubereitete Grüntöne nutze ich aber nur selten, weil ich die Variationen liebe, die aus Gelb und Blau entstehen.

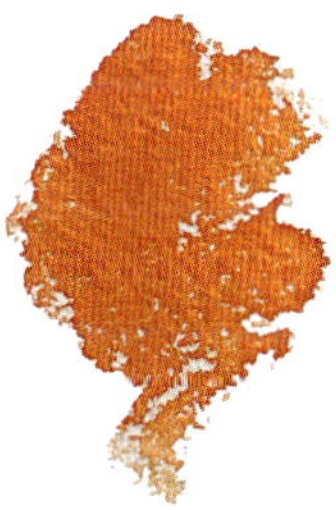

Lasurorange

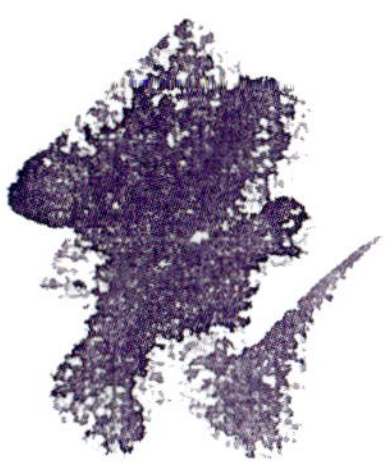

Schmincke Violett

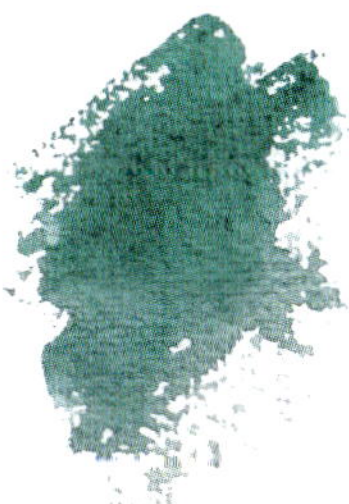

Smaragdgrün

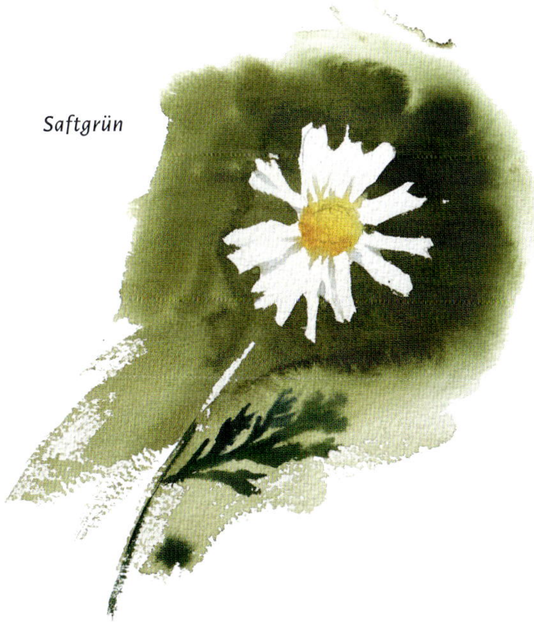

Saftgrün

Gelb + Violett

Die Komplementärfarben mit der größten Variationsbreite in der Sättigung sind Violett und Gelb. Mit einer Kombination aus jedem beliebigen Gelb, gleich welcher Tönung, und Violett lässt sich schnell ein Braun erreichen, welches im Kontrast zu einem blassen Gelb (siehe unten und Seite 56) fast schwarz aussehen kann. Je kälter das Gelb ist, umso kühler wird das Braun; je wärmer das Gelb, umso wärmer wird auch das Braun.

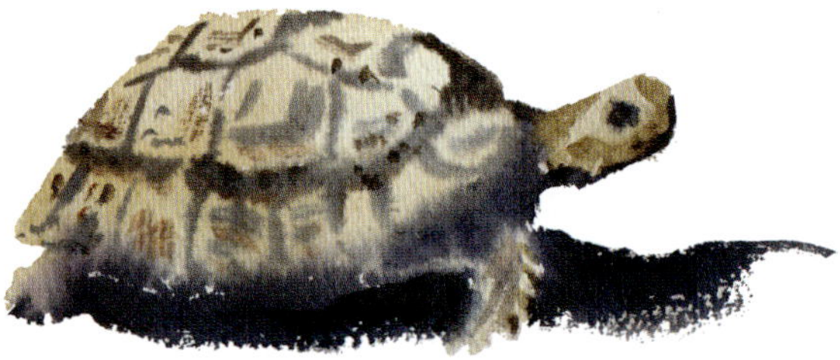

▲ Umbra natur, ein kaltes, bräunlich-erdiges Gelb, ergibt gemischt mit Schmincke Violett ein kühles, dunkles Braun, das bei dem Schatten, den die Schildkröte wirft, fast Schwarz erscheint. Zusammen sind diese Farben eine schnell gemischte Kombination, um Tiere in Bewegung darzustellen – auch langsame, wie in diesem Fall!

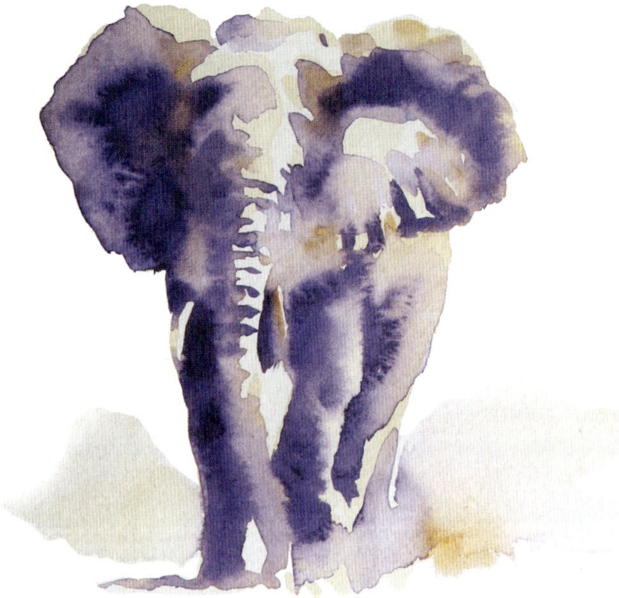

▲ Schmincke Violett wurde hier mit Lichter Ocker vermengt, einem warmen erdigen Gelb. Es führt zu einem goldenen Braun, das sich mit den tiefen, violetten Schatten der Ohren vermischt. Vergleichen Sie diese Farbgebung mit der des Elefanten auf der rechten Seite!

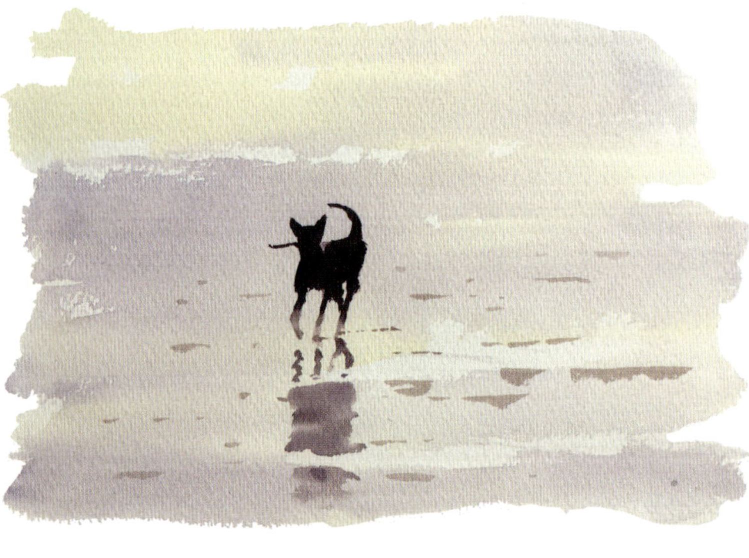

◀ Indischgelb und Schmincke Violett vermischen sich in der Silhouette des am Strand herumlaufenden Hundes zu einem tiefen, warmen bräunlichen Dunkelpurpur.

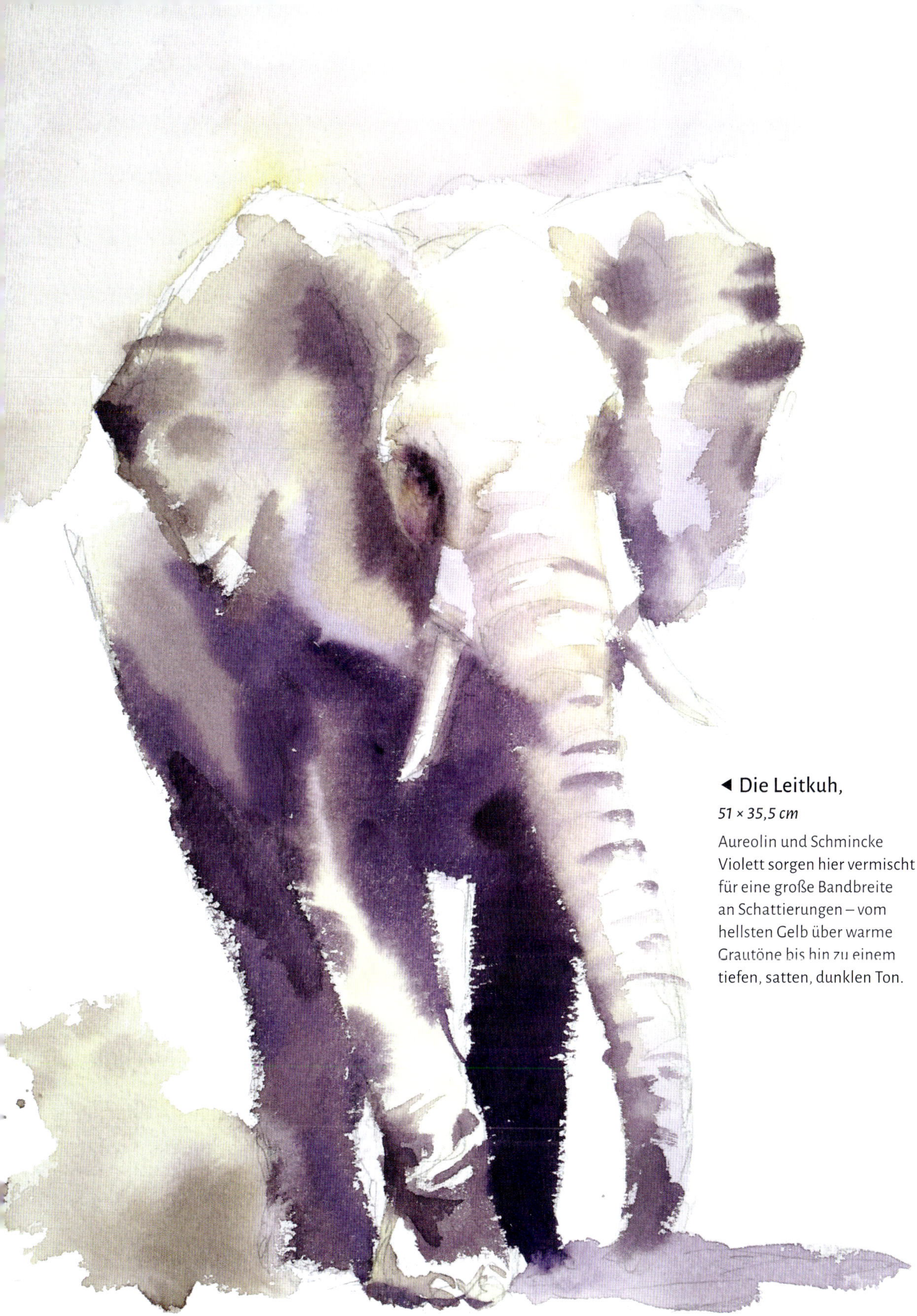

◄ Die Leitkuh,

51 × 35,5 cm

Aureolin und Schmincke Violett sorgen hier vermischt für eine große Bandbreite an Schattierungen – vom hellsten Gelb über warme Grautöne bis hin zu einem tiefen, satten, dunklen Ton.

Blau + Orange

Blau und Orange bilden das wahrscheinlich nützlichste Komplementärpaar. Gemischt ergeben sie ein Spektrum von schönen Brauntönen bis hin zu einem reinen Schwarz. Da leuchtendes Rot in der Landschaft und bei Tieren eine weniger vorherrschende Farbe ist, stellen Orange und seine nahen Verwandten wie Siena gebrannt oder Lichter Ocker einen praktischen Ersatz für ein echtes Rot in einer reduzierten Palette dar.

▼ **Wildhund-Ballett,** *30,5 × 30,5 cm*

Lasurorange wurde hier benutzt, um die Form des Wildhundes in Bewegung einzufangen. Es wurde dann mit Ultramarinblau gemischt, um die Braun- und Schwarztöne des Schattens und der Patina zu malen.

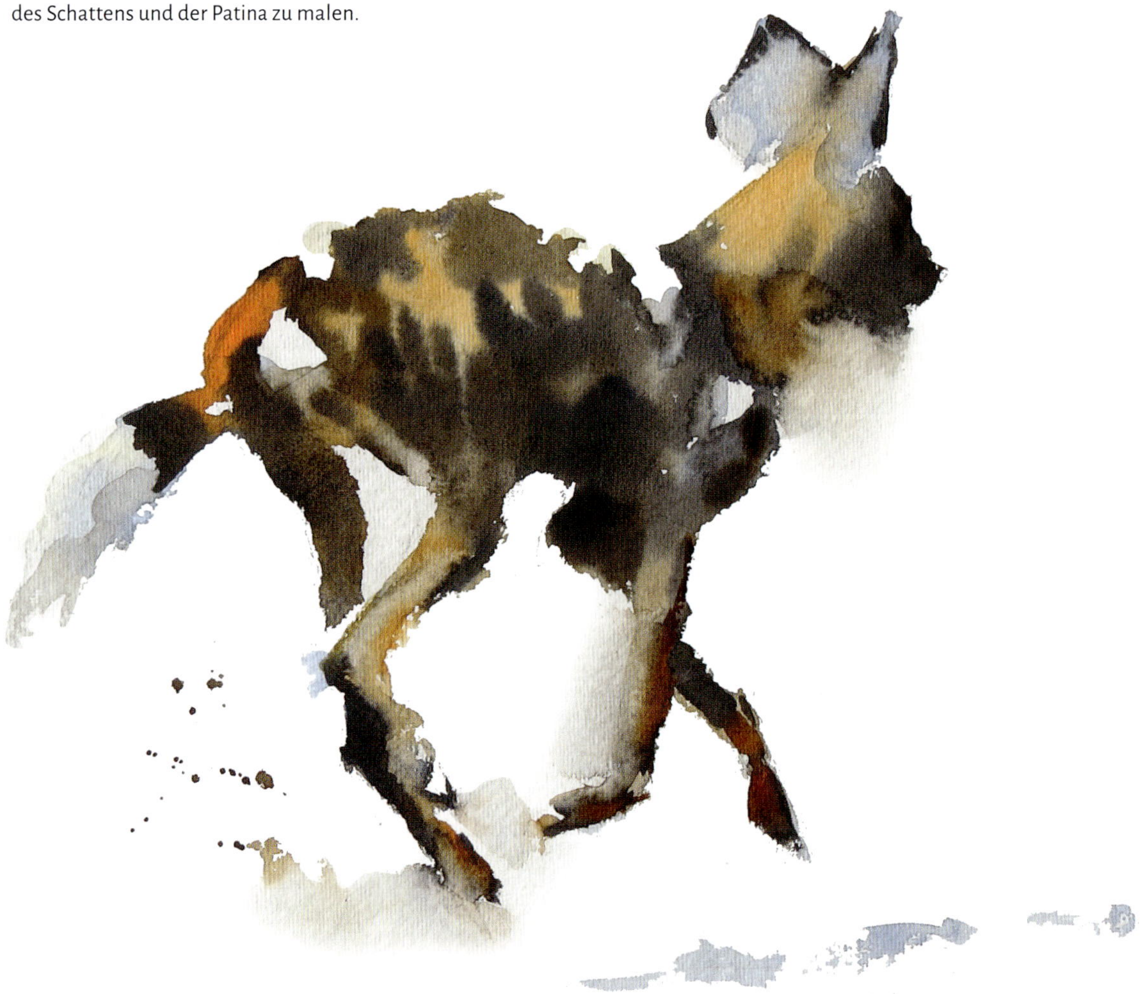

Grün + Rot

Grün und Rot sind Gegensätze hinsichtlich des Farbtons und der Temperatur, aber sehr ähnlich in Bezug auf die Sättigung (weshalb viele Menschen mit Farbenfehlsichtigkeit Rot und Grün nicht unterscheiden können). Da ich selten gebrauchsfertige Grüntöne nutze, kommt mir dieses Komplementärpaar nicht häufig in den Sinn, jedoch vermische ich oft grünlich-bläuliches Preußischblau mit Rot, insbesondere wenn ich schnell Schwarztöne für Kleidung, Sonnenuntergänge oder Tiere erzielen will (s. Seite 39 und 55). Ein Türkis und ein Rot von gleicher Sättigung erregen nebeneinanderliegend das Auge so sehr, dass die Farben zu vibrieren scheinen, wenn das Auge versucht, sie zu fokussieren.

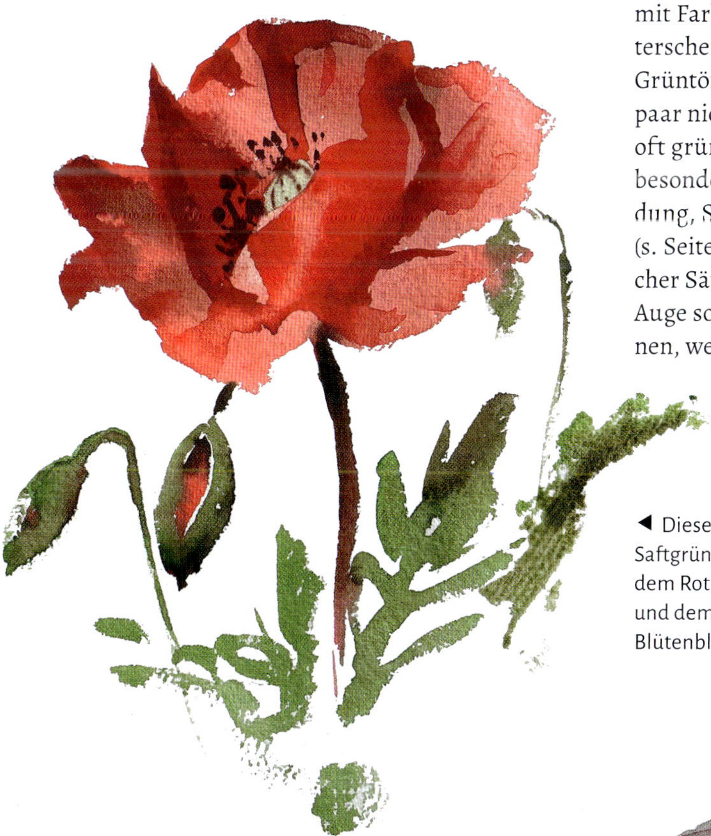

◀ Diese Skizze einer Mohnblume ist in Scharlachrot und Saftgrün gemalt. Das gelbliche Saftgrün vermischt sich mit dem Rot zu einem satten Braun, das bei den Staubgefäßen und dem Stängel vor dem Hintergrund der blassroten Blütenblätter fast schwarz wirkt.

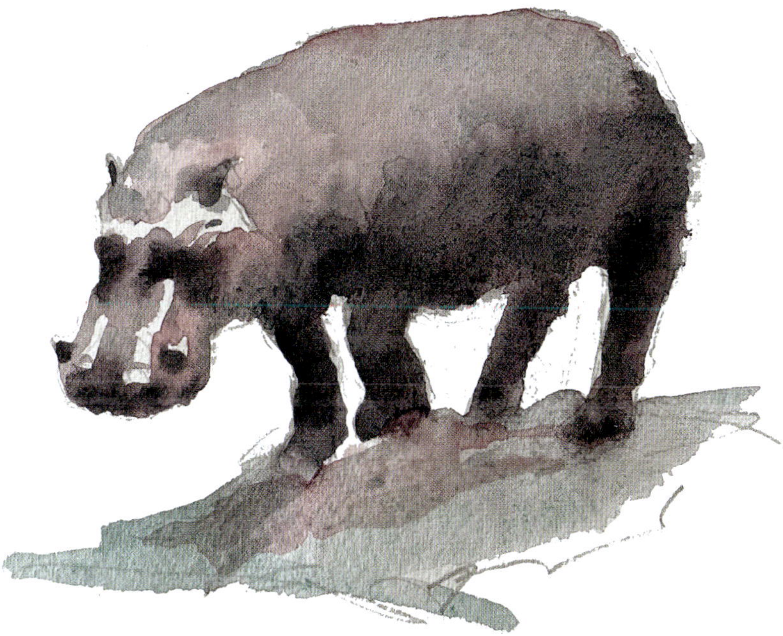

▶ Smaragdgrün und Alizarin-Karmesin werden vermischt zu einem interessanten Grau, aber es ist schwer, aus dieser Kombination ein Schwarz zu bekommen. Ich verwende sie für ein Gemälde aus zwei Farben nur selten.

Nah verwandte Komplementärpaare

Farben müssen keine direkten Komplementärfarben im Farbkreis sein, um sich gut als Zwei-Farben-Kombinationen zu eignen. Ein warmes Gelb und ein warmes Blau ergeben ein hübsches Grau, wenn beide Farben ausreichend nach Rot streben, um Grün auszuschließen. Auch Braun- und Blautöne lassen sich toll für Zwei-Farben-Kombinationen verwenden.

▼ **Deine Geheimnisse sind versteckt**, *28 × 28 cm*

Wegen der »Rot-Tendenz« der bräunlich-gelben Erdfarbe Umbra natur entsteht kein Grün, wenn diese mit hellem Preußischblau überlagert wird.

▶ **Anita Young M.B.E.,**

76 × 56 cm

Lichter Ocker und Ultramarinblau sind in diesem Porträt der berühmten Ballerina Anita Young kombiniert. Young, die ehemalige Solistin der Royal Ballet Company und Lehrerin, Choreografin, Trainerin und Mentorin des Royal Ballet, ist hier als Solistin in Schwanensee dargestellt. Lichter Ocker gibt den Halbschatten Wärme und verstärkt das Blau des Hintergrunds. Gemischt erschaffen die beiden Farben die kleinen Schatten in den Spitzen, dem Haar und dem Gesicht.

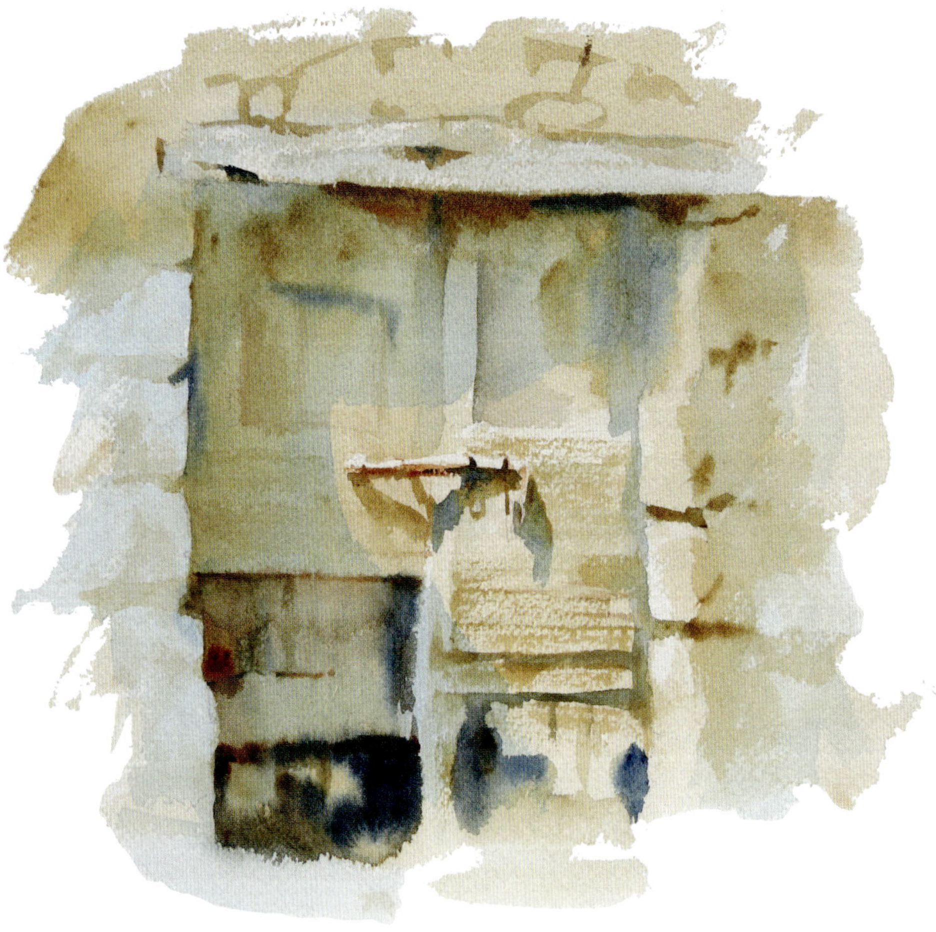

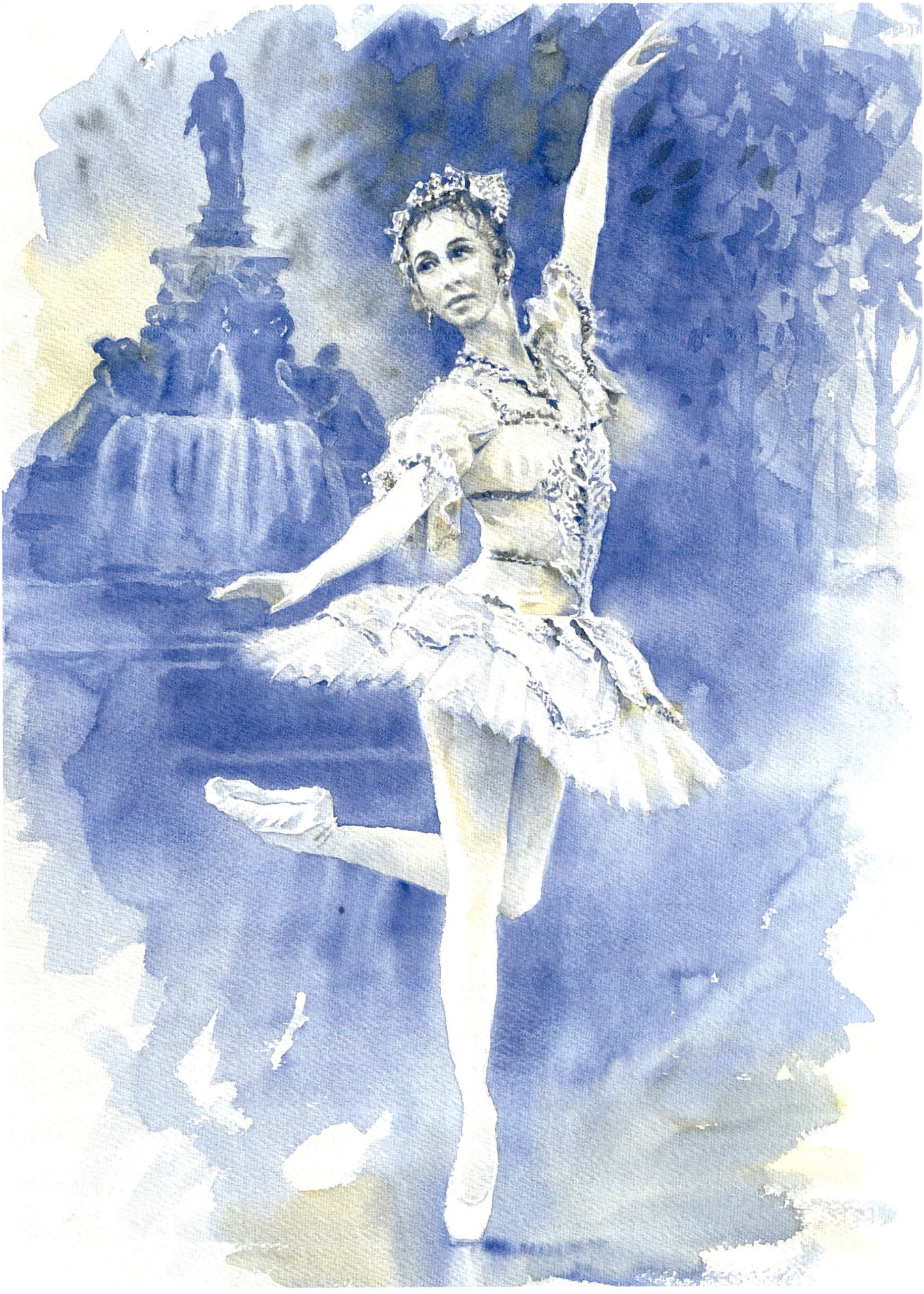

Die Erdtöne stellen sich vor – Rot- und Gelbtöne

Nun ist es an der Zeit, die Erdtöne vorzustellen. In den Komplementärpaaren sahen Sie Lichter Ocker und Umbra natur, kombiniert mit Schmincke Violett und Blau. Nun kommen noch Siena natur, Siena gebrannt und Umbra gebrannt zu unserer Palette hinzu. Diese Erdfarben bestehen aus Eisenoxidpigmenten und variieren von einem goldenen Braungelb bis hin zu einem roten oder dunklen Braun. Für Sujets, bei denen ein primäres Rot oder Gelb nicht benötigt wird, z. B. Porträts, Landschaften, Tiere oder Interieurs, sind die Erdfarben in einer reduzierten Palette ausgezeichnete Alternativen zu Rot und Gelb. Versuchen Sie, Ocker, Umbra oder Siena nicht als Brauntöne, sondern – je nach ihrer Farbtendenz – als das »Gelb« oder das »Rot« zu betrachten! Wenn etwa Siena gebrannt die wärmste Farbe im Bild ist, vertritt sie das »Rot«, und wenn Umbra natur die hellste Farbe des Gemäldes ist, steht sie für das »Gelb«.

Siena natur

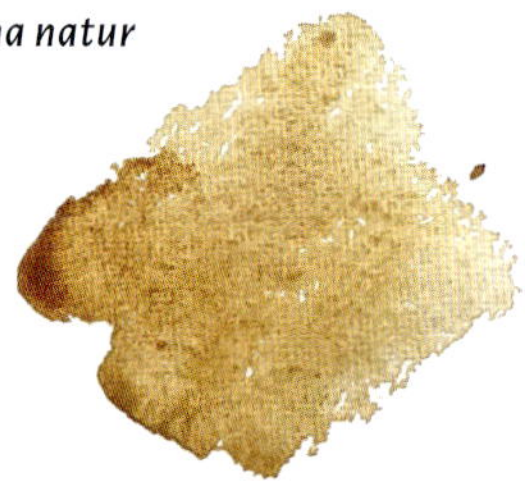

Lichter Ocker

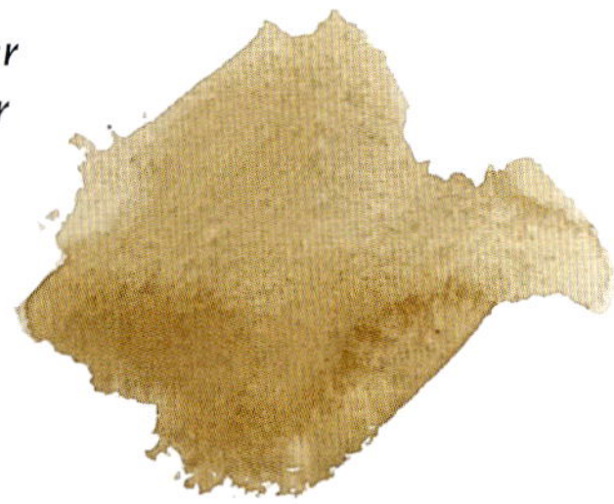

Umbra natur

▲ Siena natur ist ein kaltes, goldenes Gelb, das sehr lasierend und leicht anzulösen ist und, mit Blau gemischt, ein prächtiges, natürliches Grün für Landschaften ergibt. Die Farbe ist granulierend und lässt sich leicht abheben.

▲ Lichter Ocker ist ein warmes, halbdeckendes, erdfarbenes goldenes Gelb. Seine Deckkraft beeinträchtigt dunkle Farbtöne und kann Mischungen eintrüben; konzentriert sollte es also mit Vorsicht verwendet werden. Ich verwende Lichter Ocker häufig als verdünnte Lavierung in Afrika-Motiven, vor allem zum Untermalen.

▲ Umbra natur ist ein kaltes, goldenes Braungelb. Obwohl die Farbe eine kühle Neigung hat, wirkt sie neben Blautönen warm und strahlend. Wie die meisten Erdfarben lässt sie sich leicht abheben und wird körnig, weil sich das Pigment auf der Papierstruktur absetzt.

Siena gebrannt

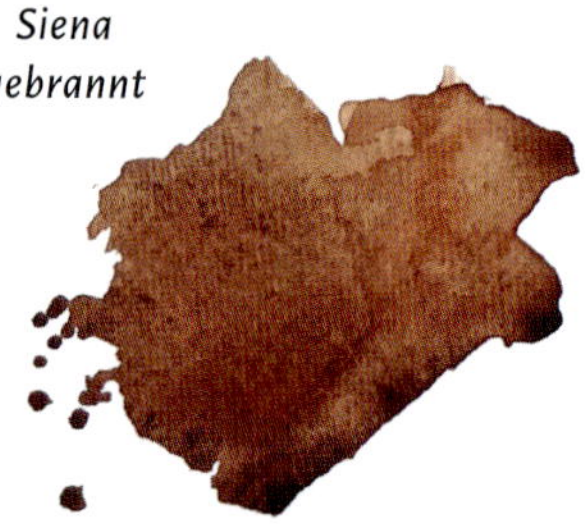

Umbra gebrannt

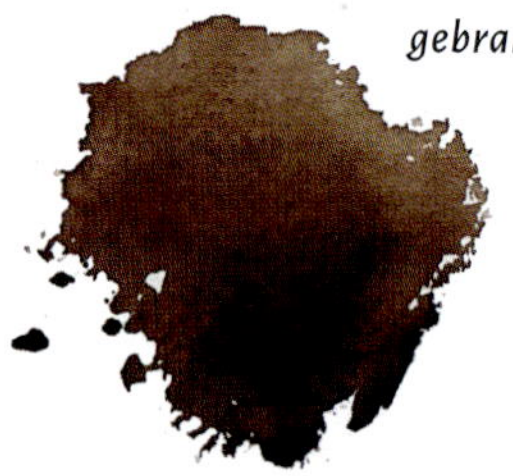

◀ Umbra gebrannt ist ein kälteres, dunkleres, nach Grün strebendes Braun. Gemischt mit Franz. Ultramarin (rote Abtönung) erhält man schnell ein sattes Schwarz oder dunkles Braun. Die Farbe hat eine schön granulierende Textur und lässt sich leicht vom Papier abheben.

▲ Nach meiner Ansicht ist Siena gebrannt eine wesentliche Farbe für die Palette. Das warme, transparente rötliche Braun lässt sich exzellent als natürliches »Rot« für Landschaften, Hauttöne und für die Farben von Tieren verwenden. Siena gebrannt kann man gut mit Ultramarin feinst (Grünstich) mischen, um herrliche Grau- und Schwarztöne zu erhalten. Die Farbe ist leicht anlösbar und lässt sich abheben.

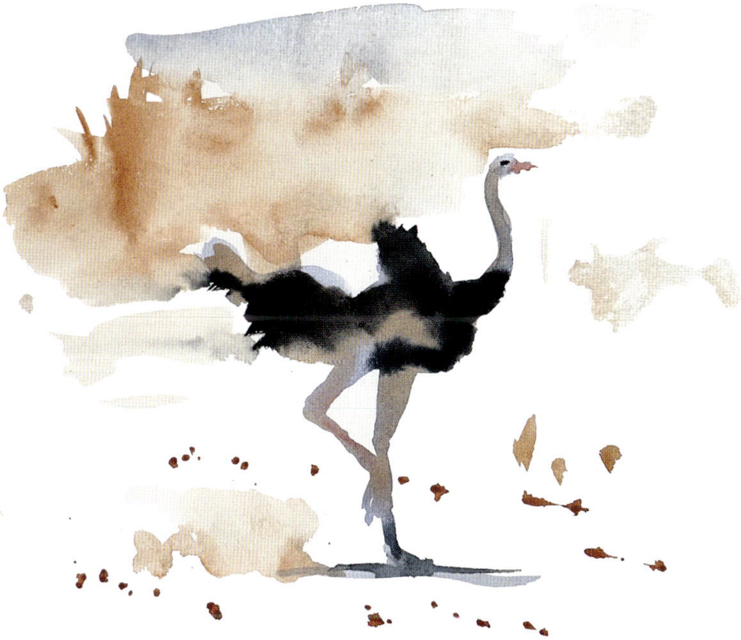

▶ Konzentriertes Siena gebrannt und Ultramarin feinst (grüne Abtönung) lassen sich einfach zu einem tiefen Schwarz mischen, das sich gut zur Darstellung der Federn eines Straußenhahns eignet.

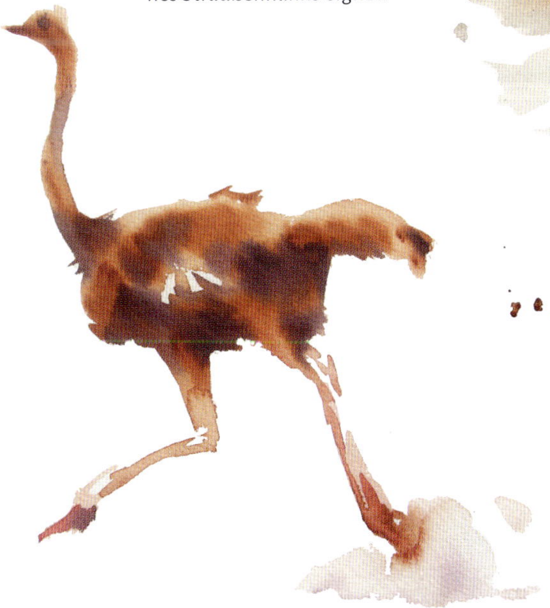

▲ Bei diesem Strauß habe ich zunächst die gesamte Gestalt mit Siena gebrannt gemalt und dann für die dunkleren Schatten nass-in-nass Schmincke Violett hinzugefügt.

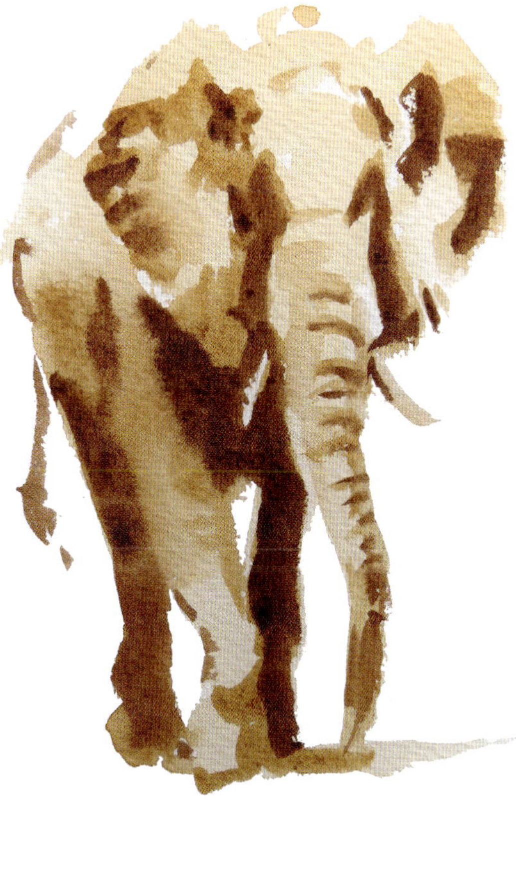

▶ Elefanten haben eine Form, die sich wunderbar eignet, um mit verschiedenen Farbkombinationen zu experimentieren. In diesem Fall ermöglichen helles Umbra natur und sattes Umbra gebrannt eine schnelle Wiedergabe, die sich in wenigen Minuten malen lässt.

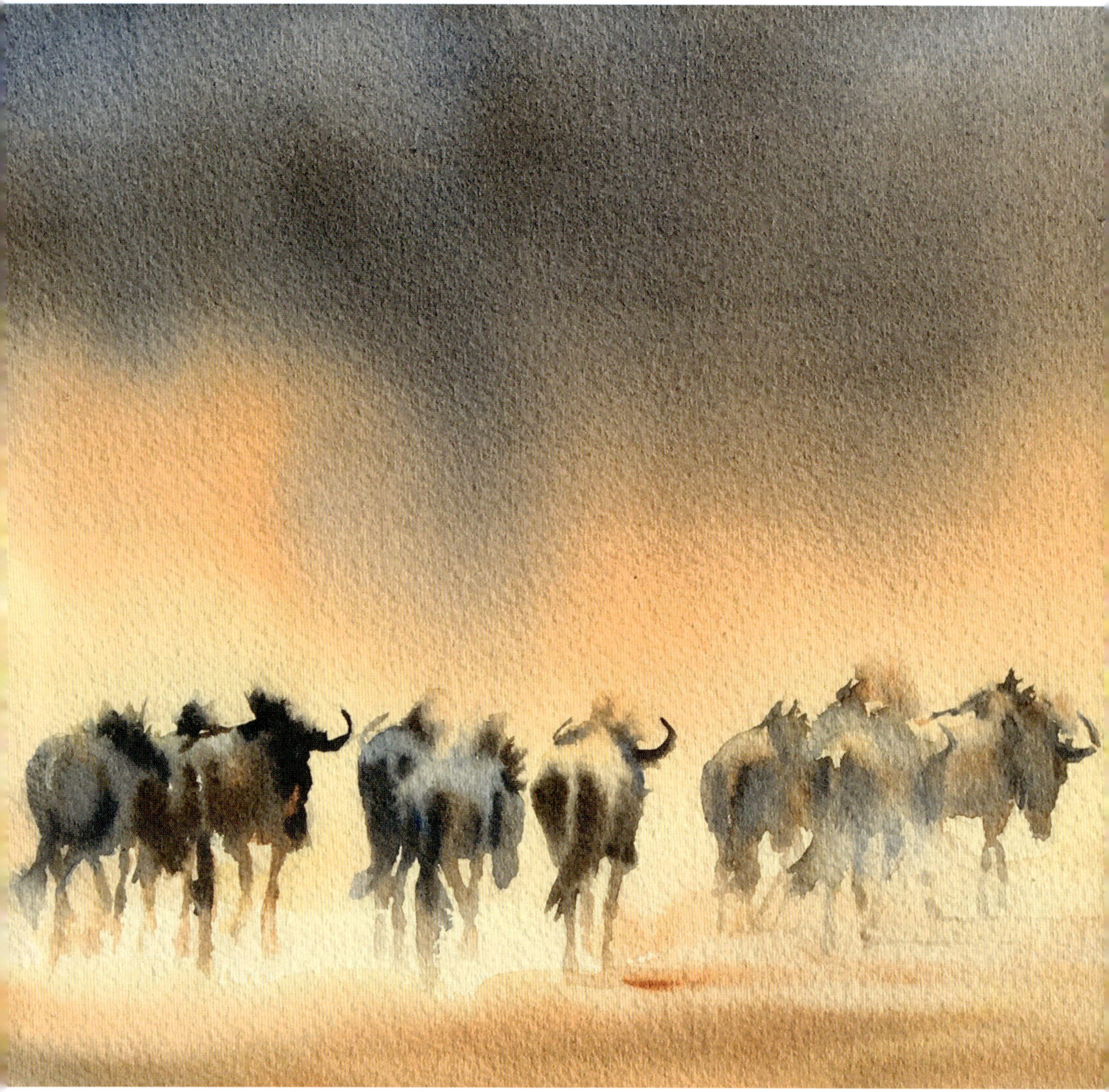

▲ **Vom Staub umgeben**, *25,5 × 56 cm*

Zwei Erdfarben, Siena gebrannt und Umbra gebrannt, wurden mit Ultramarin feinst und Indischgelb gemischt, um diese Hommage an eine Herde Gnus zu malen, die zur Morgendämmerung in der Kalahari zum Wasser zieht. Erdfarben in einer reduzierten Palette zu kombinieren, hat den Vorteil, zwei Farben, aber nur ein Pigment hinzuzufügen (und damit das Risiko schlammiger Mischungen zu vermindern).

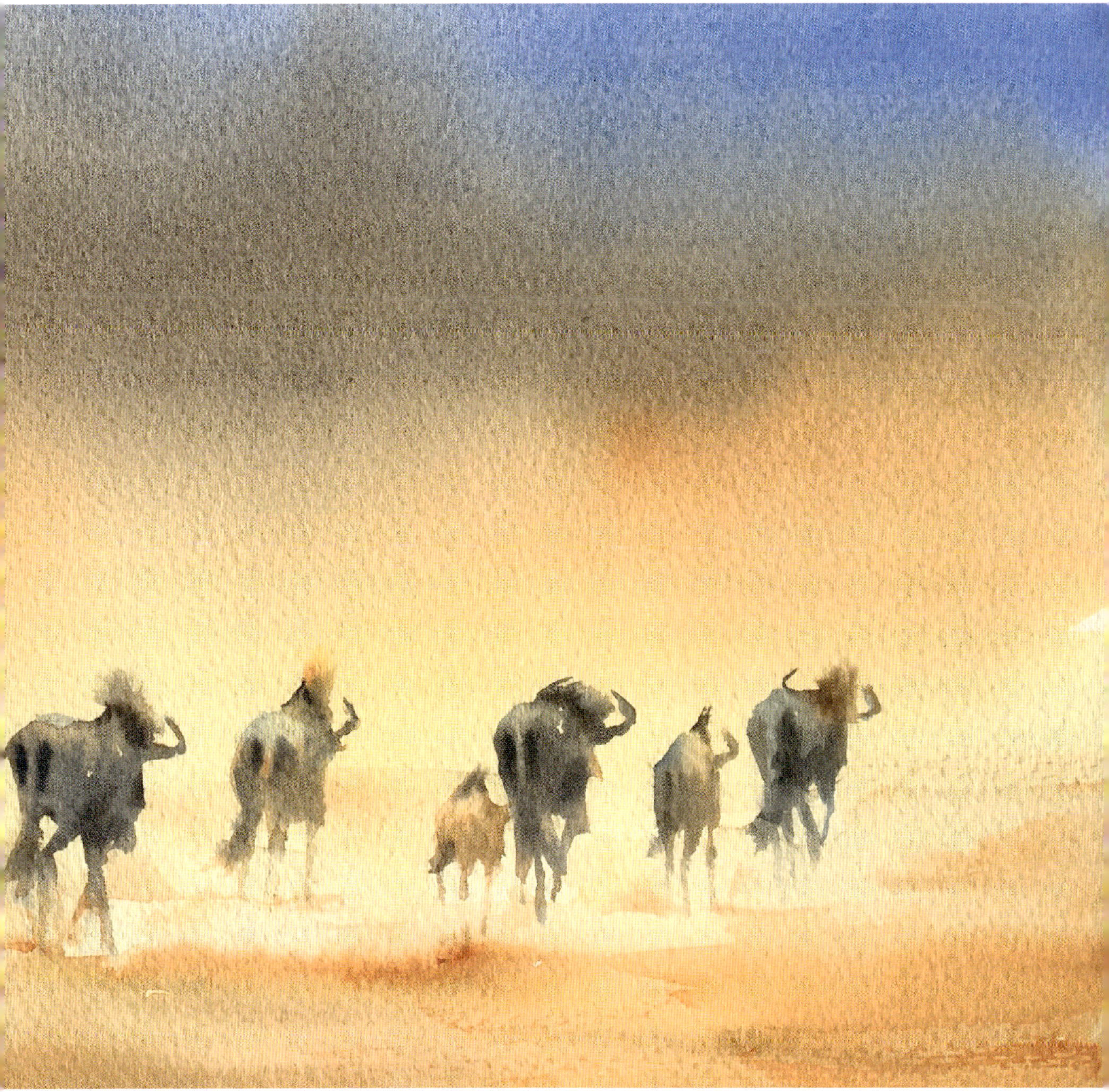

Sepia und Indigo – ein schnelles Zwei-Farben-Schwarz

Das Verschmelzen von Komplementärfarben oder annähernd solchen bietet zahlreiche Optionen für Kombinationen aus zwei Farben. Das letzte Komplementärpaar, welches ich vorstellen will, ist eine beliebte Möglichkeit zum schnellen Mischen eines satten Schwarztons. Sepia ist ein sehr dunkles, halbdeckendes Braun und Indigo ein sehr intensives, vollständig deckendes Blau. Jede dieser beiden Farben mische ich nur selten mit anderen, weil sie Mischungen schnell eintrüben, jedoch verwende ich Sepia und Indigo für monochromatische Malereien und dann, wenn ich ein wirklich tiefes und schnell zu mischendes Schwarz haben will, das isoliert auftreten soll. Da sie dunkel sind, braucht es nur sehr wenig Zeit, das Pigment für ein sattes Schwarz abzuheben. Daher nutze ich diese Farben häufig für Skizzen oder Silhouetten, die keinen gemalten Hintergrund benötigen.

▼ Für diese Pinguin-Skizze mischte ich Indigo und Sepia, um rasch ein Schwarz zu erhalten.

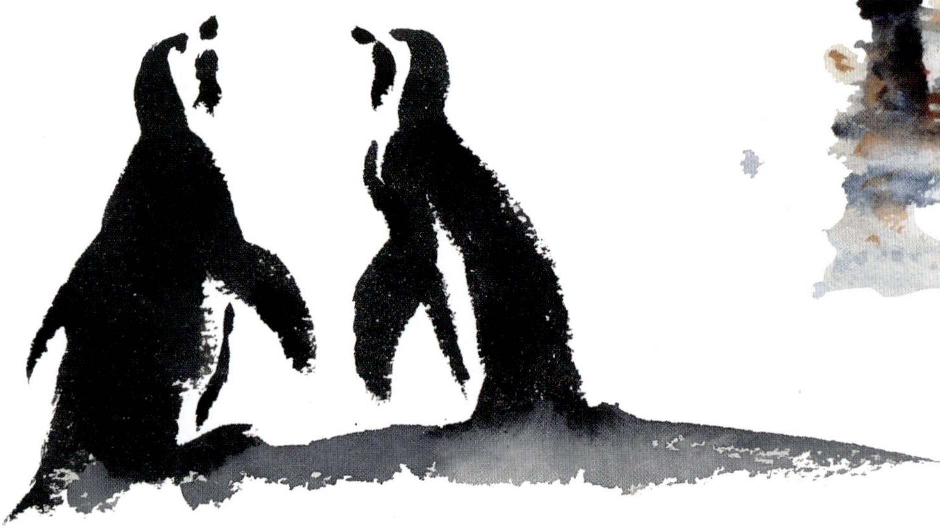

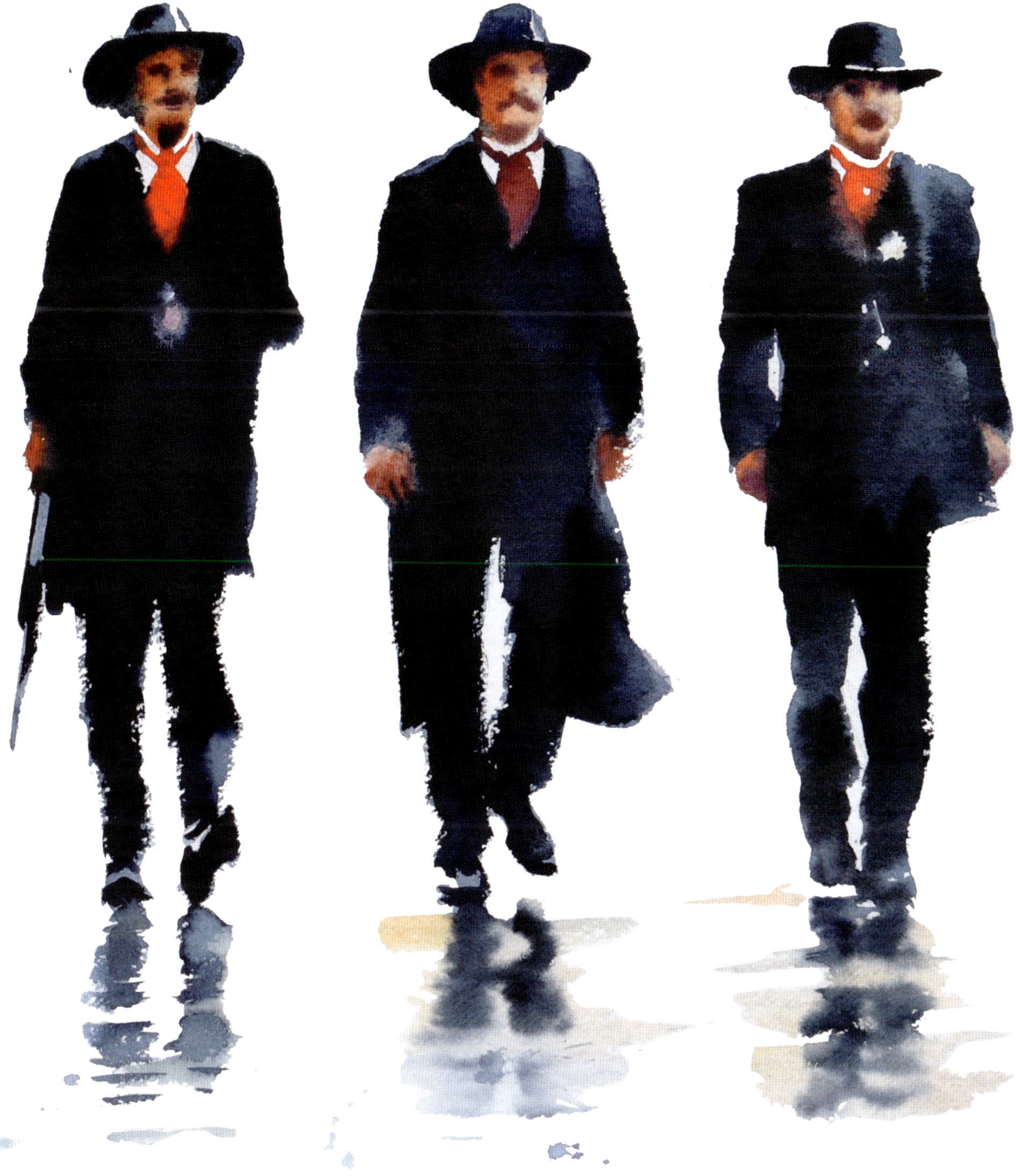

▲ O. K. Corral, *76 × 101,5 cm*

Schwarztöne können eine verführerische Tiefe besitzen, wenn sie in einer einzigen fließenden Schicht aufgetragen werden. Die samtigen Schwarznuancen der Mäntel von Doc Holliday und den Earp-Brüdern wurden in dem großformatigen Aquarell mit Indigo und Sepia gemalt. Ausgedehnte schwarze Flächen erfordern viel Pigment; indem man fürs Mischen dunkle Farben wählt, erhält man effizient Schwarztöne – die Gestalten erwachen auf dem Papier zum Leben.

Beispiel:

Nah verwandte Komplementärfarben kombinieren

Hier mischte ich Ultramarinblau mit Siena gebrannt für die blaugrauen, braunen und schwarzen Farbtöne und nutzte die Haupttechniken der Aquarellmalerei: Nass-in-Nass und Nass-auf-Trocken.

1 Zuerst skizzierte ich die Formen der Figuren und legte dann eine verdünnte, recht feuchte Lavierung mit Ultramarinblau über den gesamten Anzug der ersten Figur sowie blasses Siena gebrannt über Kopf, Hände und den Griff des Regenschirms.

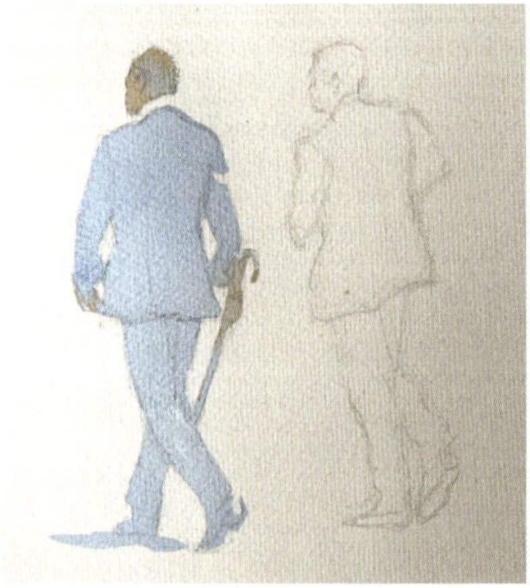

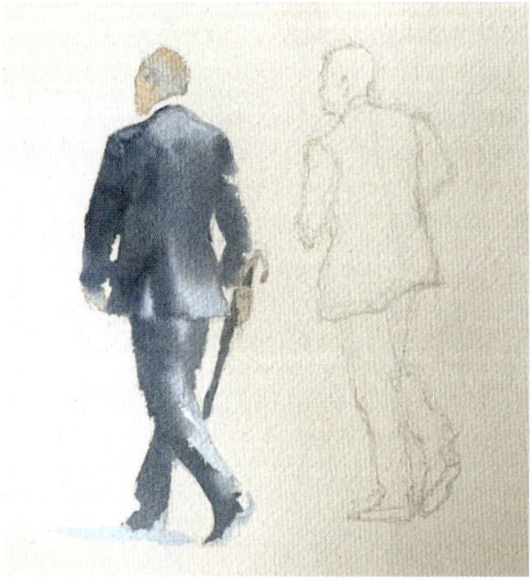

2 Auf der Palette mischte ich danach Ultramarinblau und Siena gebrannt zu einem dunklen Graublau; während die blasse blaue Lavierung noch feucht war, pinselte ich von der Schattenseite aus die dunklere Farbe für die Schatten nass-in-nass darüber.

3 Ich mischte auf der Palette fast reines Ultramarinblau und Siena gebrannt zu einem Schwarz und malte es nass-in-nass in die dunkleren Grautöne, um die Farbe auf der Schattenseite abzudunkeln. Ich verstärkte den Hautton mit reinem Siena gebrannt und mischte für das dunkelbraune Haar ein wenig Ultramarinblau dazu.

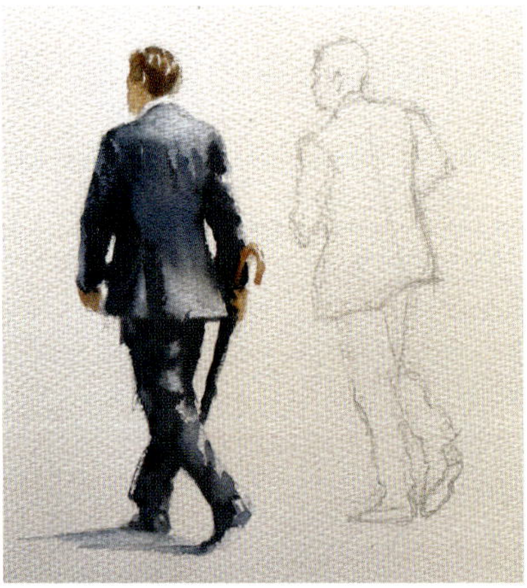

4 Ich malte eine blasse Lavierung in Ultramarinblau über die Gestalt des zweiten Mannes und ließ die Farbe dieses Mal trocknen.

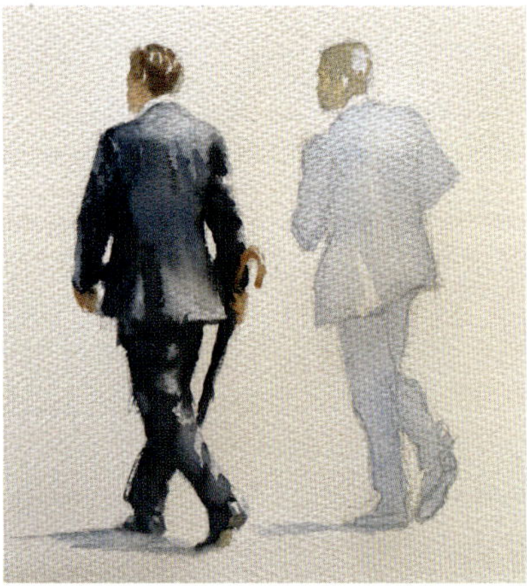

Ultramarin-
blau

Siena gebrannt

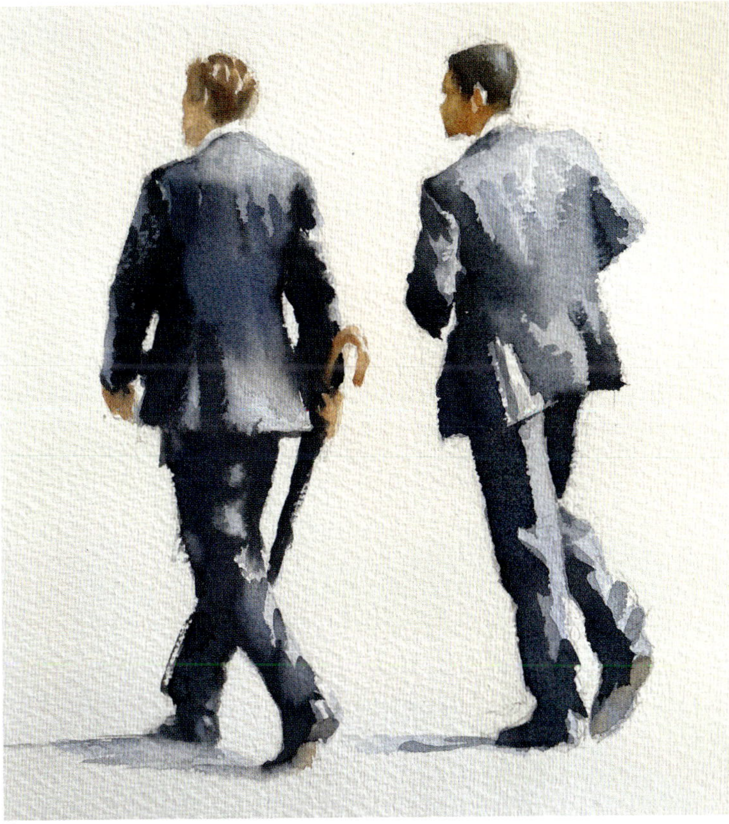

▲ Männer in Anzügen, *28 × 28 cm*

5 Um ein dunkles Graublau zu erzeugen, mischte ich auf der Palette Ultramarinblau mit Siena gebrannt; damit malte ich dann die Schatten auf dem Anzug. Für die Stellen, an denen der Farbton schrittweise heller werden sollte, habe ich den Pinsel ausgewaschen und die Farbe auf dem Papier mit etwas Wasser verdünnt.

Beobachtung

- Das Kombinieren der nah verwandten Komplementärfarben Ultramarinblau und Siena gebrannt ergibt Grau, Braun und Schwarz. Da sie ihr Pigment abgeben, sobald die Farbe in der Schale mit dem feuchten Pinsel aufgerührt wird, lassen sich sehr schnell dunkle Mischungen erzielen.
- Diese effiziente Kombination kommt zudem mit einem Sicherheitsnetz daher, denn beide Farben bestehen aus abhebbaren Pigmenten – hat man jede dieser Farben in verdünnten Lavierungen oder konzentrierten Mischungen aufgetragen, lässt sich der Sättigungsgrad leicht anpassen. Sie können also kühn drauflosmalen, ohne fürchten zu müssen, einen dauerhaften Fehler zu machen!

In drei Farben denken

Das Prinzip, welches der reduzierten Palette zugrunde liegt, ist von dem Grundsatz des Farbenmischens geleitet, nach dem sich aus den Primärfarben Rot, Gelb und Blau alle Farben mischen lassen. In der Aquarellmalerei gibt es zahllose Varianten roter, gelber und blauer Farbtöne, die auf unterschiedliche Weise zu neuen Farben zusammengebracht werden können: durch Mischen auf der Palette, durch die Nass-in-Nass-Technik auf dem Papier oder durch das Übereinanderlegen von Schichten nass auf trocken.

Das Mischen einer Version von Rot, Gelb und Blau bietet eine große Bandbreite an Farbgebung von sekundären bis zu tertiären Farben; die große Frage ist aber, für welches Set aus Farben man sich beim Mischen entscheiden soll. Wie soll man aus all den verschiedenen Pigmenten mit all ihren verschiedenen Eigenschaften, die sich auf verschiedene Art verhalten, auswählen? Und was soll man tun, wenn der Einsatz zweier Komplementärfarben eigentlich die bessere Alternative ist, um einen dunklen Farbton zu erzielen, weil dabei weniger Pigmente beteiligt sind? Bei der Auswahl der Farben einer reduzierten Palette ist der beste Ausgangspunkt, sich die Bandbreite der Farbtöne im Sujet und die Eigenschaften der dunkelsten Töne anzuschauen.

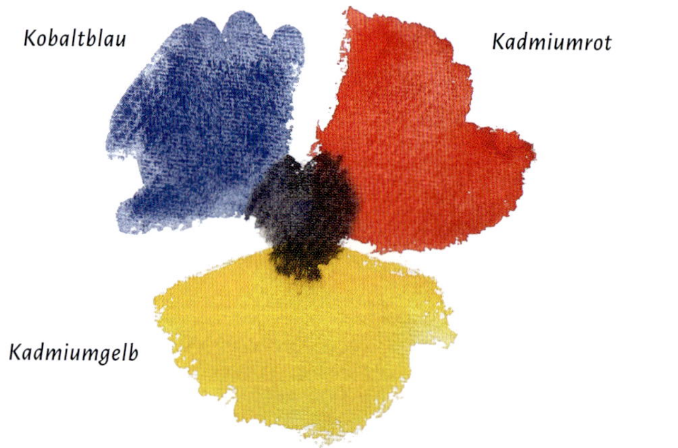

◀ Die Farbenlehre zeigt, dass Gelb, Rot und Blau zusammen Schwarz ergeben. Die Farben, die den wirklichen Primärfarben am nächsten kommen, sind das deckende Kadmiumrot, das deckende Kadmiumgelb und das halblasierende Kobaltblau. Diese Pigmente sind alle metallischen Ursprungs, daher auch ihre Deckkraft. Zusammengemischt haben sie Schwierigkeiten, auf der Palette ein echtes Schwarz zu erreichen und tendieren eher zu Braun oder Grau.

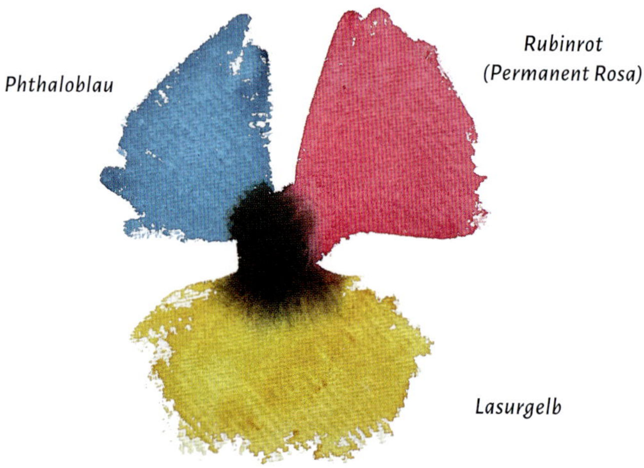

◀ Die drei lasierenden Farben Phthaloblau, Rubinrot (Permanent Rosa) und Lasurgelb lassen sich leicht zu einem reinen, tiefen Schwarz vermischen. Ganz ähnlich verhält es sich mit den drei Grundfarben Cyan, Magenta und Gelb (CMY) beim Farbdruck. Um das Schwarz schnell zu erhalten, sollten Sie mehr Blau als Rot und mehr Rot als Gelb in die Mischung geben.

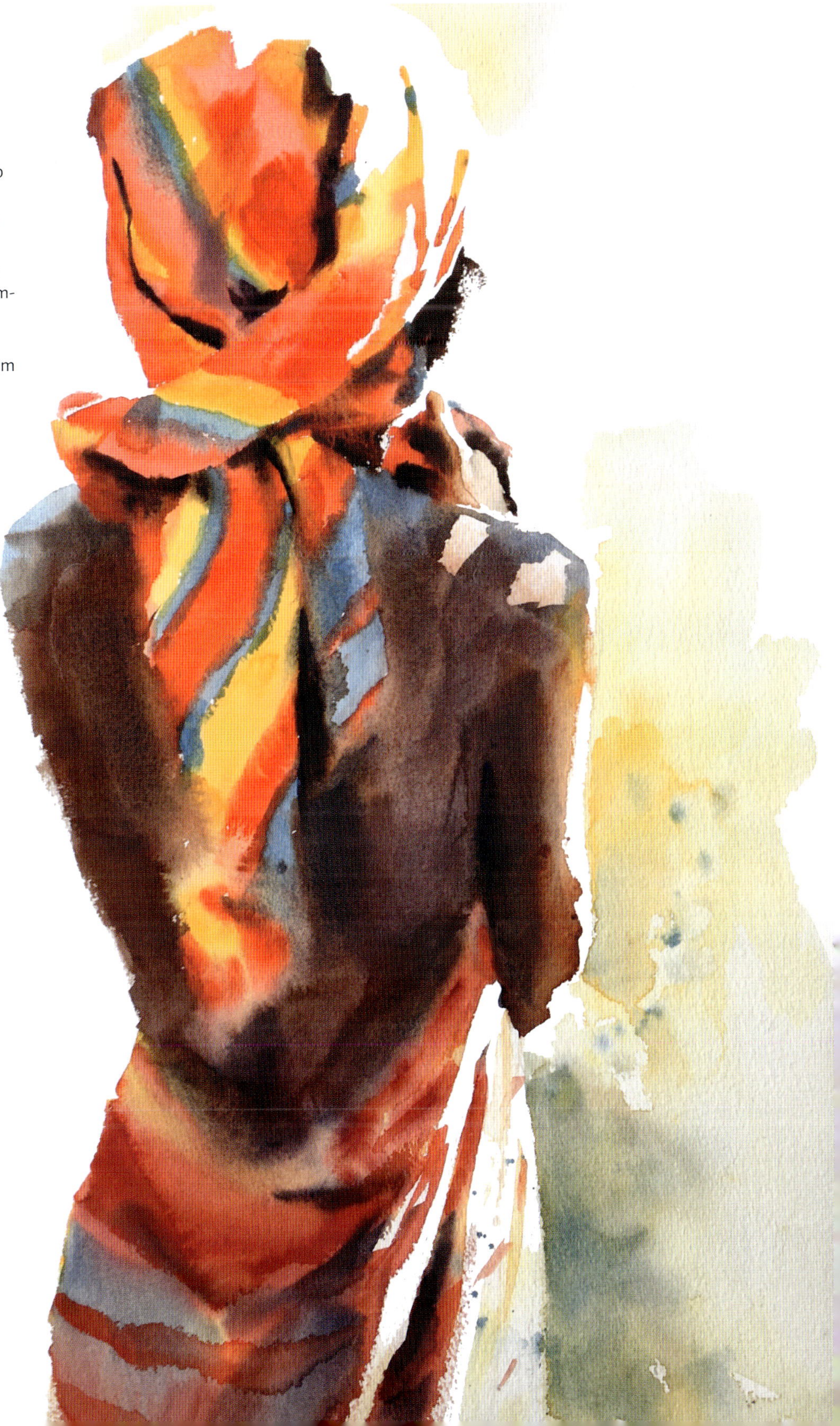

▶ **Roter Sarong,**

76 × 56 cm

Kadmiumrot, Kadmiumgelb und Coelinblau wurden nebeneinander gemalt, um die farbigen Streifen des Dhuku (Kopftuchs) und des Sarongs darzustellen. Zusammengemischt erzeugen sie den warmen Braunton der Haut von Juaratis anmutigem Rücken.

Die Primärfarben zu Schwarz mischen

Die dunkelste Schattierung im gewählten Sujet verrät einem, ob es erforderlich ist, ein tiefes Schwarz anzumischen. Theoretisch ist Schwarz die Summe der drei Primärfarben Rot, Gelb und Blau, praktisch hängt es aber vom Pigment und besonders vom Grad seiner Transparenz ab, wie satt dieses Schwarz tatsächlich wird. Um ein wirklich tiefes Schwarz zu mischen, benötigt man in der Aquarellmalerei eine Kombination aus lasierenden Farben. Hier verbinden sich transparente Farben wie Phthaloblau, Rubinrot (Permanent Rosa) und Lasurgelb zu einem reinen, satten Schwarz (jene Farbtöne ähneln dem Cyan, Magenta und Gelb des Farbdrucks – s. Seite 74). Schwarz ist in einem Gemälde jedoch keine absolute Farbe: Weil es immer in Relation zu seinen Umgebungsfarben gesehen wird, können auch dunkelgraue oder -braune Farbtöne auf dem Bild wie ein Schwarz wahrgenommen werden, obwohl sie beim Mischen auf der Palette nicht als Schwarz erscheinen.

Lichter Ocker + Alizarin-Karmesin + Ultramarinblau

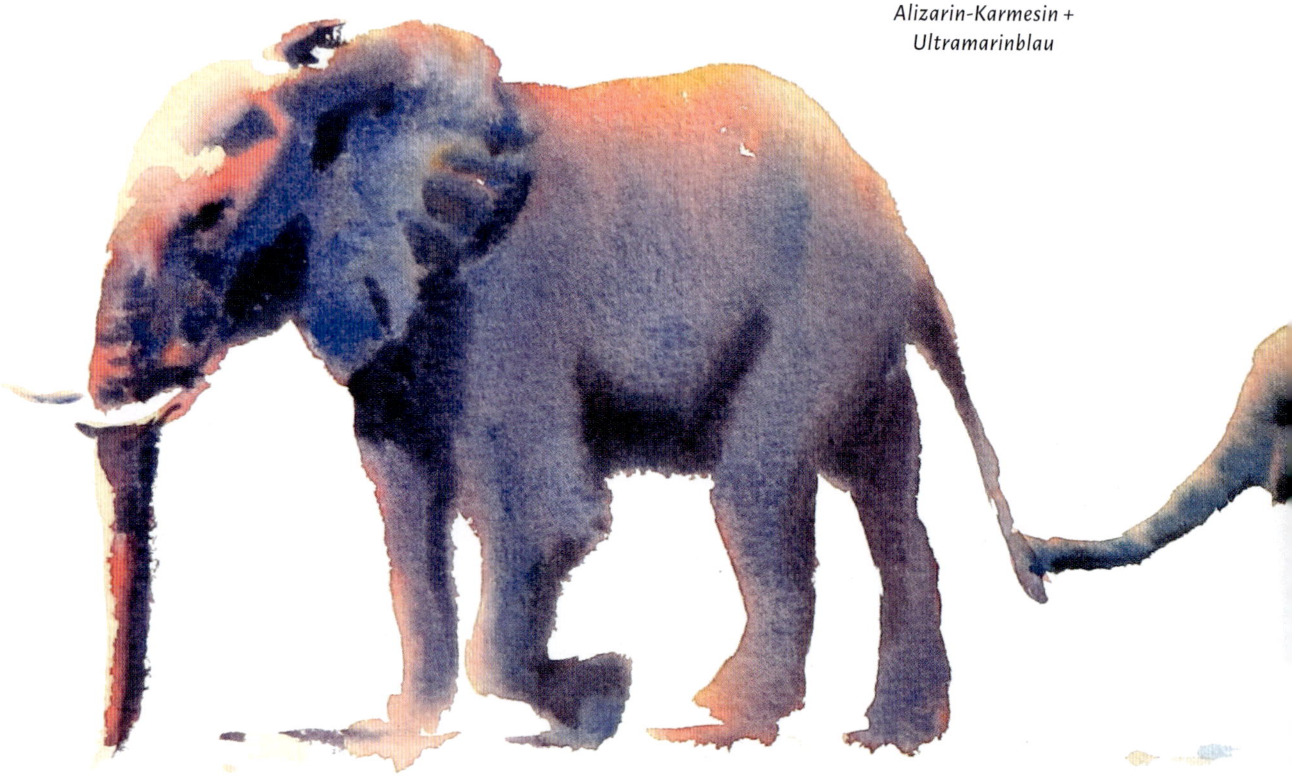

Schwarz ist relativ

Auch wenn für ein bestimmtes Gemälde kein Schwarz benötigt wird, bleibt immer noch eine gewisse Bandbreite von helleren bis hin zu dunkleren Farbnuancen. Daher ist die Auswahl der Farben für eine reduzierte Palette oft davon geleitet, ob sich mit diesen Farben die dunkelste erforderliche Schattierung mischen lässt. Lasierende Farben ermöglichen reine, tiefdunkle Schattierungen. Mit dem Mischen von Pigmenten, die transparent sind, lassen sich deshalb die dunkelsten Farbschattierungen und reinsten Schwarztöne erzielen. Die Deckkraft setzt bei Schwarztönen Grenzen und schwächt die dunklen Schattierungen ab. Diese Eigenschaft lässt sich also einsetzen, um die Stärke und Tiefe einer Farbschattierung zu modifizieren.

Fazit: Satte Schwarzschattierungen werden aus lasierenden Farben gemischt, stumpfe dunkle Farbschattierungen profitieren von deckenden Farben. Für die Auswahl der Farben einer reduzierten Palette ist daher die Möglichkeit, aus ihnen die jeweils dunkelsten Farbschattierungen mischen zu können, ein guter Ausgangspunkt.

▼ Vergleich von Drei-Farben-Mischungen in einer Reihe von Elefanten, *51 × 15 cm*

Der letzte Elefant in dieser Reihe ist mit Kadmiumrot, Kadmiumgelb und Kobaltblau gemalt, drei deckenden Farben, die für den Schatten auf dem Unterbauch unverdünnt gemischt ein dunkles Grau erreichen. Das Jungtier in der Mitte wurde aus den drei lasierenden Farben Preußischblau, Alizarin-Karmesin und Indischgelb erschaffen. Hier zeigt der Schatten auf dem Unterbauch eine deutlich dunklere Schattierung wie auch der auf dem Unterbauch des Muttertiers, das mit zwei lasierenden und einer halbdeckenden Farbe (Ultramarinblau, Alizarin-Karmesin und Lichter Ocker) gepinselt wurde.

Indischgelb + Alizarin-Karmesin + Preußischblau

Kadmiumgelb + Kadmiumrot + Kobaltblau

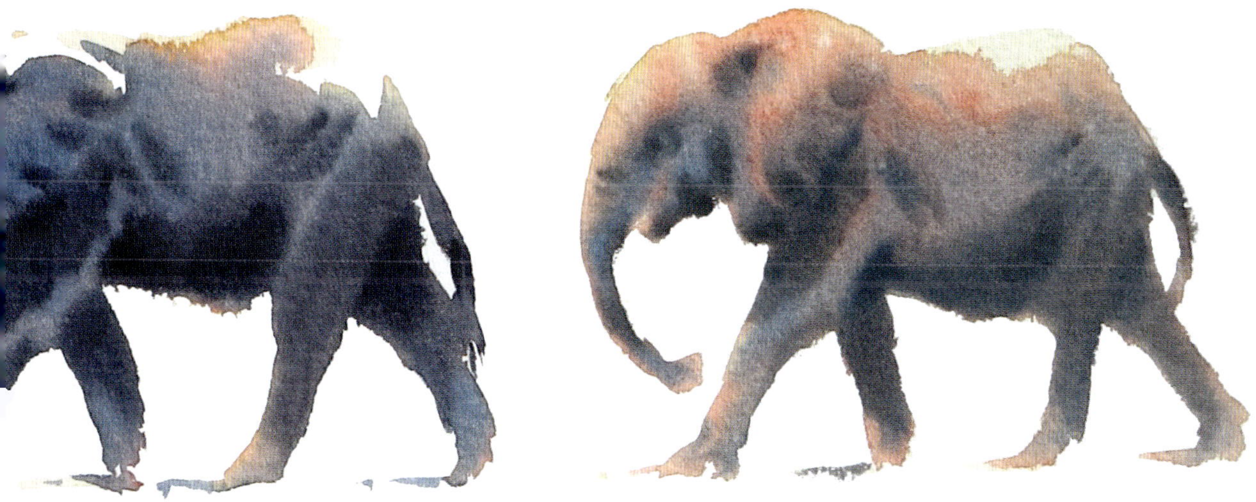

Über Farben nachdenken, aber wie?

Basierend auf der Bandbreite der Farben im Sujet, können Sie die »rote« Komponente in jeder beliebigen Mischung als den wärmsten und die »blaue« Komponente als den kühlsten Farbton im Kopf behalten. Die »gelbe« Komponente ist für gewöhnlich der hellste Farbton. Unter den fertigen Sekundärfarben können Sie Orange, das zwischen Gelb und Rot liegt, als hell und warm bedenken, während Violett (zwischen Rot und Blau angesiedelt) wahrscheinlich eine dunkle Schattierung haben wird; seine Temperatur kann nach kalt oder warm tendieren. Ich nutze selten ein fertiges Grün, aber wenn, ist Grün meist eine Farbe von mittlerer Schattierung, wobei ein gelbliches Grün eine wärmere Farbtemperatur hat als ein bläuliches Grün.

Beim Mischen der roten, blauen oder gelben Farbtöne bestimmt ihre Temperaturtendenz die Leuchtkraft des Ergebnisses. Der Mix eines kalten Blaus mit einem kalten Gelb ergibt das leuchtendste Grün, der eines warmen Rots mit einem warmen Gelb das brillianteste Orange und der eines kalten Rots mit einem warmen Blau das reinste Violett.

Lasierende Farben führen zu satteren Farbtönen, während deckende Farben Leuchtkraft und Helligkeit bieten (bei unachtsamem Gebrauch sorgen Letztere aber für trübe Mischungen). Die Kombination zweier Primärfarben erzeugt eine Sekundärfarbe, der Mix von Komplementärfarben Braun-, Grau- und Schwarztöne. Gelb- und rotbraune Erdtöne besitzen eigene Farbtiefen und Temperaturtendenzen. Da sie aus Eisenoxidpigmenten bestehen, lassen sie sich beim Mischen als Multiplikatoren benutzen, ohne ein neues Pigment hinzufügen zu müssen. (Weshalb zu viele Pigmente Probleme verursachen können, s. Seite 88.)

Beobachtung

Wenn Sie über eine Farbe und ihrer Komplementärfarbe nachdenken, können Sie die Tendenz der potenziellen Mischung vorhersagen, bevor Sie sie auf der Palette mischen.

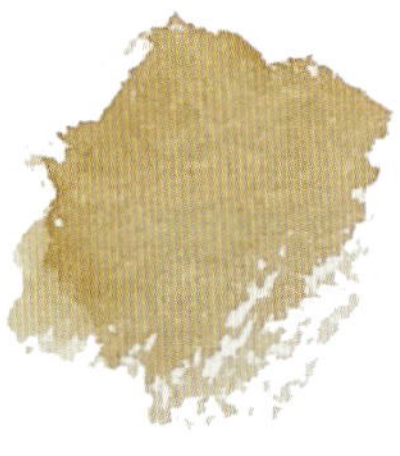

Lichter Ocker

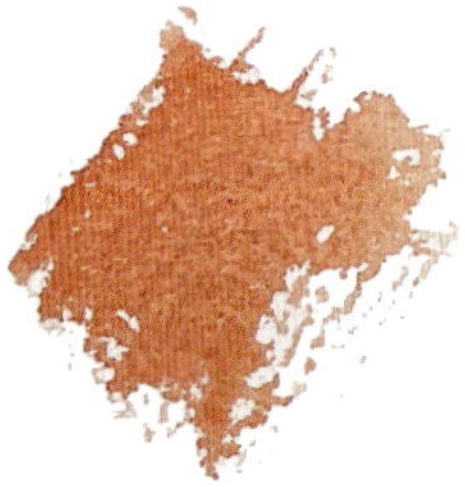

Hellrot

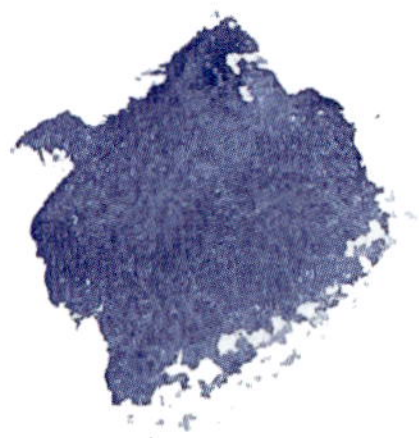

Ultramarinblau

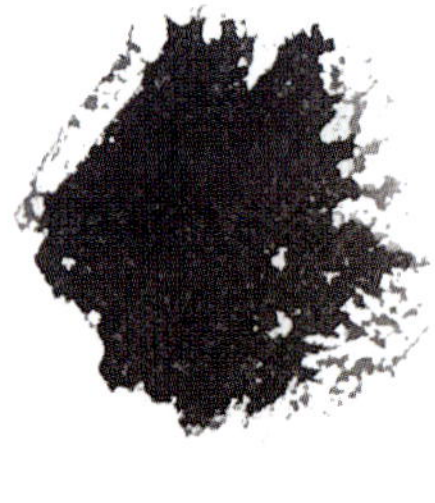

Schwarz, gemischt aus Ultramarinblau und Hellrot

▼ Der Herde folgen, *18 × 23 cm*

Hellrot ist eine deckende rote Erdfarbe und Lichter Ocker ein halbdeckendes Gelb. Indem ich Farben mit Deckkraft in meiner Farbwahl berücksichtigte, stellte ich sicher, dass eine verschleierte, dunstige Atmosphäre wiedergegeben werden konnte, ich aber aus dem Ultramarinblau und Hellrot immer noch ein ausreichend dunkles Schwarz für die glänzende Haut der Büffel mischen konnte.

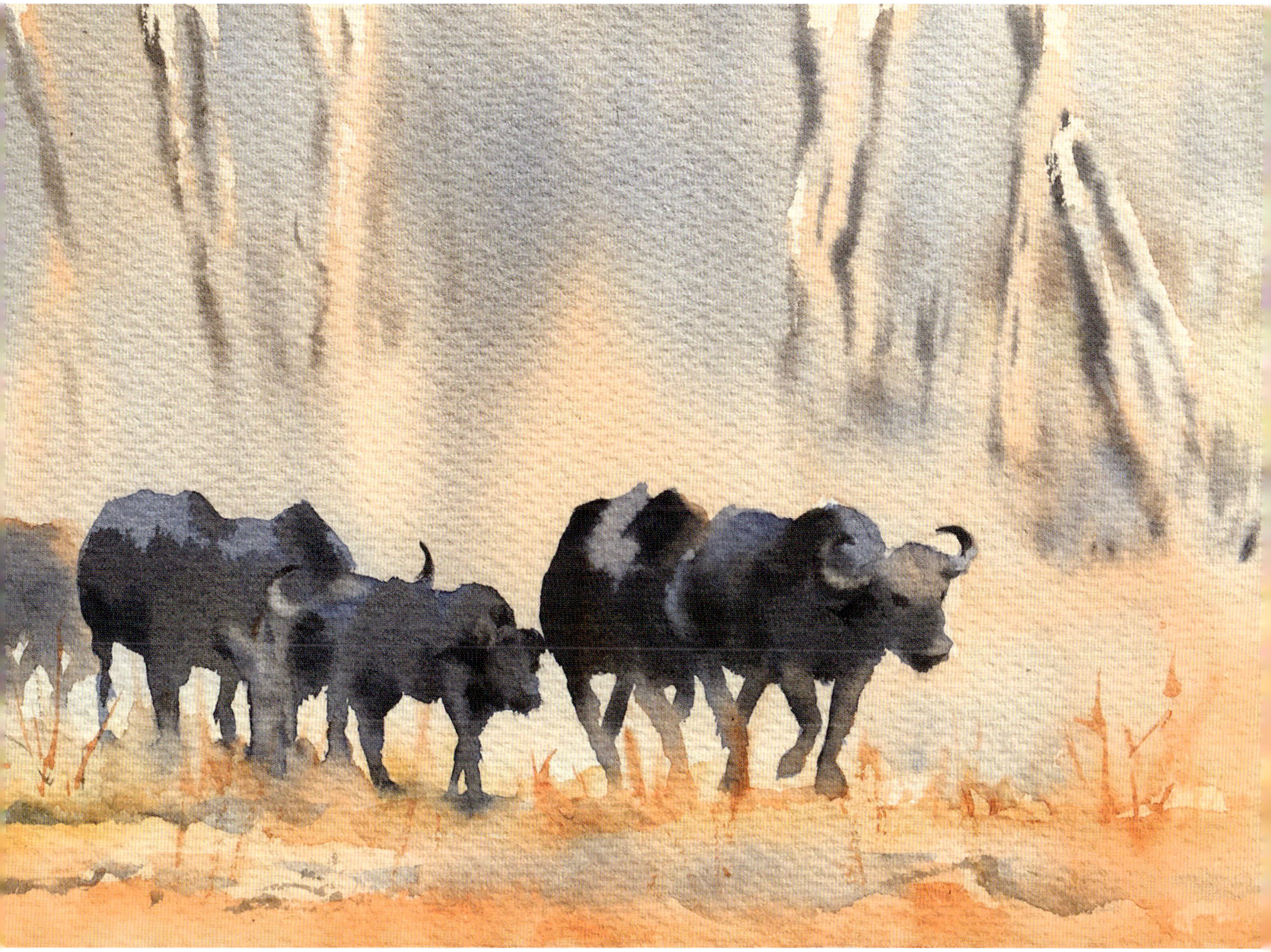

In Rot-Gelb-Blau denken (oder vielmehr in Blau-Gelb-Rot!)

Um die Farben für ein Gemälde zu bestimmen, wähle ich für gewöhnlich zuerst das Blau aus, dann das Gelb und schließlich das Rot. Im Allgemeinen kann man selten ein vollfarbiges Bild ohne den Einsatz von Blau oder einer Version von Blau (wie Violett) malen – vielleicht ist das Blau in der Malerei so allgegenwärtig, weil es den entgegengesetzten Farbton zu natürlichem Licht darstellt und daher den Schatten färbt. Die Überlegungen, welches Blau, Gelb oder Rot genommen wird, hängen von der Tiefe des Farbtons der Schatten, den Farben des Motivs (z. B. den Grüntönen von Blättern, den Blautönen von Wasser oder den leuchtend bunten Kleidungsstücken), der grundlegenden Stimmung und der Temperaturtendenz ab.

ZUERST DAS BLAU WÄHLEN

Leichter lässt sich dies an einem Beispiel erklären. Hier ist eine Stadtszene mit Menschen im Regen zu sehen. Das Schwarz ist bei diesem Motiv ein entscheidender Gesichtspunkt für die Auswahl des Blaus. Ich entschied mich für Ultramarinblau, ein warmes Blau mit einer großen Farbtiefe, weil es für das Licht und den Schatten des Taxis, der Anzüge und der nassen Straße passend erschien. Ich wusste, dass ich es mit Siena gebrannt, seiner nah verwandten Komplementärfarbe, zu einem schönen Schwarz mischen konnte und dass beide abhebbare Farben sind, ich sie also, wenn nötig, verschieben konnte. Als Gelb wählte ich Umbra natur, da es sich zur Wiedergabe der Farbe des Mauerwerks eignete. Zudem blieb die Palette so auf drei Pigmente beschränkt, weil es sich bei Umbra natur und Siena gebrannt um Erdfarben handelt. Kadmiumrot wählte ich wegen seines zur Darstellung des leuchtend roten Pullovers und des Regenschirms geeigneten Farbtons und wegen seiner Deckkraft, um – gemischt mit Umbra natur und/oder Siena gebrannt – die Gesichter und Hände zu malen.

▶ **Menschen im Regen**, *35,5 × 53,5 cm*

Die hier gewählten Rot-, Blau- und Gelbtöne wurden anhand der Farben der Anzüge/des feuchten Bodens (Ultramarinblau), des Regenschirms/Pullovers (Kadmiumrot) und der Pfeiler des Hintergrunds (Umbra natur) bestimmt. Siena gebrannt wurde mit Ultramarinblau für die Schwarztöne (Taxi und Anzüge) gemischt und auch für die Gesichter und die Kleidung der Figuren genutzt.

▶ Das satte Schwarz, welches für dieses Bild benötigt wird, lässt sich aus den drei Farben Umbra natur, Kadmiumrot und Ultramarinblau nicht mischen, aber da sich Siena gebrannt und Ultramarinblau zu einem wunderbaren Schwarz verbinden, wurde diese zweite Erdfarbe der Palette hinzugefügt.

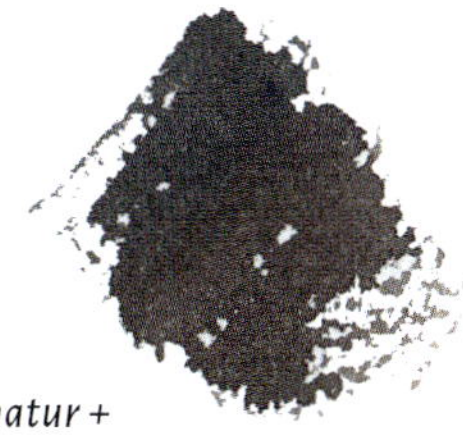

Umbra natur + Kadmiumrot + Ultramarinblau

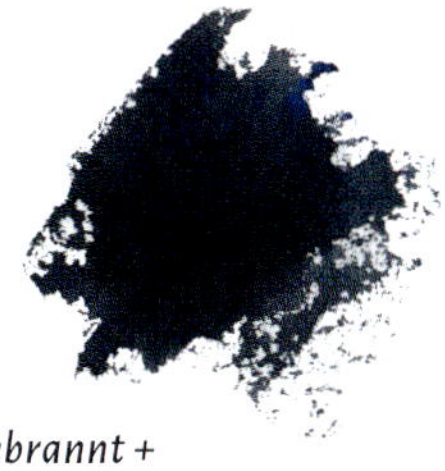

Siena gebrannt + Ultramarinblau

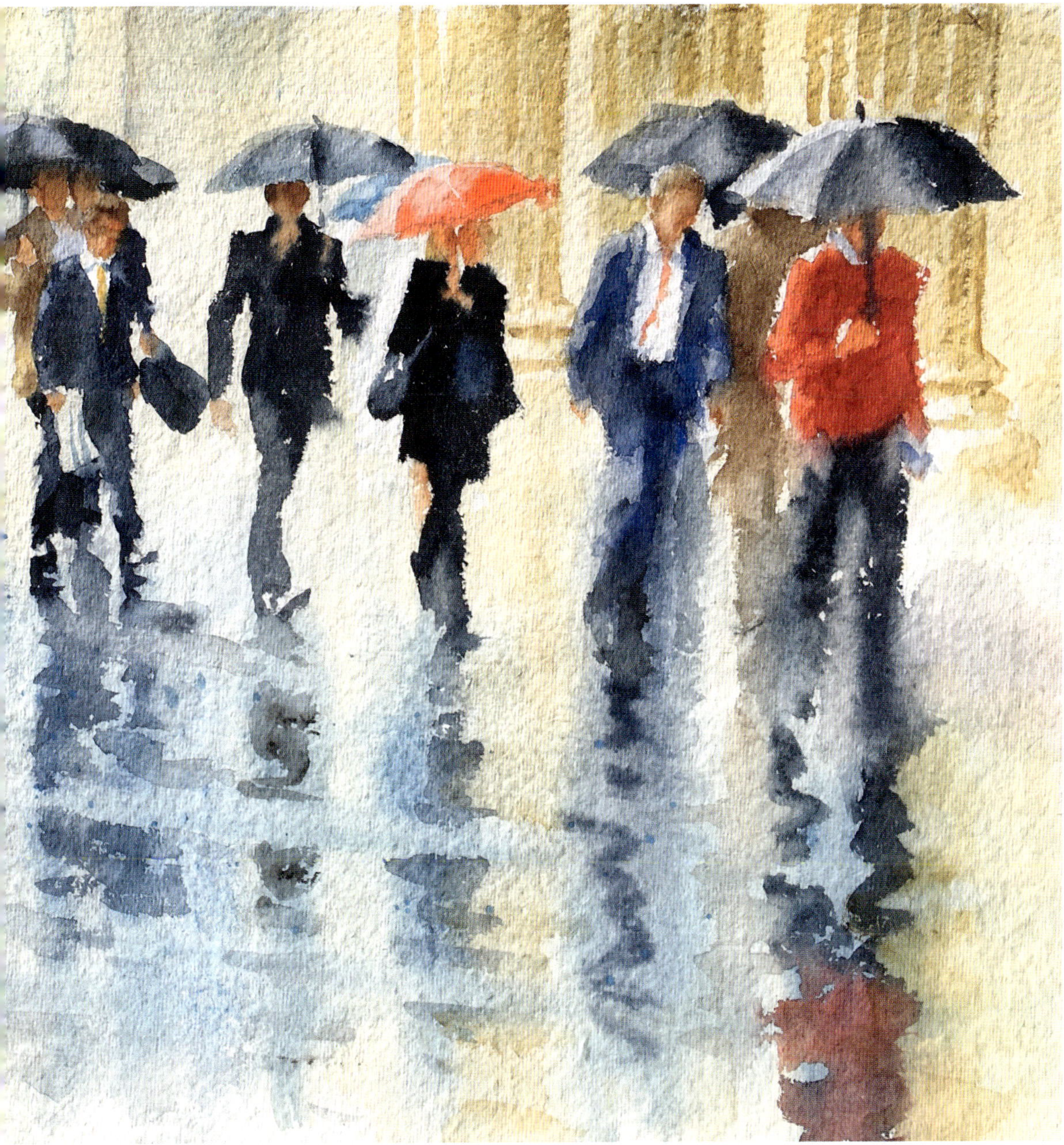

GELB ODER ROT ZUERST WÄHLEN?

In der Regel gehört nach der Wahl des Blaus dem Gelb meine zweite Überlegung und dem Rot die dritte. Wenn die Gegenstandsfarbe des Sujets (etwa eine Zitrone) gelb ist, wird allerdings zuerst das Gelb ausgesucht. Gleiches gilt auch für Rot. In der Praxis wähle ich oft das Blau und Gelb zusammen aus, insbesondere wenn das Motiv einen Grünton der Landschaft enthält. Ich gehe (in Gedanken) zwischen dem Gelb und dem ursprünglich gewählten Blau hin und her und probiere dann (wiederum im Kopf) ein alternatives Blau aus, um zu prüfen, ob ich mich für die richtige Mischung entschieden habe oder was die Alternative sein könnte. Wenn ich mir nicht sicher bin, teste ich die Mischungen auf der Palette. Während Sie lernen, müssen Sie alle Mischungen auf der Palette anrühren, um die Resultate selbst zu sehen. Je mehr Sie dann mit Ihren Farben vertraut sind, umso leichter wird es, die Mischungen schon im Kopf zu beurteilen.

Rot ist üblicherweise die dritte zu bestimmende Farbe, wenn Rot kein dominierender Farbton in dem Gemälde ist, aber auch das hängt – wie bereits erwähnt – vom gewählten Sujet und der Temperaturtendenz ab. Bräunliche Rottöne wie Siena gebrannt können beispielsweise im Blick auf die Eigenfarbe eines Springbocks die erste gewählte Farbe darstellen, und die zweite, wenn ich ein sattes, schnell und leicht zu mischendes Schwarz haben möchte.

Jedes Gemälde ist anders, und jedes verlangt seinen eigenen Denkprozess. Man kann lange überlegen, ehe man eine Entscheidung trifft. In der zweiten Hälfte dieses Buchs wird der Vorgang der Farbauswahl in Beziehung auf einzelne Bilder beschrieben. So können Sie die Überlegungen nachvollziehen, die der in jedem einzelnen Fall ausgewählten reduzierten Palette zugrundeliegen.

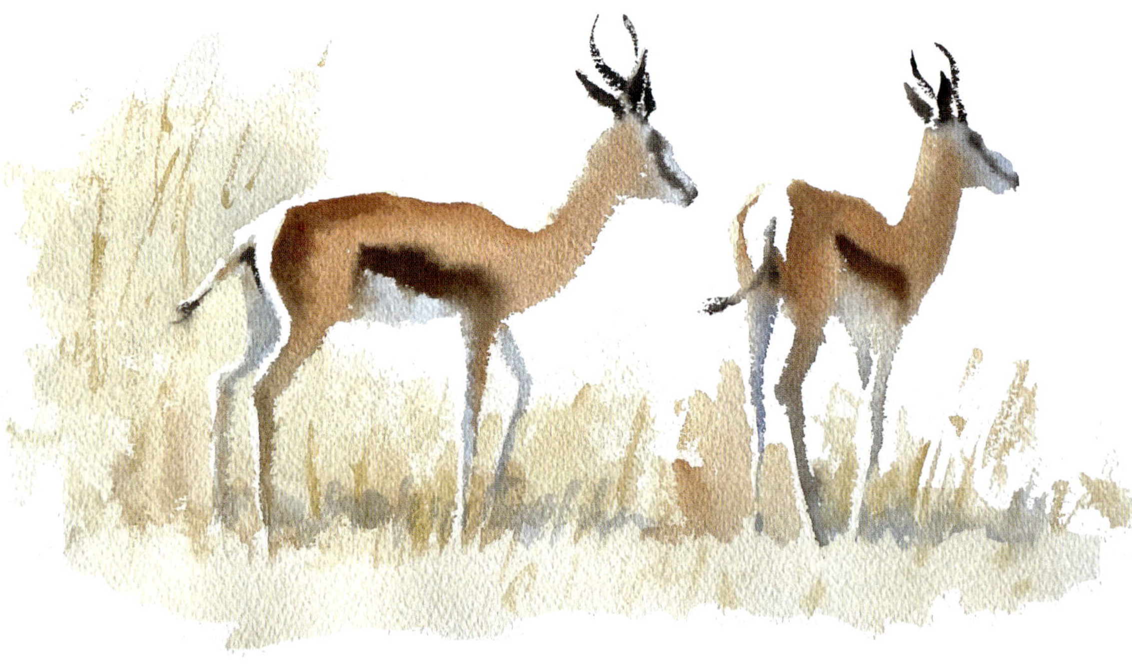

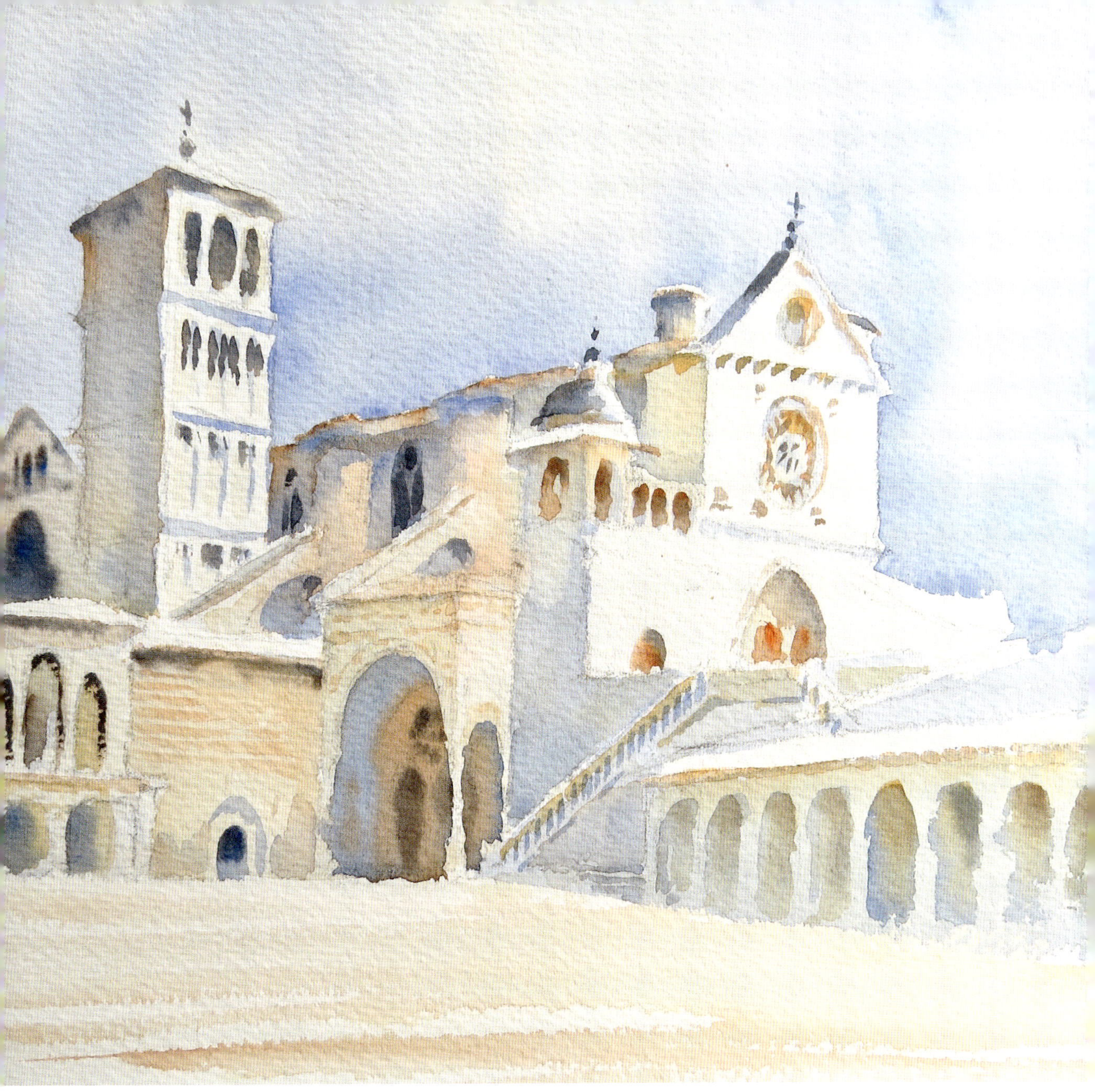

◀ **Springbock-Skizze**, *40,5 × 23 cm*

▲ **Hochzeit von Himmel und Erde (Basilica di San Francesco in Assisi)**, *25,5 × 28 cm*

Die Springböcke und die Basilika sind mit der gleichen Farbkombination gemalt: Lichter Ocker, Siena gebrannt und Ultramarinblau. Bei den Springböcken war das Fell ausschlaggebend für die Wahl von Siena gebrannt (»Rot«), anschließend kam die Auswahl von Gelb und Blau. Bei der Basilika war die Farbe des Mauerwerks entscheidend für Lichter Ocker (»Gelb«) als erste Wahl, gefolgt von Blau und Braun (»Rot«).

Farbkombinationen auswählen

Das Denken in Rot, Gelb und Blau erleichtert erheblich die Auswahl von Farbkombinationen für eine reduzierte Palette: Jede Zusammenstellung aus Rot-, Gelb- und Blautönen liefert viele Farben für ein Gemälde und kann die tiefsten Schwarztöne erreichen, vor allem wenn die ausgewählten Pigmente lasierend sind. Für die Auswahl gelungener Farbkombinationen müssen wir jedoch nicht nur wissen, wie sich die Pigmente zu den Farben für das Bild vermischen, sondern auch verstehen, wie die Farben miteinander interagieren, sobald sie in und auf dem Gemälde sind. Der Grund, warum einige wenige Farben in einem Aquarell farbenfroher wirken können als viele, hängt weitgehend vom Zusammenspiel der Farben auf dem Papier ab.

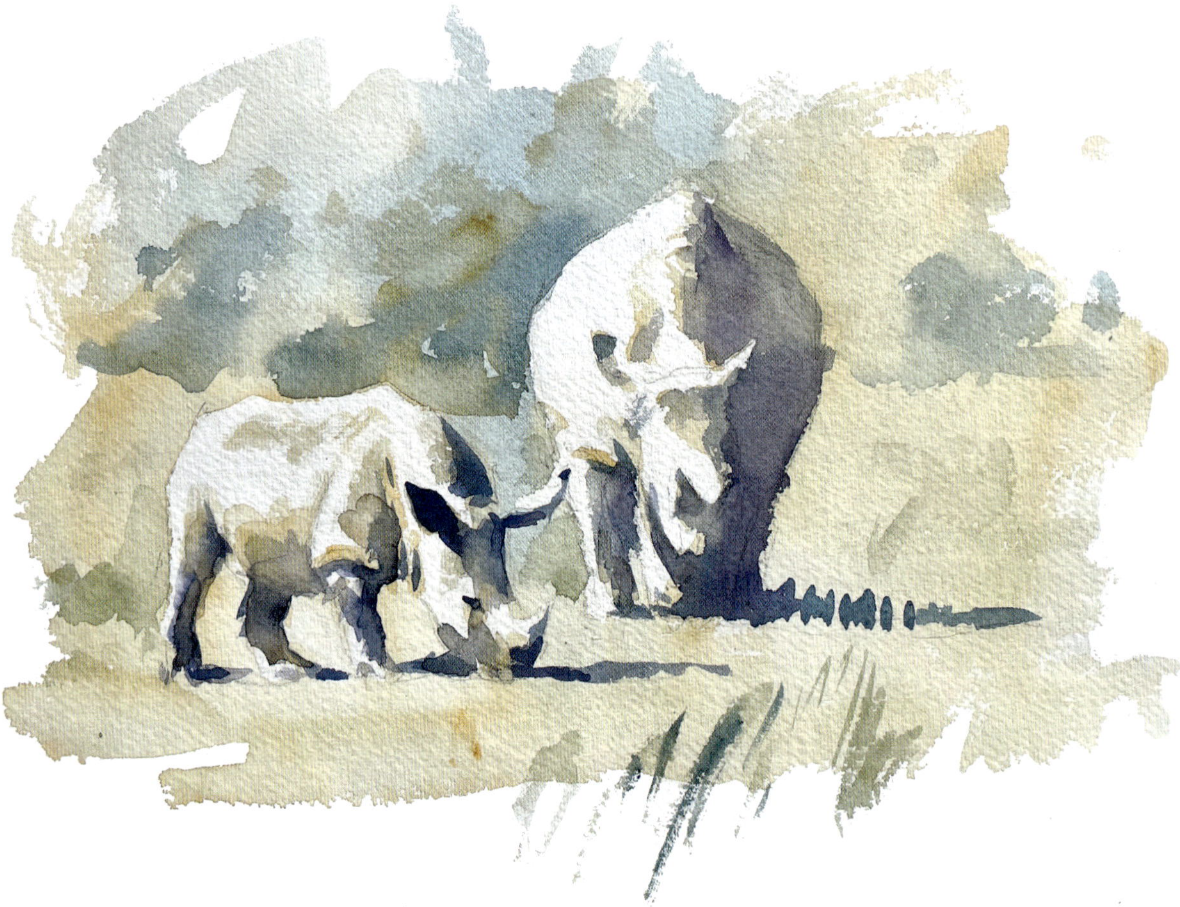

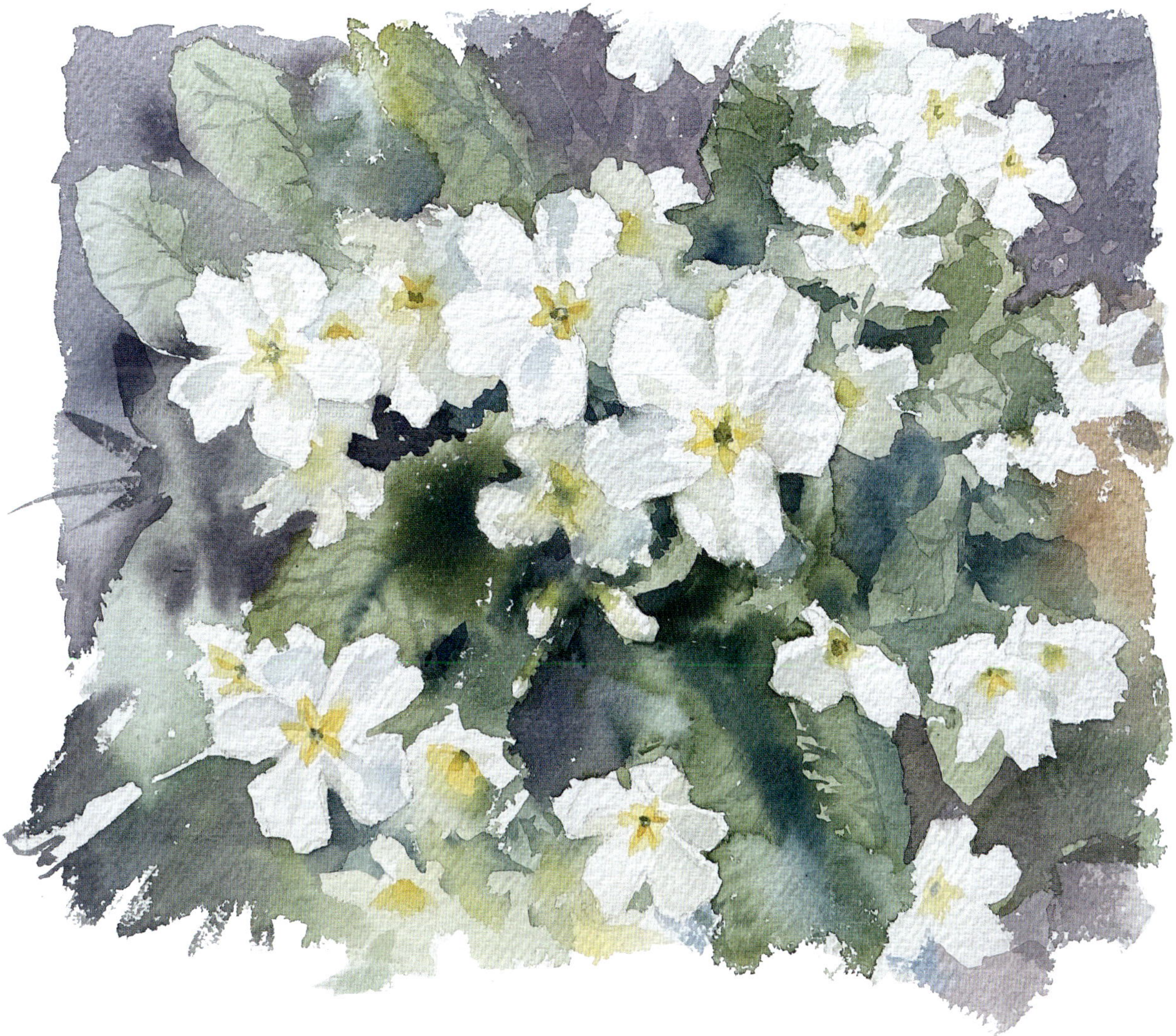

◄ **Mutter und Kind,** *28 × 33 cm*

Durch das Kontrastieren von Schmincke Violett mit Lichter Ocker auf der schwungvollen Skizze erscheinen sowohl das Mauve als auch das Gelb strahlender. Preußischblau als dritte Farbe macht die dunklen Schatten kühler und liefert die grünlichen Farbtöne im Hintergrund.

▲ **Osterprimeln,** *30,5 × 33 cm*

Für meine Bilder verwende ich oft die Kombination aus Indischgelb, Preußischblau und Alizarin-Karmesin: Die Mischung von Indischgelb und Preußischblau ergibt die Grüntöne, der Mix aus Preußischblau und Alizarin-Karmesin das Violett, und Alizarin-Karmesin und Indischgelb erschaffen zusammen das Orange für den Fleck rechts. Die Mischung aller drei Farben ergibt die dunklen Farbtöne. Das Violett und das Orange sind zwar stumpfe Mischungen, das Gemälde wirkt aber lebendig, weil die Farben und Schattierungen gut miteinander interagieren.

Die Interaktion von Farben

Schauen Sie sich nochmals den Farbkreis auf Seite 17 an, um sich die Gesamtheit des sichtbaren Spektrums ins Gedächtnis zu rufen. Farben reagieren auf andere Farben, indem sie sie in Richtung ihrer Komplementärfarbe auf der anderen Seite des Farbkreises schieben. Ein Rot schiebt also ein Blau oder ein Gelb in Richtung Grün, ein Blau ein Rot oder Gelb in Richtung Orange. Auf gleiche Weise lassen wärmere Farben angrenzende Farben kühler wirken, während kältere Farben durch den Kontrast angrenzende Farben wärmer erscheinen lassen. Indem Kunstschaffende sich diese optischen Phänomene zunutze machen, können sie dafür sorgen, dass sich eine Farbe zu einem anderen Farbton neigt oder leuchtender erscheint. Derartige Interaktionen sind mit weniger Farben effektiver als mit vielen, weil weniger im Widerspruch stehende Variablen auftreten, die das Auge (eigentlich das Gehirn) verwirren.

◄ ▼ Durch den Kontrast zwischen den Komplementärfarben Rot und Grün erscheint die Farbgebung der beiden Äpfel kräftiger.

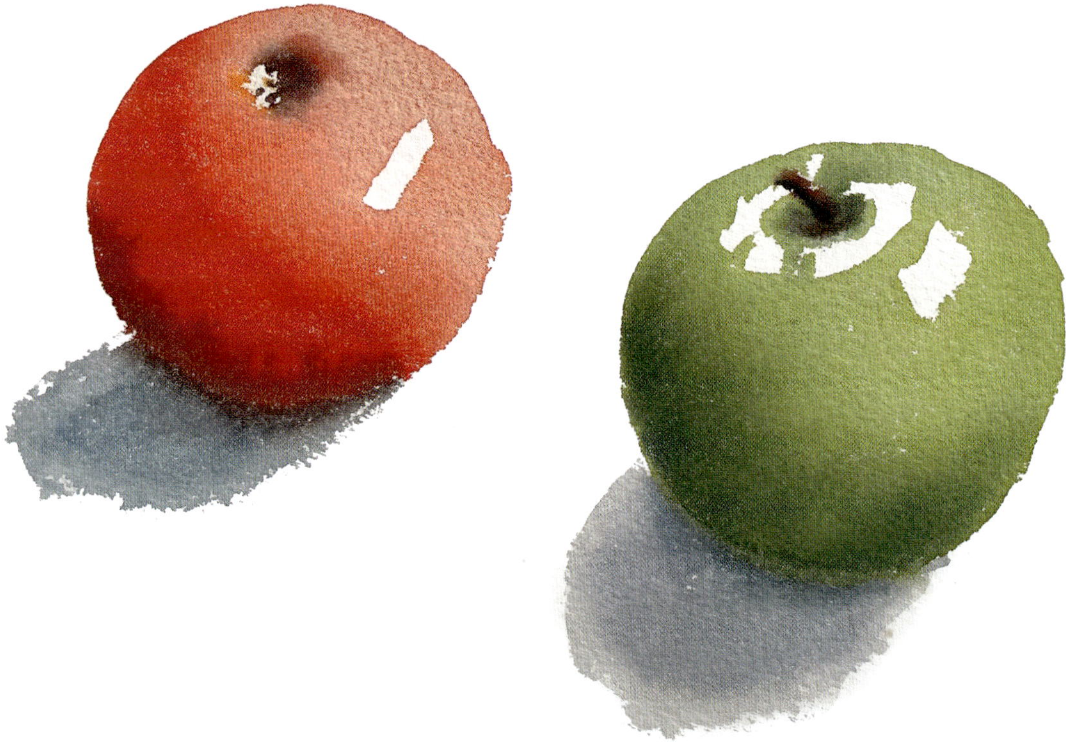

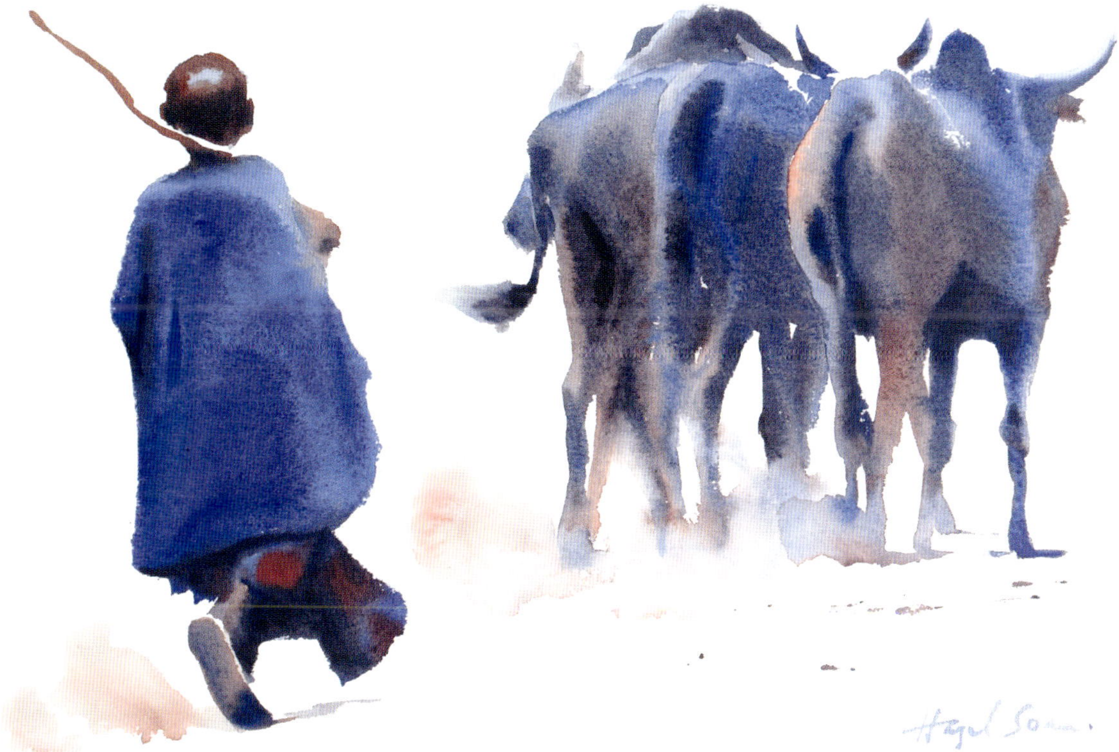

Farben annähern

Dass Farben interagieren, hat zur Folge, dass Sie die in Ihrem Motiv erblickten Farben »annähern« und die Interaktionen der Farben im Gemälde manipulieren können, um die Harmonie zu vergrößern. Damit z. B. ein blauer Himmel strahlender erscheint, können Sie orangene Farben in der Landschaft als Komplementärfarbe nutzen. Um einen roten Pullover hervorzuheben, lässt sich ihm ein nach Grün strebendes Blau für die Schatten der umgebenden Kleidungsstücke zuordnen. Um ein Gelb leuchtender wirken zu lassen, verwenden Sie ein warmes, in Richtung Violett tendierendes Blau. Mit einem geschickten Einsatz der kalten und warmen Versionen der Primär- und Sekundärfarben lässt sich die Farbgebung fast jeden Motivs wiedergeben.

▲ Afrikanischer Hirtenjunge,
25,5 × 35,5 cm

Das Ultramarinblau wirkt hier so lebhaft, weil die beiden anderen Farben es durch den Kontrast zur hellsten Version seiner selbst verschieben. Die entgegengesetzte Farbgebung findet sich in dem orange-braunen Ton des Hellrots, und die entgegengesetzte Temperatur wird durch das Kadmiumrot eingeführt.

Probleme beim Einsatz zu vieler Pigmente

Da Pigmente die Eigenschaft haben, Mischungen abzudunkeln, ist es immer ein Vorteil, die Zahl der Pigmente in jeder Mischung und bei jedem Gemälde auf ein Minimum zu beschränken. Zu viele Pigmente bedeuten eine Eintrübung, die schnell (und deutlich sichtbar!) eintreten kann, insbesondere wenn deckende Farben beteiligt sind. Aber auch beim Mischen von vier oder mehr lasierenden Farben aus unterschiedlichen Pigmenten auf der Palette wird man eine schrittweise Abstumpfung des gemischten Farbtons feststellen. Der gleiche Effekt tritt beim Überschichten auf dem Papier auf, wenn zu viele verschiedene Pigmente übereinandergelegt werden oder zu viele Farbschichten die Transparenz beeinträchtigen. Das Schöne an einer reduzierten Palette ist, dass das Risiko der Abstumpfung von Anfang an ausgeschaltet wird. Indem wenig Pigmente für das Malen des Bildes verwendet werden, wird die Tendenz der Mischungen zum Eintrüben abgewendet. Solange Sie die Farben nicht zu sehr auf dem Papier herumschieben oder trocknende Schichten stören, indem Sie eine andere Farbe überlagern, ehe die untere Schicht gründlich getrocknet ist, bieten weniger Farben immer eine Win-Win-Situation!

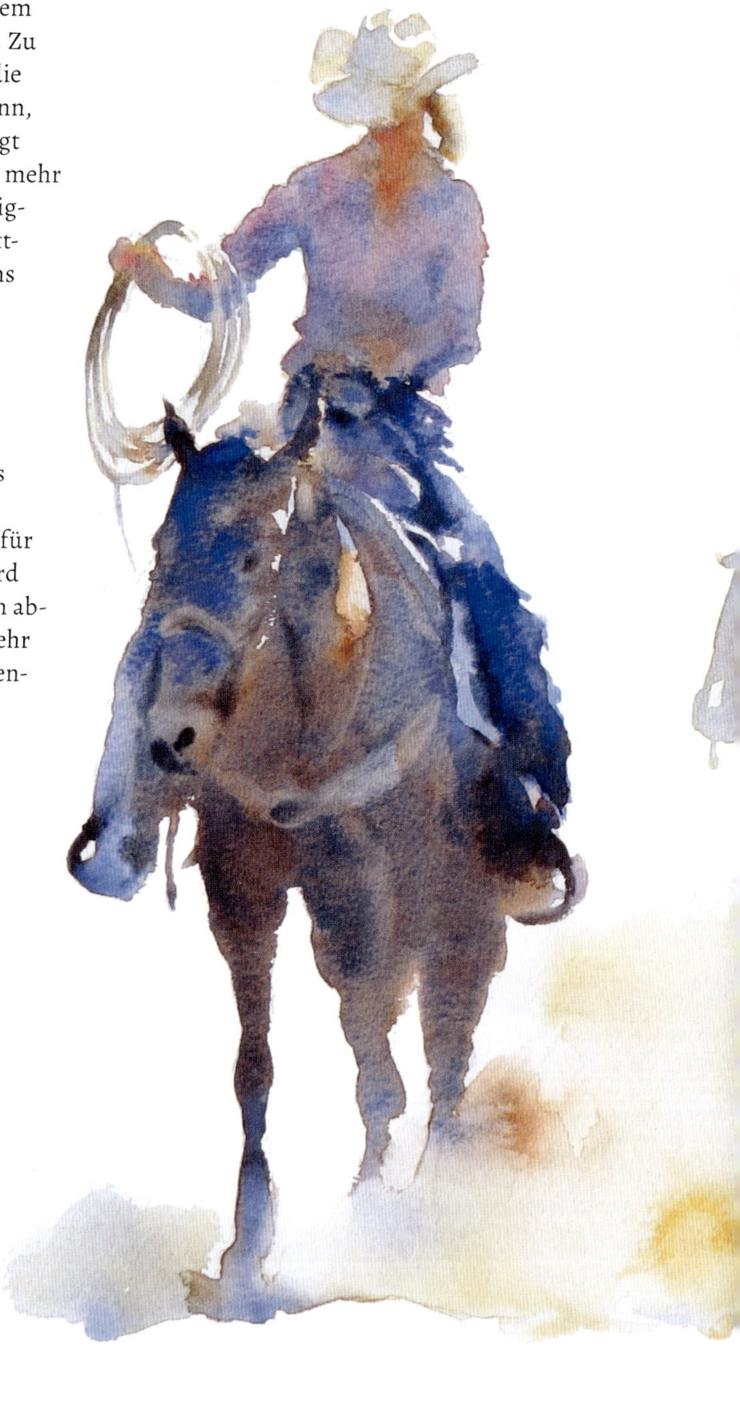

▶ **Auf der Suche nach Fährten,**
56 × 76 cm

Kombinationen aus Franz. Ultramarin, Siena gebrannt, Lichter Ocker und Chinacridonrot wurden zu verschiedenen Farben verbunden. Um Stumpfheit bei den Braun- und Schwarztönen zu vermeiden, enthält keine dieser Mischungen mehr als drei Farben; die übrigen bestehen aus lediglich zwei Farben.

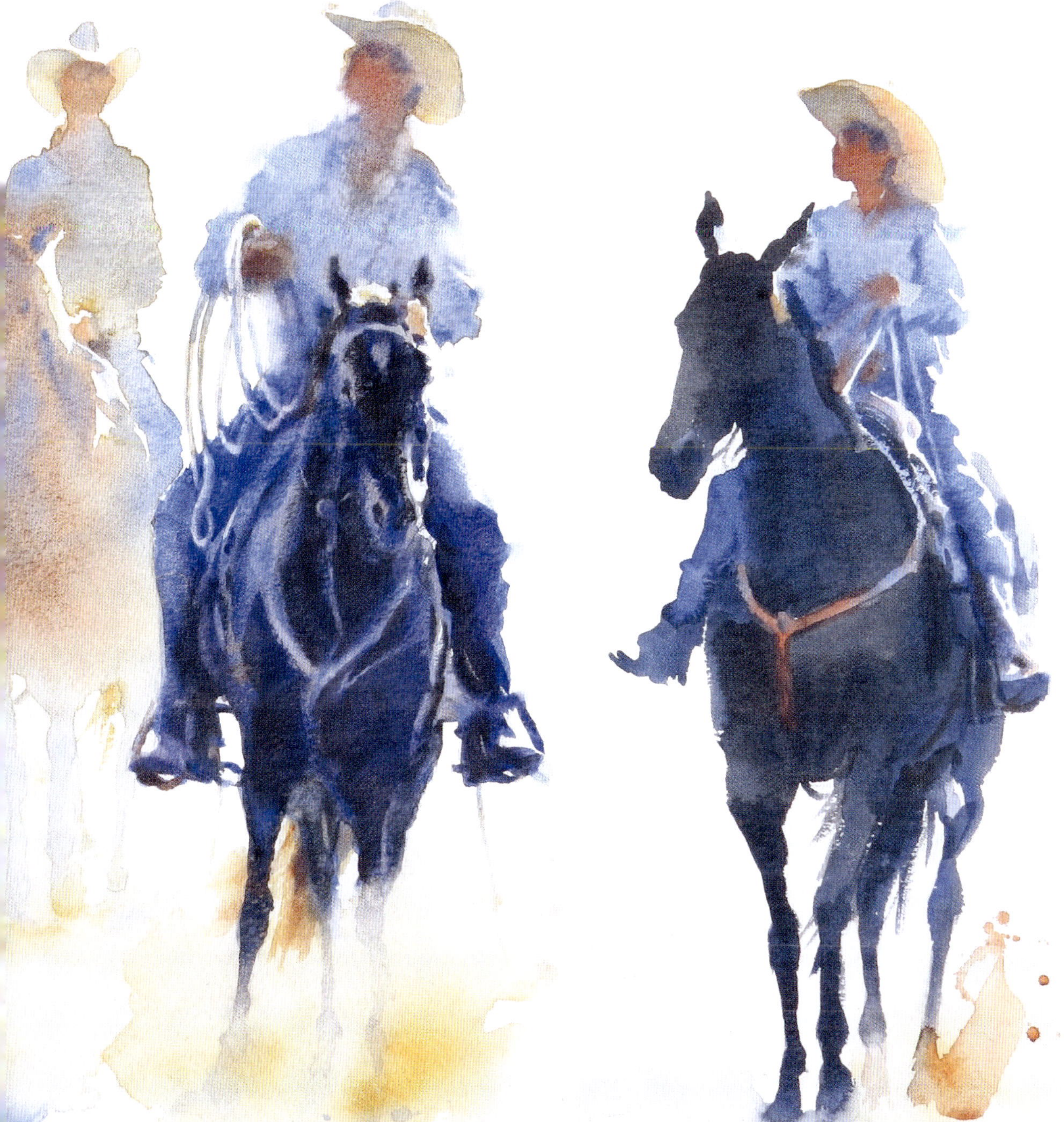

Überlegungen bei der Auswahl

Eine Kombination aus lasierenden Rot-, Gelb- und Blautönen ist zwar ein sicherer Weg, um eine große Bandbreite für die Farbgebung zu erreichen, manchmal jedoch lassen sich, wie schon gezeigt wurde, reinere und schnellere Mischungen durch den Einsatz von Sekundär- und Komplementärfarben gewinnen – Abkürzungen, bei denen weniger Pigmente beteiligt sind. In anderen Fällen lässt sich die beste Mischung anhand der verschiedenen Eigenschaften der Farben (z. B. Deckkraft, Abhebbarkeit oder Granulation) herausfinden. Es gibt aber auch Fälle, in denen eine zusätzliche besondere Farbe erforderlich ist, weil keine andere Farbe dem bestimmten Ton der Eigenfarbe auch nur nahe kommt; diese Hinzufügung kann ein Überdenken der drei oder vier bereits ausgewählten Farben nach sich ziehen oder aber die hinzugefügte Farbe bleibt einfach für sich wie bei dem roten Hemd auf Seite 38.

▼ Die Farben, die bei diesem Gemälde eingesetzt wurden, waren Preußischblau, Indischgelb und Siena gebrannt. Das kalte Blau verbindet sich mit dem warmen Gelb zu den frischen Grüntönen des Blattwerks, und das kalte Blau und warme Braun werden durch das warme Gelb modifiziert, um das Muster und die warmen Schatten wiederzugeben.

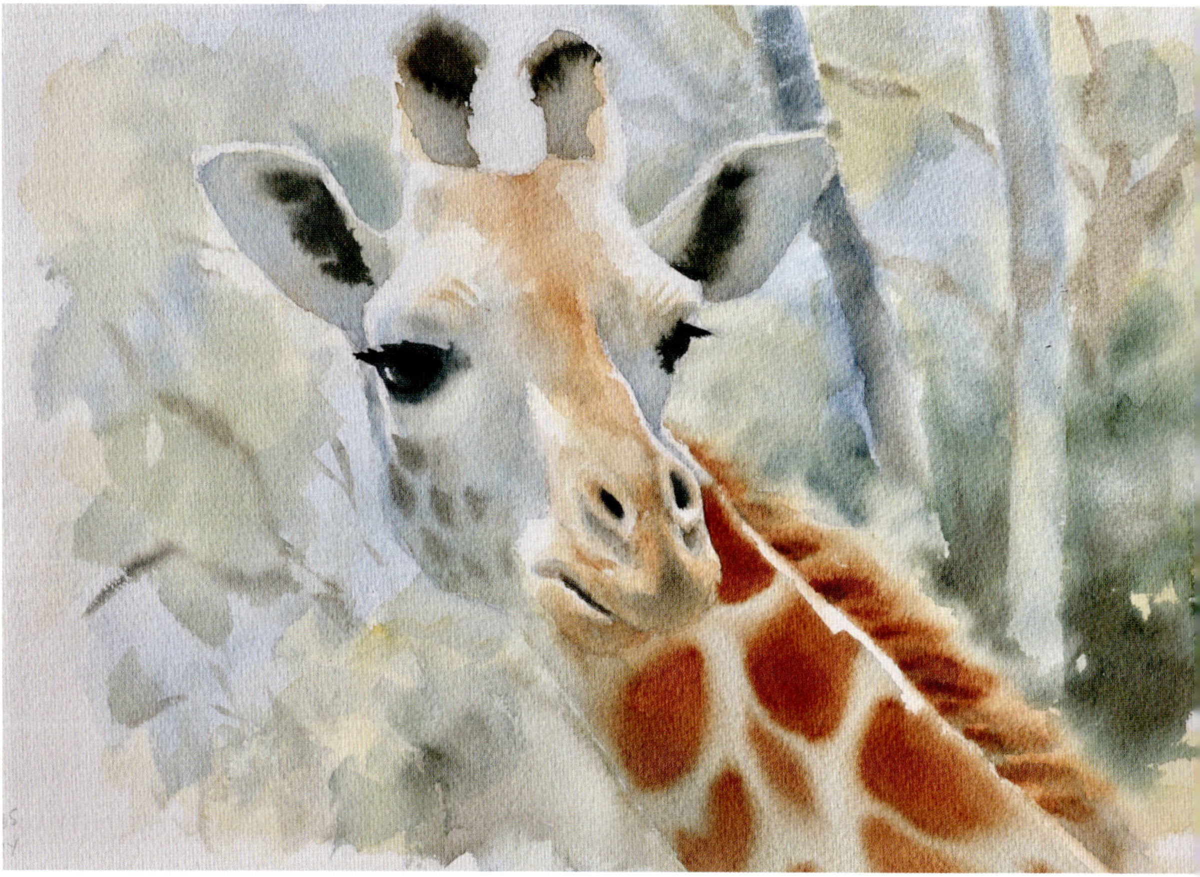

Offen bleiben für Alternativen

Sie können sich an ein einmal gewähltes Set lasierender Primärfarben halten und damit alles malen. Sich Alternativen bewusst zu sein, macht die Auswahl einer reduzierten Palette zu einem komplexen und umständlichen Prozess, der zugleich ein spannendes Abenteuer ist. Das Wissen um die Existenz einer Reihe von potenziell guten Kombinationen erinnert uns daran, dass keine Entscheidung abgeschlossen oder endgültig ist, dass es keine absolut richtige oder falsche Kombination gibt und dass wir, wenn uns die Ergebnisse unserer Farbwahl für ein bestimmtes Motiv nicht überzeugen, immer ein anderes Set von Farben ausprobieren können.

Grundsätzlich können Sie nicht verlieren: Wenn Sie erst einmal die Methode des Zusammenstellens einer reduzierten Palette verstanden haben, bauchen Sie nicht mehr lange nach den passenden Farben für Ihr Motiv zu suchen und das Mischen wird einfacher, genauer und effizienter!

▼ Die hier verwendeten Farben sind Ultramarinblau, Aureolin und Siena gebrannt. Der Austausch des Blaus und des Gelbs erzeugt eine andere, aber ebenso überzeugende Stimmung. Das Blau ist warm, das Gelb kalt. Trotz des wärmeren Blaus wirkt das Bild insgesamt kühler als das nebenstehende, weil das kältere Gelb das Siena gebrannt, die wärmste Farbe im Bild, kühler wirken lässt.

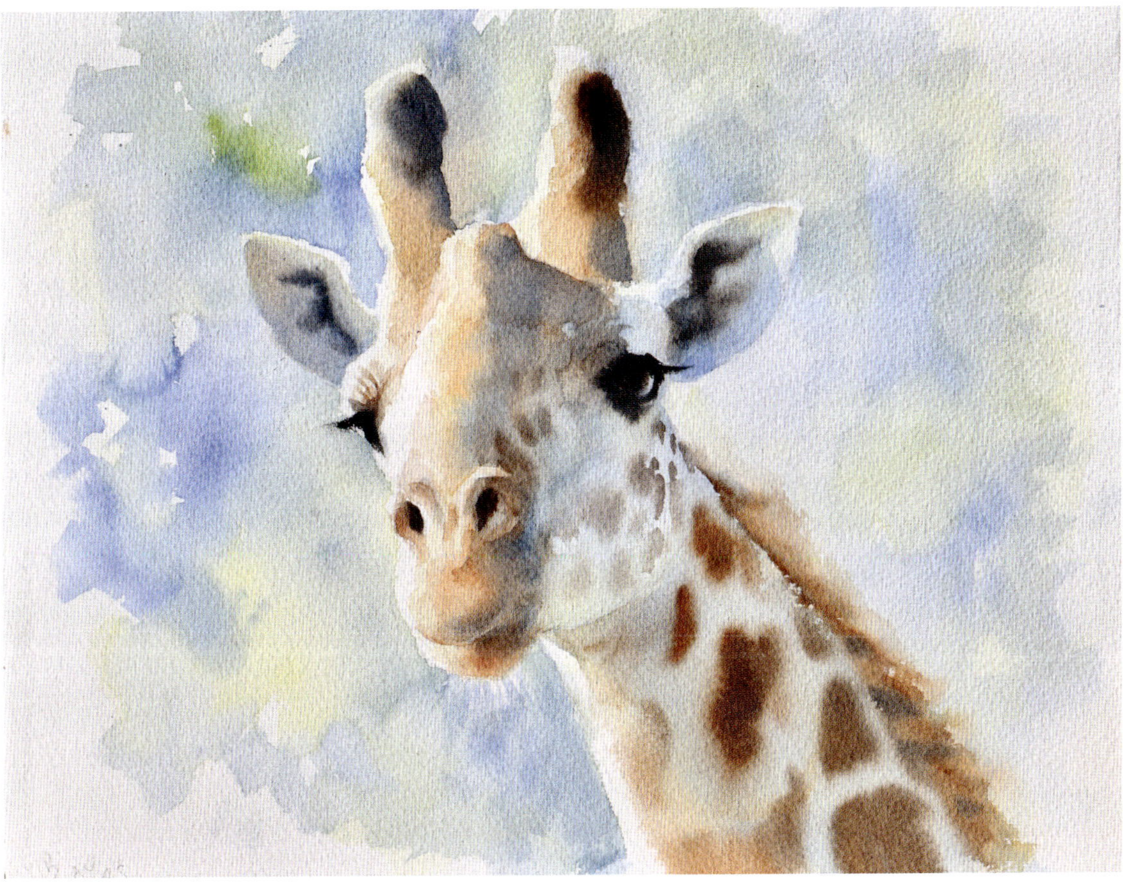

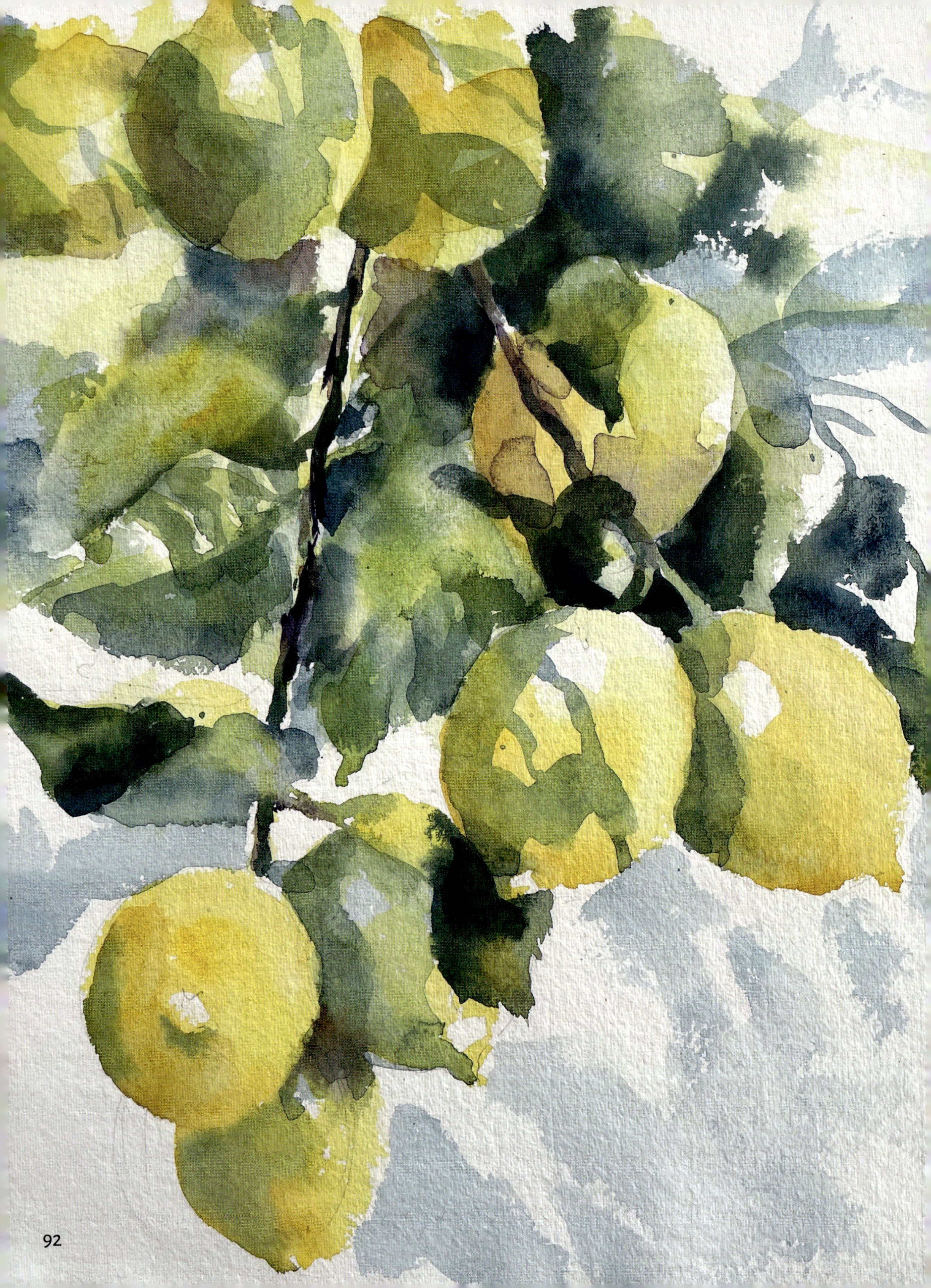

Sich von einer dominierenden Farbe leiten lassen

Ein Motiv kann einen vorherrschenden Farbton haben, der die Farbauswahl leitet oder sogar vorschreibt. Beispielsweise ist Grün in Landschaftsmotiven üblich, sodass sich die Farbauswahl bei Landschaftsgemälden generell um das Blau und das Gelb dreht, die sich zu dem jeweils passendsten Grün mischen lassen. Selbst wenn der Himmel blau ist, finde ich es besser, das Blau im Hinblick auf die Grüntöne der Landschaft zu wählen statt in Bezug auf die Farbe des Himmels. Ich male viel in heißen Gegenden mit tiefroten Felsen und Böden. Deren Farbgebung bedingt, dass ich in diesen Fällen oft zuerst mein Rot oder meine Mischung aus Rot und Gelb auswähle, bevor ich über das Blau entscheide.

Wenn ich Tiere in der Wildnis male, bestimmt in der Regel ihre Farbe und nicht die der umgebenden Landschaft meine Farbauswahl. Doch kann ich beispielsweise angesichts der auffälligen orangefarbenen Dünen in der Kalahari zu der Entscheidung kommen, dass Orange ein Muss ist, und ich wähle dann die übrigen Farben in Bezug auf Lasurorange aus.

▼ Die Gegenstandsfarbe der Regenschirme entscheidet hier die Wahl zugunsten von Ultramarinblau und Kadmiumrot.

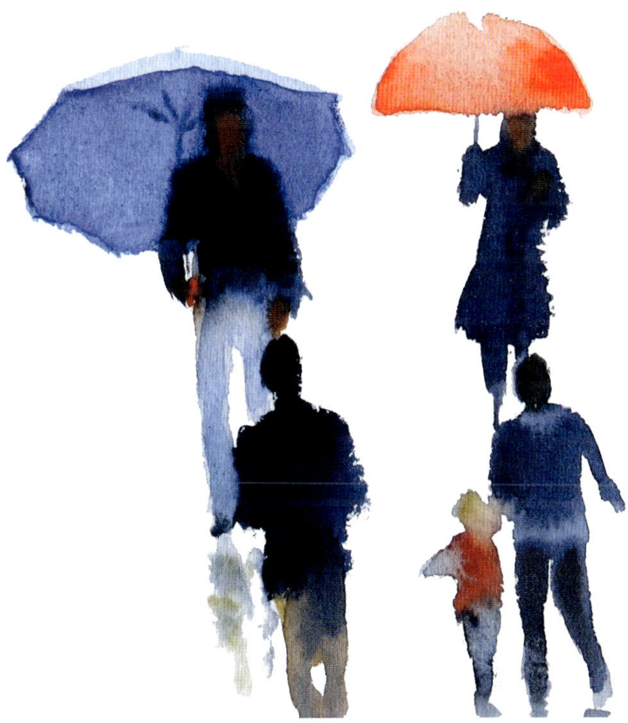

◀ **Frische Zitronen,**
33 × 30,5 cm
Aureolin war ein ideales kaltes Gelb für die Eigenfarbe der Zitronen in diesem Bild, aber die Ränder benötigten ein wärmeres Gelb, daher führte ich Indischgelb ein. Nach der Auswahl der beiden Gelbtöne wechselte ich sie dann für das Blattgrün bei der Mischung mit Preußischblau ab. Schmincke Violett war das »Rot« in dieser Farbkombination; mit Aureolin gemischt entstand das blasse, gelbliche Braun der Schatten und der dunkle Ton des Asts.

Dominierende Farbe: Violett ersetzt Blau

Angenommen, Rot ist der dominierende Farbton des Motivs: In diesem Fall ist es sinnvoll, zunächst das Rot auszuwählen. Diese afrikanische Szene ist vorherrschend rot und orange; die Elefanten erscheinen dunkel vor dem Sonnenuntergang, bilden aber noch keine schwarzen Silhouetten. Im Hinblick auf die Temperatur ist Blau meist die kälteste Farbe in einer Drei-Farben-Kombination, doch hier würde ein Blau die dunklen Töne zu kühl und zu schwarz machen. Deshalb wurde Schmincke Violett anstelle eines Blaus verwendet.

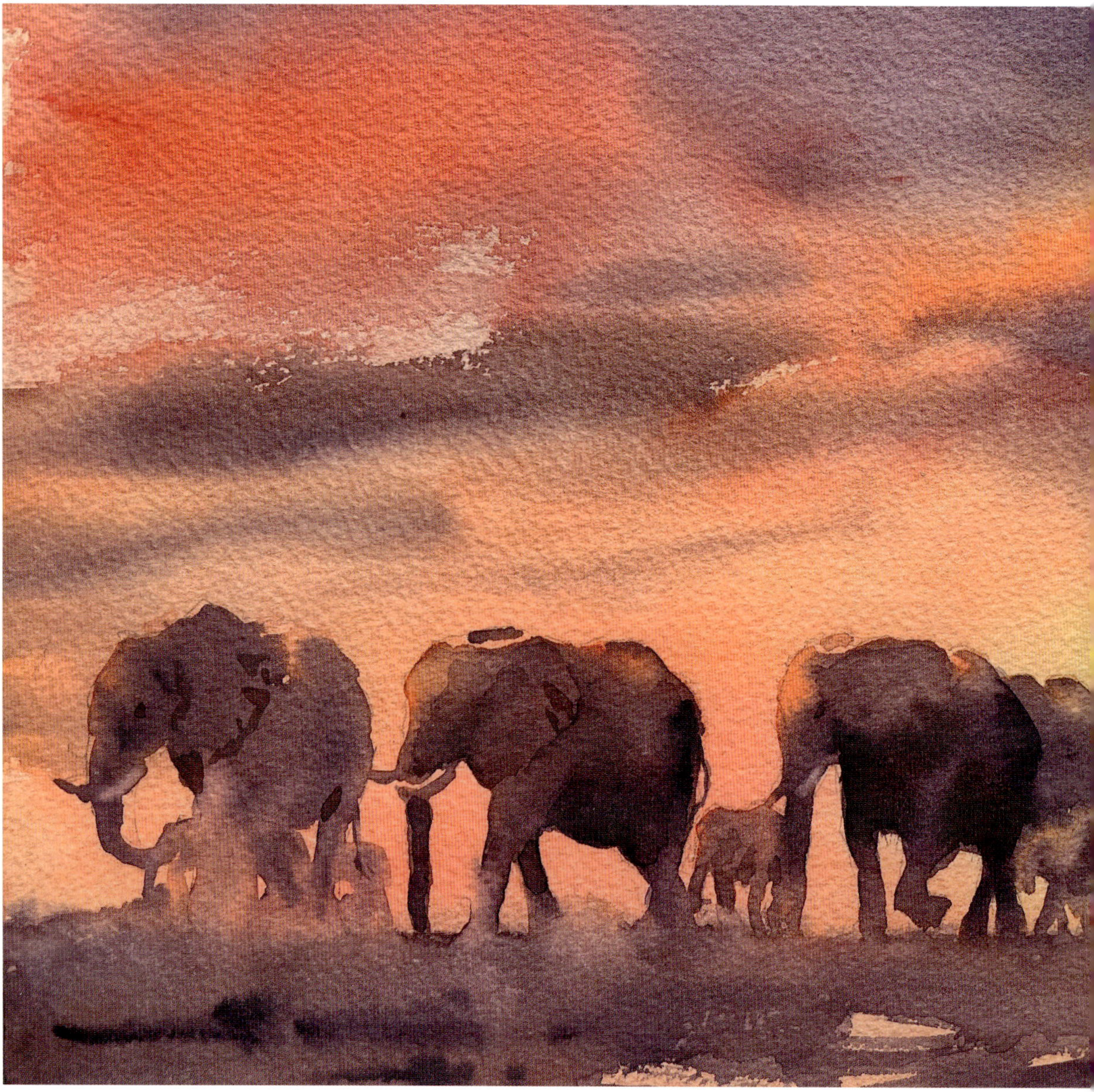

▼ In der Abenddämmerung verschwinden, *23 × 30,5 cm*

Ich war mit dieser Kombination sehr zufrieden. Das Schmincke Violett sorgte für ein kräftiges Erscheinungsbild der Elefanten, und das Scharlachrot und das Lasurgelb gaben dem Himmel eine schöne Klarheit.

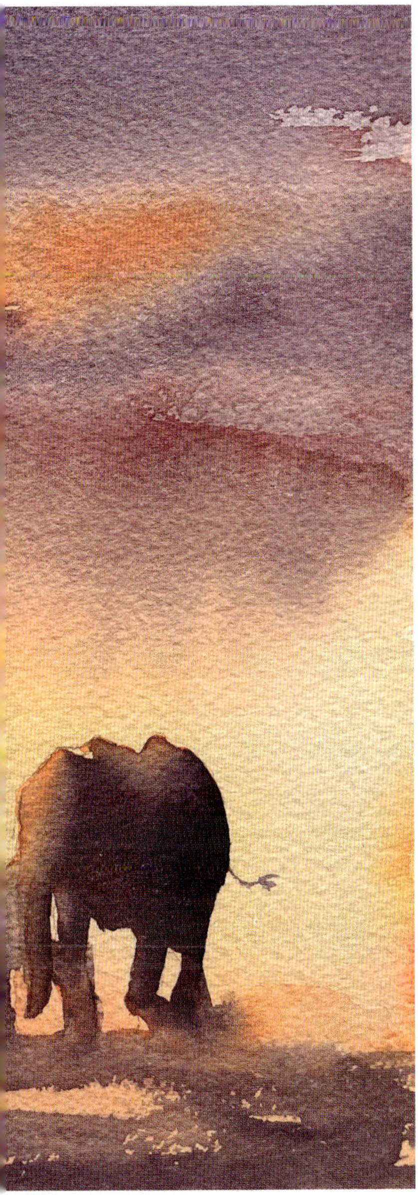

AUSWAHL DER FARBEN

Ich benötigte ein Rot, das sich mit einem Gelb zu einem klaren Orange verbinden ließ, welches sich dann mit der dritten Farbe zu einem tiefen, warmen dunklen Farbton vermischen würde.

Als Erstes sollten das Rot und das Gelb so transparent wie möglich sein, um die Klarheit des Orange und die Tiefe der dunklen Töne zu maximieren. Meine Wahl fiel auf Scharlachrot, eine lasierende, aus Pyrrol-Rot gewonnene Farbe, die eine wunderbare Alternative zu Kadmiumrot darstellt, wenn Deckkraft unerwünscht ist.

Als Nächstes wählte ich Lasurgelb, ein Azo-Nickel-Pigment, dass, wie wir gesehen haben, die dunklen Töne vertiefen kann statt sie zu beeinträchtigen. Das Orange war bestimmt; wie sollten nun die intensiven dunklen Töne erzielt werden?

Ich entschied mich für Schmincke Violett. Warum? In Relation zum Rot kühlt es dieses ab, sodass sich der tiefste dunkle Ton an Schwarz annähert; und in Relation zum Orange wirkt die Farbe blauer und suggeriert eine weitere Farbbandbreite.

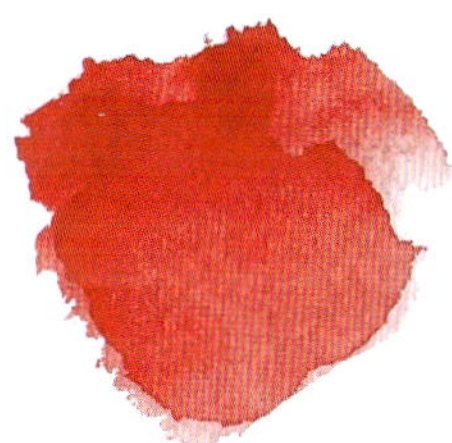

Scharlachrot

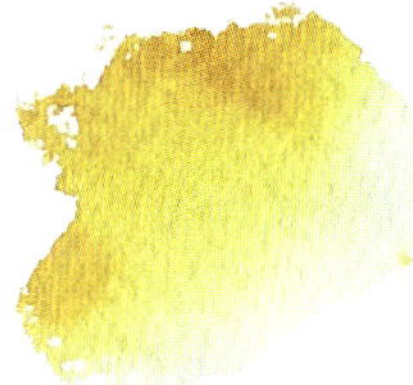

Lasurgelb

Schmincke Violett

Für den sattesten dunklen Ton mischen Sie alle drei Farben.

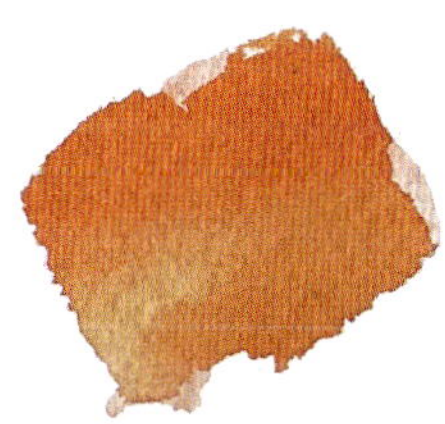

Die Mischung des Rots mit dem Gelb ergibt ein klares Orange.

Weitere Faktoren bei der Farbwahl

Obwohl ich 25 Plätze auf meiner Emaillepalette habe, die ich für das Malen im Freien benutze, und die meisten meiner Gemälde mit einem Set aus einigen wenigen dieser Farben male, habe ich noch viele weitere Farben in Tuben in meinem Atelier. Ich experimentiere gerne mit mir ungewohnten Farben. Gelegentlich nehme ich ein paar davon mit zum Freiluftmalen oder verwende sie im Atelier. Das geschieht manchmal, um zu prüfen, ob mich die übliche Farbauswahl meiner Palette immer noch überzeugt, oder aber, weil ein bestimmtes Motiv eine spezifische Farbe zu verlangen scheint. In solchen Fällen greife ich zu jenen »Exoten«. So nutze ich beispielsweise selten Kadmiumgelb, das deckend ist, weil ich meine Grüntöne in der Regel aus Blau und Gelb mische und dabei Transparenz bevorzuge. Wenn ich aber einmal ein deckendes Gelb brauche, z. B. zur Darstellung leuchtend bunter Kleidung, greife ich sofort zum Kadmiumgelb. Titan-Deckweiß und Chinesisch Weiß sind zwei weitere deckende Farben, die ich selten verwende, die mir aber prompt zu Hilfe kommen, wenn ich kleine Streifen von Licht nachträglich einfügen oder einen fernen Hügel in Dunst verschleiern will.

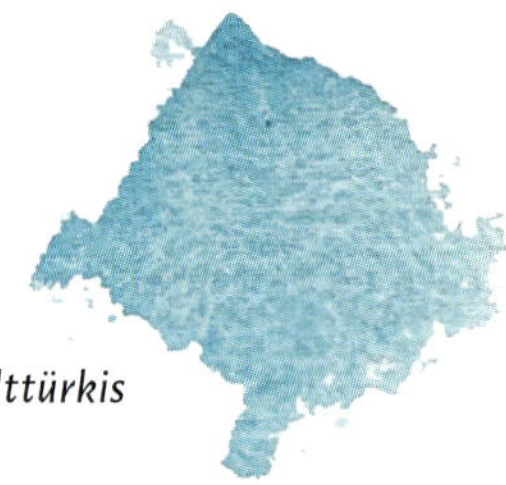

Kobalttürkis

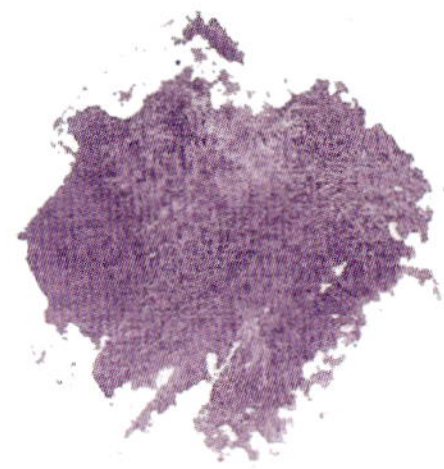

Manganviolett

Siena natur

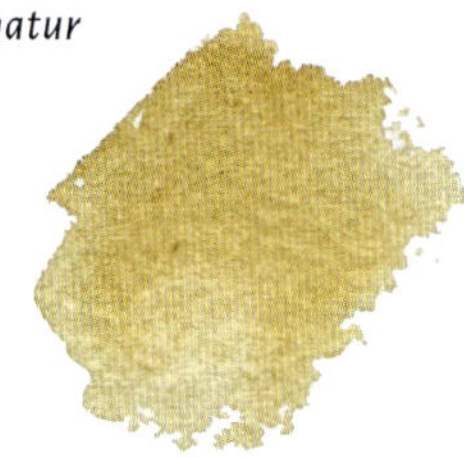

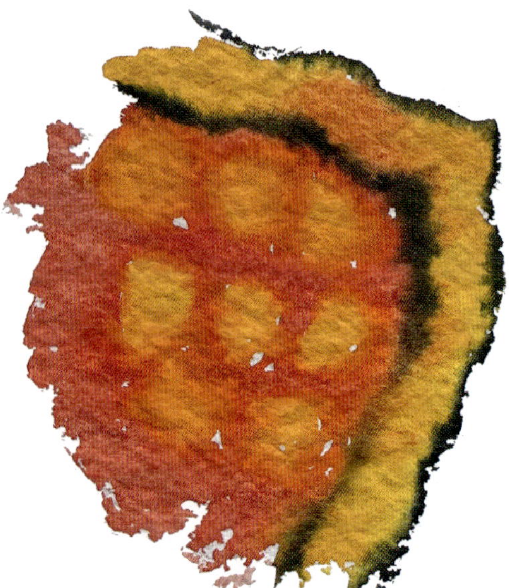

◀ Die Deckkraft des Kadmiumgelbs verhindert, dass die gelben Flecken auf dem roten Stoff orange werden, wo sie in das Kadmiumrot übergehen.

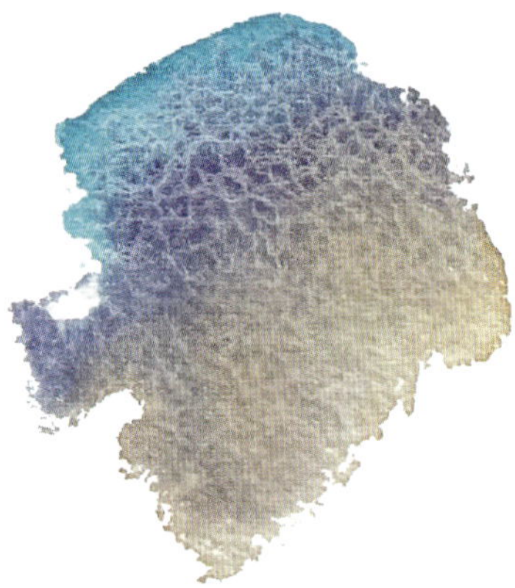

▲ Wenn granulierende Farben vermischt werden, wird die Körnung noch deutlicher.

Granulation

Wenn ein Motiv eine ausgeprägte Textur besitzt, kann auf dem Papier ein Struktureffekt wiedergegeben werden, indem man ein granulierendes oder sedimentäres Pigment wählt, das sich auf das Papier setzt und eine reizvolle, unebene Textur erzeugt. Werden sedimentäre Pigmente miteinander vermischt, wird der Granulationseffekt noch verstärkt.

Kobaltblau ist ein nützliches halblasierendes, granulierendes Blau und Siena natur ein lasierendes, granulierendes Gelb. Kobalttürkis, ein weiteres aus dem Metall Kobalt gewonnenes Pigment, granuliert leicht auf der rauen Oberfläche des Papiers. Es handelt sich um ein deckendes, grünliches Blau (wie die Farbe des Wassers über weißem Sand in den Tropen). Ich verwende diese Farbe selten in Gemälden, weil das Pigment ein so helles Blau ist. In dem Bild unten habe ich Kobalttürkis spezifisch für die Farbe des Wassers und wegen der granulierenden Eigenschaft der Farbe ausgewählt und es mit anderen granulierenden Pigmenten verbunden, um den Struktureffekt zu verstärken. (Auf Seite 170 gibt es ein weiteres Beispiel für Granulation.)

▼ Abenteuer in der Kindheit,
25,5 × 35,5 cm

Hier wurden drei granulierende Farben gewählt: Siena natur (das Gelb), Kobalttürkis (das Blau) und Manganviolett (das »Rot«). Allerdings ließen sich mit ihrer Mischung die dunklen Schatten in den Felsen nicht malen, daher wurden Ultramarinblau und Siena gebrannt, ein weiteres Erdpigment, dem Mix hinzugefügt. Wo sich die Pigmente im Hintergrund überlagerten, stellte ich ein Eintrüben der Farbgebung fest. Ich hob deshalb Farbe ab, um den Farbton aufzuhellen und etwas Lichtdurchlässigkeit zurückzuerhalten.

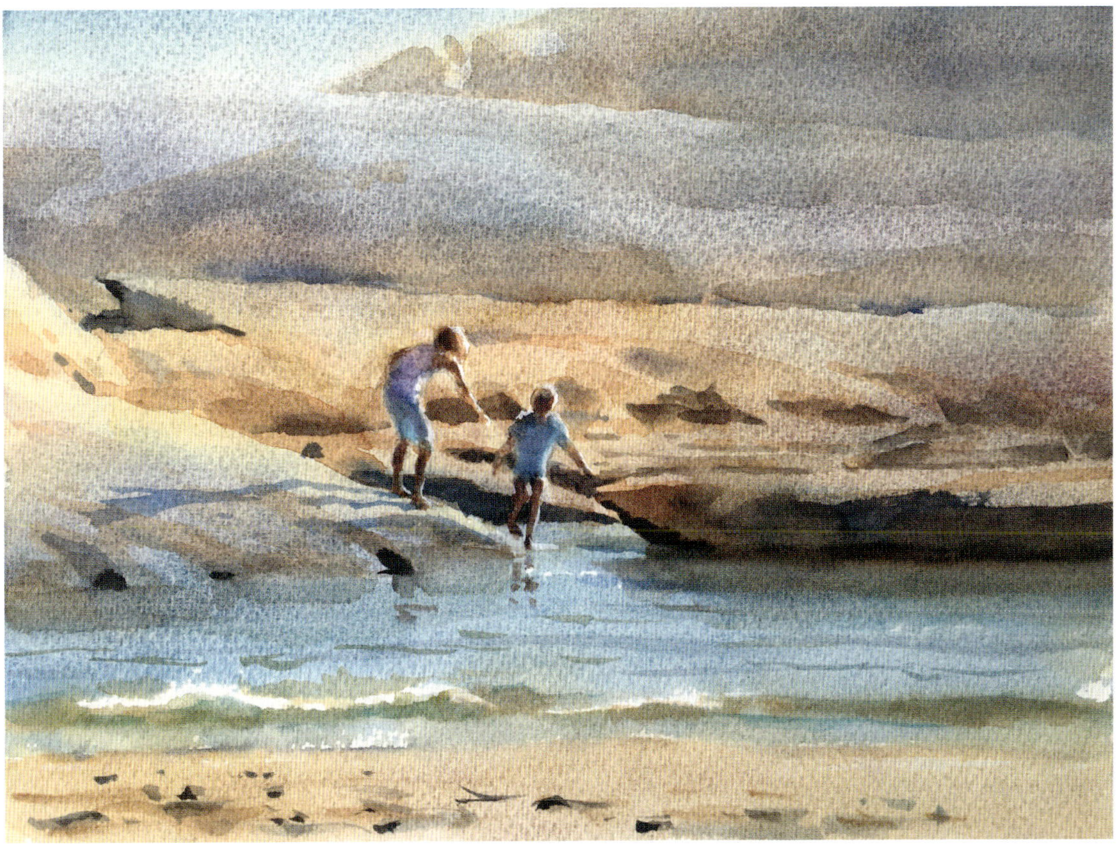

Beispiel:

Sich von einem spezifischen Farbton leiten lassen – ein rosafarbenes T-Shirt

Das Rosa des T-Shirts des Jungen steht im Mittelpunkt dieser Strandszene und ist eine besondere Eigenfarbe. Der mit verdünntem Rubinrot (Permanent Rosa) erzielte rosa Farbton ist ideal, daher wird das »Rot« in diesem Gemälde zuerst festgelegt. Die gewünschten Grüntöne sind stumpf, also sollten das Gelb und das Blau warme Farben sein. Der Strand und die Felsen zeigen erdige Gelbtöne, weshalb Lichter Ocker für das Gelb und Ultramarinblau für das Blau eine gute Wahl zu sein scheinen. Lichter Ocker und Rubinrot lassen sich gut zu der Farbe der Haut mischen. Aber was ist mit den dunklen Tönen? Lassen sie sich zufriedenstellend aus diesem Farbtrio mischen? Ja, allerdings! Und damit steht die Palette fest.

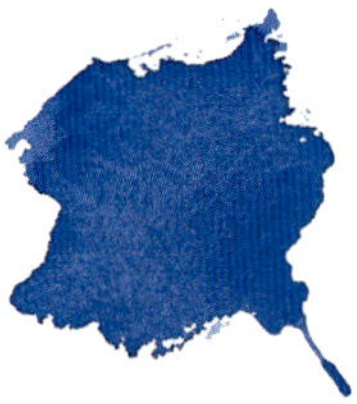

Ultramarinblau

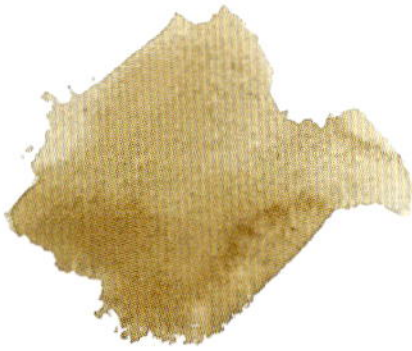

Lichter Ocker

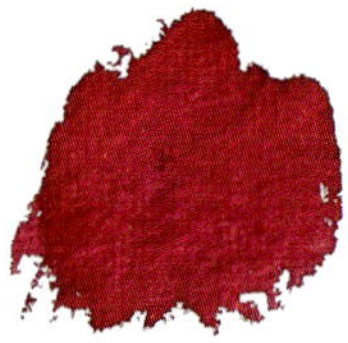

Rubinrot (Permanent Rosa)

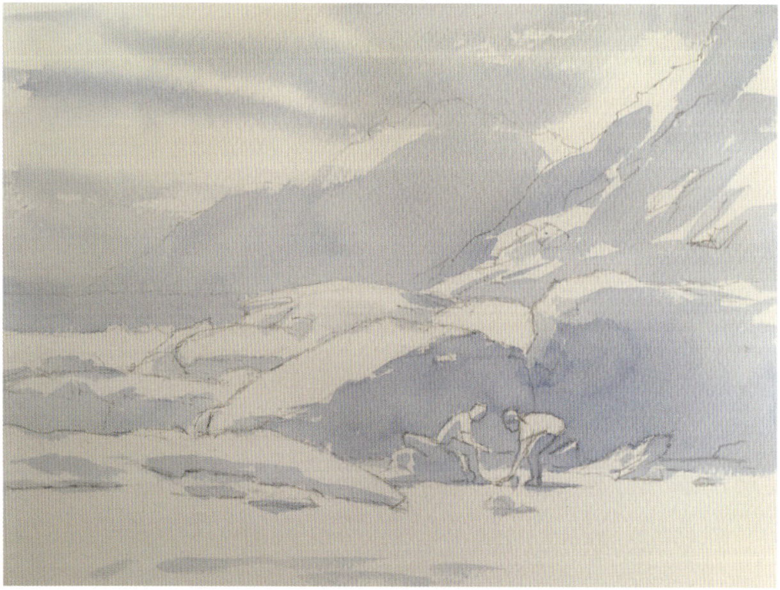

1 Nach dem Skizzieren der größeren Formen und der Figuren wurde eine blasse Lavierung aus Ultramarinblau über den Himmel, den Berg in der Ferne und über alle schattigen Bereiche gelegt und damit das allgemeine Muster von Licht und Schatten etabliert.

2 Eine Mischung von bläulichem Grün mittleren Farbtons wurde aus dem Gelb und dem Blau für den fernen Berg hergestellt; für den nahen Abhang vertiefte ich den Farbton und machte ihn wärmer. Für die Schatten auf den Felsen im Vordergrund wurde die Mischung zu einem kühleren, tieferen Braun. Der rosa Farbton des T-Shirts des Jungen bildet einen annähernden Kontrast zu den Grün- und Blautönen.

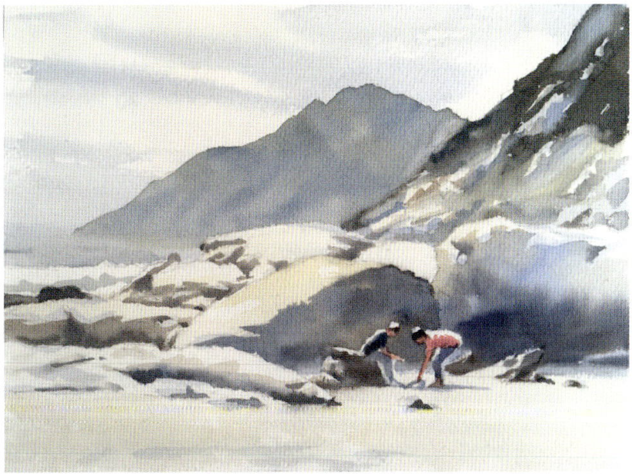

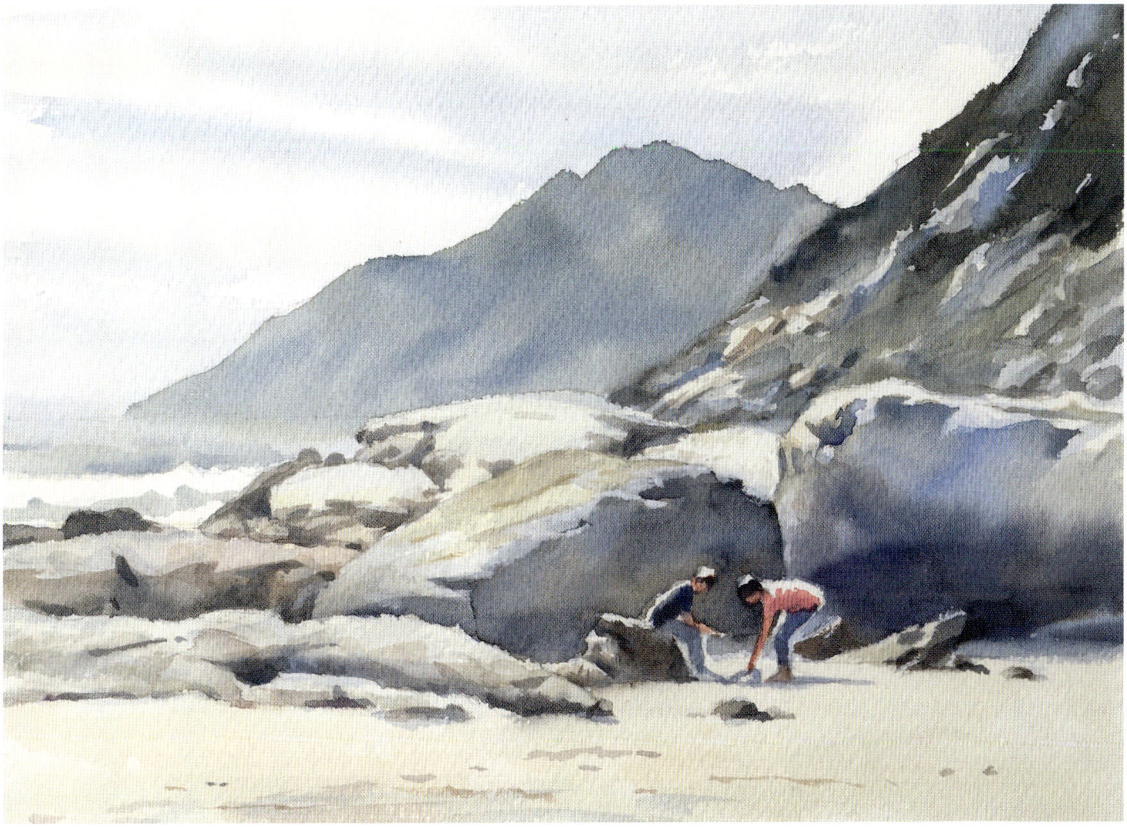

3 Die Töne wurden angepasst, um den Raum zu malen. Der Sand im Vordergrund wurde leicht abgedunkelt, und die Oberflächendetails der Felsen wurden hinzugefügt. Wo der kurvige dunkle Schatten des zentralen Felsens zu ähnlich mit dem fernen Berg verlief, wurde er aufgebrochen, indem etwas Schatten abgehoben und mit ein wenig Titan-Deckweiß Licht wiedereingeführt wurde.

▲ **Jungen am Strand**

28 × 38 cm

Liste der in diesem Buch verwendeten Farben mit Angaben von Temperaturtendenz und Eigenschaften

ABKÜRZUNGEN:

L lasierend (transparent)
HL halblasierend
HD halbdeckend
D deckend (opak)
A anlösbar
H halb vom Papier anlösbar
S schwer vom Papier anlösbar
G/A granulierend/anlösbar
G granulierend

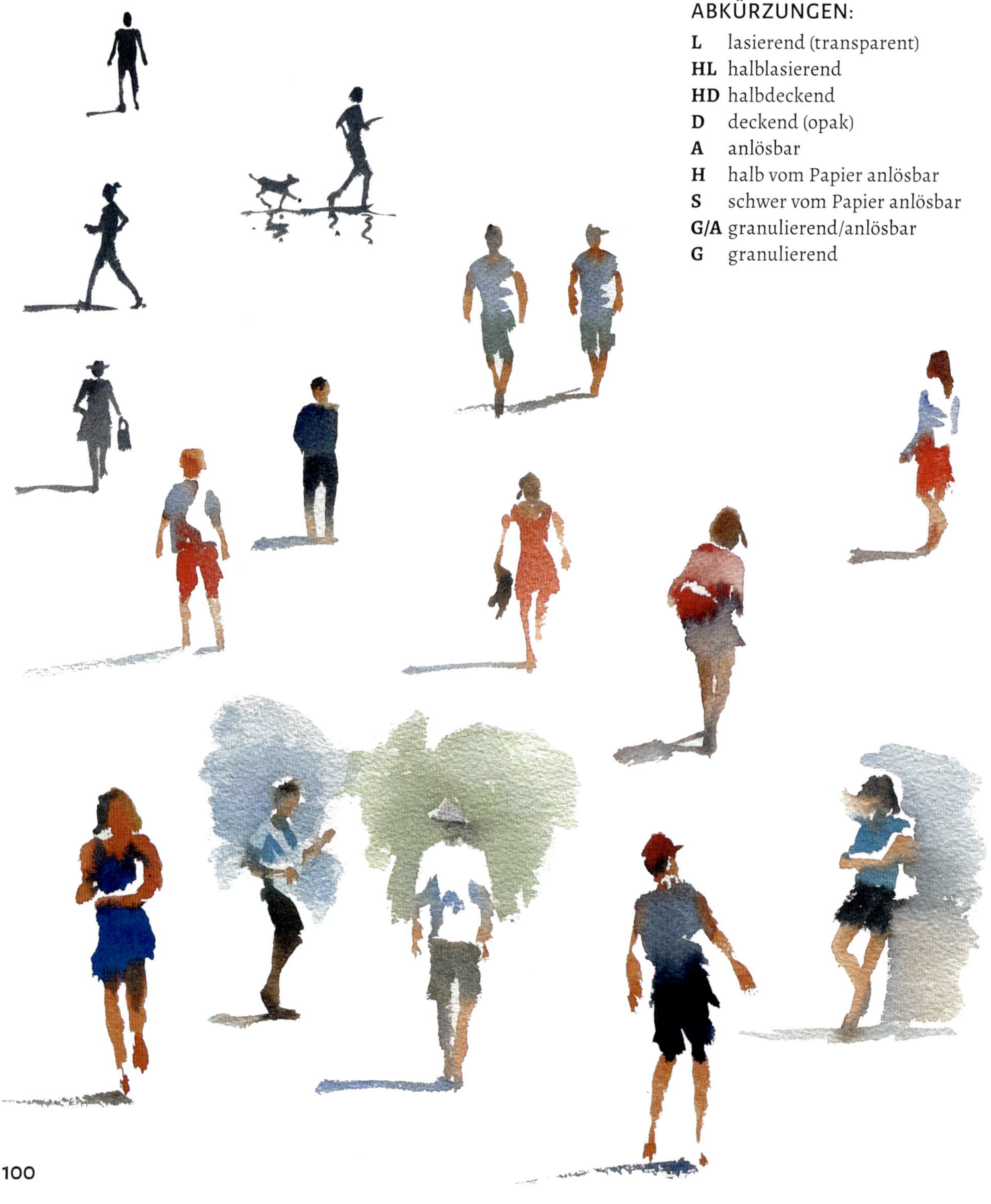

Kalte Farben:

Aureolin HL, S
Rubinrot (Permanent Rosa) L, S
Alizarin-Karmesin L, S
Preußischblau L, S
Schmincke Violett L, S
Indigo D, S
Sepiabraun HD, H
Kobaltcoelin D, G/A
Chinacridongold L, S
Indanthrenblau L, S
Siena natur L, G/A
Phthaloblau L, S
Lasurgelb L, S

Warme Farben:

Indischgelb L, H
Lichter Ocker natur HD, H
Kadmiumrot D, G
Ultramarin feinst L, A
Franz. Ultramarin L, G/A
Kobaltblau HL, G/A
Siena gebrannt L, A
Umbra natur L, G/A
Umbra gebrannt L, G/A
Chinacridonrot L, H
Lasurorange L, H
Manganviolett L, G
Lasur Siena L

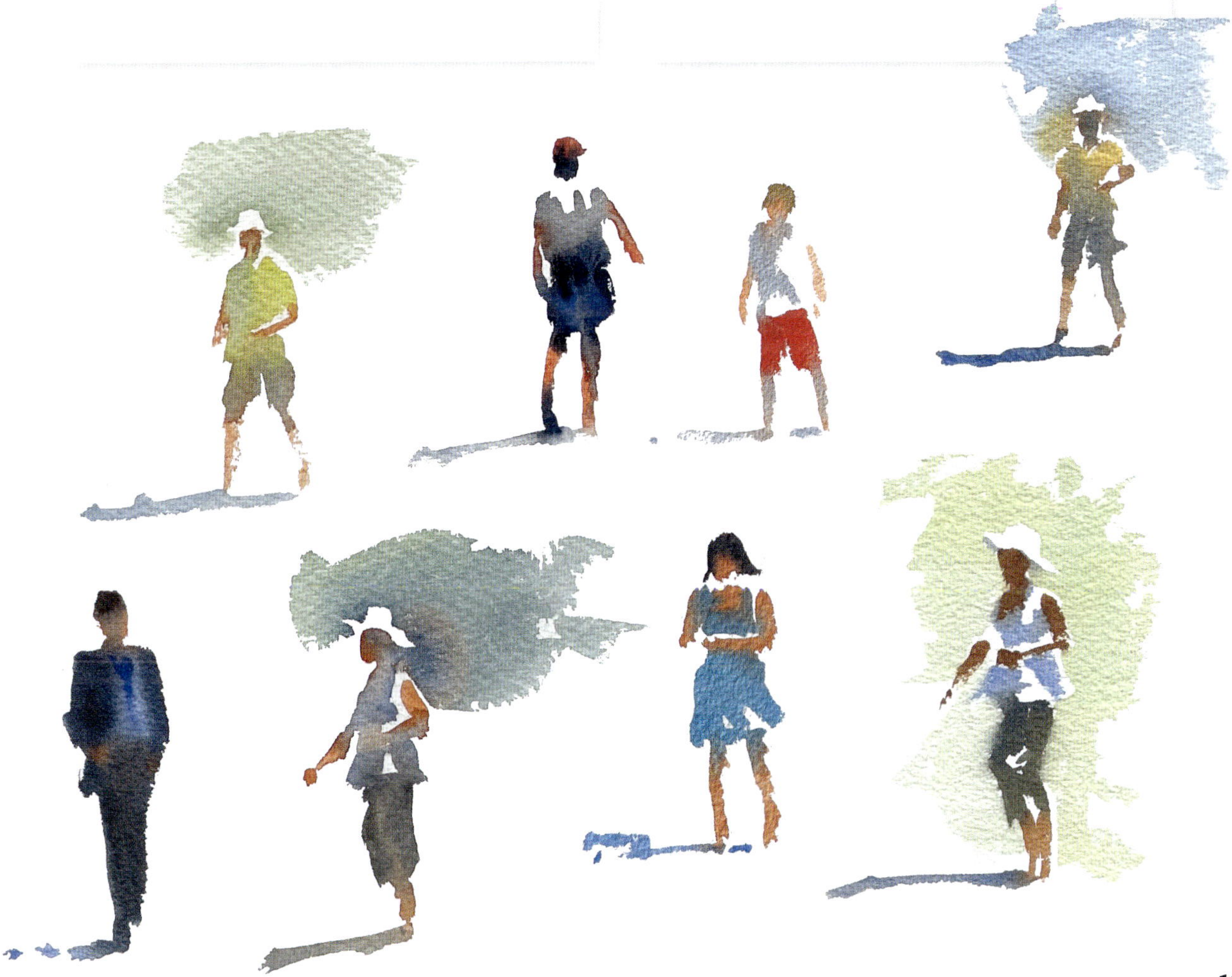

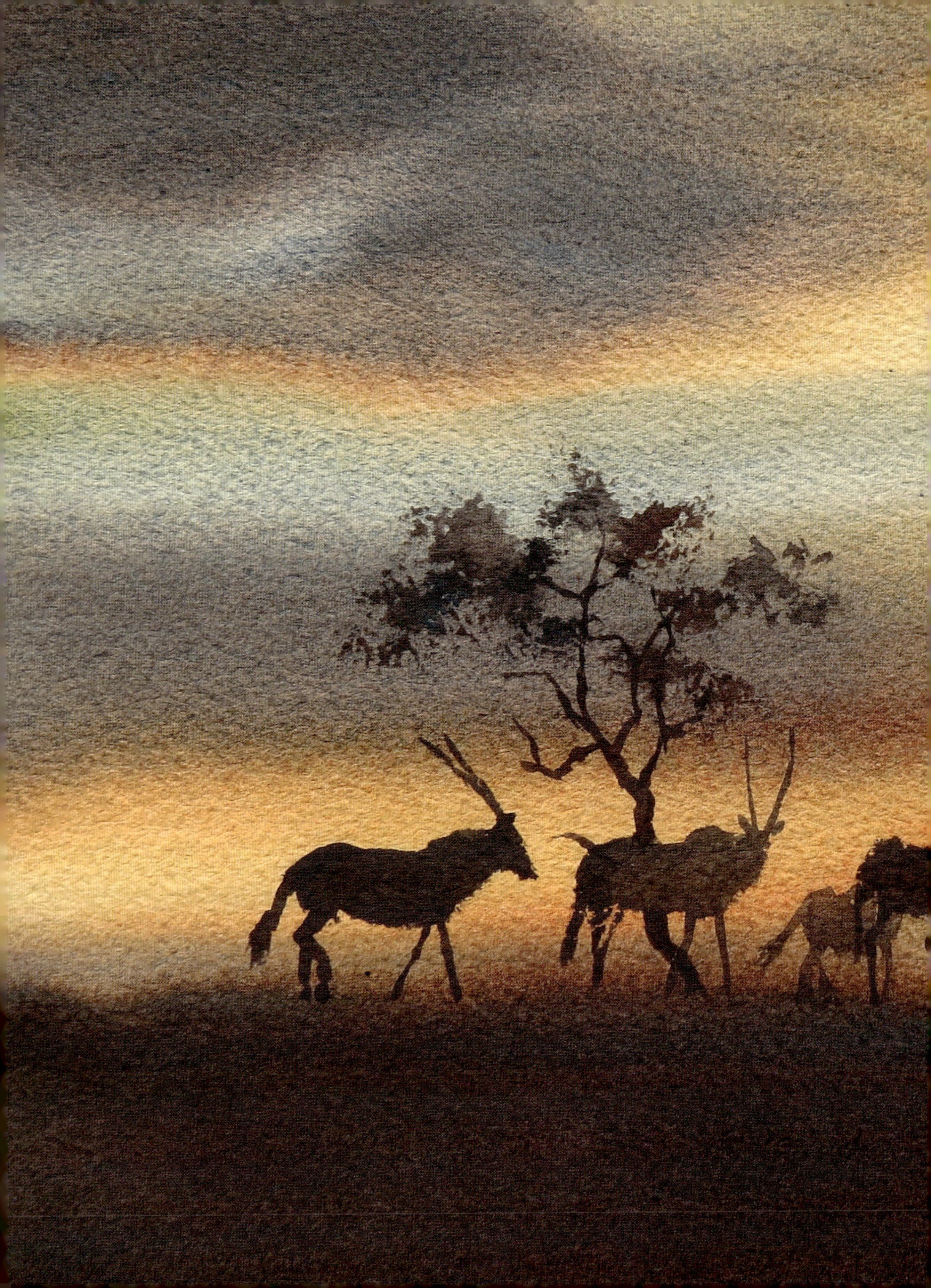

TEIL II

Die reduzierte Farbpalette in der Praxis

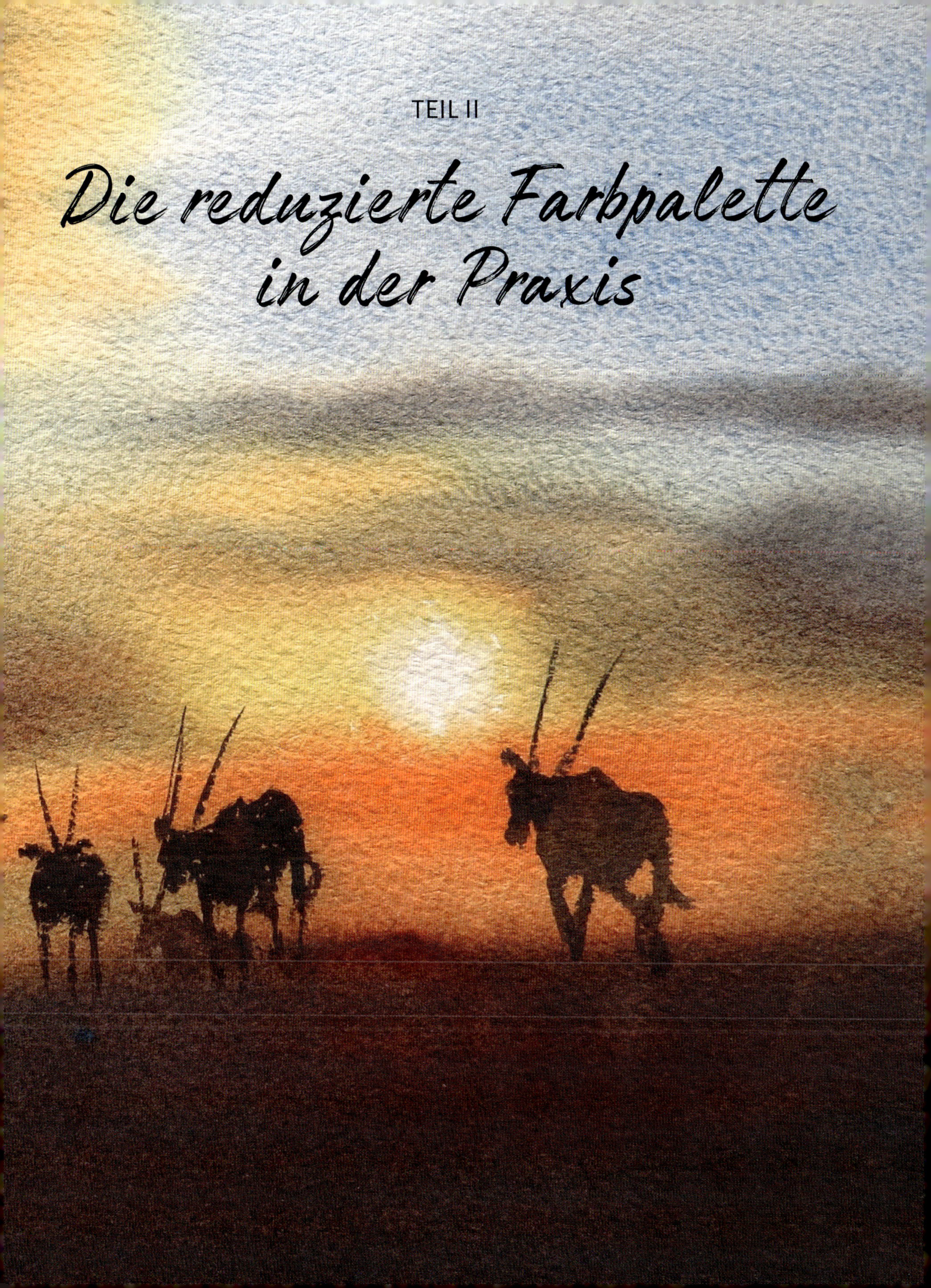

Die Auswahl von Farbkombinationen in der Praxis

In diesem Teil des Buches geht es um die praktische Umsetzung der reduzierten Palette in spezifischen Situationen. Verschiedene Motive werden vorgestellt und die Überlegungen zur Auswahl der Farben für jedes Bild beschrieben.

Die meisten Farbkombinationen sind von einem vorrangigen Farbton oder der Eigenschaft eines bestimmten Pigments geleitet. Die Überlegungen zur jeweiligen Wahl der Farben werden im Detail erklärt, und Sie können die einzelnen Bilder nach Lust und Laune in jeder beliebigen Reihenfolge genauer betrachten. Am Ende werden Sie verstehen, wie man Farben zu praktischen Sets kombiniert, und Sie werden in der Lage sein, Ihre eigenen Kombinationen aus jenen Farben zusammenzustellen, die Sie am meisten faszinieren und inspirieren und mit denen Sie sich am wohlsten fühlen.

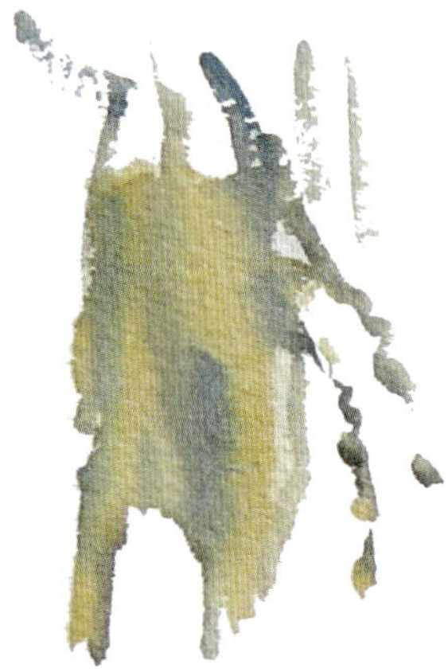

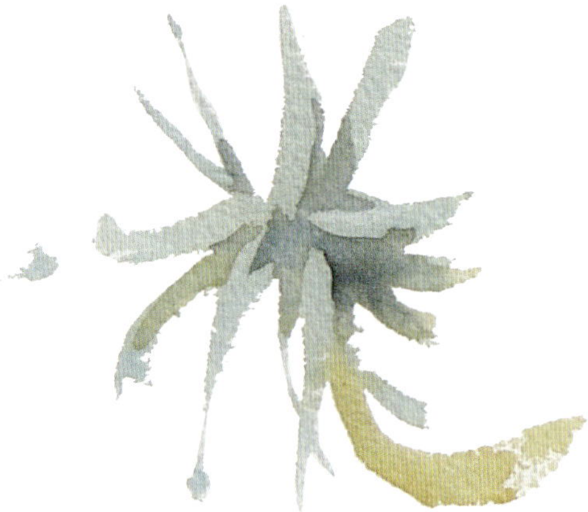

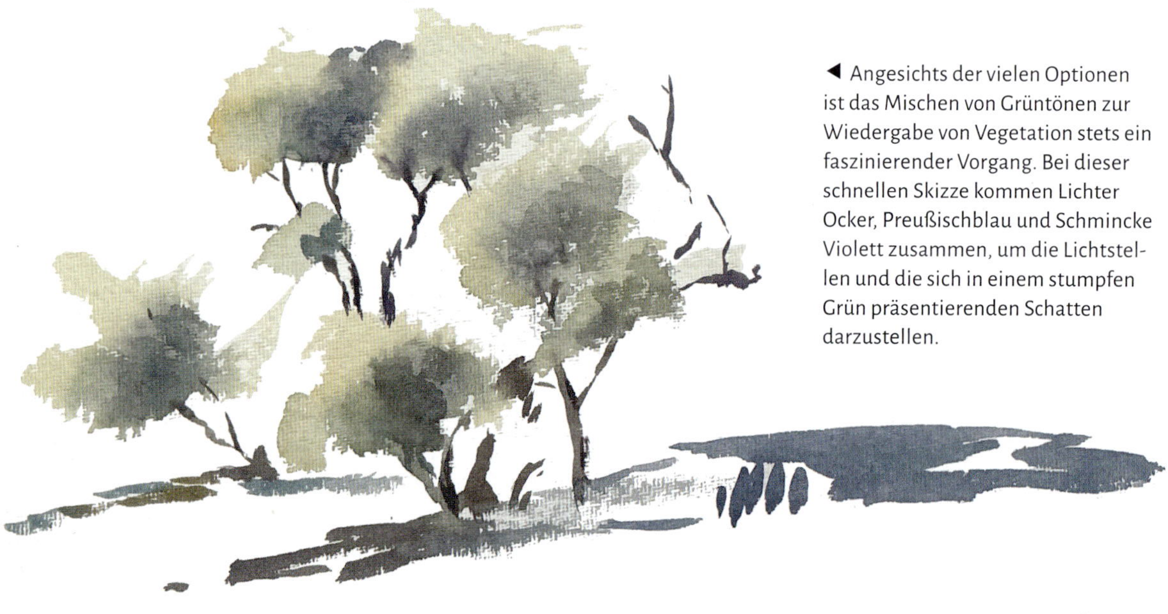

◀ Angesichts der vielen Optionen ist das Mischen von Grüntönen zur Wiedergabe von Vegetation stets ein faszinierender Vorgang. Bei dieser schnellen Skizze kommen Lichter Ocker, Preußischblau und Schmincke Violett zusammen, um die Lichtstellen und die sich in einem stumpfen Grün präsentierenden Schatten darzustellen.

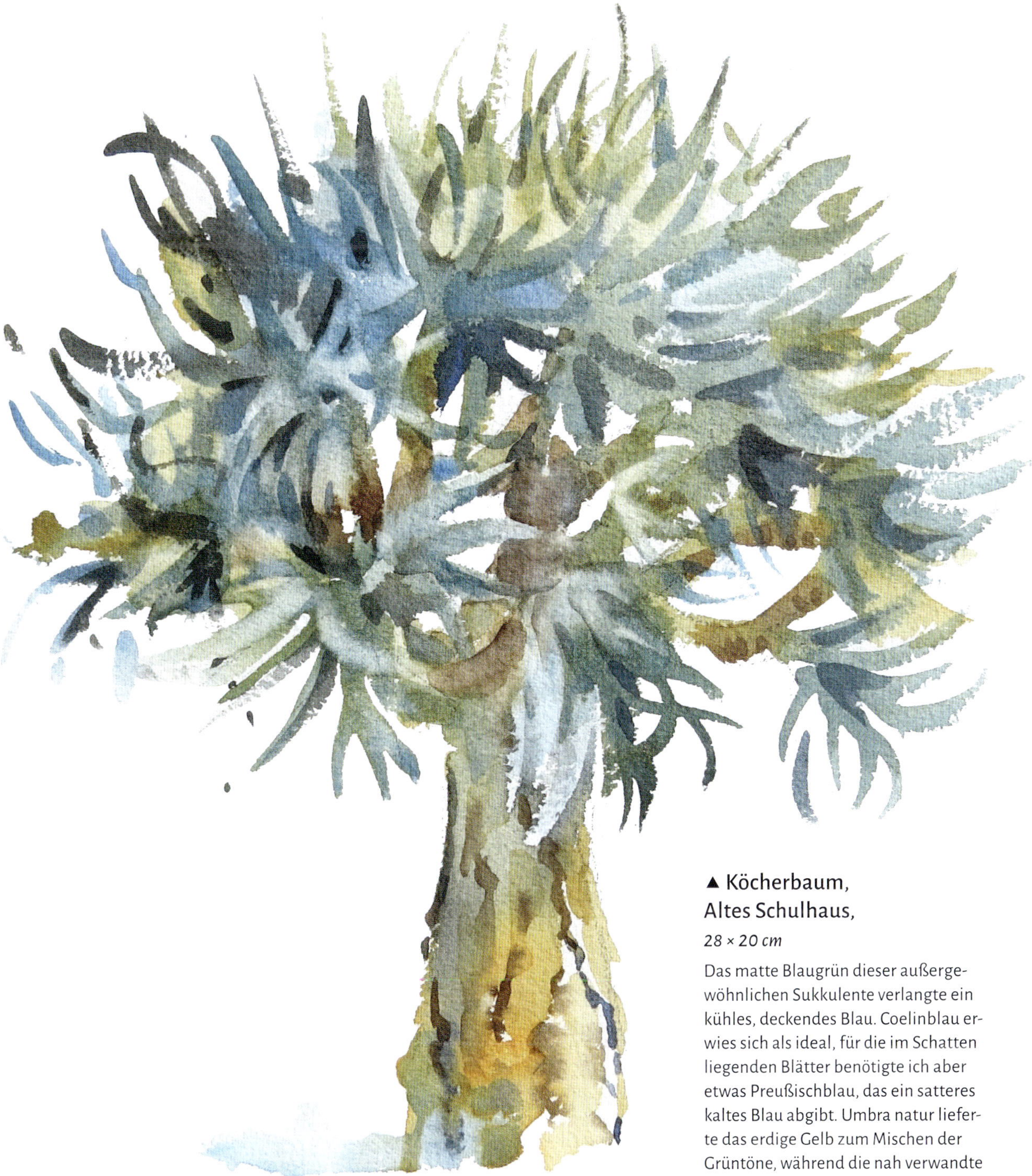

▲ **Köcherbaum, Altes Schulhaus,**

28 × 20 cm

Das matte Blaugrün dieser außergewöhnlichen Sukkulente verlangte ein kühles, deckendes Blau. Coelinblau erwies sich als ideal, für die im Schatten liegenden Blätter benötigte ich aber etwas Preußischblau, das ein satteres kaltes Blau abgibt. Umbra natur lieferte das erdige Gelb zum Mischen der Grüntöne, während die nah verwandte Farbe Siena gebrannt die Darstellung der wärmeren, dunkleren Schatten ermöglichte.

Landschaft und Himmel

Die reduzierte Palette eignet sich besonders gut für die Landschaftsmalerei, da sie für Situationen, in denen das Motiv relativ unbewegt ist, sich das Licht aber ändert, einfach praktisch ist. Alles, was das Mischen beschleunigt und die Harmonie im Bild fördert, ist von Vorteil. Wenn man sich für ein Set von Farben entschieden hat, kann man sich ganz auf die Elemente der Landschaft, die man ins Bild aufnehmen will, und auf deren Farbtöne und -nuancen konzentrieren und dabei sicher sein, dass sie im Gemälde harmonisch zusammenwirken.

Landschaften mit üppiger Vegetation werden durch die Grüntöne bestimmt, daher wählt man in der Regel zunächst das Blau und das Gelb, die das treffendste Grün ergeben. Selbst bei blauem Himmel ist es besser, das Blau zu nehmen, welches für die Landschaft am geeignetsten ist, statt nach dem Blau zu suchen, das der Farbe des Himmels entspricht. Man sollte die Temperaturtendenz der vorherrschenden Farbe(n) in der Landschaft beachten, um sich bei der Wahl leiten zu lassen, und dann, mit dem gewählten Farbenset, die Mischungen jedem Bestandteil des Motivs annähern; den Rest erledigt das Zusammenspiel der Farben.

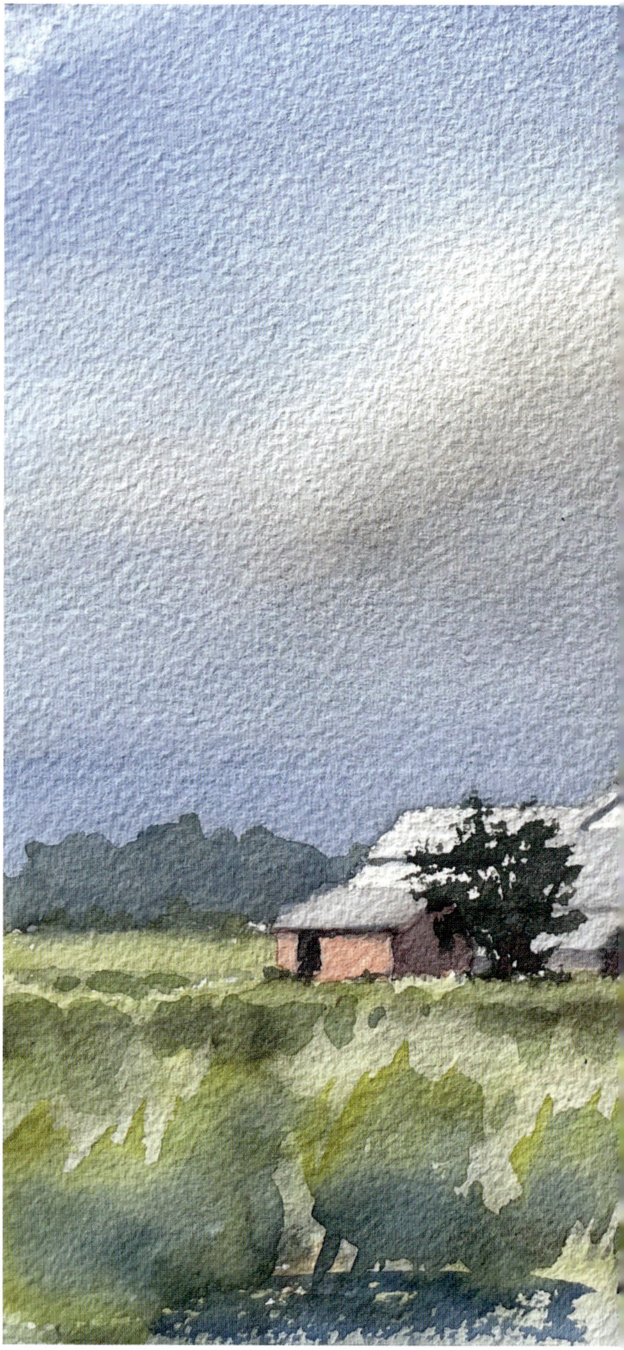

▸ **Kleines Haus in der Prärie,** *23 × 30,5 cm*

Unter einer strahlenden Sonne zeigten sich die Grüntöne leuchtend mit starken dunklen Schatten. Den Himmel prägten ein klares Blau und freundliche Wolken. Die Eigenfarbe des Farmhauses war ein sattes Rosa, das in den beschatteten Partien zu einem dunklen Karmesinrot wurde. Zur Darstellung wählte ich zuerst Ultramarinblau und Aureolin aus, da sie gemischt dank der Wärme des Blaus und der Kälte des Gelbs ein leuchtendes, aber natürliches Grün ergeben. Zudem war das Ultramarinblau ideal für den Himmel. So blieb nur noch das Rot auszusuchen: Alizarin-Karmesin passte perfekt, da es verdünnt ein helles, lasierendes Rosa ist und zugleich die grünen Schatten zu einem annähernden Schwarz abdunkeln kann. Eine blasse Mischung aller drei Farben lieferte das weiche Grau für die schnell über den Himmel ziehenden Wolken.

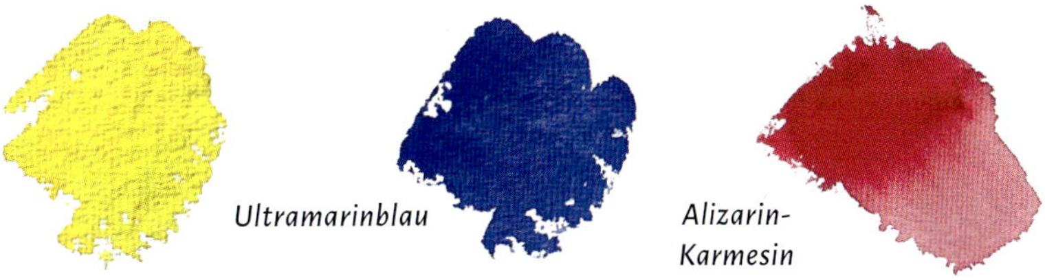

Aureolin Ultramarinblau Alizarin-Karmesin

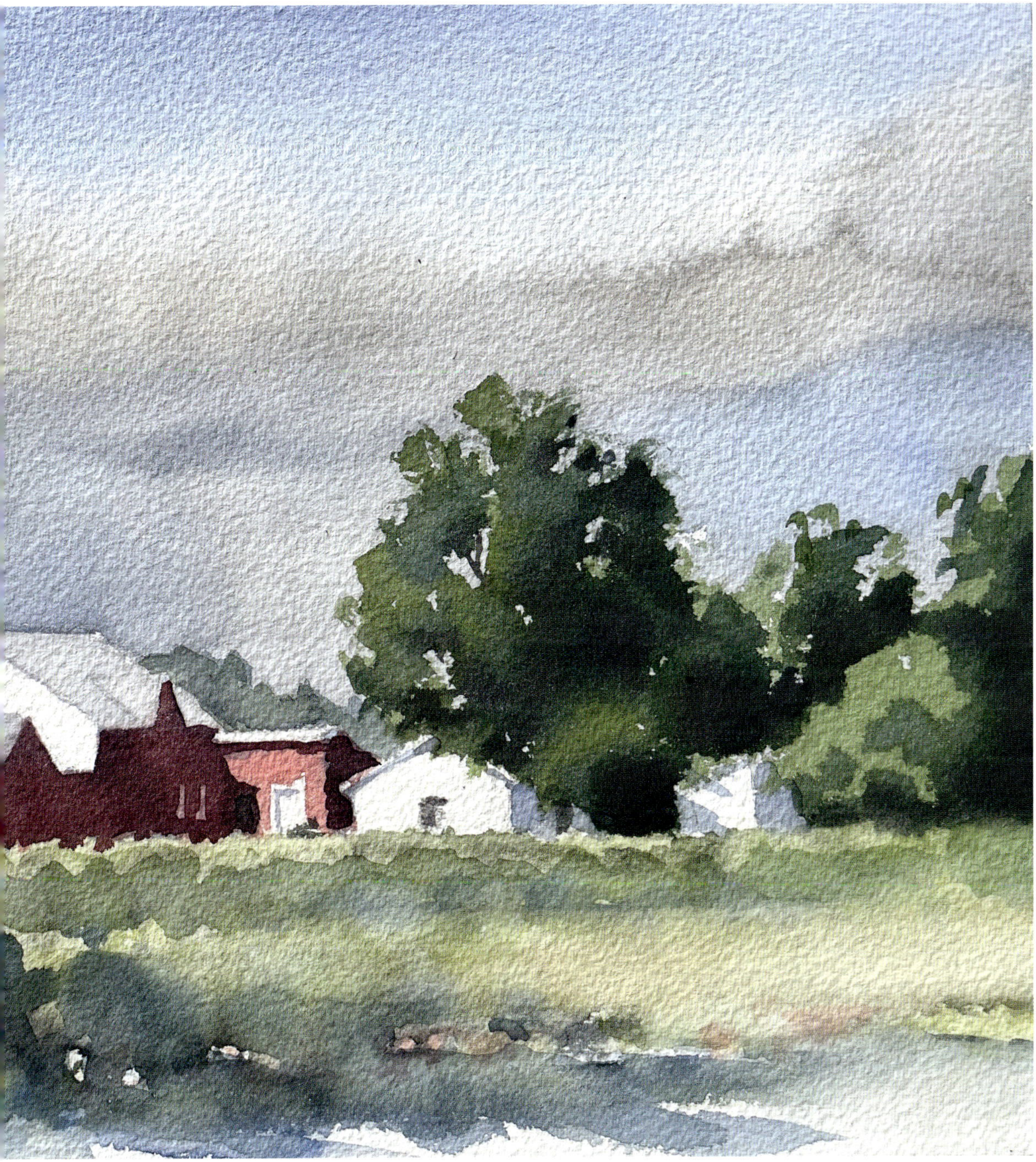

Landschaft und Himmel verbinden

Die Farbgebung und -schattierung des Himmels beeinflusst die Farben der Landschaft, weil er die Quelle des Lichts ist. Sie sollten daher nach Farben suchen, die sowohl für die Landschaft als auch für den Himmel einsetzbar sind, statt die einzelnen Farben im Motiv isoliert zu betrachten. Vergessen Sie nicht, dass Sie die Landschaft nicht kopieren, sondern eine von der Landschaft inspirierte Darstellung schaffen! Das Ziel besteht im Malen eines gelungenen Aquarells, das für sich allein stehen kann, wenn man den Ort verlassen hat. Die Auswahl der Farben ist niemals falsch, wenn das Aquarell überzeugt.

Diese Ausblicke aus meinem Atelier in Kapstadt wurden an zwei aufeinanderfolgenden Abenden gemalt, als die Berge im Schein der untergehenden Sonne aufleuchteten. Die hellsten, reinsten Farbtöne in der Landschaft leiteten die Entscheidung, welche Primärfarben gewählt werden sollten, und die dunkelsten Schattierungen bestimmten, wie transparent diese Farbtöne sein sollten.

▼ Ausblick aus meinem Atelier in Kapstadt I,
28 × 38 cm

▶ Ausblick aus meinem Atelier in Kapstadt II,
28 × 38 cm

Rubinrot, Indischgelb und Preußischblau wurden als einzelne Primärfarben für den Himmel genutzt. Paarweise gemischt ergaben sie die sekundären orangenen, violetten und grünen Farbtöne der im Licht befindlichen Landschaft – und alle drei gemischt die tiefen, dunklen Stellen des bereits im Schatten liegenden Vordergrunds.

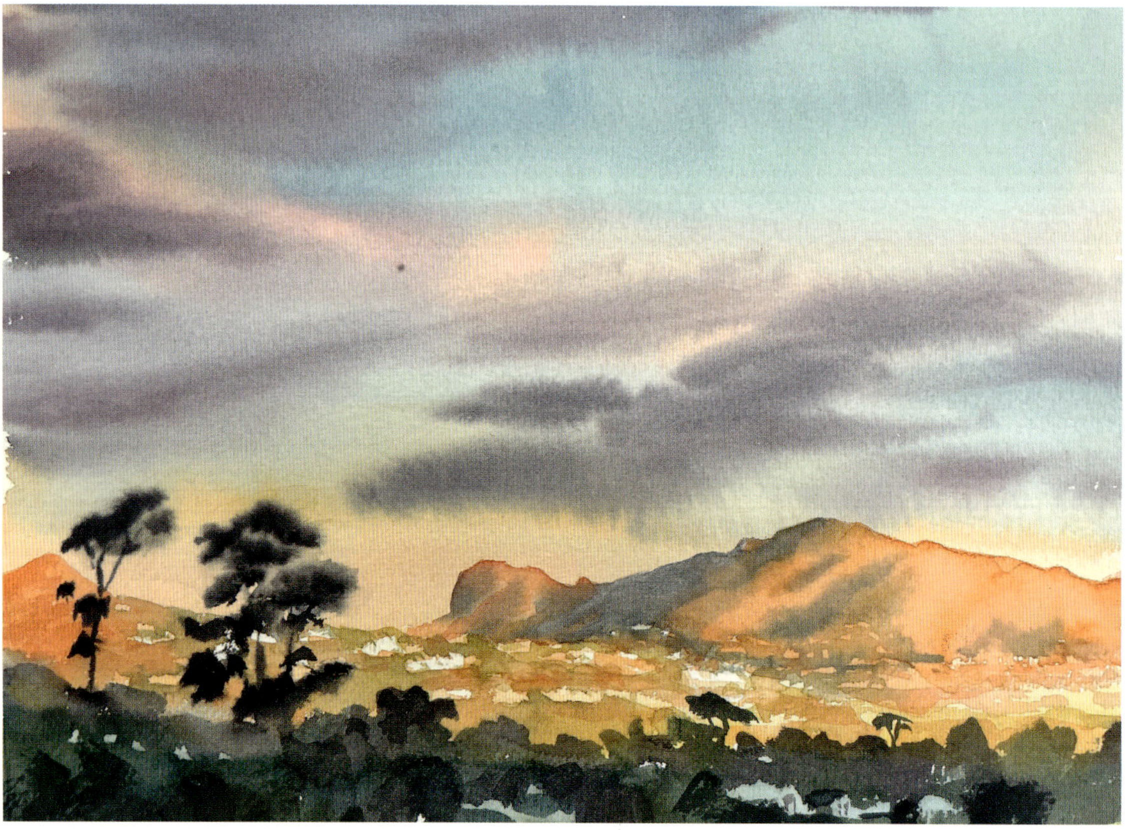

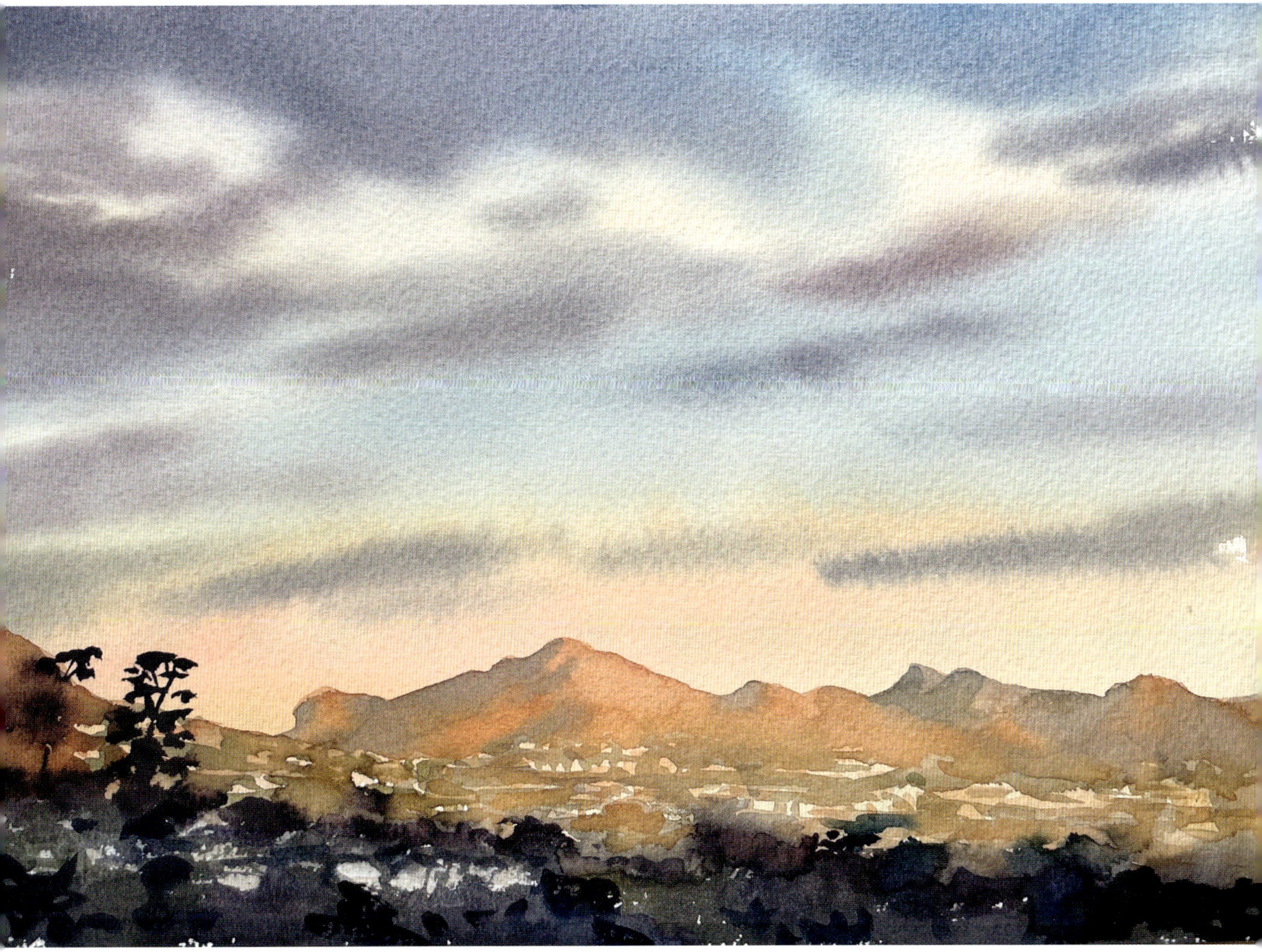

FARBAUSWAHL

Ich brauchte ein Orange für die Berge, aber auch ein blasses Rosa und Gelb für den Himmel, also wählte ich Rubinrot (Permanent Rosa) und Indischgelb – lasierende Farben, die sich zu einem klaren Orange für die Berge mischen lassen und einzeln den leuchtenden Himmel wiedergeben. Bei dem Blau war meine Wahl von der hellen türkisfarbenen Tönung am Himmel, dem grauen Mauve der Wolken und dem dunklen Grün der Bäume und der Landschaft im Vordergrund bestimmt. Ich entschied mich für Preußischblau, das sehr transparent und kalt ist. Vermengt mit dem Rubinrot, einem kühlen Rot, entsteht ein nicht zu strahlendes Mauve für die Wolken und gemischt mit dem warmen Indischgelb ergeben sich ebenfalls nicht zu leuchtende Grüntöne. Die Kombination aller drei lasierenden Farben ergibt die tiefen, dunklen Grün-, Violett- und Schwarztöne im Vordergrund.

Nicht zu schnell über den Himmel entscheiden!

Bei einem Landschaftsaquarell ist der Himmel oft die erste Lavierung auf dem Papier. Daher wirkt er zu Beginn präsenter als im fertigen Bild (außer natürlich, wenn ein stürmischer Himmel gewollt ist!). Während des Malens verliert der Himmel, der eine hellere Tönung besitzt als die anderen Bereiche des Bilds, an Dominanz. Daher ist es wichtig, ihn am Anfang nicht zu hell anzulegen. Wenn der Himmel blau ist, dürfte er wahrscheinlich auch die kälteste Farbe in dem Gemälde sein. Aufgrund der Farbinteraktionen funktioniert jede Temperaturtendenz, sobald das Blau des Himmels gemalt ist: Die übrigen Farben der Landschaft können ihn also kühler oder wärmer erscheinen lassen. Aus diesem Grund sollten Sie das Blau wählen, welches sich für die Grüntöne der Landschaft eignet, und nicht versuchen, von der Lokalfarbe des Himmels auszugehen.

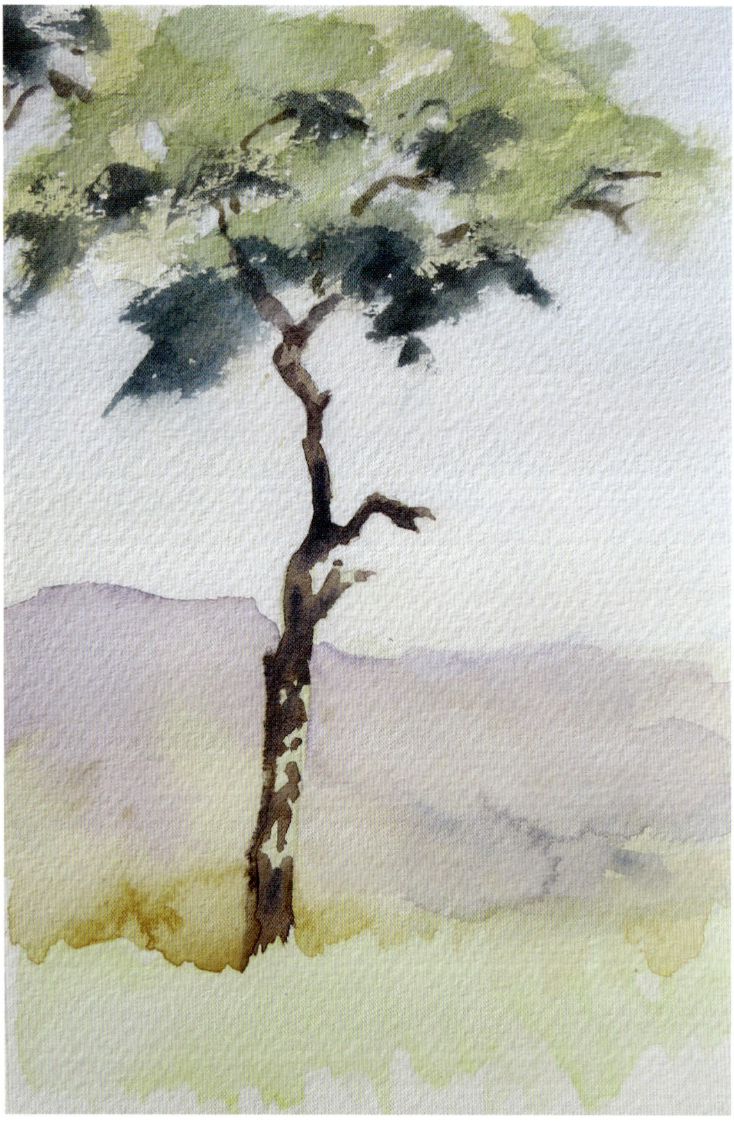

Bei diesen schnellen Skizzen, die in der Mara-Ebene in Ostafrika gemalt wurden, ist der Himmel hell und blau. Bei dem Bild auf dieser Seite wurde Preußischblau, ein kaltes Blau, für den Himmel ausgesucht. Zusammen mit Aureolin ergibt sich eine klare Mischung für das lichte, grüne Blattwerk des Baums.

◀ **Skizze eines Baums in der Mara**, *28 × 38 cm*

Der malvenfarbene Steilhang war das Reizvolle an dieser sehr raschen Skizze. Ich wählte Preußischblau für den blassen Himmel: Dieses kühle Blau tritt gut hinter den Baum zurück. Vermischt mit dem kalten Aureolin für das Gras lässt es das Violett des Hangs im Vergleich leuchtender und wärmer erscheinen.

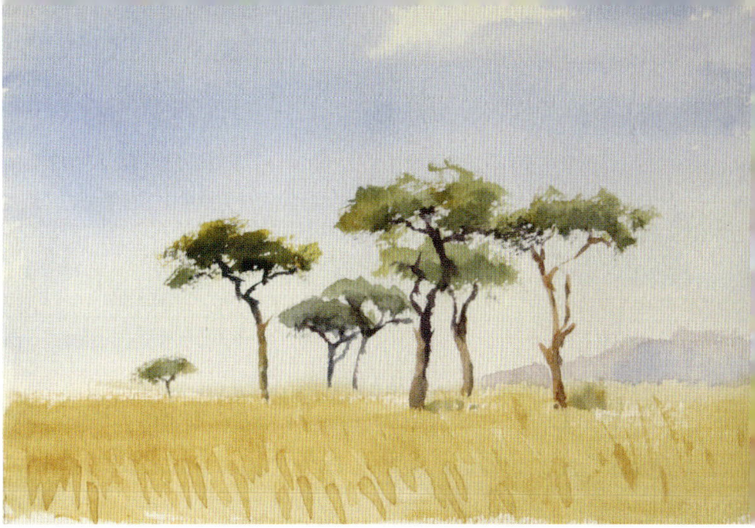

1

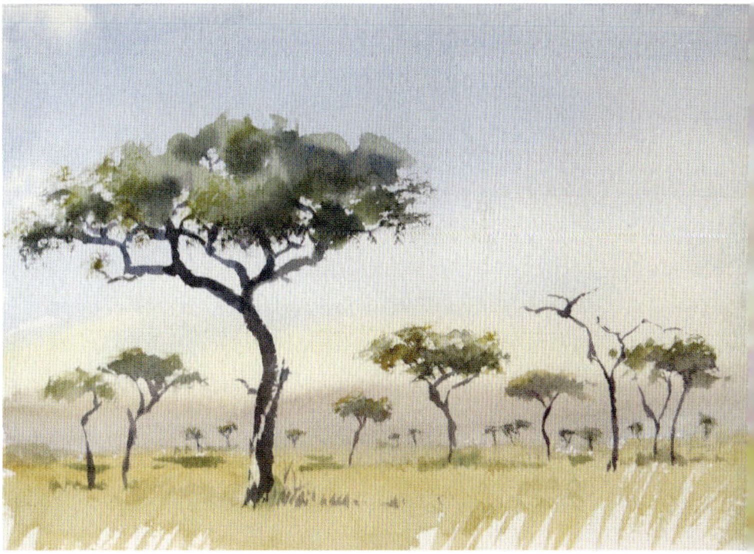

2

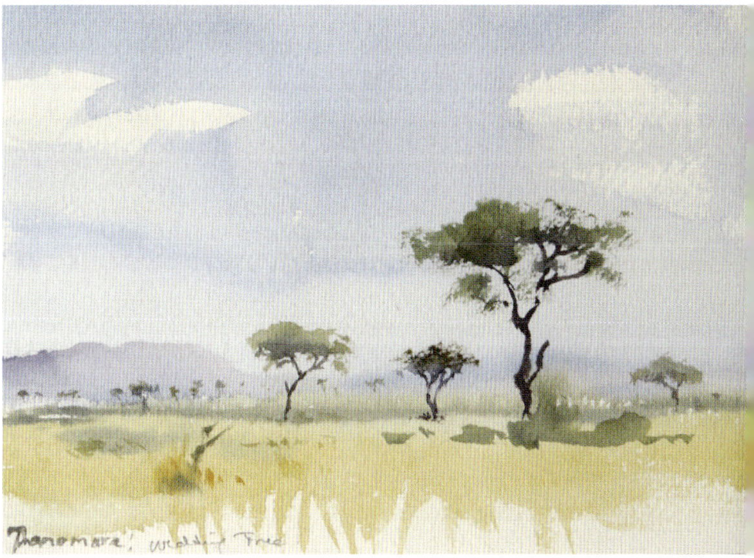

3

Bei den drei Skizzen auf dieser Seite wurde das Ultramarinblau mit Lichter Ocker angerührt, um das matte Grün der Akazien zu malen. Das für den fernen Steilhang benutzte Violett und der gelbliche Ton der Ebene lassen das warme Blau kühler erscheinen. Das Blau für den Himmel ist die erste aufgetragene Farbschicht. Sie wirkte auf dem Weiß leuchtend, bis sie getrocknet war und die Bäume hinzugefügt wurden. Durch den Kontrast hinsichtlich des Farbtons und der Temperaturtendenz wirkt der Himmel nun viel blasser und kühler.

▶ 1 Skizze in der Mara-Ebene,

18 × 23 cm

2 Nach der Ballonfahrt,

18 × 23 cm

3 Der Hochzeitsbaum,

18 × 23 cm

Blau und Gelb zu den Grüntönen der Landschaft zu mischen, bringt Vielfalt mit sich. Beachten Sie, wie selbst bei Verwendung des gleichen Farbensets – Ultramarinblau, Lichter Ocker und Schmincke Violett – in diesen drei Bildern die Bäume verschiedene Grüntöne aufweisen.

Rote Landschaften

Die vielen rot-gelben Felslandschaften Nordamerikas bieten wunderbare Gelegenheiten, leuchtendes Rot in Landschaftsbildern einzusetzen. Kadmiumrot ist mein bevorzugtes Rot, weil es an Leuchtkraft unübertroffen ist. In verdünnter Form wird es schnell blass und eignet sich dann für eine natürlich wirkende Abwandlung der Rottöne, die unter dem starken Sonnenlicht ausgeblichen sind. Die Zugabe eines lasierenden Gelbs liefert die Leuchtkraft für die orangenen Farbtöne. Die Deckkraft von Kadmiumrot setzt seinem Einsatz bei dunklen Stellen Grenzen, daher kombiniere ich es oft mit dem stark lasierenden Schmincke Violett oder Alizarin-Karmesin.

▼ **Red Rock Canyon, Las Vegas,** *12,5 × 28 cm*

Das Einsetzen eines plötzlichen Regenschauers veranlasste die Auswahl der Farben für diese seltsamen, wundervollen Felsen. Die Schatten auf den roten Felsen wurden durch den bedeckten, in ein unheimliches Gelb und Mauve verwandelten Himmel weicher. Ich griff zu Kadmiumrot für die Lokalfarbe der Felsen. Ich vermengte es mit Indischgelb für das Orange und wählte Manganviolett, das ich am Himmel mit dem Gelb vermischte. Das matte Mauve verband sich gut mit dem Gelb für die Farben des Himmels und war dunkel genug für einige Schatten auf den Felsen.

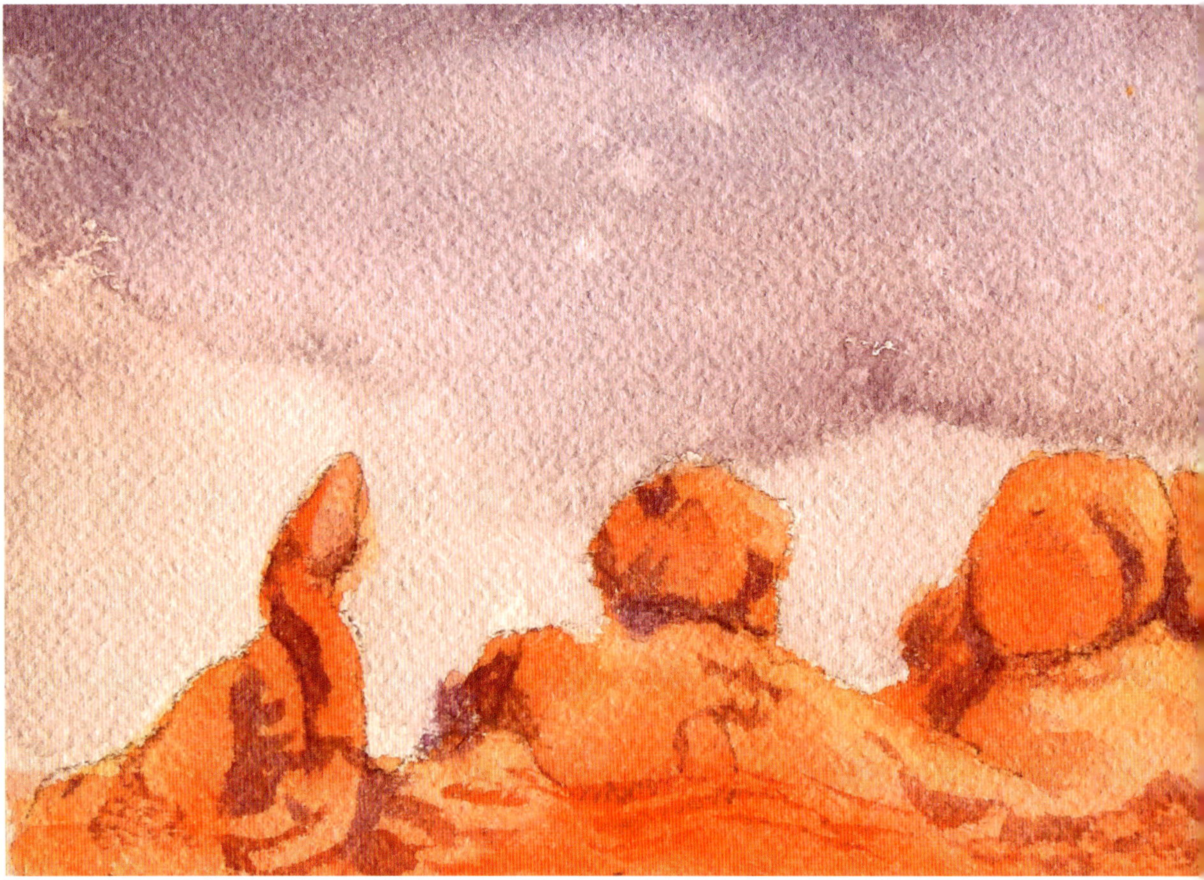

▶ **Blick vom Campingplatz aus, Arches National Park,** *15 × 25,5 cm*

Die hell vor den fernen Bergen aufleuchtenden Felsen waren nur in den verschatteten Partien dunkel gefärbt. Durch die Wahl von Ultramarinblau für den Hintergrund – und somit den Kontrast von Komplementärfarben – wirkten die Felsen stärker orangefarben; gemischt mit Kadmiumrot ergaben sich die satten, dunklen rotbraunen Farbtöne. Die Baumreihe zeigte ein lebhaftes Grün, ich benötigte also ein kaltes Gelb zur Mischung mit dem warmen Blau: Ich entschied mich für Aureolin. Vermischt mit Kadmiumrot liefert das zwar kein strahlendes Orange, doch der blaue Hintergrund hellt den orangenen Farbton auf.

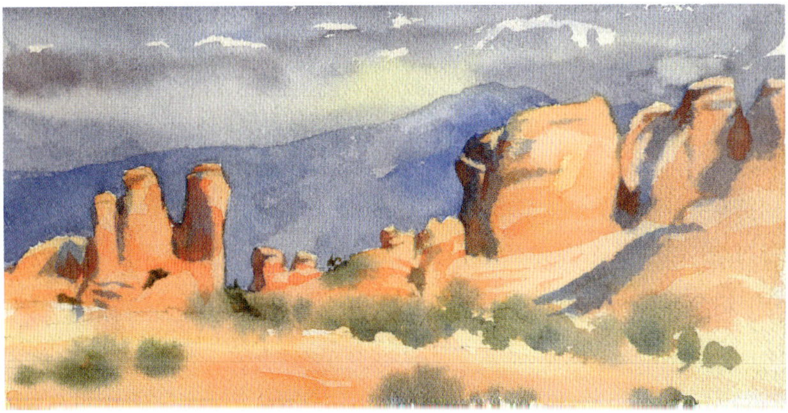

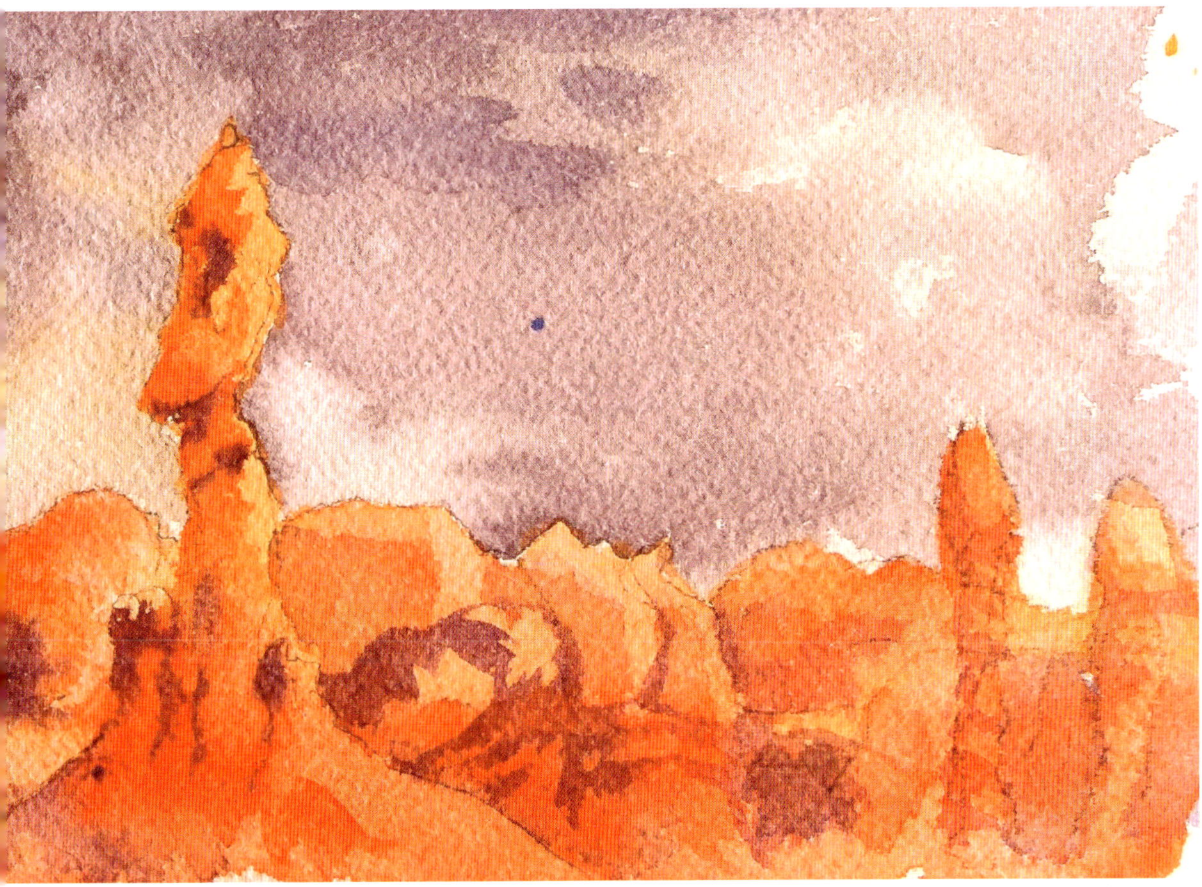

Die Macht des Kontrasts

Der Farbkontrast ist ein mächtiges Werkzeug im Arsenal von Kunstschaffenden. Hier sehen Sie zwei Gemälde des Bryce Canyon im US-amerikanischen Bundesstaat Utah. Das untere Gemälde scheint eine größere Vielfalt der Farbgebung aufzuweisen als das auf der rechten Seite, obwohl tatsächlich weniger Farben benutzt wurden. Das liegt daran, dass es sich bei dem verwendeten Blau um Winsorblau handelt, ein kaltes, lasierendes Türkisblau und die Komplementärfarbe zu Kadmiumrot, dem wärmsten Rotton in unserem Farbkreis.

Das Gemälde auf der rechten Seite gewinnt seine Stärke ebenfalls aus einem Kontrast, aber nicht aus dem der Farbe, sondern der Schattierung, indem die dunklen Pferde vor die blassrosa Felsen gestellt und tiefe Risse in die hochragenden Felstürme eingefügt wurden. Die übrigen Farben stehen harmonisch zueinander und sind hinsichtlich des Farbtons eng verwandt.

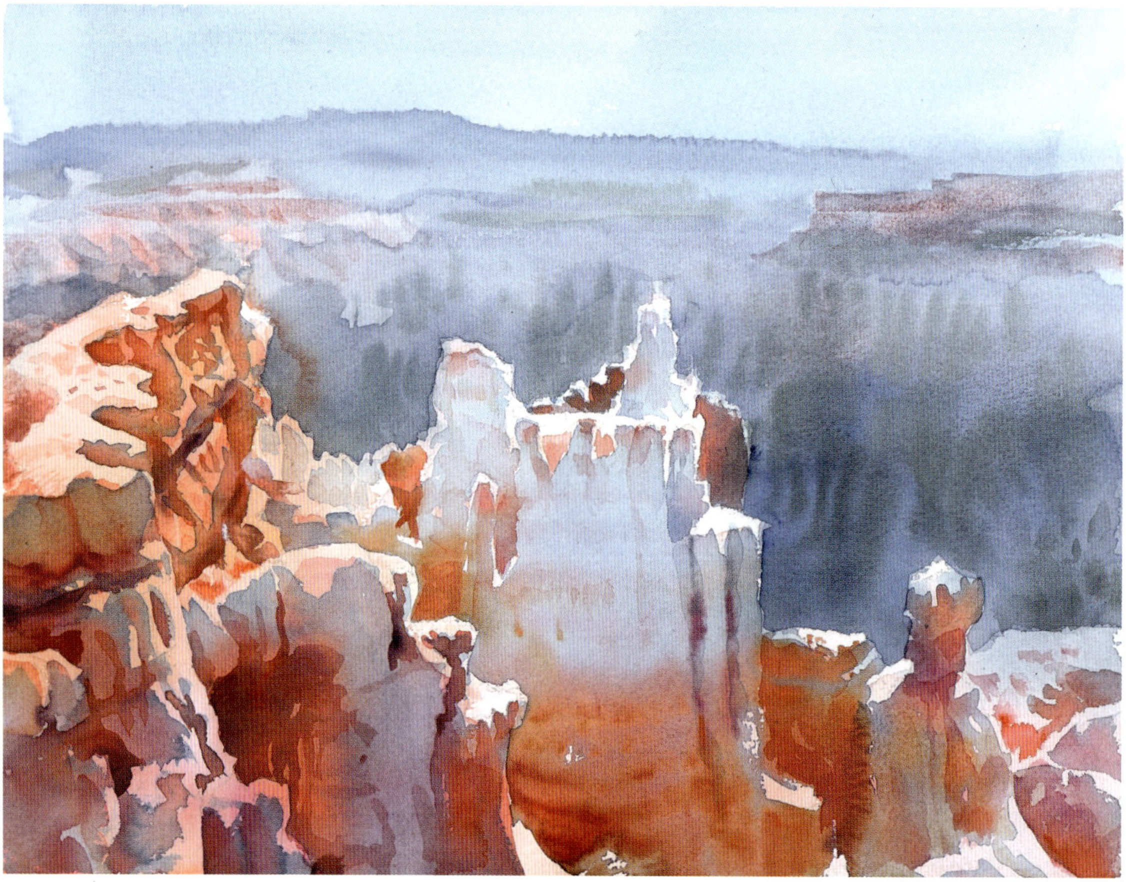

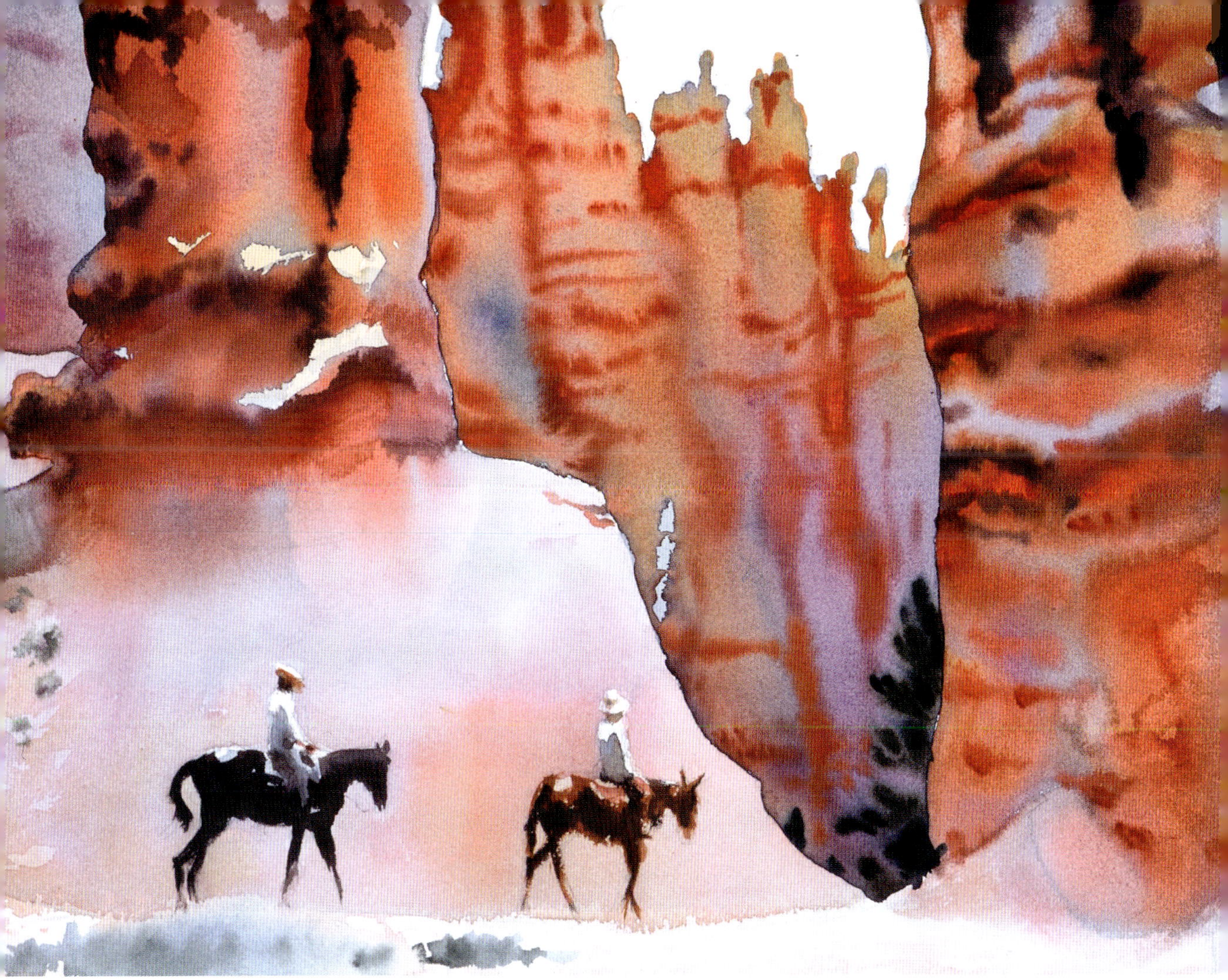

▲ **Red Trail, Bryce Canyon,**
30,5 × 40,5 cm

Nach meiner Ansicht kann man das hier verwendete Set aus sieben Farben nicht mehr als eine reduzierte Palette bezeichnen, auch wenn die Farbgebung insgesamt hinsichtlich ihrer Farbtöne begrenzt erscheint. Kadmiumrot, Indischgelb und Rubinrot (Permanent Rosa) wurden für die Darstellung der Felsen verwendet, Alizarin-Karmesin und Schmincke Violett zur Abdunklung ihrer Risse. Siena gebrannt und Ultramarinblau sorgten für den Kontrast bei den dunklen Pferden und den reitenden Personen.

◀ **Castles in the Sky, Bryce Canyon,**
30,5 × 40,5 cm

Winsorblau (Grünton), Kadmiumrot, Rubinrot (Permanent Rosa) und Indischgelb wurden zum Malen der roten, rosa, orangen und weißen Felsen verwendet, die mit dem Blau der fernen Schlucht und des Himmels kontrastieren. Wo einige der Rottöne matt wirkten, wurden sie mit einer dünnen Schicht blassen, verdünnten Chinacridonrots überlagert, um die Leuchtkraft zu verstärken. Dieser Effekt ließe sich mit verdünntem Kadmiumrot nicht erzielen, weil dieses Rot zu deckend ist. Wiederum könnte Chinacridonrot das Kadmiumrot für die Eigenfarbe nicht ersetzen, also musste hier ein zusätzliches Rot zum Einsatz kommen.

Stürmische Himmel

Die Schwerkraft ist eine gute Freundin der Aquarellmalerei, weil sie es ermöglicht, die nasse Farbe leicht über das Papier laufen zu lassen. Ich arbeite meist auf ebener Fläche, sodass ich das Papier anheben und neigen kann, um das feuchte Pigment in eine spezielle Richtung zu lenken. Das ist besonders nützlich beim Malen eines regnerischen Himmels.

Wenn man das Papier in die Senkrechte bringt, läuft die nasse Farbe der gemalten Wolken streifig nach unten und simuliert den Effekt von Regen. Sobald die Farbfäden an ihrer Stelle sind, kann man das Papier wieder waagerecht legen, um die Position der Farbe beizubehalten, oder es weiter senkrecht oder schräg halten, damit sich der Niederschlag leicht fortsetzt, während die Farbe trocknet. Bei dieser Nutzung der Schwerkraft ist Aufmerksamkeit nötig. Granulierende Farben verteilen sich langsamer als die feineren Partikel vorwiegend schwer anzulösender Farben, und das richtige Verhältnis von Wasser zu Pigment in der Mischung ist entscheidend für den erfolgreichen Farbverlauf.

▼ Plötzlicher Regenguss, Kalahari, *28 × 38 cm*

Die zwei Komplementärfarben Ultramarin feinst und Lasurorange wurden auf dem Papier zur Farbgebung des Himmels verbunden und auf der Palette zu dem dunklen Grau sowie dem Schwarz der Regenwolken und der Landschaftssilhouette gemischt.

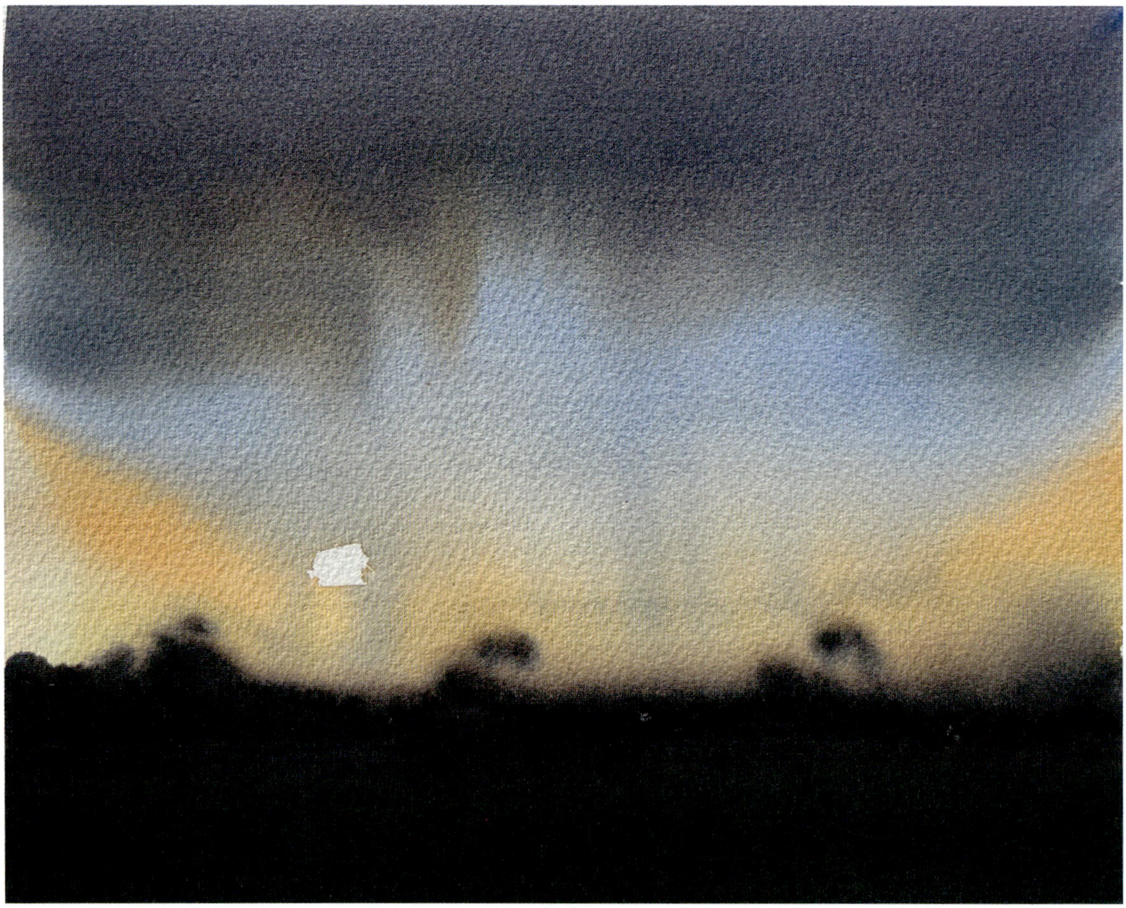

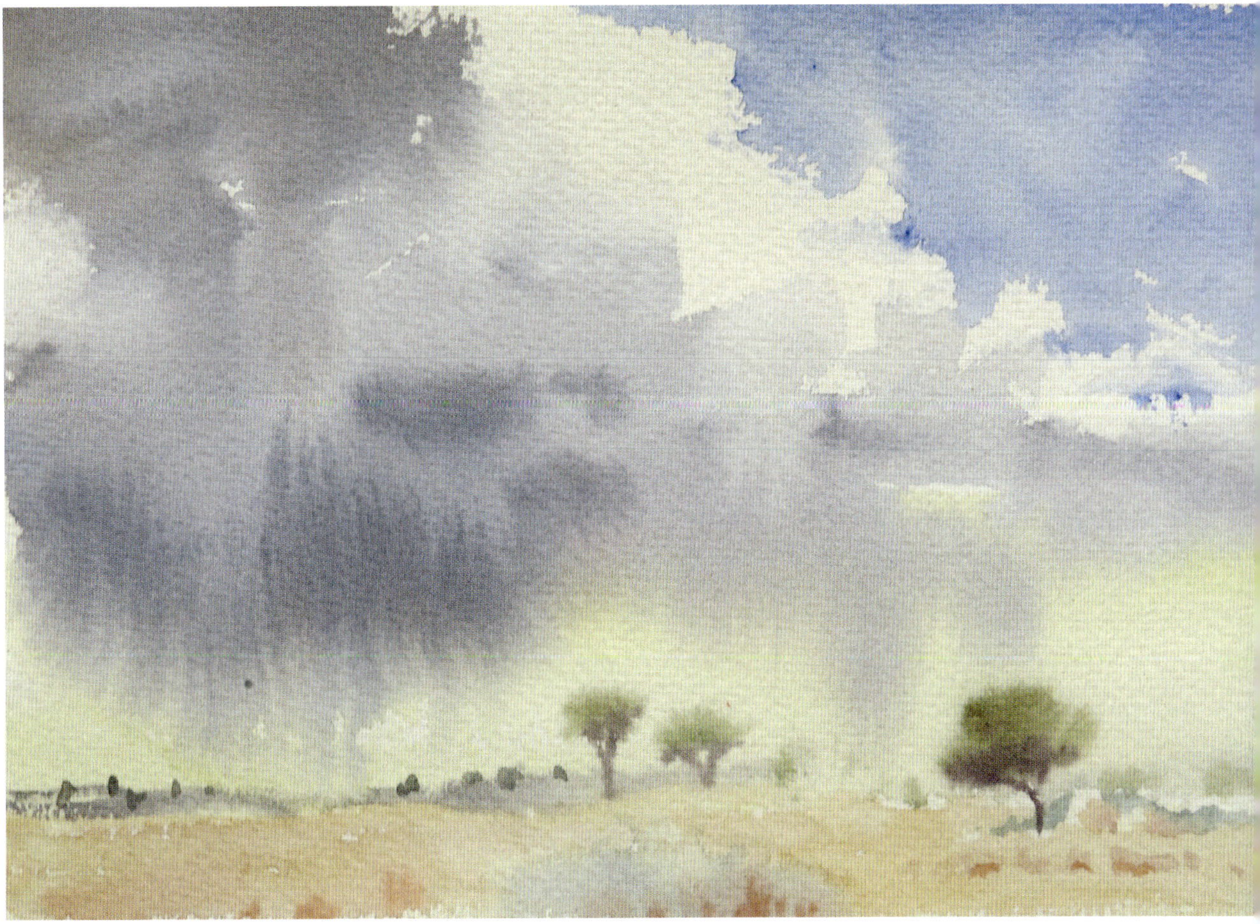

▲ Regen über der Mara,

18 × 28 cm

Bei diesem Gemälde überlagernder Regenwolken, die über die Mara-Ebene jagen, mischte ich das Grau aus den abhebbaren Farben Ultramarinblau und Siena gebrannt, um Korrekturen an dem sich schnell verändernden Himmel vornehmen zu können. Aureolin war perfekt für das kalte, fast grünliche Gelb am Horizont unterhalb der wirbelnden Wolken und ebenfalls, gemischt mit dem warmen Blau, ideal für die natürlichen Grüntöne der Bäume. Ein Tupfer Schmincke Violett machte die Grautöne wärmer und betonte das Gelb.

Beispiel:

Abwechslungsreiches Verlaufen – eine dynamische Mischung

Eine der magischsten Eigenschaften der Aquarellmalerei ist die kinetische Verteilung der nassen Farbe und die Vermischung der Farben auf dem feuchten Papier. Die einzelnen Pigmentpartikel verteilen sich, oft rankenförmig, und verschlingen sich mit anderen in einer Art von Mikro-Pointillismus. Ein bewölkter Himmel ist ein wunderbares Motiv, um diese lebhaften Farbverläufe zu erproben, vor allem bei einem Himmel, den der Sonnenuntergang in Rot und Gold gefärbt hat. Hier nutzte ich drei lasierende Farben, um die dunklen Wolken zu malen, ehe sie sich über Jack's Camp in den abgelegenen Salzpfannen von Botswana auflösten.

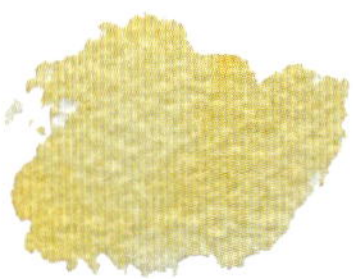

Indischgelb

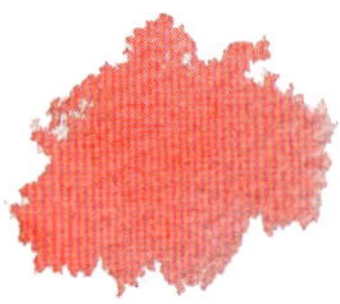

Chinacridonrot

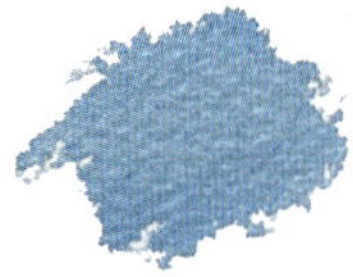

Preußischblau

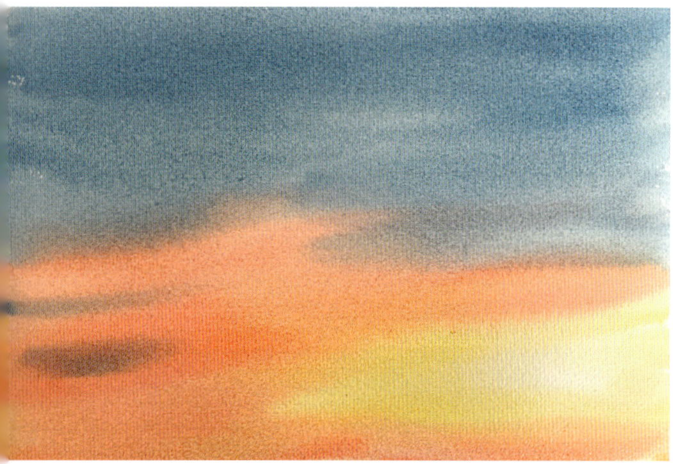

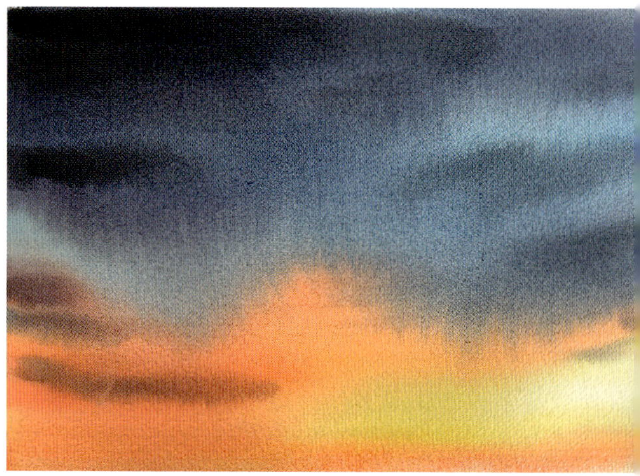

1 Das Papier wurde mit einer dünnen, klaren Wasserschicht angefeuchtet, die mit einem breiten, flachen Pinsel gleichmäßig verteilt wurde. Dann wurde sofort Indischgelb auf den Horizont gepinselt. Anschließend wurden bei schräg geneigtem Papier in rascher Folge Chinacridonrot und Preußischblau über die obere Hälfte des Himmels gemalt.

2 Da sich die Farben nur im feuchten Zustand vermischen, rührte ich auf der Palette schnell das Blau und das Rot zu einem dunklen Mauve an, das ich dem Himmel hinzufügte, und zwar dort, wo sich die Wolken ballten. Ich hielt dann gleich das Papier schräg, um das Verlaufen der Farbe zu fördern. Anschließend fügte ich der Mischung ein wenig Gelb hinzu und malte nass-in-nass die dunkelsten Wolken oben links.

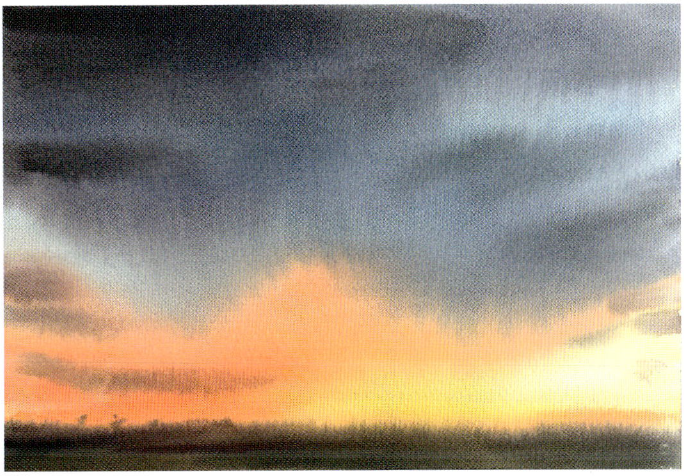

3 Ich legte ein wenig von dem dunklen Mauve auf die Horizontlinie und gab etwas mehr Blau und Gelb in die Mischung, um das tiefe, stumpfe Grün für den Bereich im Vordergrund zu erzielen.

4 Inzwischen war der Himmel getrocknet, sodass ich nun die Silhouetten des Zelts und der Palmen mit einem Schwarz malen konnte, das ich aus den drei Farben in so konzentrierter Form wie auf der Palette möglich gemischt hatte. Zum Malen der anmutigen Formen der Palmen verwendete ich einen Schlepperpinsel.

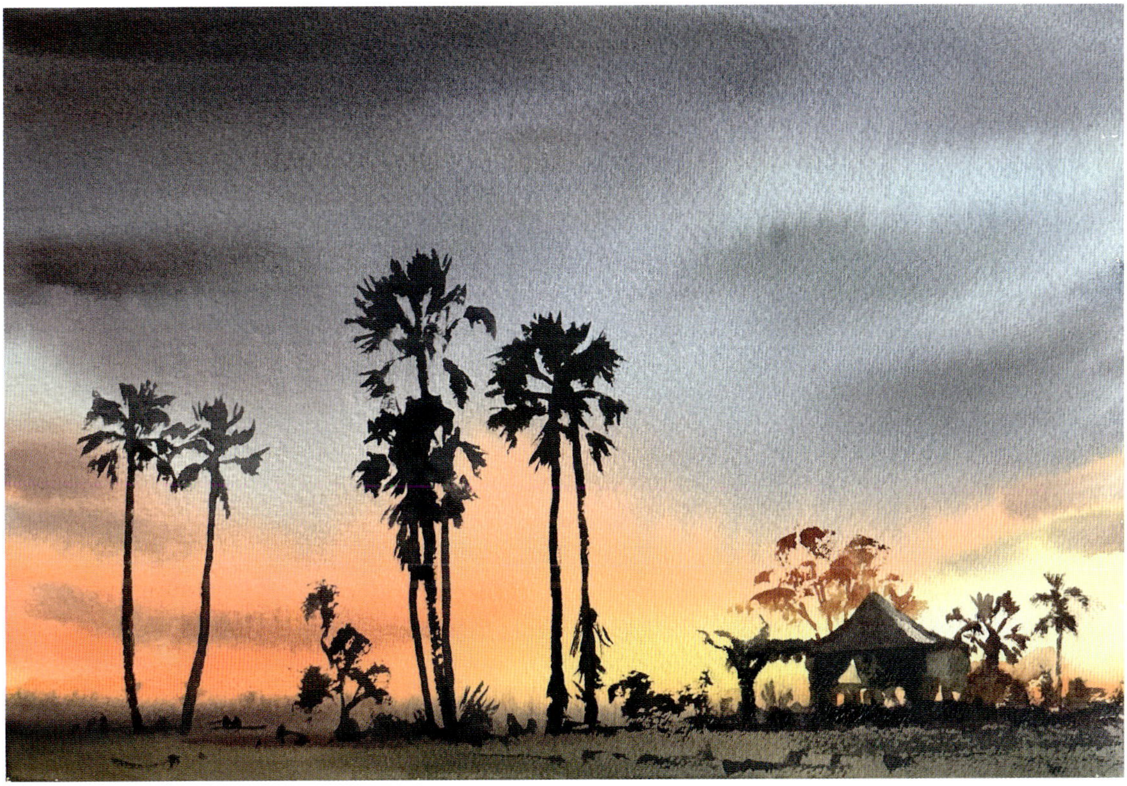

Sonnenuntergänge und Sonnenaufgänge

Jede Kombination aus Rot, Gelb und Blau eignet sich, um die prächtigen Farbabstufungen zu malen, die sich am Himmel beim Sonnenuntergang und Sonnenaufgang zeigen. Der entscheidende Faktor für die Farbauswahl ist, wie tief und dunkel die Silhouette der Landschaft im Vordergrund werden soll. Lasierende Farben ergeben ein tieferes, reineres Schwarz, deckende ein weicheres, graueres Schwarz. Die Tönung ist relativ: Die dunkelste Schattierung wird in jedem Gemälde wie ein Schwarz wirken; die Wahl liegt ganz bei Ihnen und hängt von der Stimmung ab, die Sie kreieren wollen. Machen Sie sich den Spaß, mit verschiedenen Kombinationen aller Rot-, Blau- und Gelbtöne auf Ihrer Palette und in Ihrem Malkasten zu experimentieren!

▶ **Horizont (lasierende Farben)**, *20 × 28 cm*

Drei lasierende Farben – Ultramarinblau, Indischgelb und Alizarin-Karmesin – erzeugen bei diesem Sonnenuntergang klare, reine Farbtöne und eine tiefe, dunkle Silhouette.

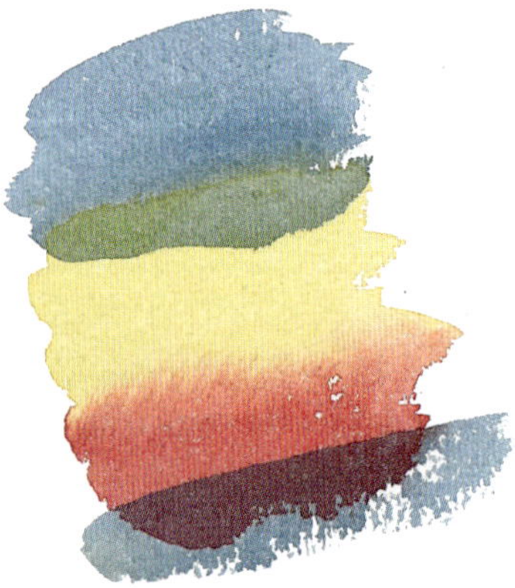

▲ Üben Sie zunächst mit drei lasierenden Farben: Hier wurden Preußischblau, Rubinrot (Permanent Rosa) und Indischgelb kombiniert.

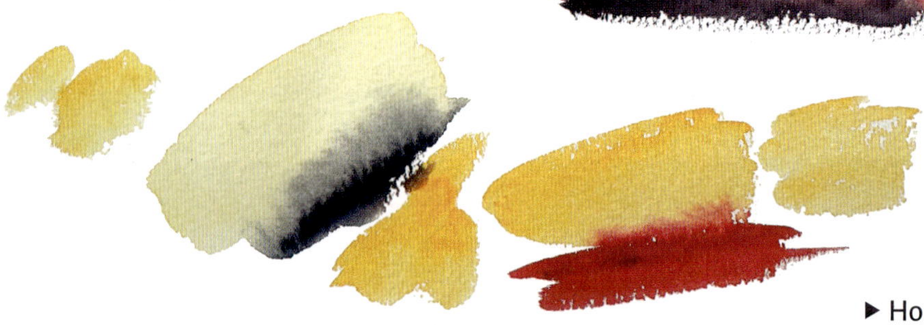

▶ **Horizont (deckende Farben)**, *20 × 28 cm*

Dieser Sonnenuntergang ist mit drei deckenden Farben – Coelinblau, Kadmiumgelb und Kadmiumrot – gemalt. Die Mischung der deckenden Farben erreicht kein sattes Schwarz, egal wie konzentriert sie ist. Das weiche, dunkle Grau eignet sich aber gut für die Silhouette der Dünen in der staubigen Atmosphäre der Kalahari.

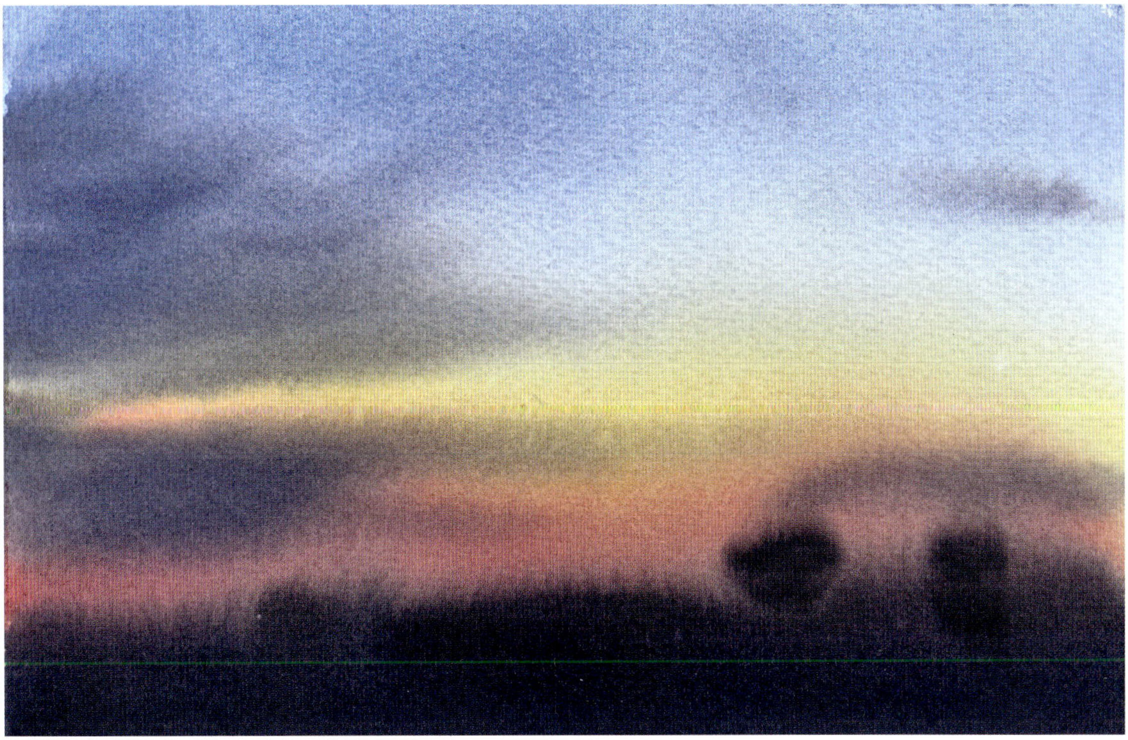

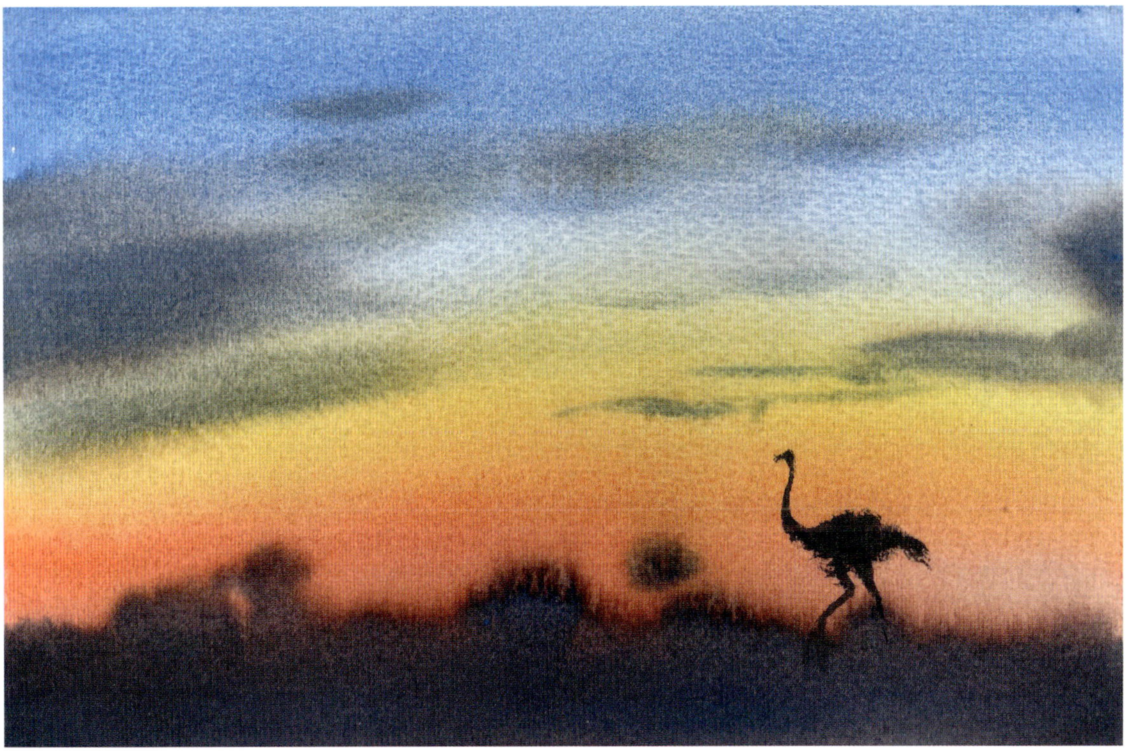

Farbton und Temperaturtendenz – ein kaltes Blau für ein warmes Motiv

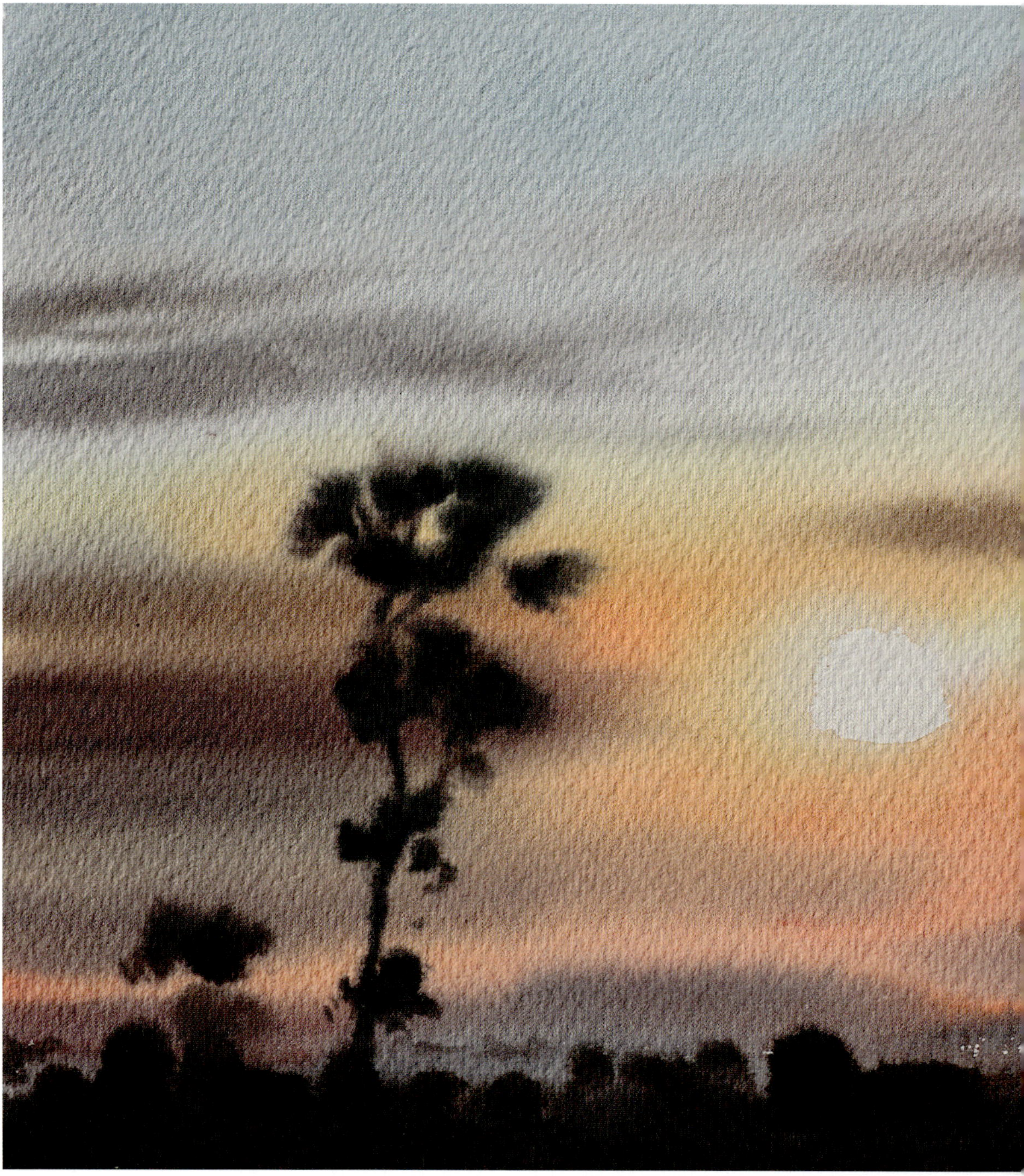

Obwohl ein Sonnenuntergang von seinem Farbton her warm ist, bedeutet das nicht, dass alle ausgewählten Farben eine warme Temperaturtendenz haben müssen. Hier lässt ein kühles Blau oben das Rot und Orange weiter unten leuchtender wirken. Bei dem genutzten Blau handelt es sich um kaltes, lasierendes Preußischblau. Wegen seiner Neigung hin zu Grün erscheint die Farbe am Horizont durch den Kontrast von Farbton und Temperatur wärmer.

FARBAUSWAHL

Die Silhouette des Baums und der Landschaft zeigten ein sattes, reines Schwarz vor dem Dunst der untergehenden Sonne. Um jenes aus Rot, Gelb und Blau zu mischen, benötigte ich also drei sehr lasierende Farben. Die üblichen transparenten Rottöne auf meiner Outdoor-Palette sind Rubinrot (Permanent Rosa) und Alizarin-Karmesin, die aber beide zu kalt sind für das warme Korallenrot, das sich über dem Horizont entwickelte. Ich führe immer auch Chinacridonrot in einer Tube mit, und dieses Rot ist sowohl warm als auch sehr lasierend. Damit war die Entscheidung für mein Rot getroffen. Um mit diesem ein reines Orange zu mischen, brauchte ich ein warmes Gelb, also fiel die Wahl auf Indischgelb. Damit fehlte nur noch das Blau.

Chinacridonrot besitzt wenig Farbtiefe und kann daher wenig dazu beitragen, die dunklen Töne in Richtung Schwarz zu bringen. Indischgelb hat einen hellen Ton und kann also auch nicht viel zu einer schwarzen Schattierung beisteuern. Jedoch kann es ein Blau durch Mischen in Grün verwandeln und dadurch die ideale Komplementärfarbe zu Rot schaffen. Dieses Grün, mit Rot vermischt, würde ein schönes Schwarz erzielen. Daher wollte ich ein kaltes Blau, um das Grün so grün wie nur möglich zu machen, und wählte Preußischblau aus.

◄ **So groß vor dem Himmel,** *28 × 38 cm*

Die drei lasierenden Farben – Chinacridonrot, Indischgelb und Preußischblau – ergeben gemischt das satte, prächtige Schwarz der Silhouetten und verbinden sich zu einem sanften Grau für die über den Himmel verstreuten Wolken. Das sehr verdünnt aufgetragene Preußischblau trifft beim Himmel leicht genug auf das warme Indischgelb, um den gelben Farbton nicht zu grünlich werden zu lassen.

Ein unbeständiger Himmel – ein Wechsel der Palette

Sonnenuntergänge und -aufgänge haben die Eigenschaft, sich schnell zu verändern, man hat also nicht lange Zeit, Farben zu wählen, ehe der Himmel schon wieder ganz andere Farbtöne zeigt. Das kann eine gute Entschuldigung (oder ein guter Grund) zum »Fremdgehen« sein. Im Wissen, dass jedes Rot, Gelb und Blau funktioniert, können Sie ruhig mit einem Set Farben, das Sie normalerweise nicht nutzen, experimentieren oder einfach eine beliebige Kombination aus Rot, Gelb und Blau verwenden.

Bei der Ansicht die Whitehall hinunter wählte ich Lasurtürkis, Lasurgelb und Chinacridonrot, ohne näheren Bezug zur Farbgebung des Himmels hinter Big Ben, abgesehen von der Kante der Wolken und den allgemeinen Lichtverhältnissen am Himmel. Es machte mir Freude, mit den drei sehr lasierenden Farben die Grau-, Braun- und Schwarztöne der Gebäude zu malen.

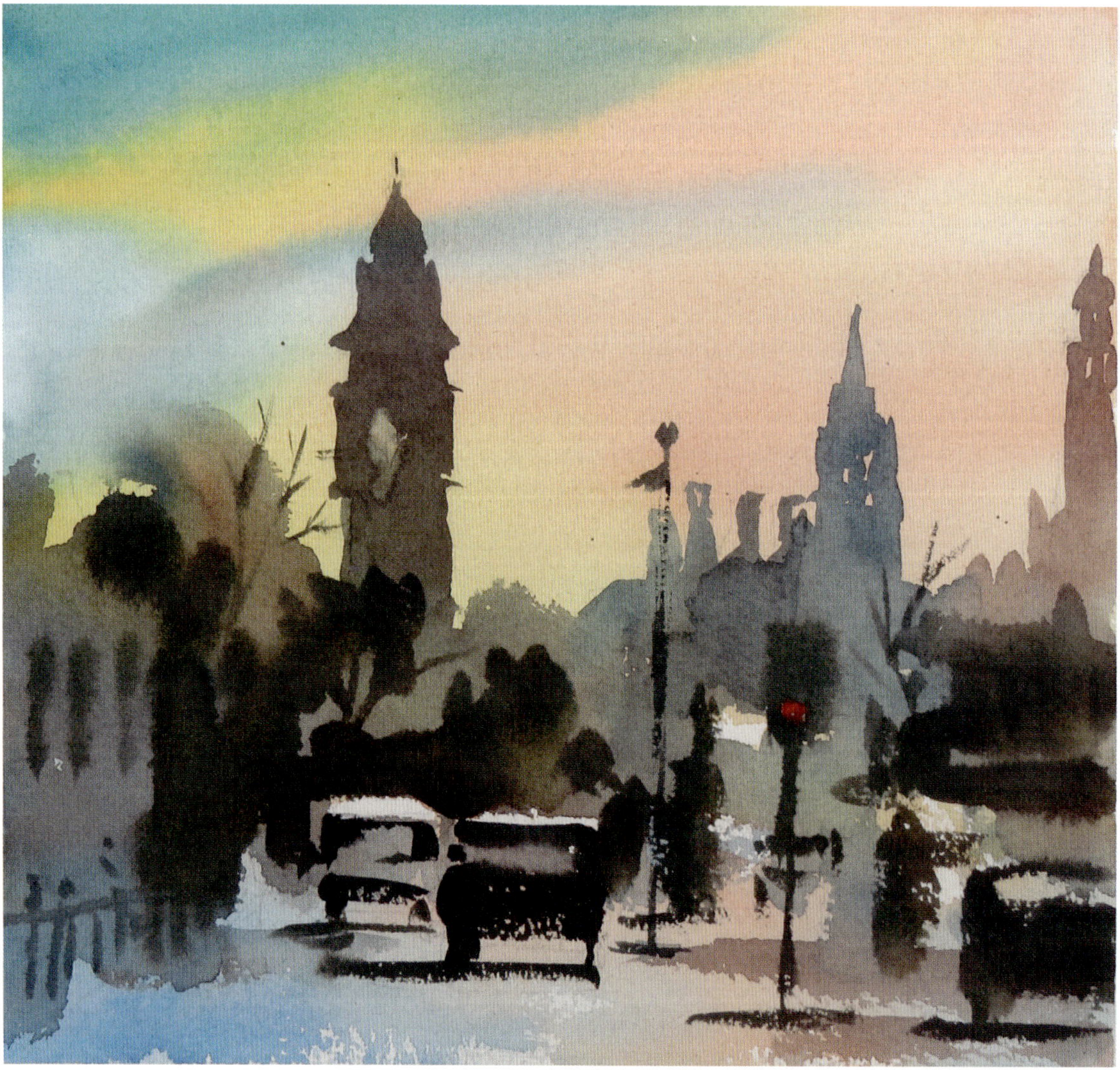

Die Morgendämmerung an der Uferpromenade Zattere in Venedig brachte einen wundervollen Blick auf die Basilica di San Giorgio Maggiore vor der Kulisse des Sonnenaufgangs, aber ich hatte nur wenig Zeit, bis die aufziehenden Wolken das Licht verdunkeln würden. Da sich Lichter Ocker, Ultramarinblau und Siena gebrannt noch vom Vortag auf meiner Palette befanden, befeuchtete ich kurzerhand das Lichter Ocker und lavierte den Himmel so schnell wie möglich. Dann vermischte ich die Reste von Ultramarinblau und Siena gebrannt, um den wolkigen Rahmen um das blasse goldene Licht aufzutragen. Während das trocknete (das Licht war bereits verschwunden), nahm ich stärker konzentrierte Farbe aus den Töpfen mit Ultramarinblau und Siena gebrannt und malte die prächtige Kirche über der Lagune ins Bild hinein.

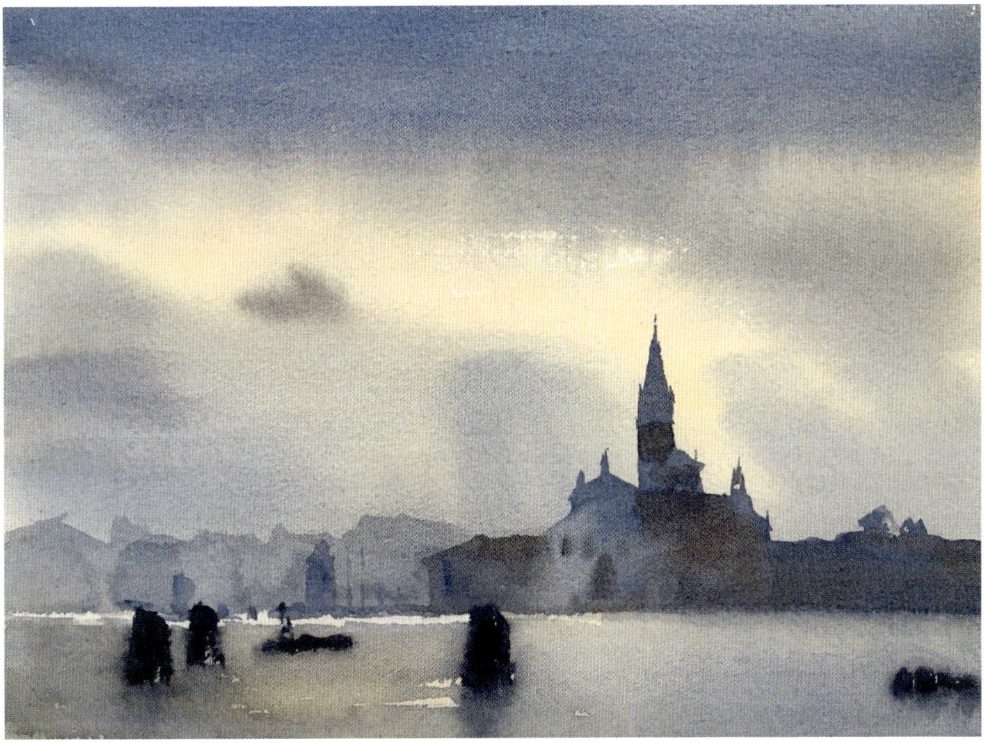

◀ Skizze eines Blicks die Whitehall hinunter,

20 × 20 cm

Das Warten, bis die Lavierung des Himmels getrocknet war, dauerte länger, als den Rest dieser Skizze zu malen! Ich wusste, dass die Mischung der drei lasierenden Farben Lasurtürkis, Lasurgelb und Chinacridonrot ein tiefes Schwarz hervorbringen würde, war aber angenehm von den rotbraunen und blaugrauen Farbtönen überrascht, die aus weniger stark konzentrierten Mischungen für die Formen im Hintergrund resultierten.

▲ Auf Turners Spuren,

23 × 30,5 cm

Die drei Farben Lichter Ocker, Ultramarinblau und Siena gebrannt waren eine Zufallskombination. Das Gelb wirkt goldener im Kontrast zu dem warmen Blau, und das Braun und das Blau ergeben gemischt die Grau- und Schwarztöne.

Leuchtend, kühn und wagemutig

Sehr nasse Aquarellfarbe wirkt dunkler, ehe sie getrocknet ist. Daher fallen die Farben für einen Sonnenuntergang häufig nach dem Trocknen blasser aus als erwartet, insbesondere wenn man mit satten Farben arbeitet, die feucht leuchtend wirken. Dennoch zahlen sich Kühnheit und Wagemut in der Regel aus, selbst wenn die Farbe im ersten Auftrag vielleicht zu kräftig erscheint. Die Farbe wird nämlich einerseits beim Trocknen heller, und andererseits werden durch das Einfügen der sehr dunklen Silhouetten mittels des Kontrasts selbst die strahlendsten Rot- und Gelbtöne zurückgedrängt. Zwar lassen sich Farben durch die Überlagerung lasierender Farbschichten bereichern, doch wirken Aquarellfarben allemal frischer und lichtdurchlässiger, wenn die Farbtiefe in einer einzigen Schicht, und nicht durch schrittweise oder wiederholte Überlagerungen, erzielt wird.

▼ Auf diesem vor dem Trocknen aufgenommenen Digitalfoto des Bildes auf der rechten Seite ist zu erkennen, wie viel dunkler die satten Schatten auf den Elefanten aussahen, als sie nass-in-nass gemalt wurden, und wie viel leuchtender das Violett der Wolken und der Spiegelbilder vor dem vollständigen Trocknen war. Die verwendeten Farben sind Chinacridonrot, Indischgelb und Schmincke Violett.

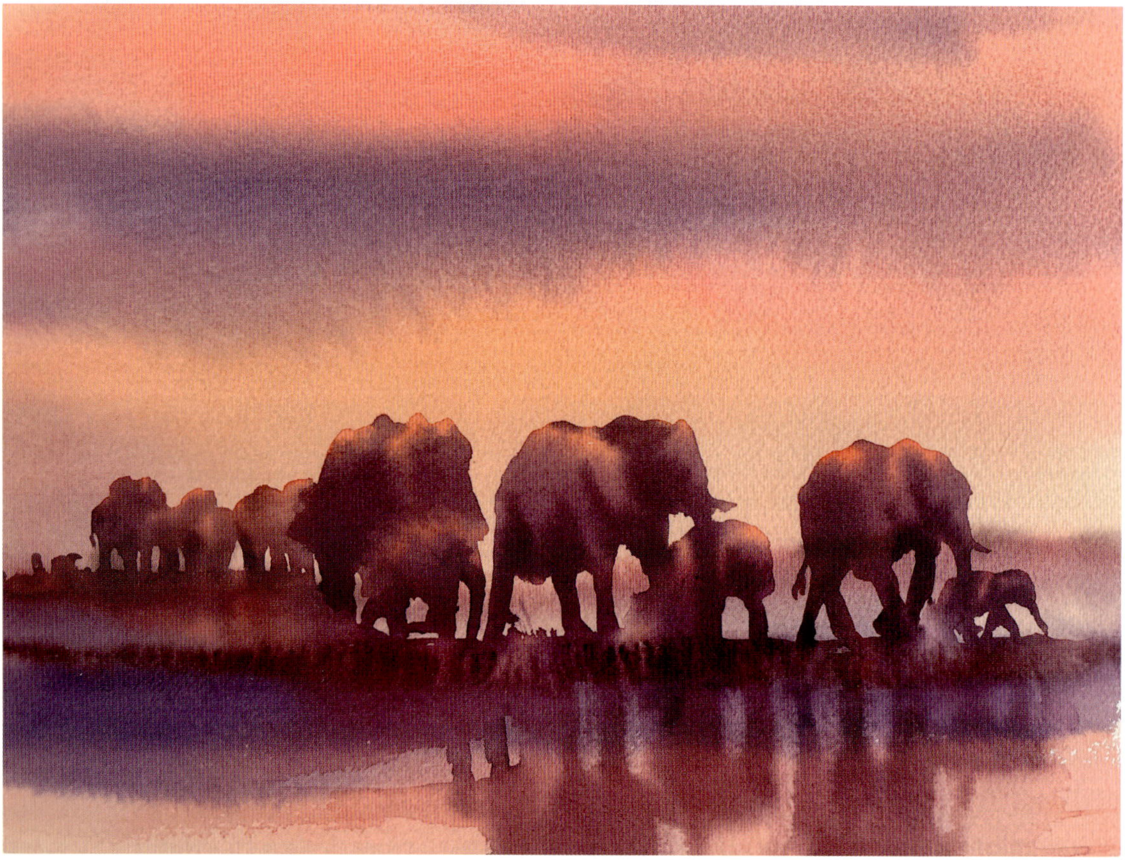

▼ Fluss aus Licht, *28 × 38 cm*

Als das Gemälde vollständig getrocknet war, traten die Farben in Ton und Schattierung zurück und gaben gut die sanfte Stimmung wieder, die die Landschaft erfasst, wenn der Sonnenuntergang der Abenddämmerung weicht. Das ausgewählte Rot für dieses Bild war Chinacridonrot, ein leichtes Rot mit geringer Farbtiefe, welches, selbst in Verbindung mit Schmincke Violett, nicht zu einem tiefen, dunklen Farbton beitragen kann (auch wenn die Mischung in feuchtem Zustand dunkel aussieht). Vergleichen Sie diese weichere Farbkombination mit der Palette für ein ähnliches Sujet auf Seite 94! Dort besitzt das Rot (Scharlachrot) eine größere Farbtiefe und das Gelb (Lasurgelb) ist transparenter und ermöglicht dunklere Schattierungen.

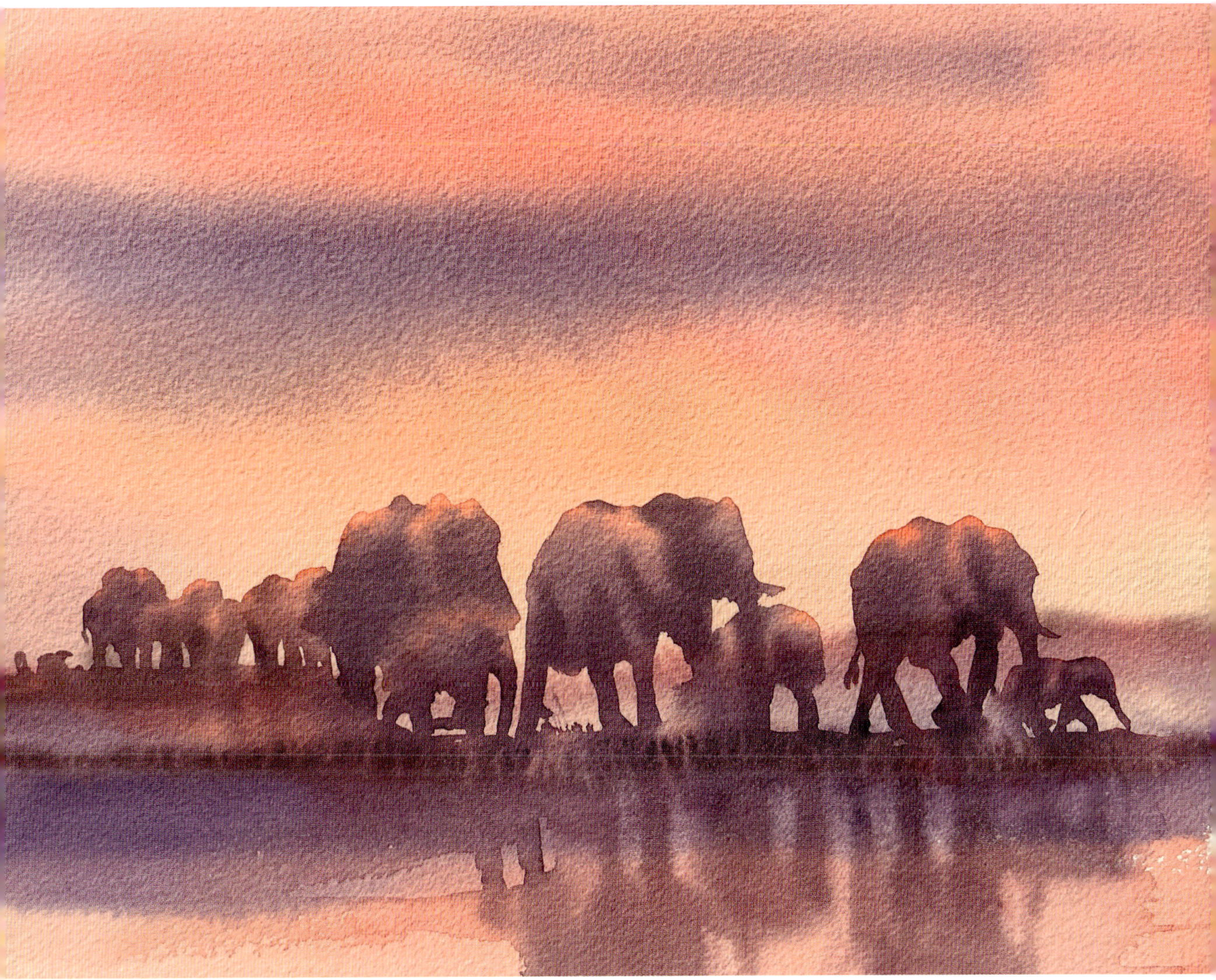

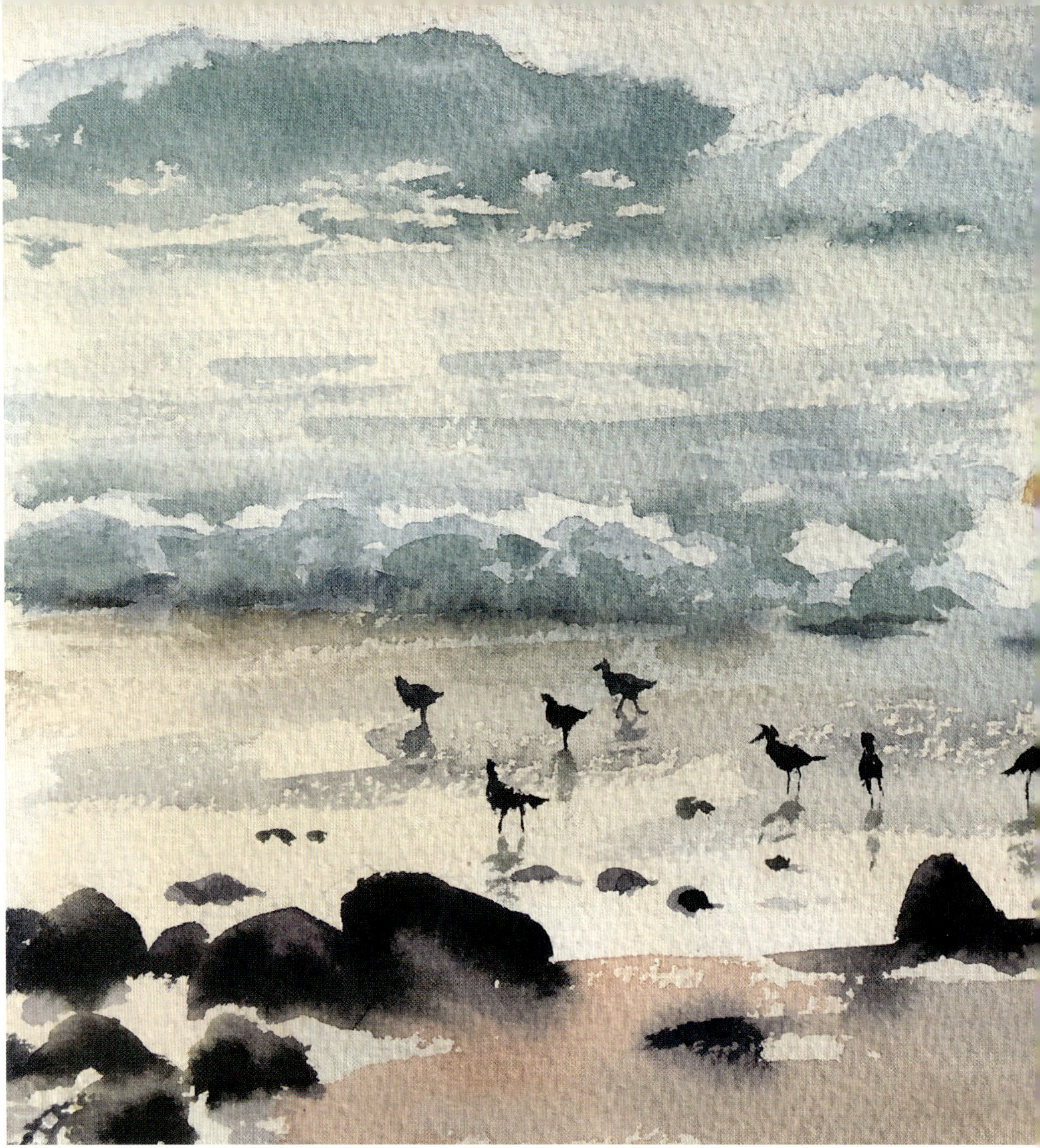

Meereslandschaften

Die vorherrschende Farbe des Meeres ist Blau, also wird Blau beim Malen von Meereslandschaften sehr wahrscheinlich auch die erste ausgewählte Farbe der Kombination sein. Die ständig vertretenen Blautöne auf meiner Outdoor-Palette sind Ultramarinblau, Preußischblau, Kobaltblau, Coelinblau und Indigo, aber die gesamte Auswahl in jedem Aquarellfarbensortiment ist reich und vielfältig. Die Hauptüberlegungen bei der Wahl des Blaus sind die Temperaturtendenz und der Transparenzgrad, aber auch inwieweit die Farbe anzulösen oder abhebbar ist, ist von großer Bedeutung für alle, die das Meer malen wollen.

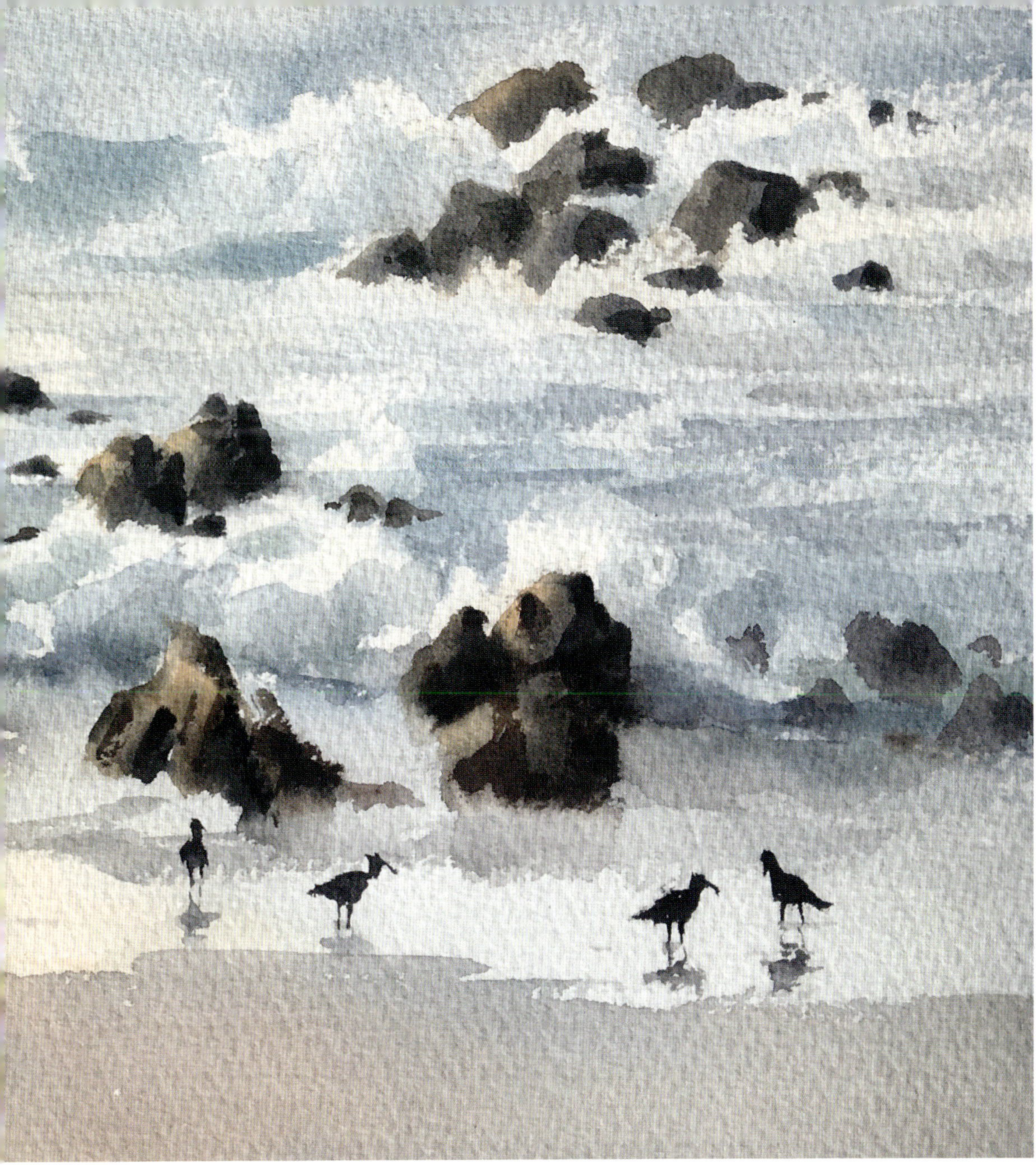

▲ **Meeresbrandung,** *20 × 38 cm*

Preußischblau eignete sich gut für den transparenten Grünstich des Wassers, welches über den Sand lief. Das warme Licht vom Himmel sprach für die Einbeziehung von Indischgelb. Der feuchte Sand sah leicht rosa aus, also wählte ich Alizarin-Karmesin als meine dritte Farbe und mischte es mit dem Gelb für das Licht auf den Felsen und mit dem Blau sowie dem Gelb für die Schatten, die dunklen Felsen und die Vögel. Am Anfang spielte ich mit dem Gedanken, Siena gebrannt hinzuzunehmen, um die Schwarztöne schneller zu erreichen, entdeckte dann aber, dass dies nicht erforderlich war – die drei ausgewählten Farben reichten aus.

Blaues Wasser, blauer Himmel

Große Wasserflächen wie das Meer sind häufig tiefblau, denn sie fungieren als ein riesiger Spiegel, der die Farbe des Himmels reflektiert, ohne allerdings unbedingt dessen Farbton wiederzugeben. In dem hier gezeigten Gemälde wird nur ein kleiner Ausschnitt des Himmels über dem Horizont präsentiert, doch das Meer reflektiert die Farbe der höheren Partien des Himmels. Der untere Rand des Himmels kann aufgrund des Einfallwinkels der Sonne oder des Dunsts in der Atmosphäre viel blasser wirken, aber das bedeutet nicht, dass man die Farbgebung weiter oben nicht hinunterziehen dürfte, um die Balance der Farben im Gemälde zu verbessern oder zu verstärken. Ich dunkelte den Farbton ab und verband den Himmel mit dem Wasser, zog die gleiche Tönung vom Himmel herunter bis in den Ozean und nutzte sie auch für die Spiegelungen in den Gezeitentümpeln auf dem Sand.

▼ Ich malte die Strandszene mit Ultramarinblau, Siena gebrannt und Lichter Ocker. Die Bandbreite der verschiedenen, aus der Mischung dieser Farben hervorgehenden Grautöne war vielfältig und sah schön aus, aber ich wollte das Gemälde noch mit einigen aktiven Figuren beleben.

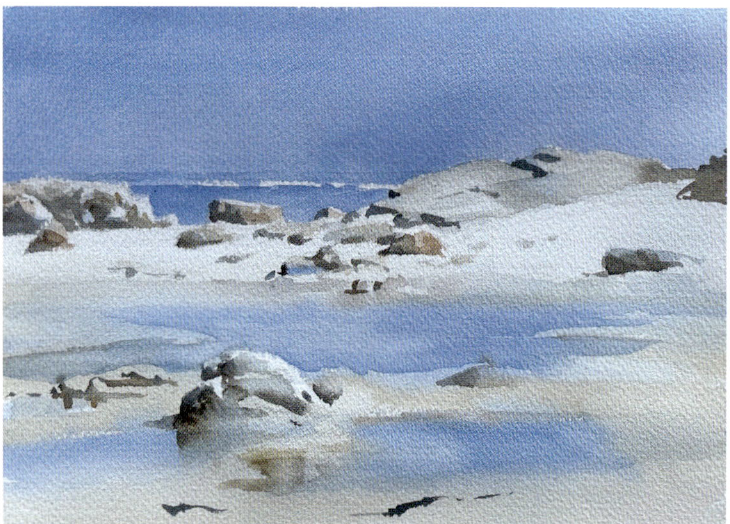

▶ **Flut, Longbeach,**
28 × 38 cm
Die Ankunft eines Vaters mit seinen zwei Söhnen fügte sich wunderbar in die Komposition ein, ohne dass der Hintergrund stark angepasst werden musste. Für das Hemd des Jungen war die Zugabe von Kadmiumrot nötig, welches das Blau durch den Kontrast noch lebendiger wirken lassen sollte. Der Plan ging auf!

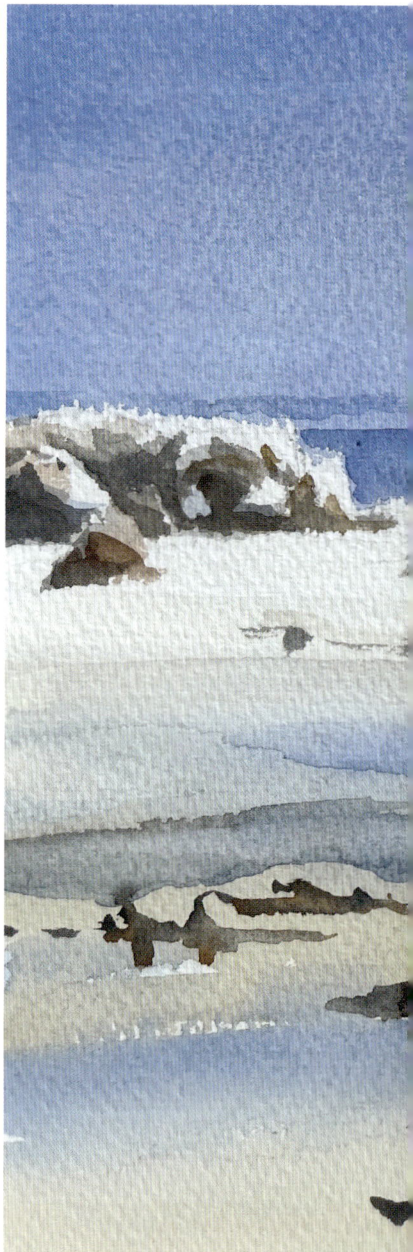

FARBAUSWAHL

Ich wählte Ultramarinblau wegen seiner Leuchtkraft und Wärme sowie seiner Fähigkeit, gemischt mit Siena gebrannt und Lichter Ocker die Grautöne der Felsen zu erschaffen. Ich hoffte zudem, noch einige Leute an den Strand kommen zu sehen, um ihre Figuren in das Gemälde einzufügen. Daher entschied ich mich für jenes Blau auch wegen seiner leichten Abhebbarkeit: Mir war es wichtig, die Felsen oder das Wasser abheben zu können, um Platz für Licht oder Farbe auf den Figuren zu gewinnen, wenn diese Figuren denn erscheinen sollten.

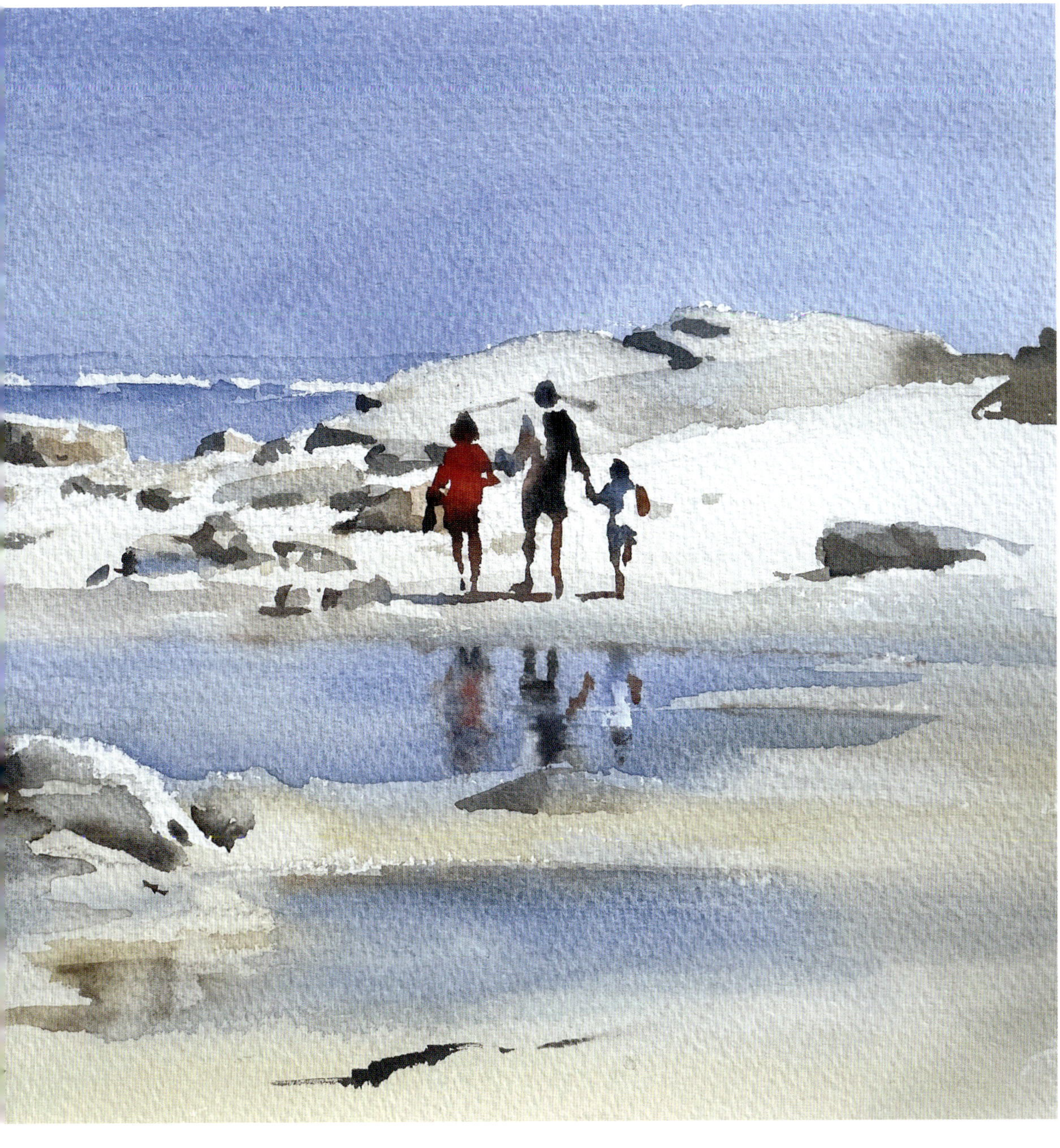

Stimmung vermitteln

Das Wetter, die Stimmung oder die Atmosphäre darzustellen, ist ein integraler Bestandteil des Malens einer Meereslandschaft. Die Temperatur eines Blaus und die allgemeine Tönung des gesamten Bildes können genutzt werden, um die Eigenart des Wetters zu vermitteln, allerdings wirkt die Farbtendenz des Blaus nicht unbedingt wie gedacht. Warme Blautöne wie Ultramarin- oder Kobaltblau geben leicht die Wärme eines blauen Himmels wieder, während kältere Blautöne den Eindruck weniger milden Wetters erwecken können. Da aber Blautöne kalte Farben sind und Blau oft die dominierende Farbe in Meerespanoramen ist, zählt in dem Gemälde die relative Temperatur und nicht die Tendenz des gewählten Farbtons. Die Wahl des Blaus sollte immer in Bezug auf das ganze Farbset getroffen werden.

In diesen zwei Meereslandschaften wird das Wetter mittels einer Drei-Farben-Palette aufgezeigt. In beiden Gemälden kamen Lichter Ocker und Siena gebrannt zum Einsatz, beim unteren Bild zudem warmes Ultramarinblau und bei dem auf der rechten Seite kaltes Coelinblau.

▼ **Strandspaziergang mit Hund,** *23 × 30,5 cm*

Lichter Ocker, Siena gebrannt und Ultramarinblau wurden zu einem insgesamt kalten Grundton verbunden, obwohl alle drei Farben für sich eine warme Temperaturtendenz haben. Die ziehenden Wolken, die lebhaften Wellen und der Gang der Figuren verstärken den Eindruck windigen Wetters, den der kühle Grundton bereits vermittelt.

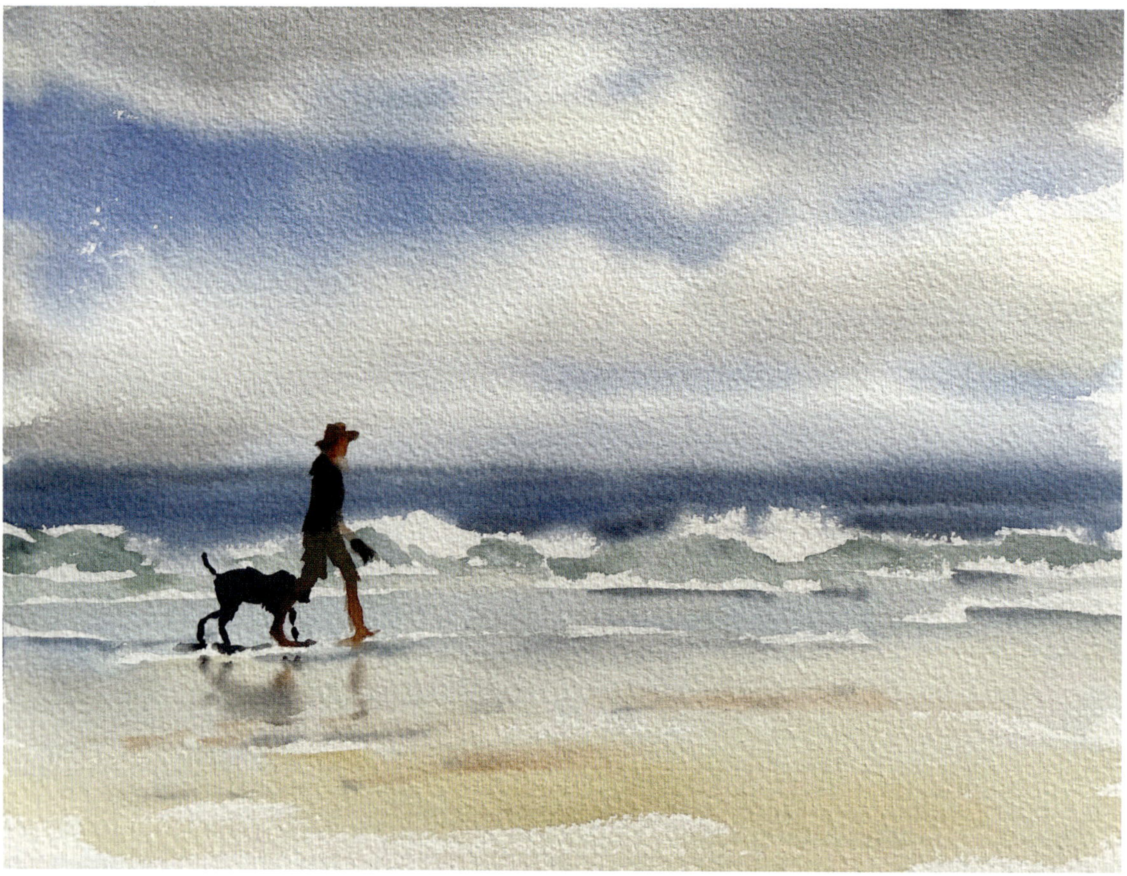

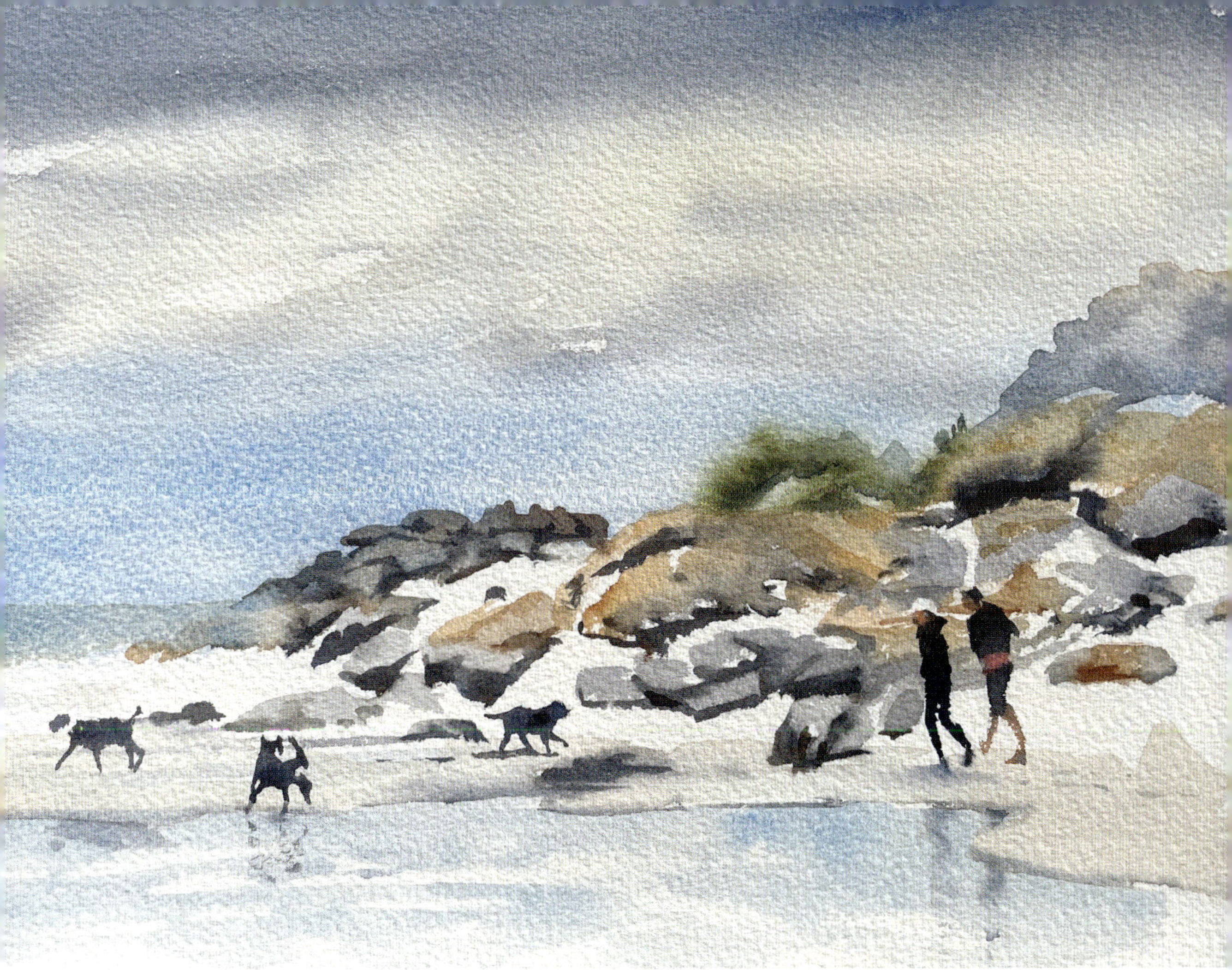

▲ **Gegen den Wind ankämpfen, Longbeach,**

23 × 30,5 cm

Hier wurden Coelinblau, ein kaltes Blau, sowie Lichter Ocker und Siena gebrannt verwendet. Trotz des kühlen Blaus vermittelt sich das kalte, windige Wetter vor allem über die Posen der Figuren und ihre langärmelige Kleidung – und nicht über die Temperaturtendenz des Blaus.

Das Gemälde auf Seite 134, auf dem Pferde durch Wellen galoppieren, transportiert eine andere Stimmung. Das Blau ist Lasurtürkis, ein noch kälteres Blau als die Blautöne auf dieser Seite, doch trotzdem wirkt die Atmosphäre lebhaft und warm. Die Interaktion zwischen den Farben und Schattierungen hat den Effekt, das kalte Blau und das kalte Gelb wärmer erscheinen zu lassen.

▶ **Schneller als die Wellen,**

30,5 × 40,5 cm

Lasurtürkis, Umbra natur und Siena gebrannt bildeten die Drei-Farben-Palette der Meereslandschaft auf der folgenden Doppelseite. Das Blau und das Gelb haben jeweils eine kalte Temperaturtendenz. Das aus dem kalten Blau und dem warmen Braun gemischte Schwarz ist kühl, wodurch das Türkis mittels des Kontrasts weniger grün und mehr blau wirkt. Zu diesem Effekt trägt auch die Kälte von Umbra natur bei. Überdies lässt das Türkis das Umbra natur wärmer erscheinen.

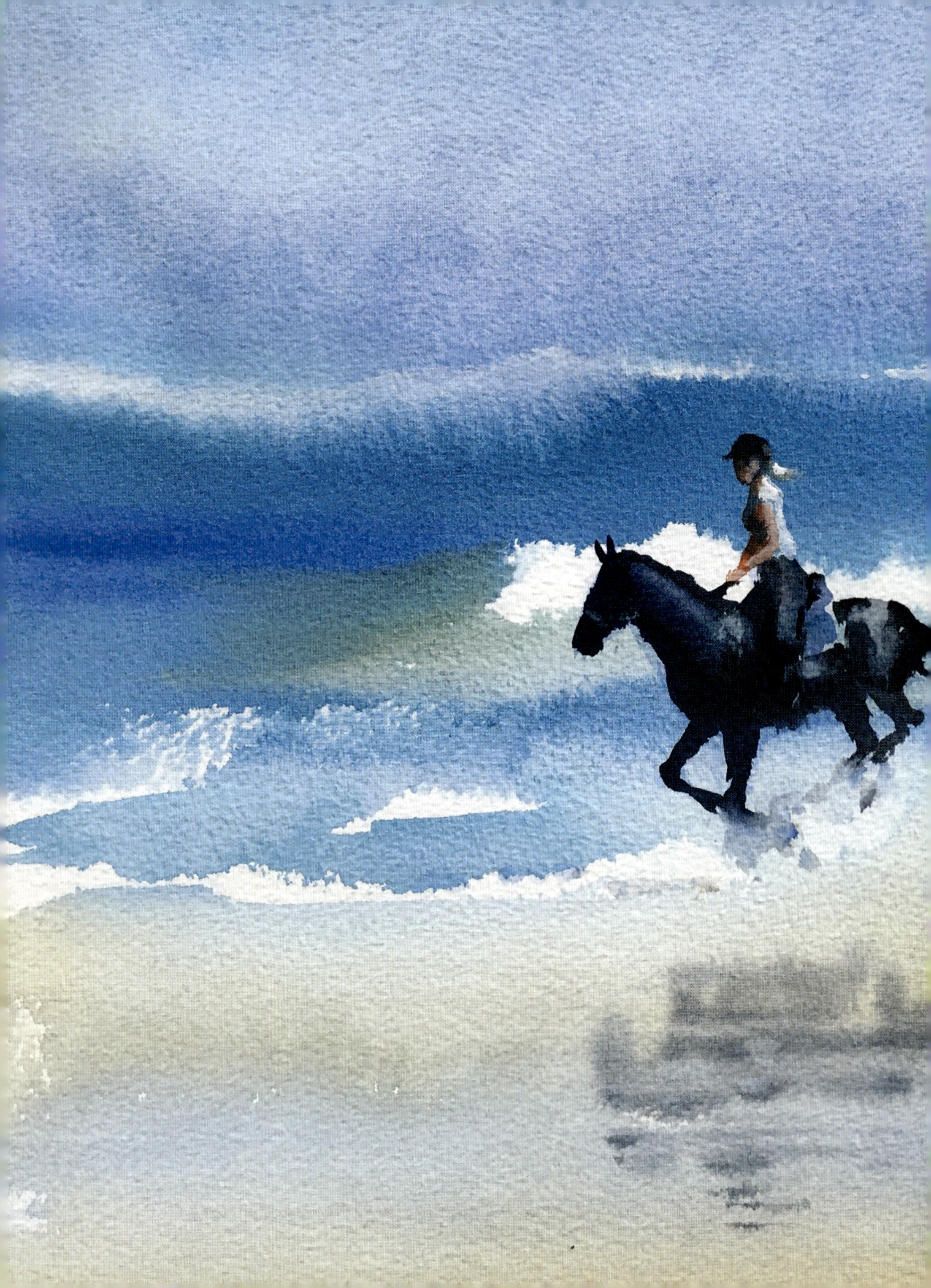

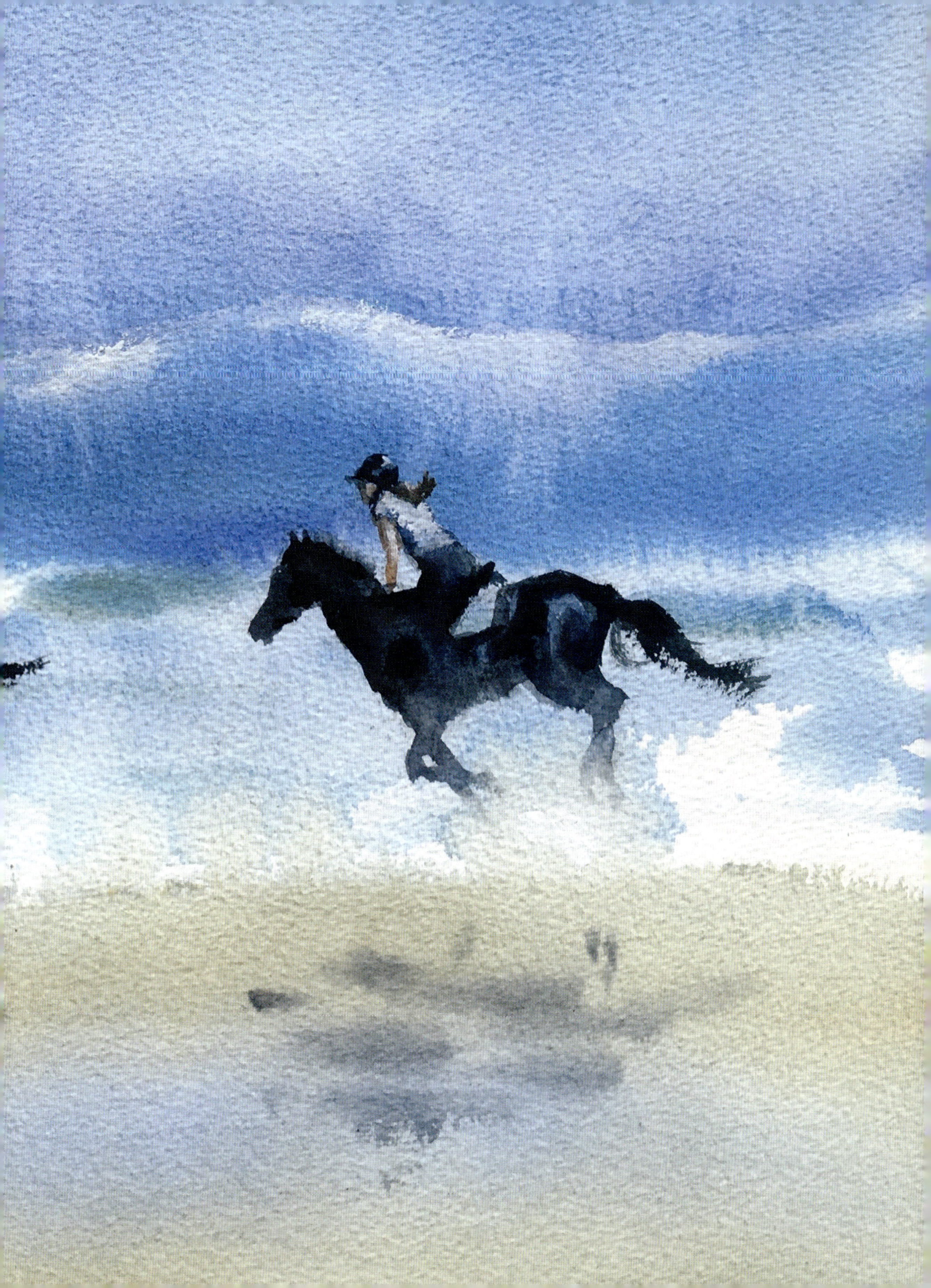

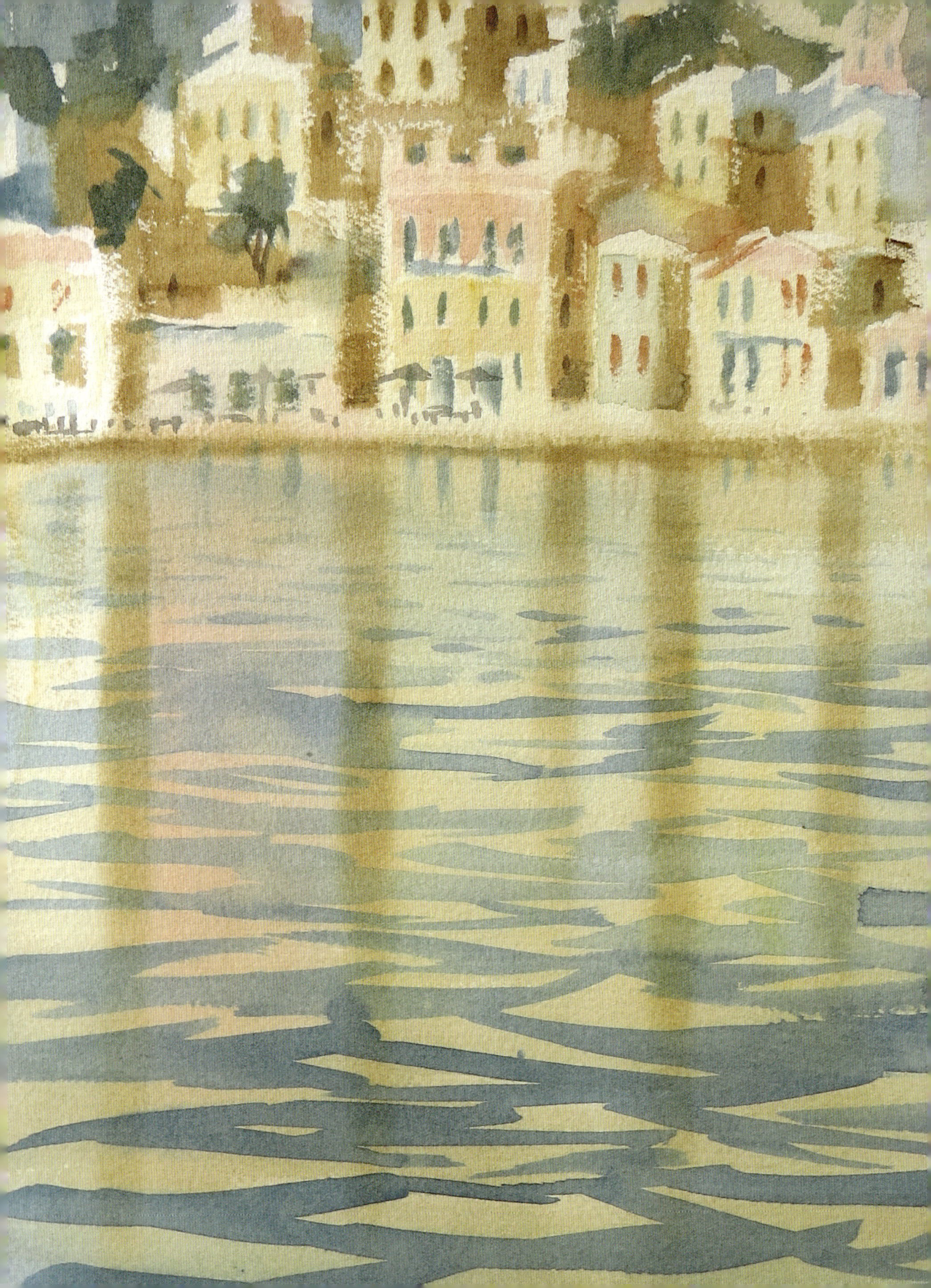

Spiegelungen

Das Meer spiegelt den Himmel oder die Landschaft über dem Horizont wider, daher gibt es viele Gelegenheiten, bei denen das Wasser mit einer anderen Farbe außer Blau getönt ist. Die vorherrschende Farbtönung leitet die Auswahl der Farben. Wenn sich beispielsweise im Meer das Grün von Bäumen oder das Gold oder Rosa eines Sonnenuntergangs spiegelt, wählen Sie zuerst den angemessenen Ton der Färbung aus und dann den Rest des Sets passend zu jenem Farbton.

Auf der linken Seite sehen Sie eine Skizze, die ich rasch malte, während auf der Insel Symi die Sonne über dem Ägäischen Meer unterging. Die Gebäude zeigten einen goldenen Schimmer, der als warmes Gelb unten im Meer reflektierte. Ich suchte zunächst Indischgelb wegen seiner Wärme und Transparenz aus sowie Umbra natur, ein ähnlicher Ton mit größerer Farbtiefe, für das Gelb in den Schatten.

Als ideales Blau bot sich Preußischblau an: Das kalte Blau würde das Gelb dort, wo die kleinen Wellen das Meer kräuselten, wärmer wirken lassen und beide Farben gemischt erbrächten das Grün für das Blattwerk zwischen den Häusern. Für die Dächer und einige Fassaden brauchte ich einen blassen Rotton; da ich kein Schwarz und keine dunklen Schattierungen benötigte, nahm ich Kadmiumrot. Diese Farbe ist deckend und nicht geeignet zum Malen satter dunkler Töne, lässt sich aber zu einem hellen Rot verdünnen, das weich bleiben und nicht zu den Gelbtönen in Konkurrenz treten würde. Für die kleinen Pinselstriche, die das Restaurant am Kai andeuten, ließ es sich mit den anderen Farben zu einem hellen Grau vermischen.

◄ **Das getönte Meer,**
23 × 18 cm
Indischgelb, Umbra natur, Preußischblau und Kadmiumrot geben die warme Tönung des Sonnenuntergangs in dieser schnell gemalten Skizze wieder.

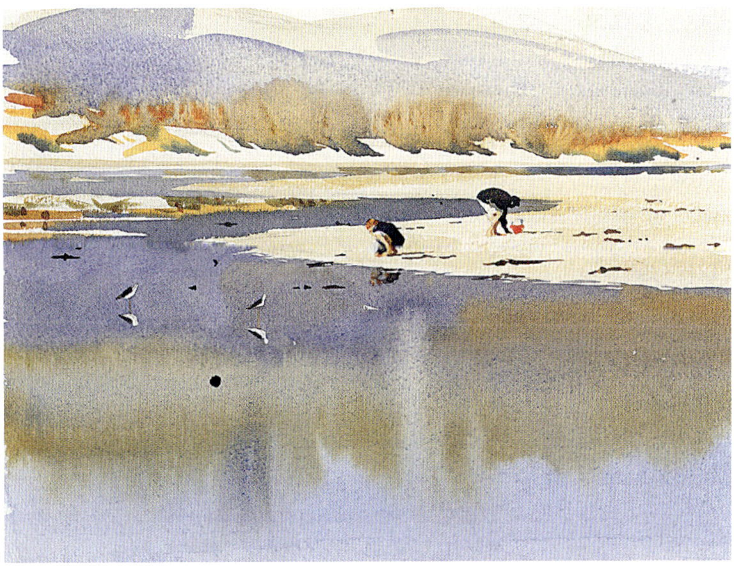

► **Die blaue Lagune,**
38 × 28 cm
Hier spiegelte das ruhige Wasser der Lagune die Gräser auf den Dünen am Strand. Im Hinterkopf nahm ich an, dass ich Ultramarinblau verwenden bzw. benötigen würde, um die Schwarztöne für die Pullis der Jungen zu malen. Zunächst wählte ich aber Siena gebrannt und Kadmiumgelb für die Farbgebung der Dünengräser, da ich gelungene Spiegelungen erzeugen wollte, ehe ich mich dem Rest des Gemäldes widmen würde. Auch wenn man sich bei der Wahl des Farbensets von den Spiegelungen leiten lässt, ist es in der Regel besser, die Spiegelungen erst nach der Landschaft zu malen. Auf diese Weise kann man sie sicher und überzeugt unter ihre Ausgangsquelle platzieren. Ganz am Ende wurde noch Kadmiumrot für den Eimer des Jungen der Palette hinzugefügt.

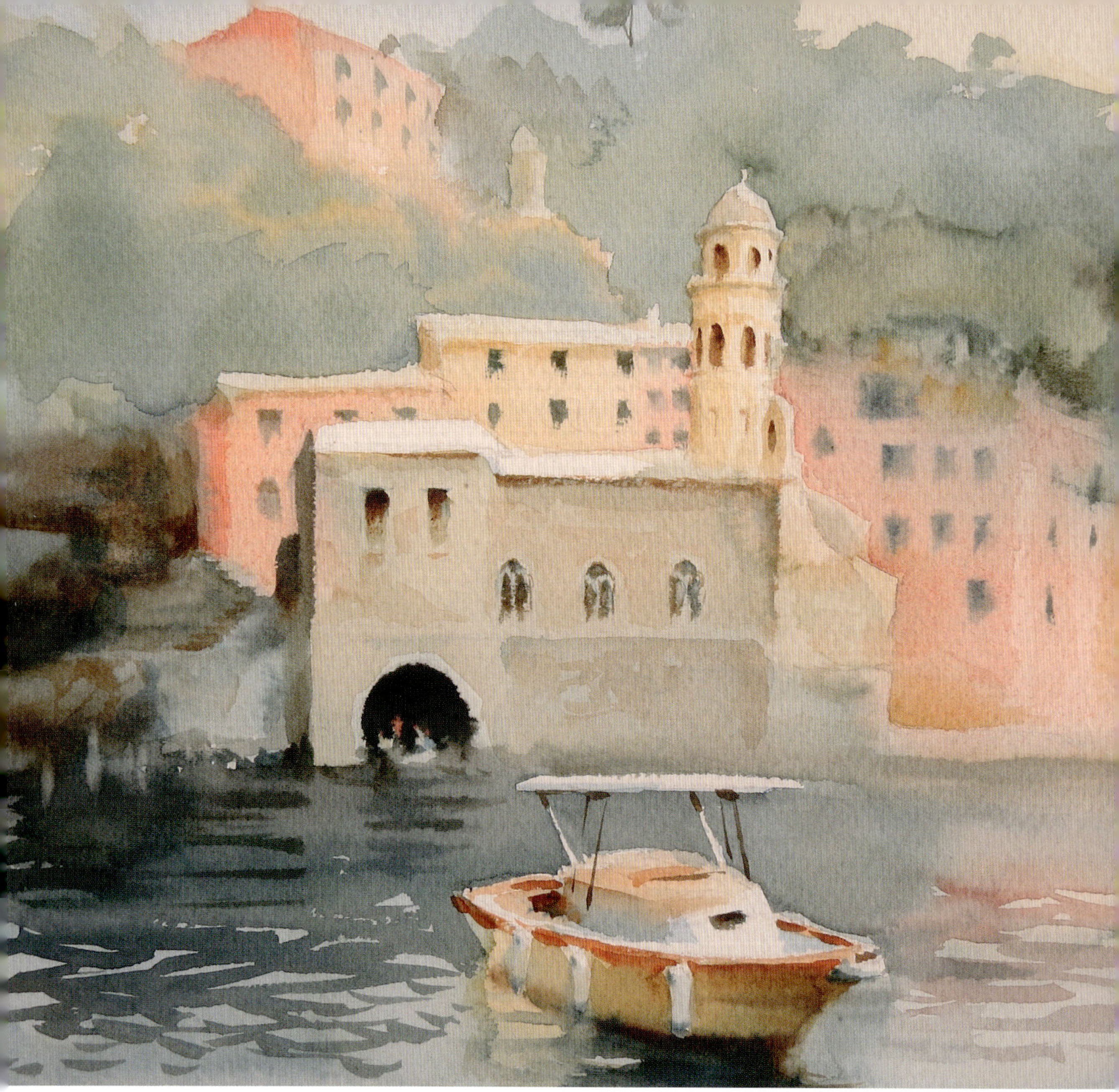

▲ **Blick auf Vernazza,** *25,5 × 28 cm*

Fünf Farben wurden verwendet, um den kleinen Hafen in einem der fünf historischen Hügeldörfer an der ligurischen Küste zu malen. Drei der gewählten Farben sind Erdtöne, vertreten also nur ein Pigment. Das klare Rot ist Chinacridonrot, das ich wegen seines weichen, leuchtenden Farbtons und seiner vollständigen Transparenz nahm, um die Eigenfarbe der Gebäude im Hintergrund und der Oberseite des Holzboots wiederzugeben. Umbra natur und Lichter Ocker wurden für die natürliche Steinfärbung des Hafenturms und der Hauptfassade ausgewählt, hinzu kam Siena gebrannt, um dunklere Schattierungen zu ermöglichen. Preußischblau wurde wegen seiner kalten Farbtemperatur und Transparenz ausgesucht, um es dann mit Umbra natur zur Wiedergabe des Wassers, mit Lichter Ocker für die helleren Bäume und mit Siena gebrannt für die dunkelsten Farbtöne zu mischen.

Boote und Gebäude

Meereslandschaften enthalten oft Boote und Gebäude, die eine Vielfalt von Gegenstandsfarben zeigen. Durch die Nutzung der Interaktionen der Farben kann eine reduzierte Palette eine größere Bandbreite von Eigenfärbungen wiedergeben. Der Schlüssel ist, nach den auffälligsten Farbtönen zu schauen und Farben im Zusammenhang zu wählen, indem man sich im Kopf die vielen Umsetzungen vorstellt, die aus dem Mischen von Rot, Gelb, Blau und/oder Braun resultieren können. Zweifellos verlangt das Übung, aber erinnern Sie sich, dass das Hinzufügen weiterer Erdfarben eine sichere Möglichkeit ist, da damit keine weiteren Pigmente hinzukommen, weil all diese Farben aus Eisenoxid bestehen. Lichter Ocker, Siena gebrannt und Umbra natur zu wählen, wie ich das bei dem Gemälde des Hafens von Vernazza (links) getan habe, ist eine zuverlässige und effektive Methode, mehr Farben einzuführen und trotzdem bei einer reduzierten Palette zu bleiben.

▼ Schaukelnd auf den Wellen, *25,5 × 28 cm*

Kobaltcoelin war die ideale Wahl für die Eigenfarbe des Boots. Da es transparenter als Coelinblau ist, ließ es sich gut mit Umbra natur zur grünlichen Farbe des flachen Wassers mischen. Für das grüne Boot wurde jedoch Smaragdgrün hinzugefügt, um einen reineren Farbton zu erzielen. Für den Streifen auf dem Boot wurde Kadmiumrot gewählt, das durch den Kontrast die Blau- und Grüntöne leuchtender aussehen lässt und die Mischung für die kleinen dunklen Schatten ermöglichte.

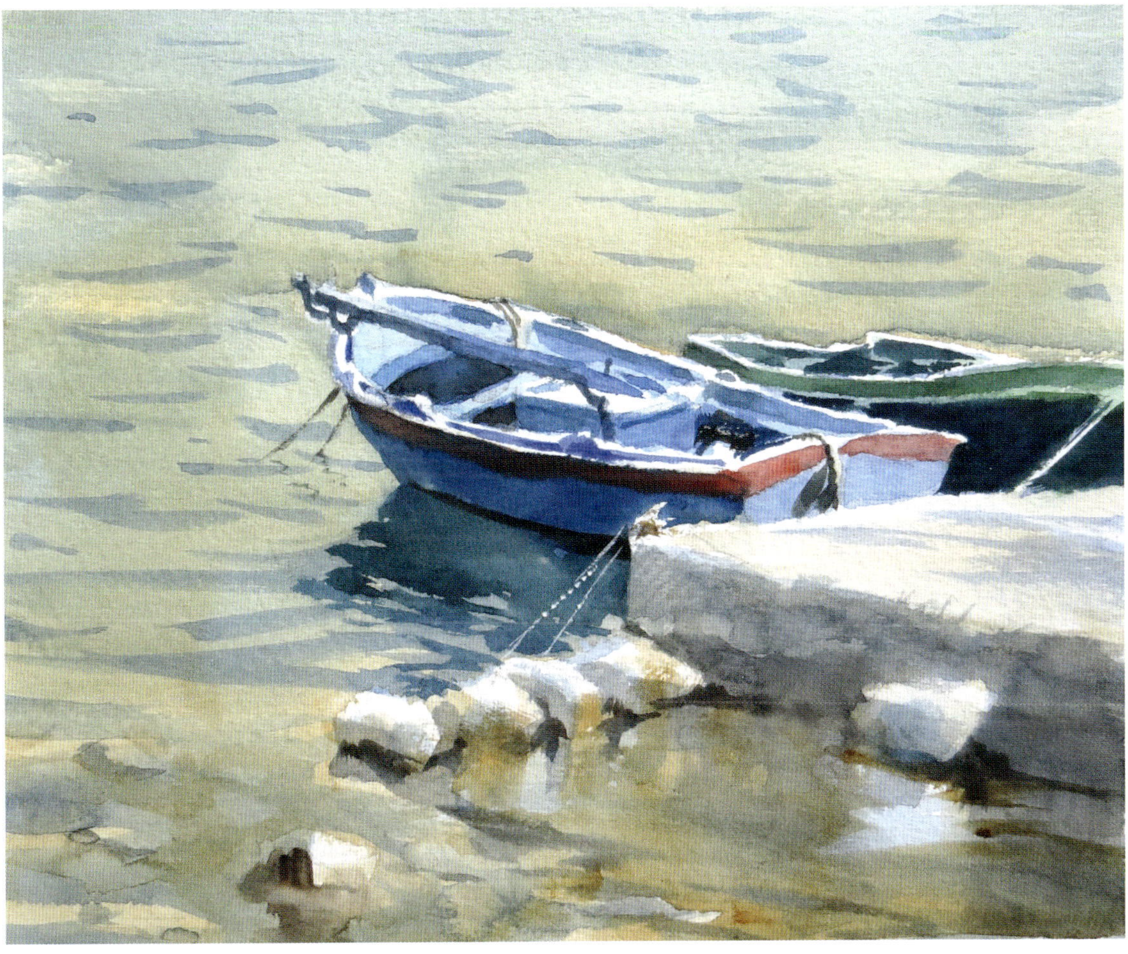

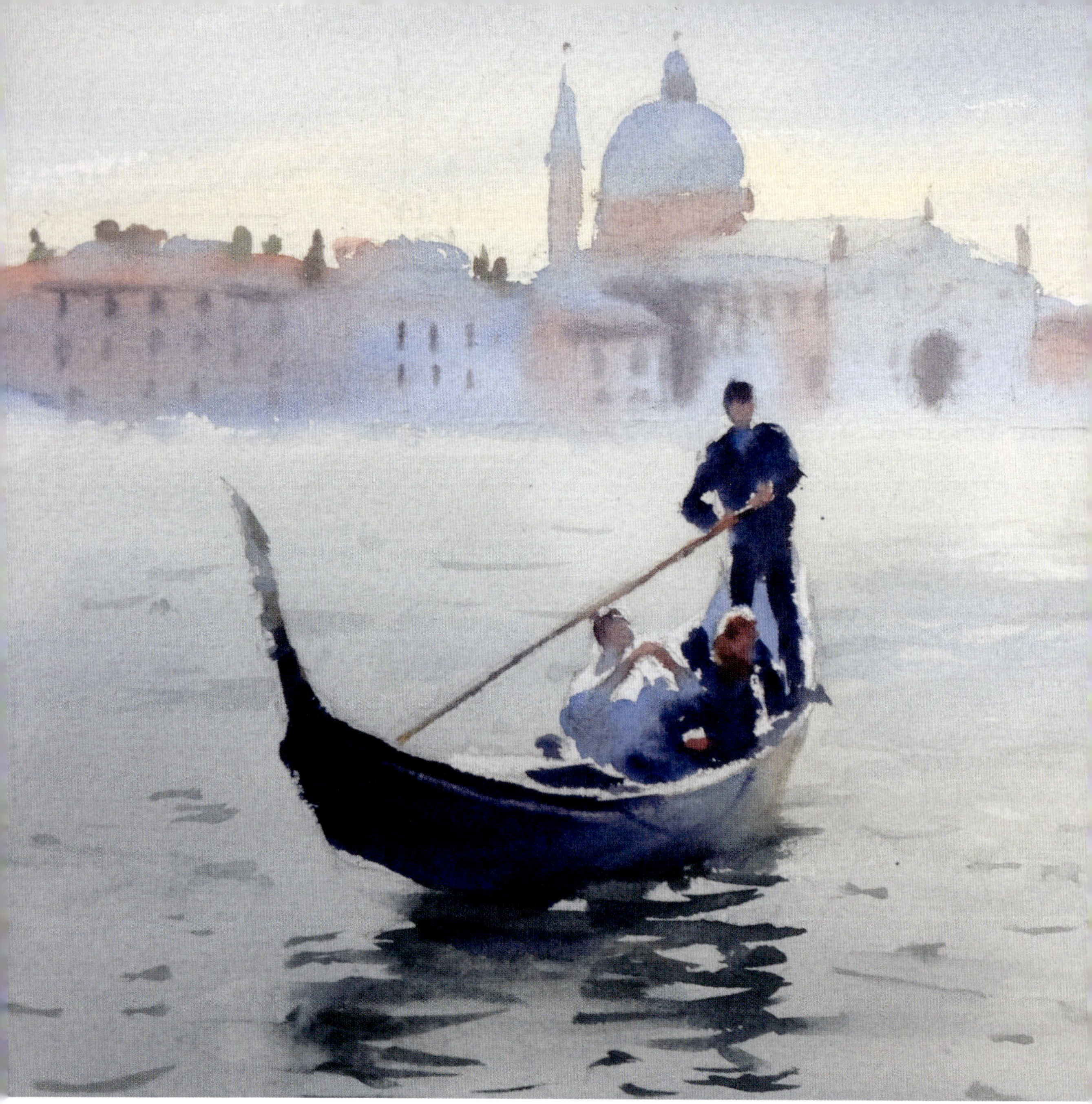

▲ Gleiten am Zattere,

25,5 × 28 cm

Indischgelb wurde in diesem Gemälde sparsam verwendet. Es tönt den unteren Himmel, färbt, mit Ultramarinblau vermengt, die Lagune mit Grün und erzeugt auf dem Heck der Gondel eine Spiegelung des Wassers.

▶ Zur Ruhe gekommen,

28 × 20 cm

Mit dem vermehrten Einsatz von Indischgelb beim Himmel, bei den Gebäuden und dem Wasser entsteht hier ein ganz anderer Gesamteindruck. Ultramarinblau und Kadmiumrot wurden exakt gemischt, um die Schwarztöne der Gondel und des Gondoliere zu erzeugen.

Gleiche Farben, unterschiedliche Farbgebung

Ein Set aus drei gleichen Farben kann ein ganz anderes Erscheinungsbild einfach dadurch hervorrufen, dass man die Menge des Pigments in jeder Mischung verändert. Die zwei hier gezeigten Gemälde eines ähnlichen Motivs sehen so aus, als ob sie mit verschiedenen Farben gemalt worden wären, aber bei beiden kam das gleiche Drei-Farben-Set aus Ultramarin feinst, Kadmiumrot und Indischgelb zum Einsatz.

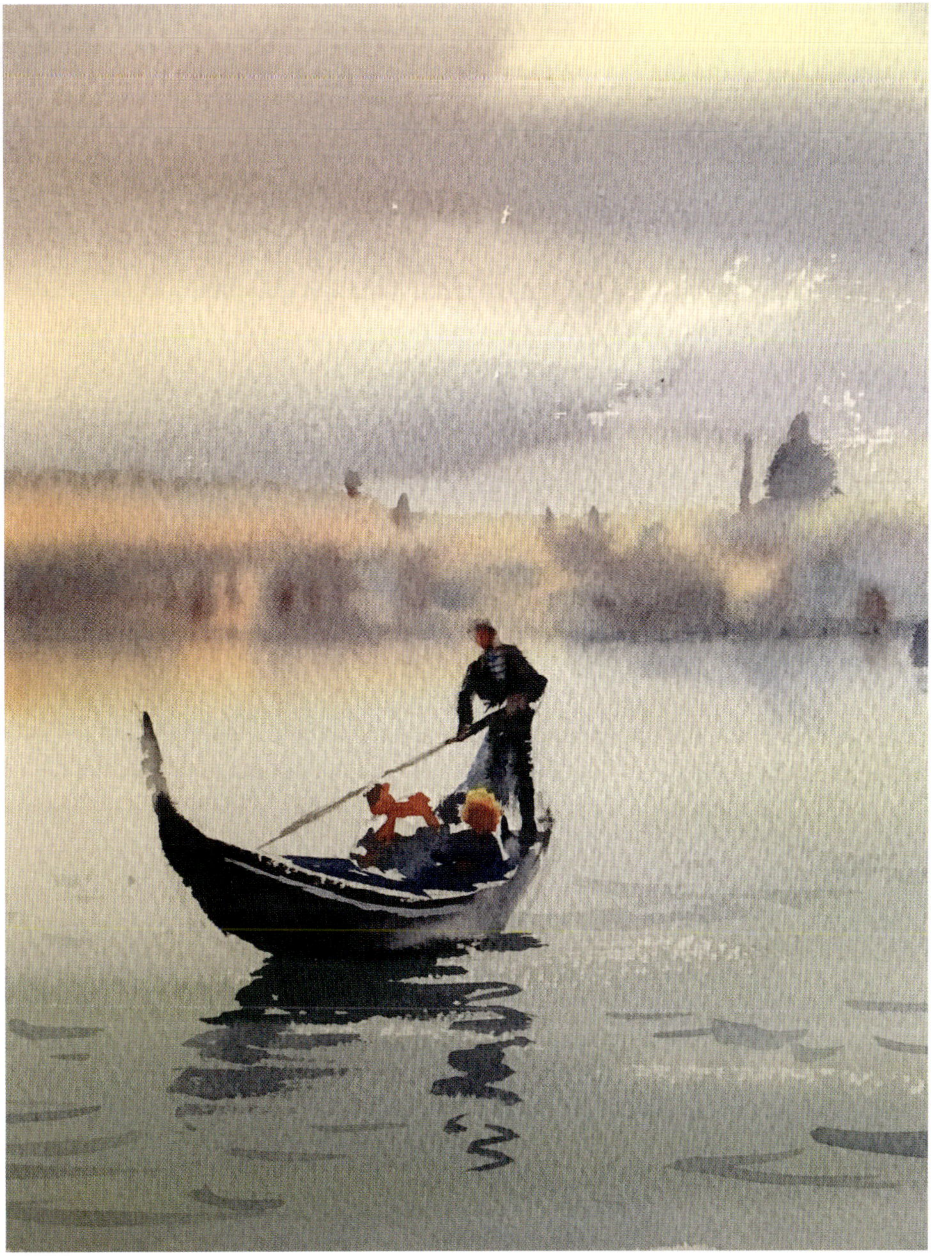

Die Macht der Suggestion

Das Meer und der Strand bieten fantastische Möglichkeiten für einfache, unkomplizierte Hintergründe, vor die ein einziger Blickpunkt gestellt oder vor denen eine Aussage gemacht wird. In der gegenständlichen Malerei lassen sich die Betrachtenden leicht durch Andeutungen und Suggestionen überzeugen: Deren Vertrautheit mit der realen Welt macht es für die Maler:innen einfach, zu Schlüssen zu verleiten statt zu beschreiben und die Betrachtenden die imaginären Details ergänzen zu lassen. Die Kraft der Suggestion und der Einfachheit können sehr mächtig sein – ein weiterer Grund, warum die reduzierte Palette in der Aquarellmalerei so effektiv ist!

▶ **Die Zwillinge beim Ausführen ihres Hundes,** *28 × 38 cm*

Für dieses Gemälde waren nur wenige Pinselstriche erforderlich. Das Meer und der Strand sind bloß angedeutet, indem Lavierungen aus Ultramarinblau und Umbra natur überlagert wurden. Die negativen Formen des unberührten weißen Papiers deuten die brechenden Wellen und das Licht, welches sich auf den weißen Kleidern fängt, an. Das Schwarz des Hundes, aus Ultramarinblau und Siena gebrannt, bildet den Helligkeitskontrast. Zwei schmale Linien in Kadmiumrot geben die Gürtel um die Hüften der Mädchen wieder und tragen dazu bei, die Figuren in den Vordergrund zu ziehen, während die beiden einträchtig auf uns zugehen.

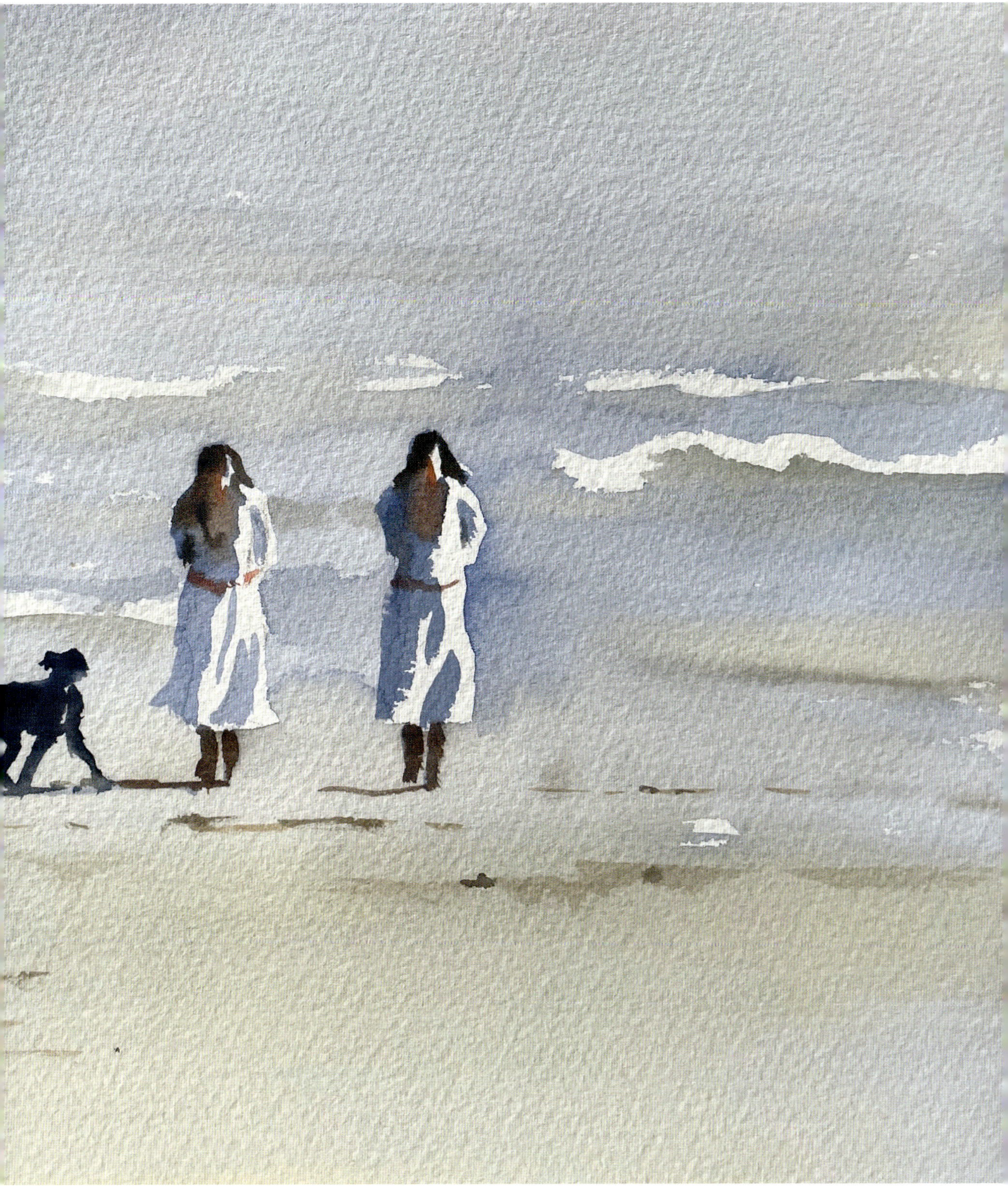

Beispiel:

Farben schichten – eine Hafenszene

Die Pastellfarben der würfelförmigen Häuser auf Symi spiegeln sich in dem ruhigen Wasser des Hafens. Die schräg aufgebaute Komposition, die von der frühen Morgensonne von vorn beschienen wird, bietet die perfekte Gelegenheit, zuerst die Schatten hinein zu malen, dann die Eigenfarbe der Fassaden in lasierenden Farbtönen und erst ganz zum Schluss, wenn dies alles fertig ist, die Details der Fenster und Türen einzufügen. Die Farben des Meeres bestehen aus den Spiegelungen des Kais darüber, deshalb werden diese bis zuletzt aufgespart, damit die Spiegelungen auch genau mit dem übereinstimmen, was über ihnen zu sehen ist.

FARBAUSWAHL

Ich wählte zunächst Ultramarin feinst, um bei Bedarf die Reflexionen abzuheben. Zudem war es geeignet für die warme Farbe des Himmels, die warmen Schatten und die Lokalfarbe der Boote. Das Laub zeigte ein mattes Grün, das sich mit Indischgelb mischen ließ. Letzteres war, neben Kadmiumrot, auch ideal für die warmen Gelb- und Rosatöne der Häuser. Ich fügte Siena gebrannt meiner Palette hinzu, um die Schwarztöne transparenter zu machen, als sie ausfallen würden, wenn ich sie nur aus den drei bereits gewählten Farben gemischt hätte. Damit konnte ich das transparente Rotbraun in den Fenstern und Schatten einbringen und es mit Kadmiumrot nutzen, wenn der Farbton transparenter sein musste; beide Farben sah ich zusammen als »das Rot« hier an.

Ultramarin feinst

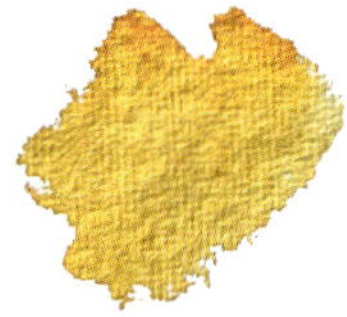

Indischgelb

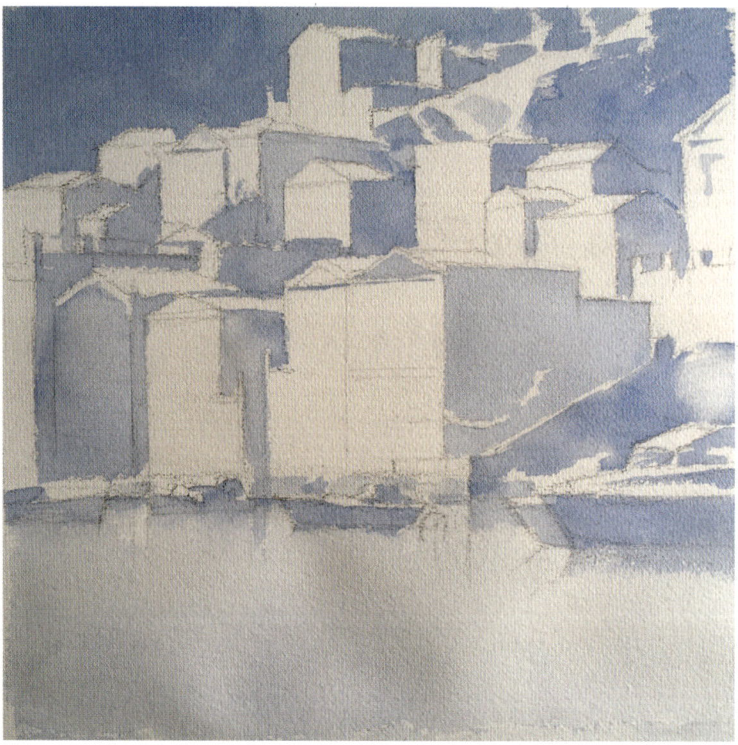

1 Nach dem Vorzeichnen der Komposition malte ich zuerst Ultramarin feinst über den Himmel, alle im Schatten liegenden Bereiche, die Bäume und die Fassade des blassblauen Hauses. Danach verdünnte ich das Blau weiter, um damit die die Wasserfläche anzulegen.

2 Sobald das Blau getrocknet war, legte ich eine Lavierung aus Indischgelb über die meisten Fassaden und die im Schatten befindlichen Seiten der Gebäude sowie über das Blattwerk der Bäume. Ich malte auch ein wenig Gelb in die Wasserfläche, um die Spiegelungen zu grundieren.

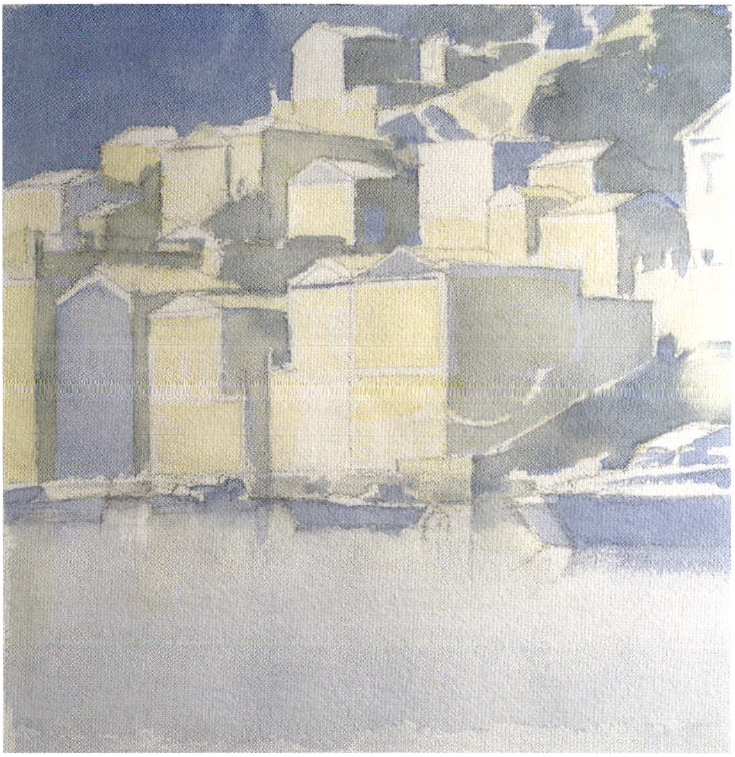

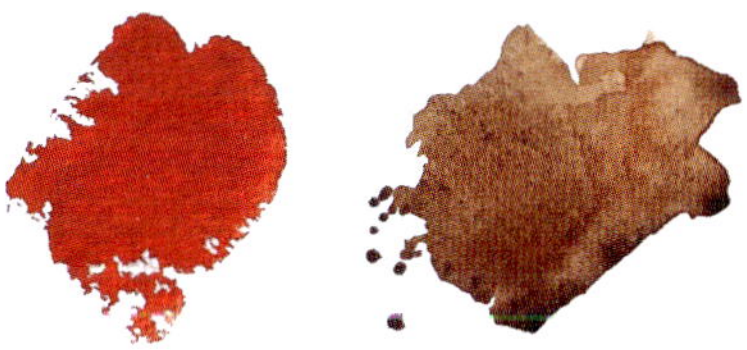

Kadmiumrot

Siena gebrannt

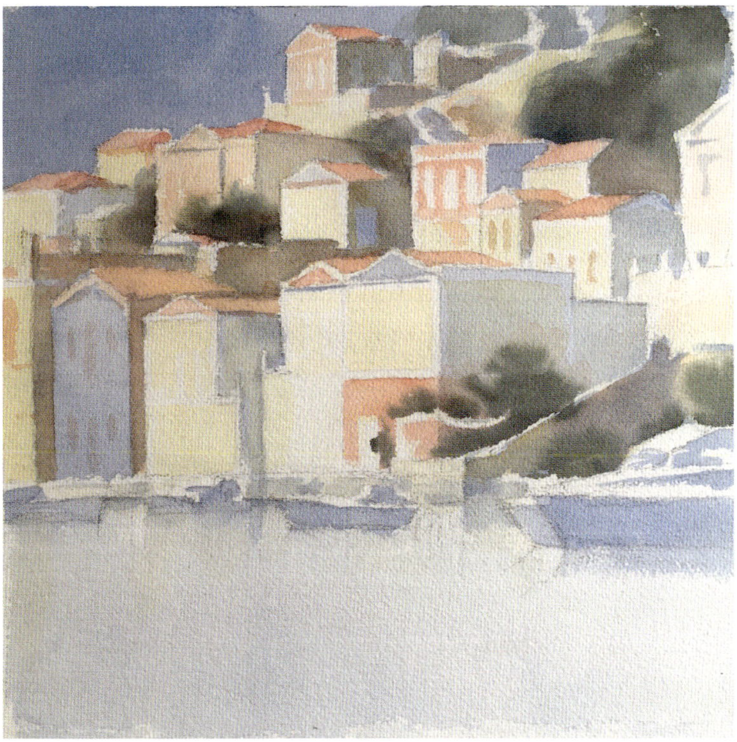

3 Als das Gelb getrocknet war, malte ich Kadmiumrot über die Dächer und einige Fassaden. Ich begann, Siena gebrannt allein einzufügen, um die Grüntöne zu vertiefen, und es mit einigen der kadmiumroten Farbtöne zu verbinden, um die Überlagerungen der schattigen Bereiche durchscheinender zu machen.

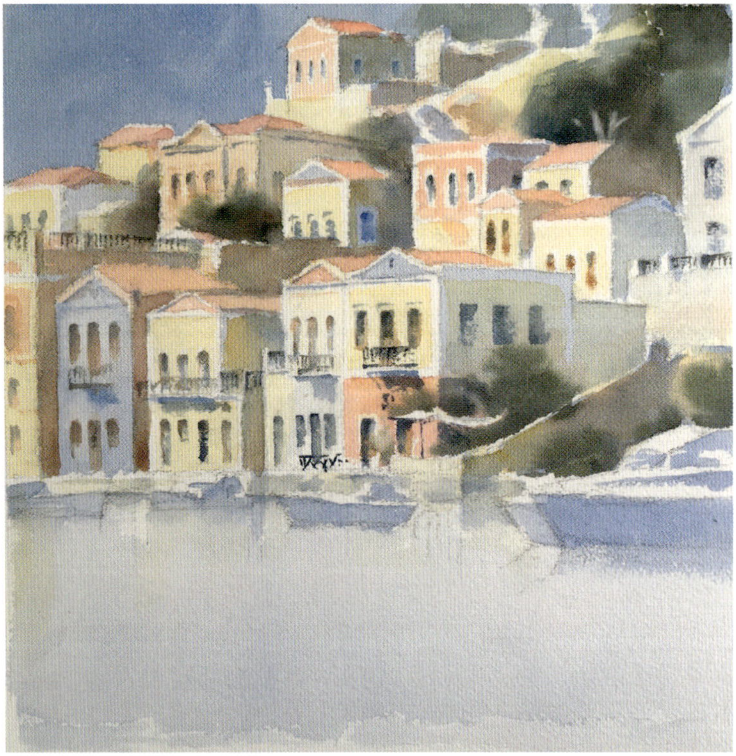

4 Nachdem die Fassaden und Seitenwände vollständig getrocknet waren, fügte ich mit einem kleinen, flachen Pinsel die Fenster, Türen und Balkone ein. Für die feinen schwarzen Linien (eine Mischung aus Siena gebrannt und Ultramarin feinst) der Geländer verwendete ich einen Schlepperpinsel.

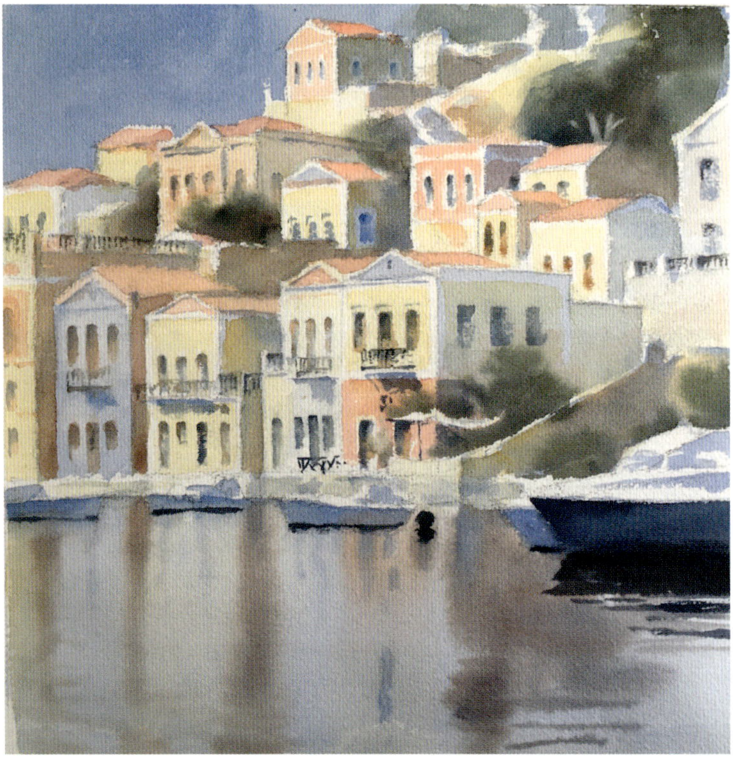

5 Ich malte verdünnte Farbtöne von Blau, Gelb und Rosa auf das Wasser unterhalb der Häuser in den jeweiligen Farben. Ich begann dann, die dunkleren Spiegelungen der Fenster und der schattigen Seiten der Häuser hinzuzufügen. Diese malte ich nass-in-nass, um weiche Kanten zu erhalten. Ich vertiefte die Tönung der Boote mit Blau und schwärzte deren Wasserlinien. Ich hob die Äste des Baums oben auf dem Hügel hervor, um die helle Rinde vor dem dunklen Blattwerk zu zeigen.

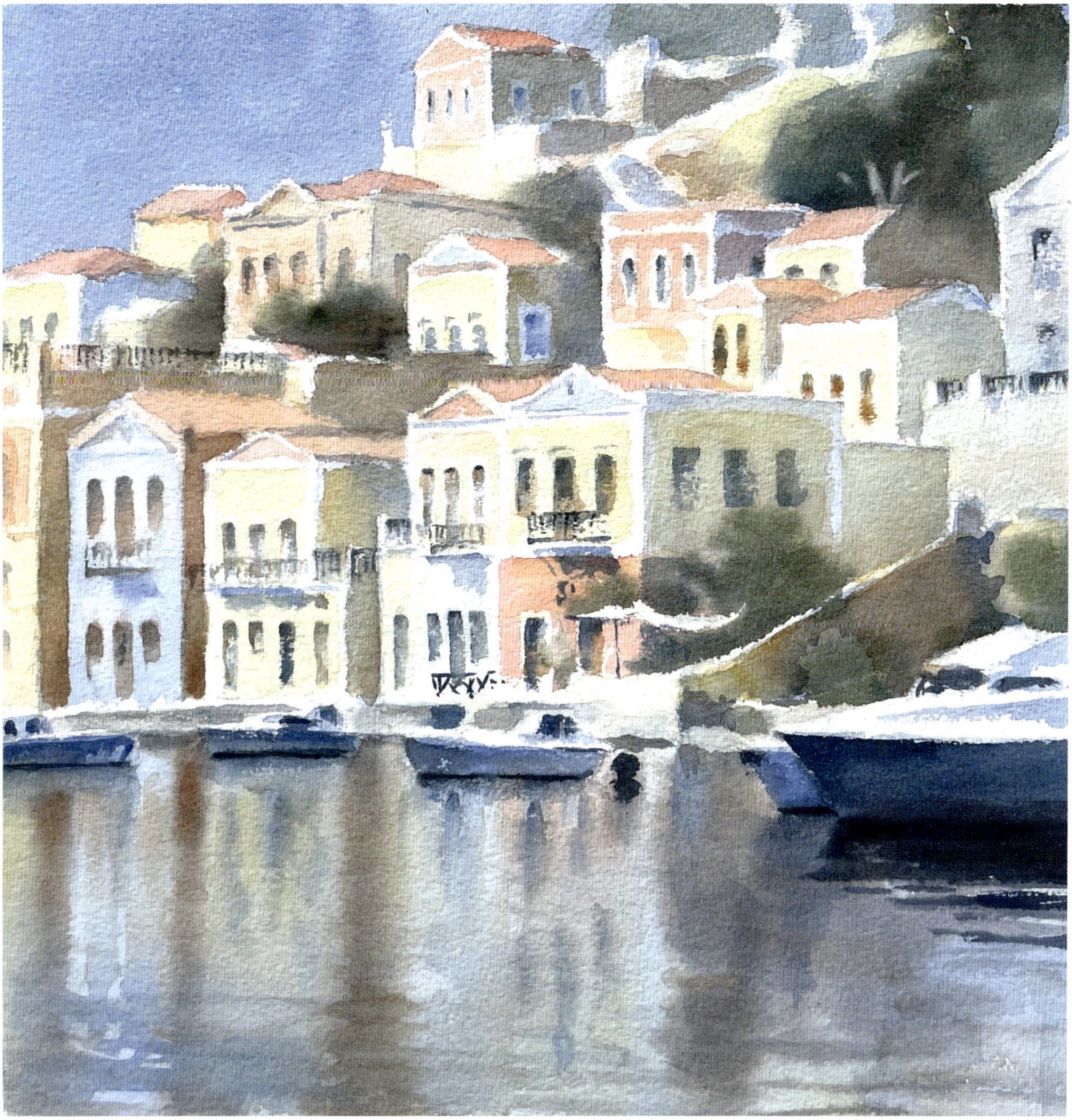

▲ Symi, *40,5 × 43 cm*

Nun fügte ich den Rest der Spiegelungen, die von den Fenstern und Türen ausgingen, hinzu; durch Abheben hellte ich einige der Fassadenreflektionen auf und vertiefte die Schatten zwischen anderen. Zudem arbeitete ich noch die Schatten auf den Booten heraus.

Orte und Räume

Städte, Gebäude, Plätze, Cafés, Innenräume und der Verkehr sind voller menschengemachter Strukturen und Farben. Deren Darstellung scheint auf den ersten Blick vielleicht mehr einzelne Farben zu verlangen als Landschaftsbilder oder Meereslandschaften. Doch dank der Kontrastwirkung zwischen Farbtönen, Schattierungen und Temperaturtendenzen reichen für die meisten Sujets, die mich zum Malen reizen, in aller Regel durchaus drei, vier oder fünf Farben. Die Anzahl der benötigten Farben hängt für gewöhnlich vom Winkel des Lichteinfalls ab. Von vorne oder von der Seite beleuchtet, ist die Resonanz der Eigenfarben klarer zu sehen und zu malen; von hinten beleuchtet, fallen strahlende Farben in den Schatten und benötigen zu ihrer Wiedergabe vielleicht keine spezifischen Farbtöne – ein Beispiel dafür ist das Wall-Street-Bild auf Seite 7.

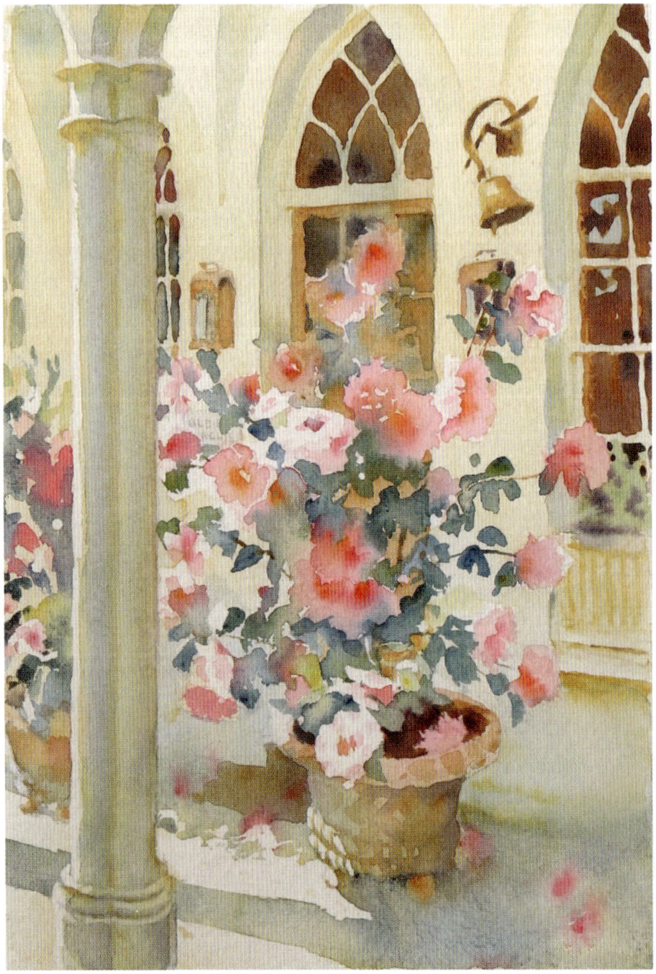

◀ **Kolonnade, Old Ford House,** *28 × 20 cm*

Drei Farben, Lichter Ocker, Rubinrot (Permanent Rosa) und Preußischblau, erzeugen eine schöne Harmonie in dieser Darstellung eines kleinen Ausschnitts einer englischen Kolonnade, die mit üppigen Blumen geschmückt ist.

▶ **Der Blick der Geschichte,** *50,5 × 35,5 cm*

Die Fenster dieser venezianischen Fassade wurden mit Alizarin-Karmesin, Lichter Ocker und Ultramarin feinst gemalt.

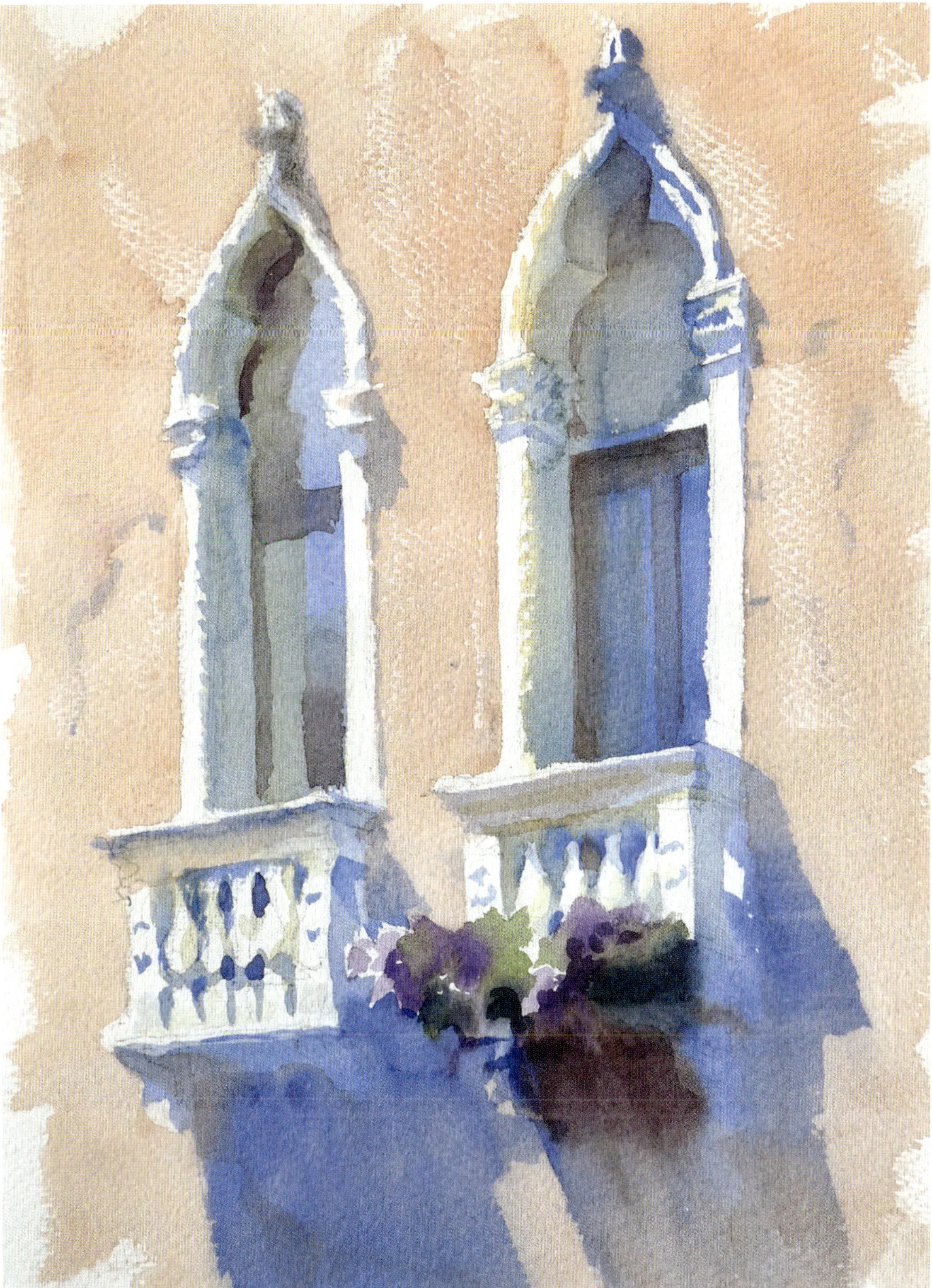

Eine weitere Farbe dazunehmen

Je weniger Pigmente an einem Gemälde beteiligt sind, desto geringer ist die Gefahr einer dumpfen oder trüben Farbgebung. Gleichwohl gibt es keine Regel, die besagen würde, dass drei Farben besser seien als vier (oder vier besser als fünf). Das bedeutet, dass es viele Fälle geben wird, in denen Sie hin und her überlegen werden, ob Sie eine vierte Farbe hinzunehmen sollen oder nicht. Die beiden Gemälde hier bieten ein Beispiel für diese Situation, und schließlich entschied das Licht endgültig über meine Auswahl. Meine Frage war jeweils, ob ich Siena gebrannt mit in die Palette aufnehmen sollte oder nicht.

Im Zentrum des Interieurgemäldes unten standen das Licht und der Schatten auf dem weißen Sofa. Ich wählte Ultramarinblau und Lichter Ocker, weil ich wusste, dass die beiden Farben sich zu einem hübschen Glanz des reflektierten Lichts in den Schatten auf dem weißen Stoff verbinden würden. Der rote Teppich unter der altmodischen Truhe, die als Couchtisch diente, lag im Licht und erschien dadurch als ein blasses Rosa. Ich griff zu Alizarin-Karmesin, um

▼ Aus Liebe zum Sonnenlicht,
28 × 38 cm
Das Hinzufügen von Siena gebrannt, einer transparenteren Erdfarbe als Lichter Ocker, belebte nicht nur die dunklen Grüntöne des Hintergrunds, sondern ermöglichte auch ein frisches, lebhaftes Braun für die Darstellung des reflektierten Lichts auf den Türrahmen.

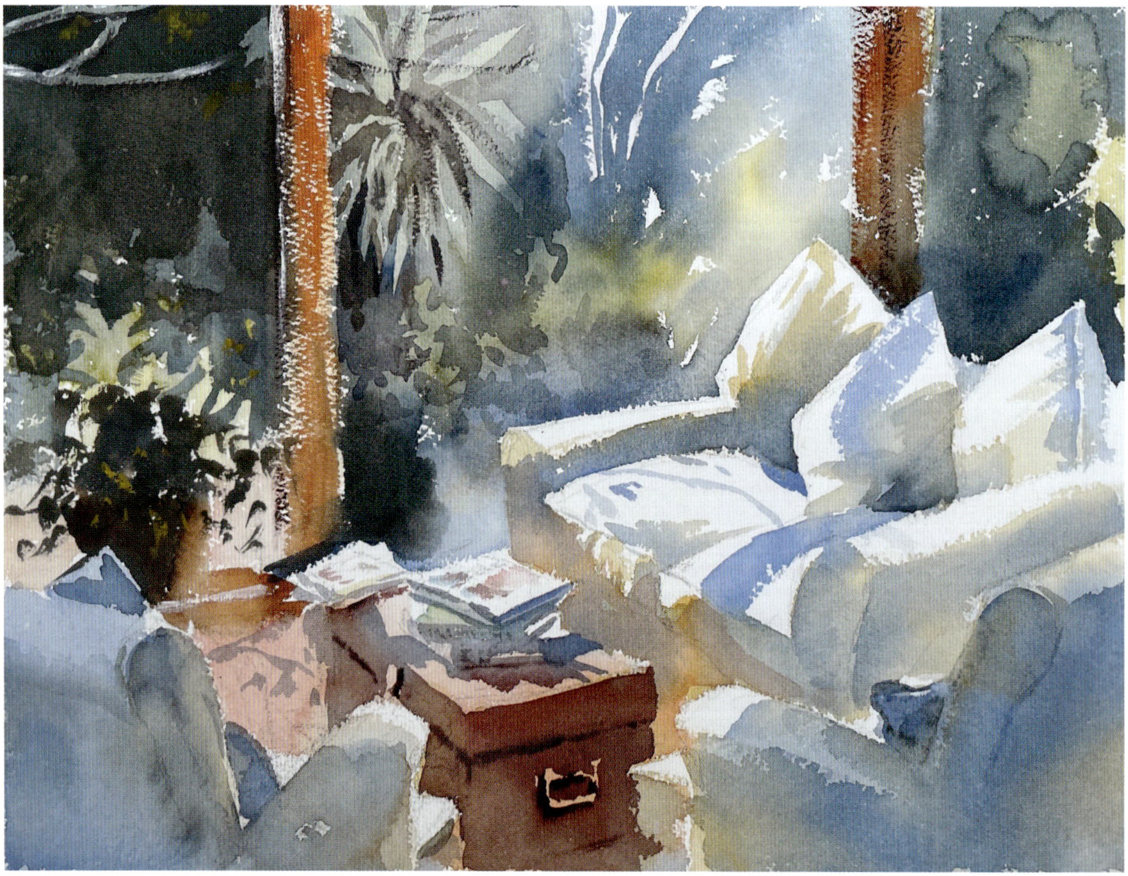

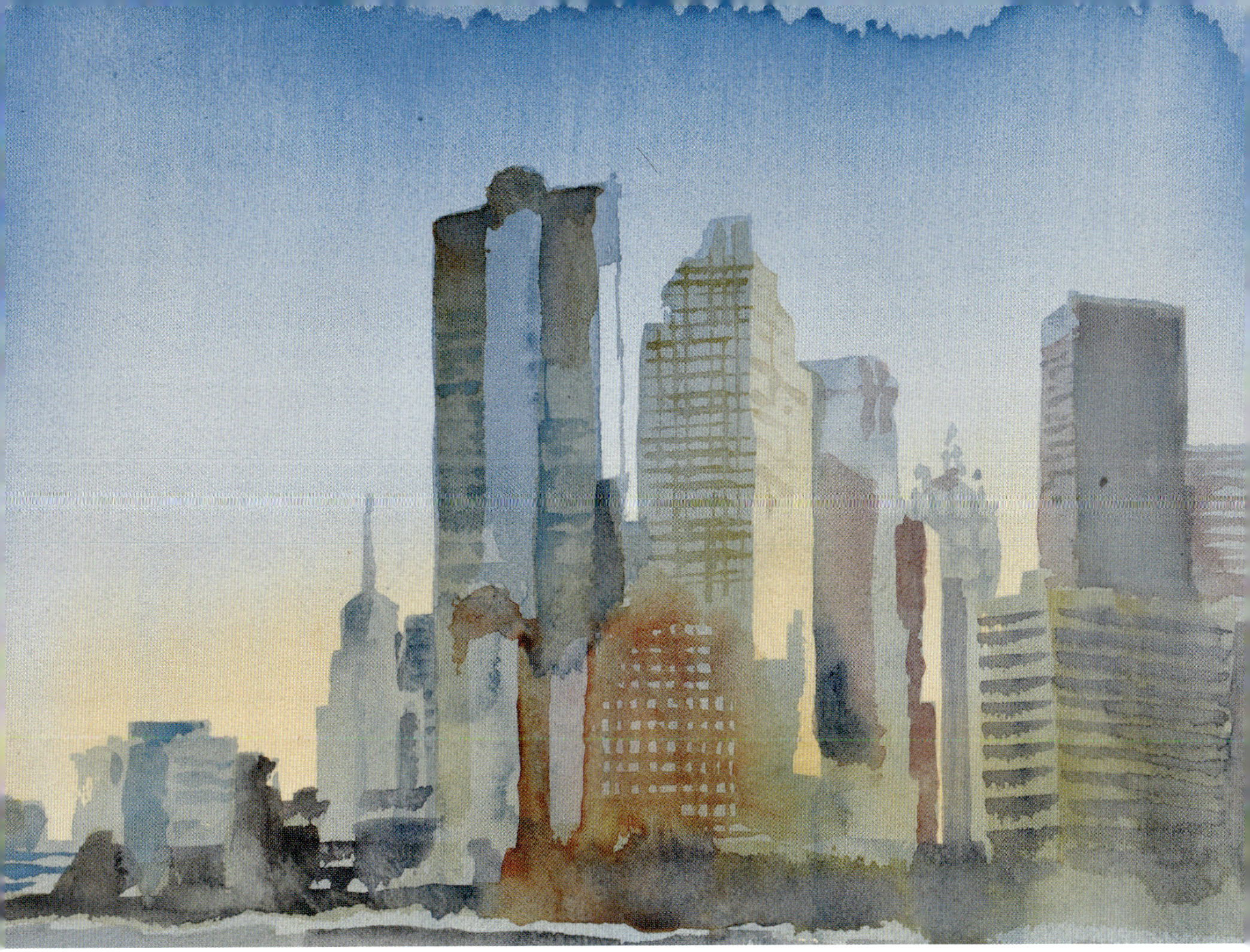

diesen Farbton wiederzugeben, und war dann unschlüssig, ob ich die Türrahmen und die Truhe mit einer Kombination der drei bereits ausgewählten Farben malen könnte oder Siena gebrannt als deren Eigenfarbe hinzunehmen müsste. Die Schattierung und die Farbe des Blattwerks im Hintergrund brachte schließlich die Entscheidung: Das Grün (Ultramarinblau + Lichter Ocker) mit Alizarin-Karmesin abzudunkeln, hätte das Grün ziemlich stumpf gemacht, während Siena gebrannt (das wie Lichter Ocker ein Erdpigment, aber röter im Farbton ist) die Grüntöne zu einer frischeren, lebendiger wirkenden Mischung abdunkeln würde.

Bei dem Gemälde der Skyline von Dallas hatte ich Winsorblau, Alizarin-Karmesin und Lichter Ocker ausgewählt und spielte mit der Idee, Siena gebrannt für die rötlich braune Färbung des Gebäudes in der unteren Bildmitte hinzuzunehmen. Alizarin-Karmesin und Lichter Ocker kommen gemischt dem Farbton von Siena gebrannt sehr nahe. Da ich Siena gebrannt sonst in diesem Bild nicht benötigte und es mit Winsorblau eine ziemlich grünliche Mischung ergibt, hatte die Hinzunahme dieser zusätzlichen Farbe hier keinen wirklichen Sinn.

▲ **Dallas Skyline,**
25,5 × 30,5 cm
Das Braun ist eine Mischung aus Alizarin-Karmesin und Lichter Ocker, die Mauvetöne sind eine Kombination aus Winsorblau und Alizarin-Karmesin und die Schatten eine Mischung aus allen drei Farben. Das halbdeckende Lichter Ocker stumpft die Tiefe des Grauns ab; da ich aber kein dunkles Schwarz benötigte, erwies sich die Kombination als ideal für dieses Motiv.

Zwei Blautöne

In den meisten Fällen habe ich nur ein Blau in die reduzierten Paletten aufgenommen. Es gibt jedoch Gemälde, die zwei Blautöne verlangen, wenn man dem Motiv gerecht werden will. Die Blautöne bringen diverse Eigenschaften mit. Beispielsweise können ein warmes und ein kaltes Blau benötigt werden oder aber auch ein deckendes neben einem lasierenden. Die Eigenfarben menschengemachter Objekte, die einer Komposition einen Blickpunkt geben, profitieren oft von der Hinzunahme eines besonderen, hervorstechenden Farbtons (wie wir auf Seite 131 beim Einbezug der roten Akzente gesehen haben, während hier sonst kein Rot vonnöten war).

Das Bild der nach San Francisco hineinführenden Straße (unten) enthält zwei Blautöne. Das für die Gesamtfarbgebung verwendete Blau ist Ultramarinblau, ein warmes, lasierendes Blau, aber die blasse Türkisfarbe des Autos ungefähr in der Straßenmitte verlangte, um hervorzustechen, die Hinzunahme von Coelinblau, einem kalten, deckenden Blau. Die türkisenen Farben erfordern häufig einen eigenen Farbton, weil es schwierig ist, aus Blau und Gelb einen Ersatz für Türkis zu mischen; ganz unmöglich ist es mit einem warmen Blau wie Ultramarin, da Türkis als Komplementärfarbe zu Rot eine sehr kalte Farbe ist.

▼ »If you're going to San Francisco«,
20 × 28 cm
Coelinblau wird nur für ein einziges Element – das Auto in der Mitte – benutzt, um es hervorzuheben. Die übrigen Farben in diesem Gemälde sind Ultramarinblau, Kadmiumrot und Lichter Ocker.

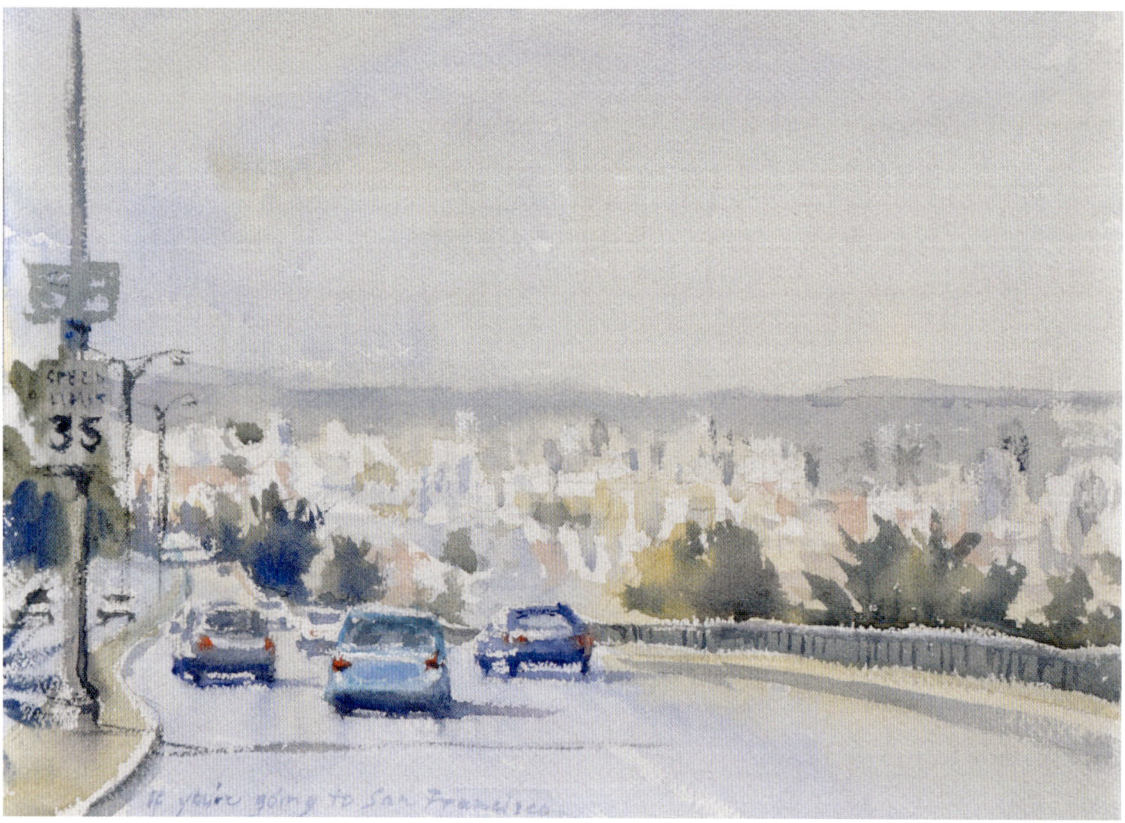

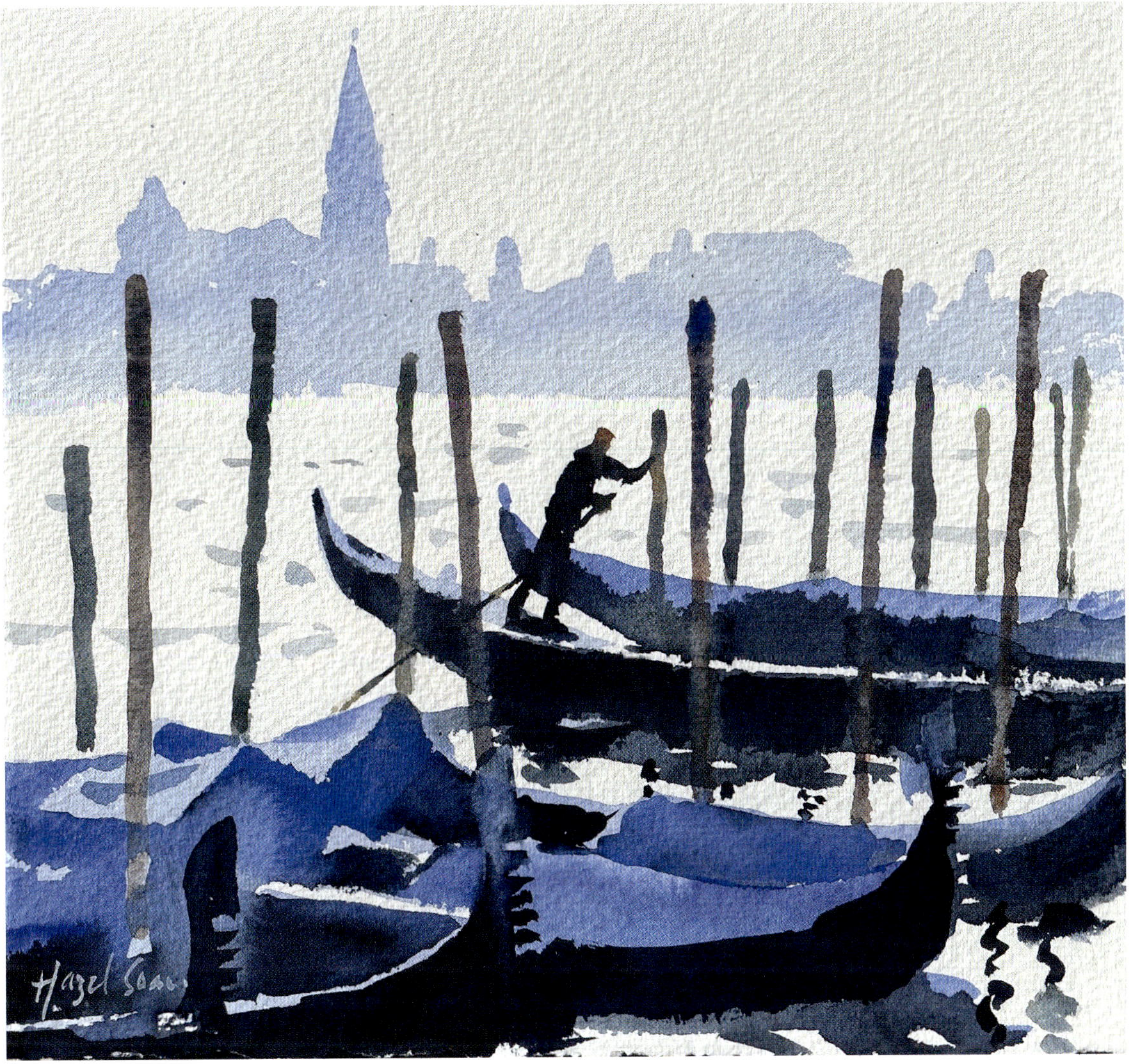

Nur schnell!

Beim Bild der Gondeln (oben) war Schnelligkeit der zwingende Grund zur Aufnahme zweier Blautöne (Ultramarinblau und Indigo). Theoretisch hätte die schwarze Farbe der Gondeln aus Ultramarinblau (das für die blauen Abdeckplanen verwendet wurde) und Siena gebrannt (der Farbe der Pfahlspitzen und von Kopf und Händen des Gondoliere) gemischt werden können, aber das hätte Zeit gekostet. Indem ich Indigo hinzunahm, konnte ich schnell das wundervolle Muster der horizontalen und vertikalen Formen festhalten, ehe der einsetzende Verkehr es zunichte gemacht hätte.

▲ **Frühe Morgenstimmung,**
25,5 × 28 cm
Alle Komponenten des Bildes wurden mit Ultramarinblau untermalt und dann wurden mit Indigo und Siena gebrannt die dunkleren Farben hinzugefügt, um ein faszinierendes Muster aus hellen, mittleren und dunklen Farbschattierungen zu erhalten.

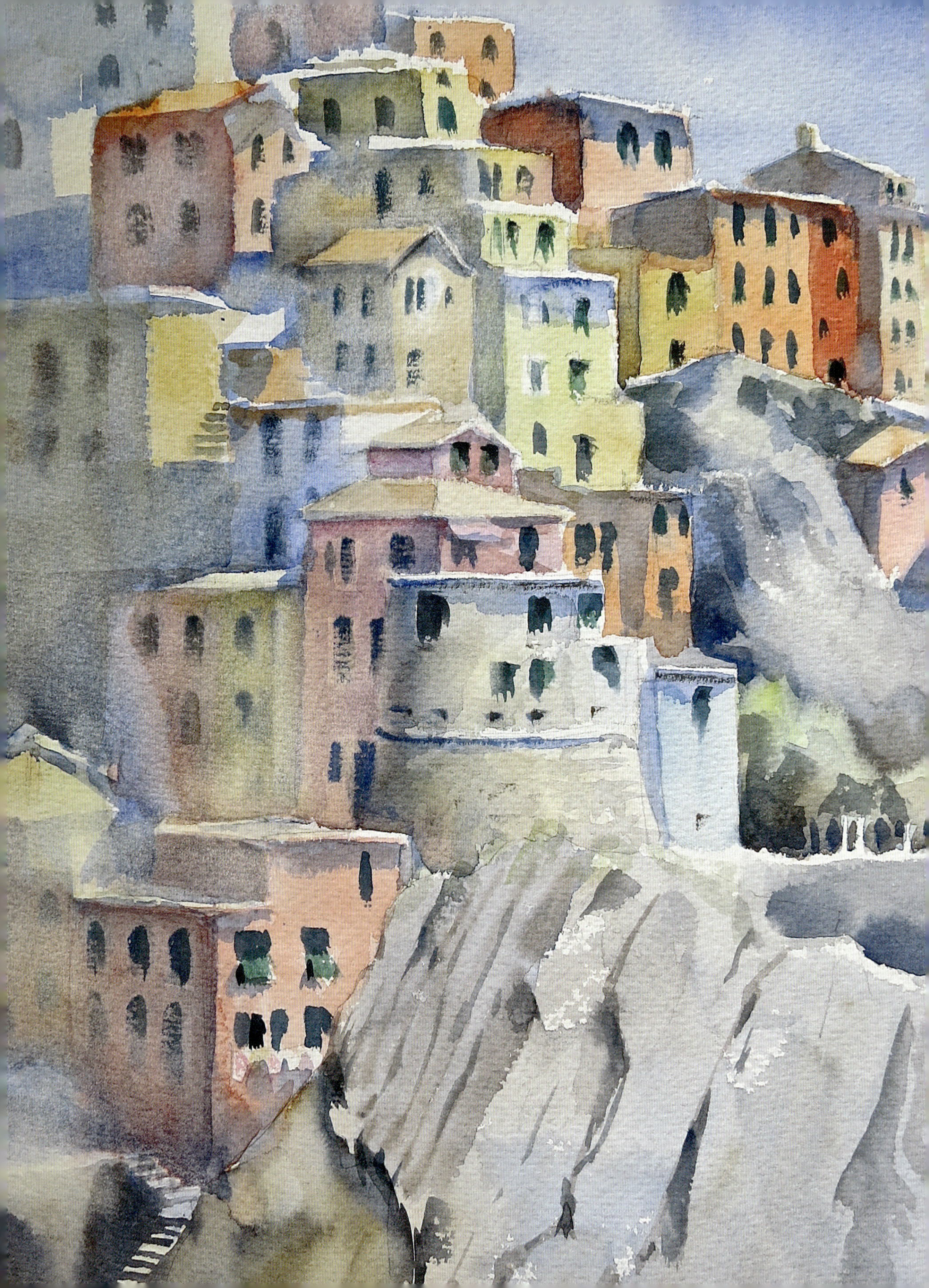

Zwei Gelbtöne

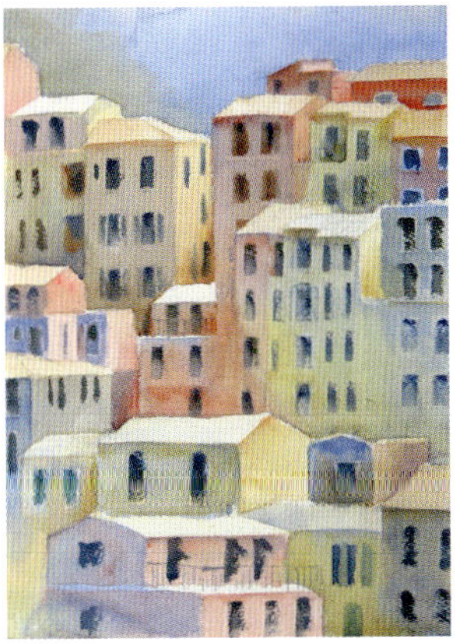

Wie alle Farben wirken auch Gelbtöne sehr unterschiedlich, je nachdem ob sie eine warme oder kalte Temperaturtendenz haben. Kalte Gelbtöne haben einen zitronengelben, herben Farbton und streben nach Grün; im Gegensatz zu ihnen sind warme Gelbtöne sonnig und golden und tendieren nach Orange. Die Häuser, die sich in Manarola den Hügel hinaufziehen (linke Seite), waren bunt und zeigten jeden erdenklichen Gelb-, Orange-, Rosa- und Rotton. Ein Gelb allein konnte die große Bandbreite der gelben Farbtöne nicht wiedergeben, daher kamen bei diesem Gemälde sowohl das kalte Aureolin als auch das warme Indischgelb zum Einsatz.

Das Aquarell unten präsentiert das Sonnenlicht, das sich in den Blättern fängt und in die Kopfsteingasse darunter fällt. Da dies der Schwerpunkt des Gemäldes war, benötigte ich Aureolin, um das sehr helle Grün der von der Sonne beschienenen Blätter wiederzugeben, aber die allgemeine Färbung und die Textur der beschatteten Steinmauern tendierten eher zu gelben Erdtönen. Aus diesem Grund wählte ich granulierendes Umbra natur und vertiefte die Farbe mit der eng verwandten Siena gebrannt. Preußischblau gab dem Blattwerk einen kühlen Grünstich und sorgte dafür, dass das Umbra natur durch den Kontrast wärmer wirkte.

◄ **Manarola,**
30,5 × 40,5 cm
Wegen der vielfältigen Eigenfarben auf den von der Morgensonne belichteten Fassaden wurden hier sowohl ein warmes als auch ein kaltes Gelb benötigt: Aureolin wegen seiner kühlen, zitronengelben Färbung und Indischgelb wegen seiner Wärme. Rubinrot (Permanent Rosa) lieferte die Rosatöne und, gemischt mit dem warmen Gelb, die leuchtenden Orange- und Rottöne. Ultramarinblau deckte die schattigen Stellen ab und wurde, gemixt mit Aureolin, für die grüne Vegetation und die Schatten der Fenster in dem unteren Haus verwendet, die durch den Kontrast vor den roten Mauern noch grüner wirken.

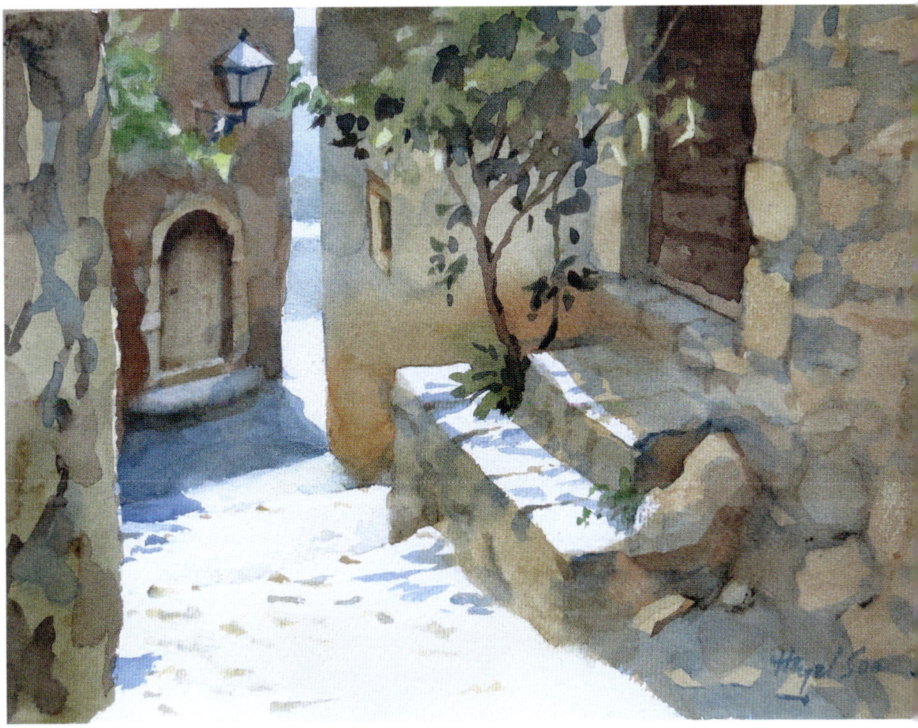

► **Stille Ecke, Monemvasia,** *28 × 38 cm*

Blumen und Gärten

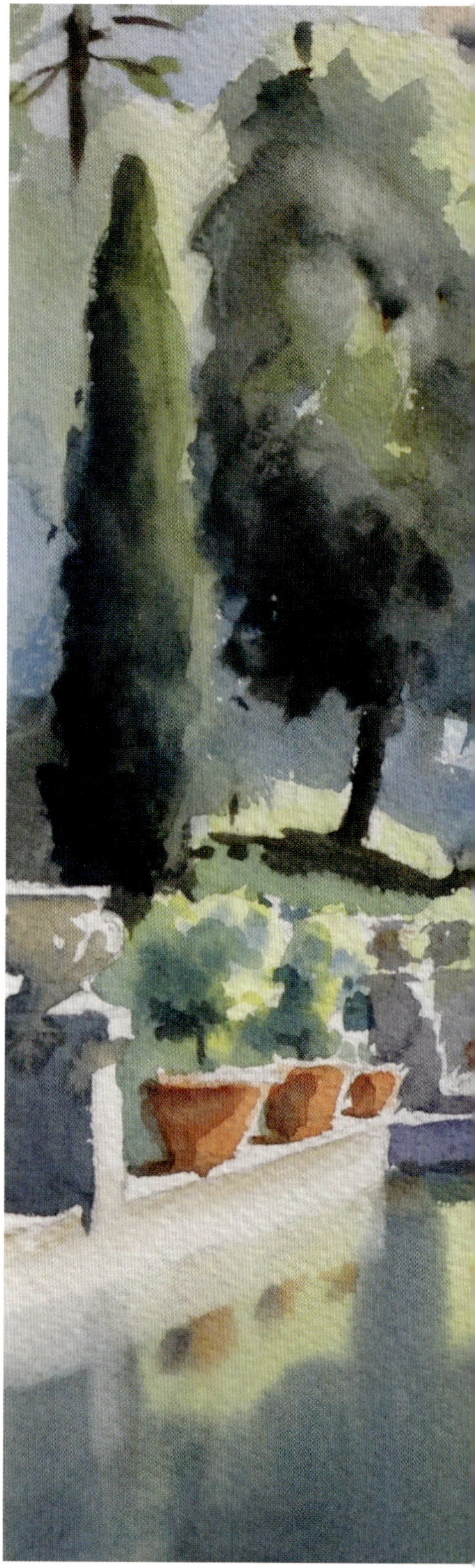

Unter allen Motiven sind Blumen und Gärten wohl die farbenfrohsten und verlangen oft viele Farben in einem einzigen Gemälde. Das heißt allerdings nicht, dass auf eine reduzierte Palette verzichtet werden müsste; vielmehr ist es von Vorteil, die Zahl der Farben zu begrenzen, um Klarheit und Harmonie sicherzustellen und die Gefahr der Eintrübung zu umgehen.

Im Allgemeinen ziehe ich es vor, meine Grüntöne für die Vegetation aus Blau und Gelb zu mischen, statt ein fertiges Grün zu verwenden. Oft wähle ich jene Farben als erste. Doch wenn ich einmal ein fertiges Grün benutze, dann am ehesten Saftgrün. Wenn das Sujet rote oder rosa Blüten enthält, dann suche ich höchstwahrscheinlich den Rotton (oder die Rottöne) zuerst aus und stimme meine Wahl der Blau- und Gelbtöne darauf ab.

Bei diesem Sujet können Sie wahrlich ihre Mischfähigkeiten vervollkommnen! Inmitten der Grüntöne finden sich Gelb-, Orange-, Violett-, Rosa- und Rottöne. Von Anfang an sollten Sie an die Sekundärfarben denken, die sich aus den Primärfarben mischen lassen, um die Zahl der Farben einzugrenzen. Nehmen wir als Beispiel Violett: Sie werden Violett als separate Farbe einplanen müssen, wenn das Rot leuchtend ist und Sie Kadmiumrot gewählt haben, denn dieses Rot lässt sich mit keinem Blau zu einem reinen Violett mischen. Wenn Sie sich aber für Rubinrot (Permanent Rosa) entschieden haben und den Rotton mit Indischgelb erzielen können, lässt sich das lasierende Rosa mit einem warmen Blau, etwa Ultramarinblau, zu Violett verbinden. Damit ist dann auch die Frage nach dem Blau geklärt.

Sie müssen dann prüfen, ob Indischgelb und Ultramarinblau zusammen das von Ihnen gewünschte Grün ergeben. Falls nicht, kann es besser sein, zum Kadmiumrot zurückzukehren und Violett als extra Farbe hinzuzunehmen. Sie sehen also, wie die Überlegungen hin- und hergehen, ehe man ein praktisches Set mit wenigen Farben gefunden hat!

▶ **Tivoli,** *38 × 56 cm*

Ich ließ mich hier von dem hell leuchtenden Blattwerk leiten und wählte darum Aureolin als erste Farbe. Die im Schatten liegenden Blätter zeigten ein stumpfes Grün, daher eignete sich Ultramarinblau, welches auch für die Schatten der Gartenarchitektur zum Einsatz kam. Alizarin-Karmesin war passend für die Gebäude weiter hinten und ergab mit dem Blau ein Mauve für die wärmeren Schatten. Ich nahm Siena gebrannt für die Töpfe, um Transparenz bei den matten, dunklen Schatten des Blattwerks sicherzustellen. Lichter Ocker sorgte für etwas Textur in der Mitte und kam im Bereich links vor.

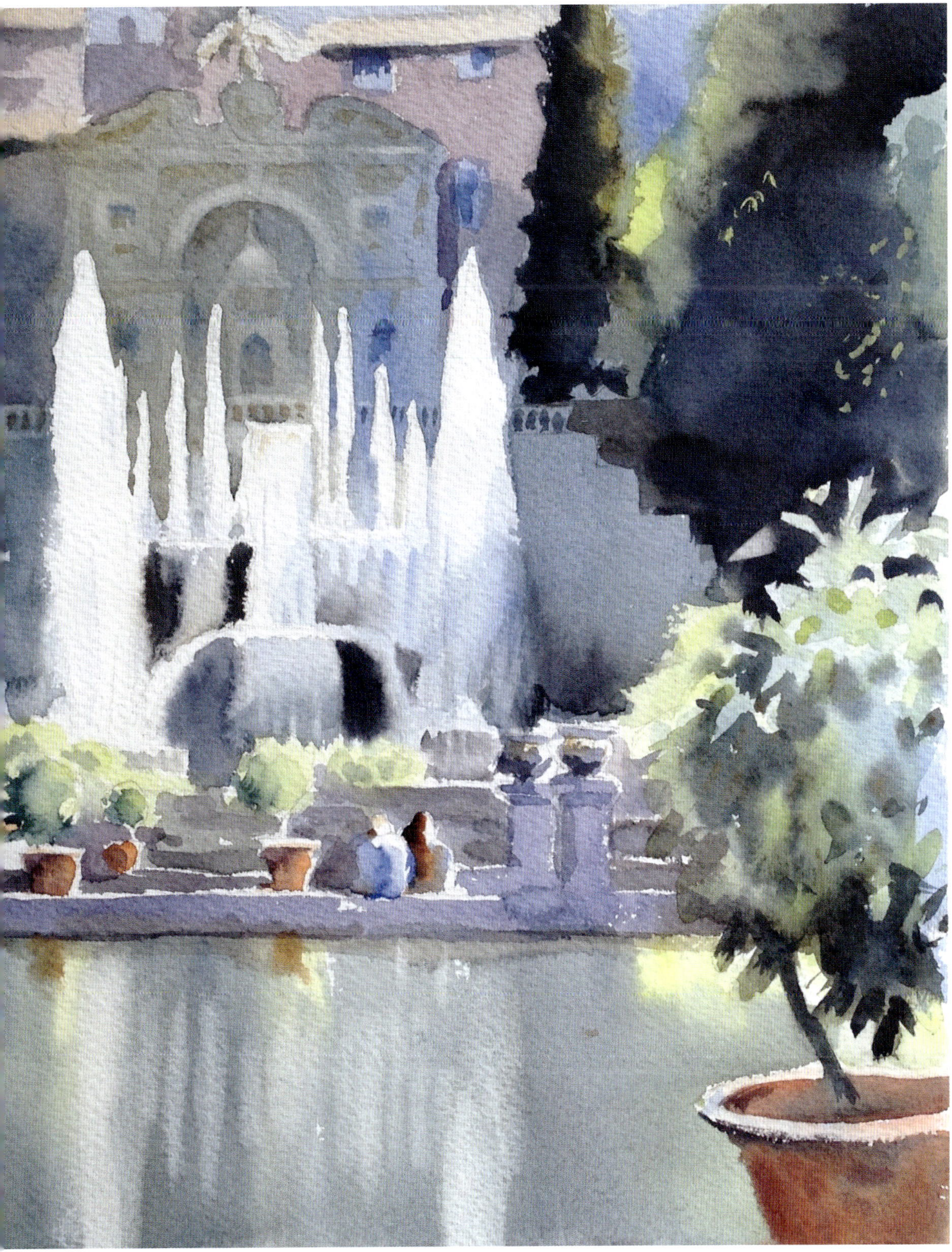

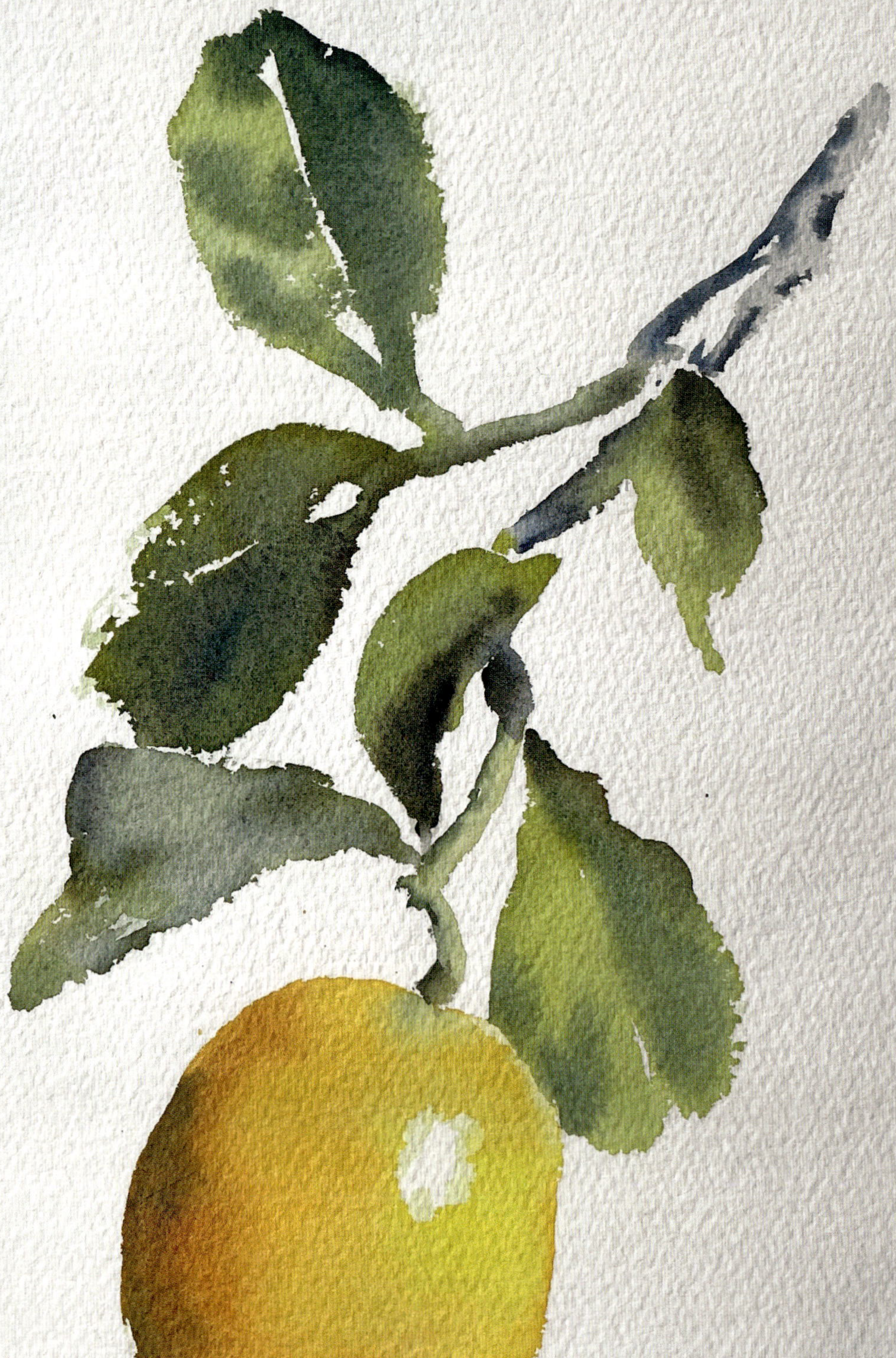

Eigenfarben

Früchte und Blumen haben spezifische Eigenfarben, die möglicherweise genauer wiedergegeben werden müssen als die übliche Farbgebung in Landschaften. Das kann bedeuten, dass eine oder mehrere zusätzliche Farben zu einer Drei-Farben-Kombination hinzukommen müssen, damit die Farbgebung für das Motiv passend ist.

Beginnen Sie Ihre Überlegungen mit drei Farben und wählen Sie das Blau, das Gelb und das Rot aus, die Ihrer Meinung nach für die allgemeine Farbgebung funktionieren! Versuchen Sie dann, mit Ihrer Palette der Eigenfarbe so nah wie möglich zu kommen. Einmal ausgesucht, verwenden Sie diese Farben auch anderswo im Gemälde, etwa für Stängel, Äste und Blätter, um die Harmonie des Gesamteindrucks zu verstärken.

Es wurde das gleiche Farbenset – Preußischblau, Indischgelb und Rubinrot (Permanent Rosa) – benutzt, um sowohl die Zitrone als auch die Geranie zu malen, wobei das Blau und das Gelb in unterschiedlichen Anteilen vermischt wurden, um die natürlichen, aber verschiedenen Grüntöne der Blätter darzustellen. Indischgelb eignete sich zwar gut für die Blätter, war aber zu warm für die Wiedergabe der im Licht liegenden Seite der Zitrone. Daher wurde Aureolin hinzugenommen und, um für Harmonie zu sorgen, auch bei dem obersten und untersten Blatt eingesetzt.

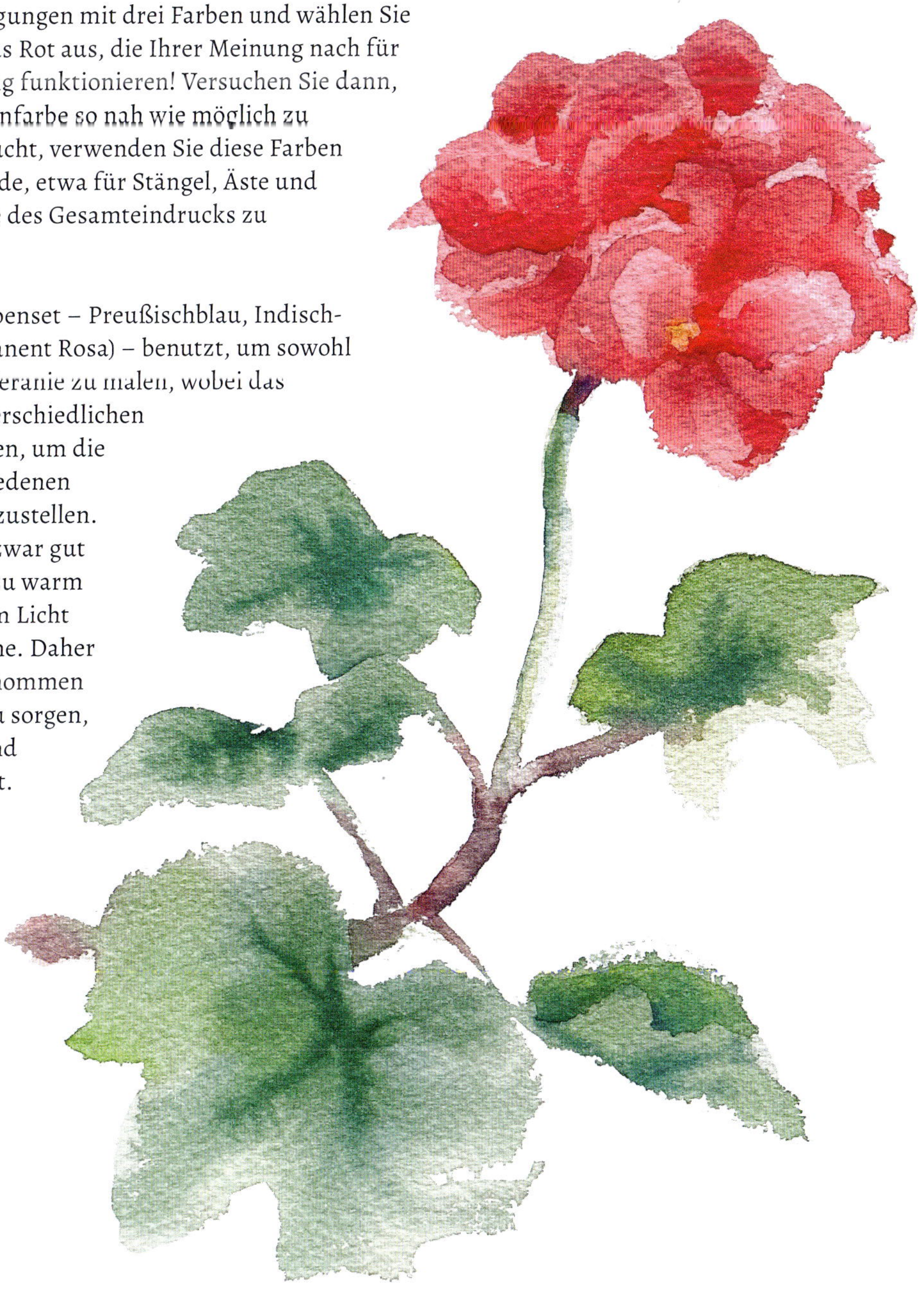

Kontrast des Farbtons

Indem man Komplementärfarben in Kontrast zueinander bringt, lässt sich die Interaktion der Farben nutzen, um die Farbtöne in Blumen- und Gartengemälden zu verstärken. Die komplementären Paare intensivieren das Leuchten ihrer jeweiligen Gegenfarbe; vergleichbar verstärkt ein Kontrast in der Temperaturtendenz die Wärme oder Kälte.

▼ Rot und Grün sind Komplementärfarben, also wirkt das Kadmiumrot in Verbindung mit dem Grün leuchtender. Das Grün wurde aus Preußischblau und Indischgelb gemischt. Das kalte Blau dient dazu, den Kontrast zur Wärme des Rots zu verstärken. Die schwarzen Staubfäden sind aus dem Rot und dem Blau entstanden, da die beiden Farben ein Komplementärpaar bilden.

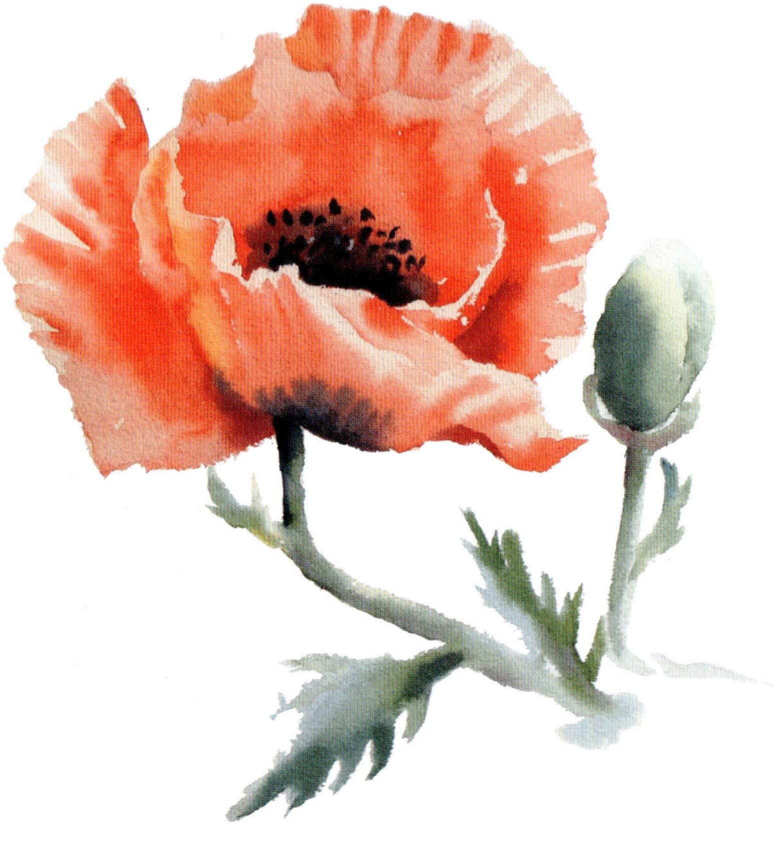

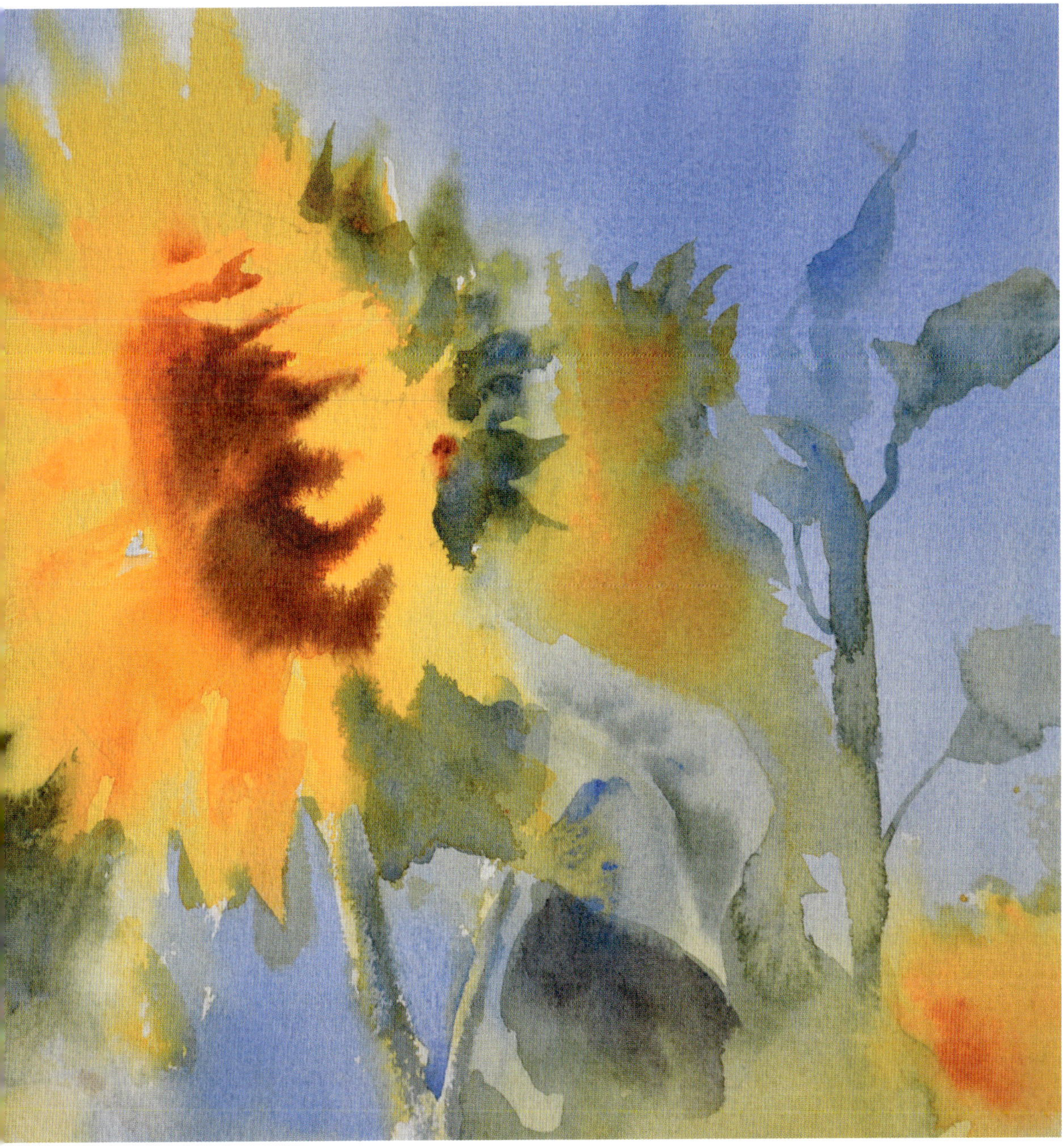

▲ **Van-Gogh-Sonnenblume,** *28 × 38 cm*

Um die Wärme des Gelbs zu verstärken, wurde das kalte Kobaltblau satt und intensiv im Kontrast zu dem konzentrierten Indischgelb eingesetzt (einem warmen Gelb, das nach Orange, der Komplementärfarbe von Blau, strebt). Mit Siena gebrannt wurden die Samen der Sonnenblume gemalt und das untere Blatt abgedunkelt.

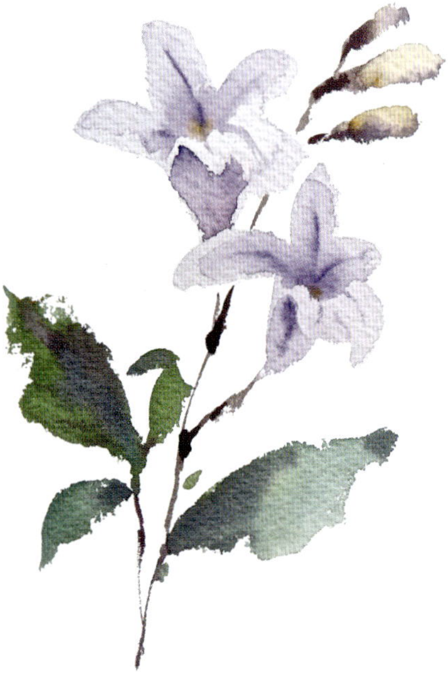

Grün, Violett und Orange

Bei einer reduzierten Palette werden die Sekundärfarben Grün, Violett und Orange häufig aus zwei Primärfarben gemischt. Wenn die Blumen in einem Gemälde Gelb- oder Blautöne enthalten, die Primärfarben, aus denen sich Grün ergibt, ist es am besten, die Grüntöne aus dem Blau oder Gelb zu mischen, das für die Blumen verwendet wurde. Aufgrund der Dominanz von Grün, Violett und Orange in Blumen- und Gartensujets kann es jedoch der Klarheit der Farben wegen von Vorteil sein, fertige Sekundärfarben zu verwenden, statt sie aus Primärfarben zu mischen (insbesondere, wenn die Farbtöne für sich allein stehen). Um ein organisches Ganzes zu schaffen, sollte man die Blätter farblich mit den Blütenblättern verbinden, indem man das verwendete Violett oder Orange in die Farbe der Blätter oder des Stängels einbringt.

▲ Das Schmincke Violett, mit dem die Blütenblätter gepinselt wurden, wurde nass-in-nass in die Blätter gemalt, um die ganze Blume als Einheit erscheinen zu lassen.

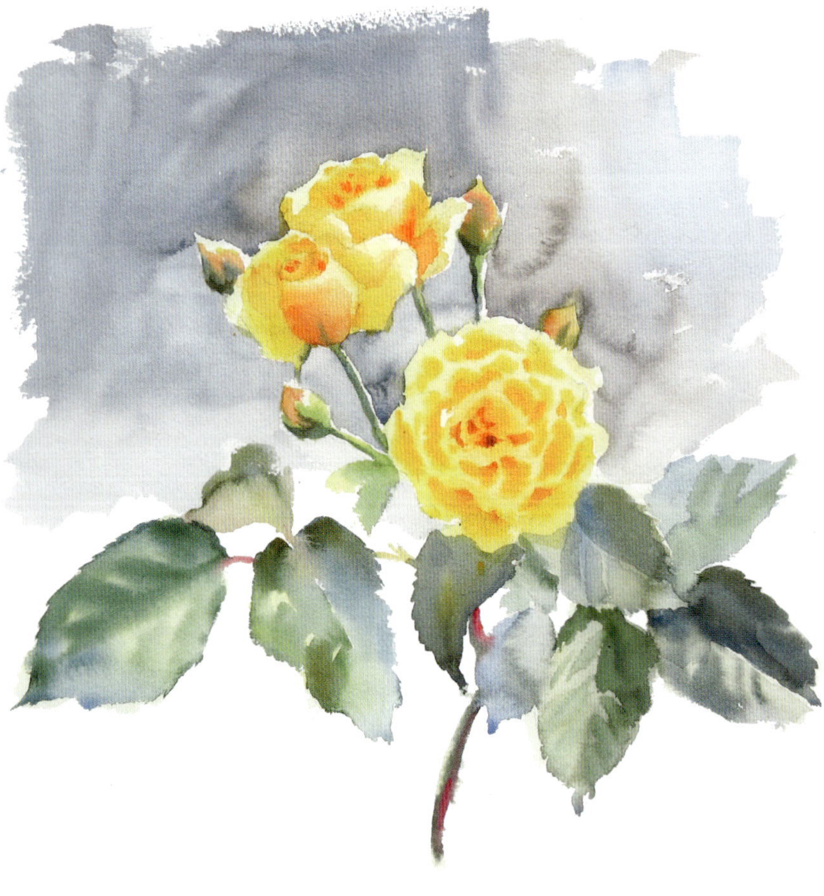

◄ **Gelbe Rosen, Gravetye,**

51 × 40,5 cm

Zwei Gelbtöne sind an dem Bild dieser gelben Rosen beteiligt, und die Grüntöne der Blätter sind jeweils aus einem jener Töne und Preußischblau gemischt. Aureolin wurde für die Eigenfarbe ausgewählt und Lichter Ocker für die Vertiefung zwischen den Blütenblättern. Die Zugabe von Rubinrot (Permanent Rosa) vertieft die Schatten der Blütenblätter weiter, tönt die Knospen mit Orange und ist in die Färbung des Stängels einbezogen.

▸ Skabiosen in Sally's Garden, Mount Vernon,

25,5 × 28 cm

Zwei reine Sekundärfarben, Winsorviolett und Permanent Saftgrün, wurden hier verwendet, mit Zugabe von ein wenig Alizarin-Karmesin und Indischgelb. Ich benutze nur selten ein fertiges Grün, aber da ich hier kein Blau und kaum Gelb benötigte, waren die klare Transparenz und die grelle Farbe des Saftgrüns neben dem Violett ideal, um die Blüten auf der Seite weiter in den Vordergrund zu rücken.

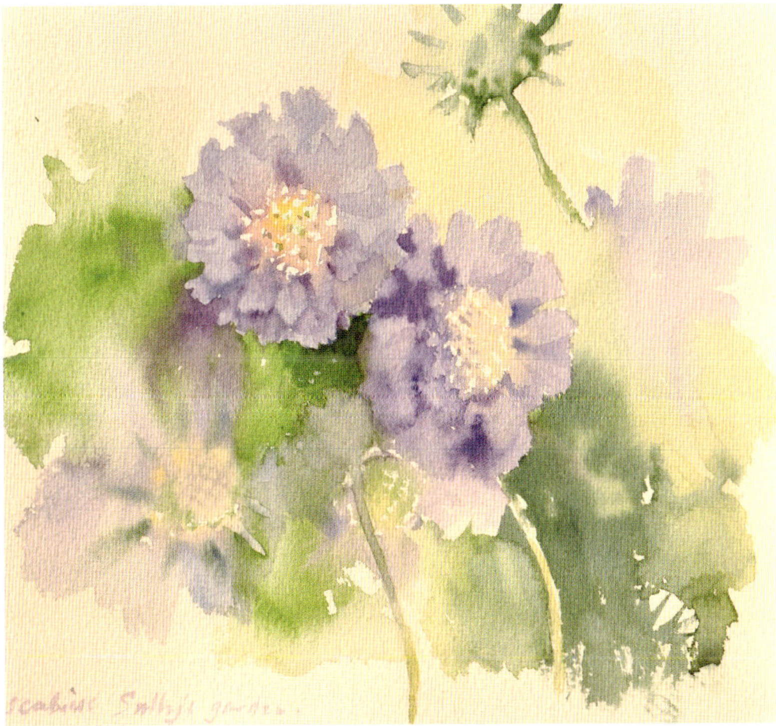

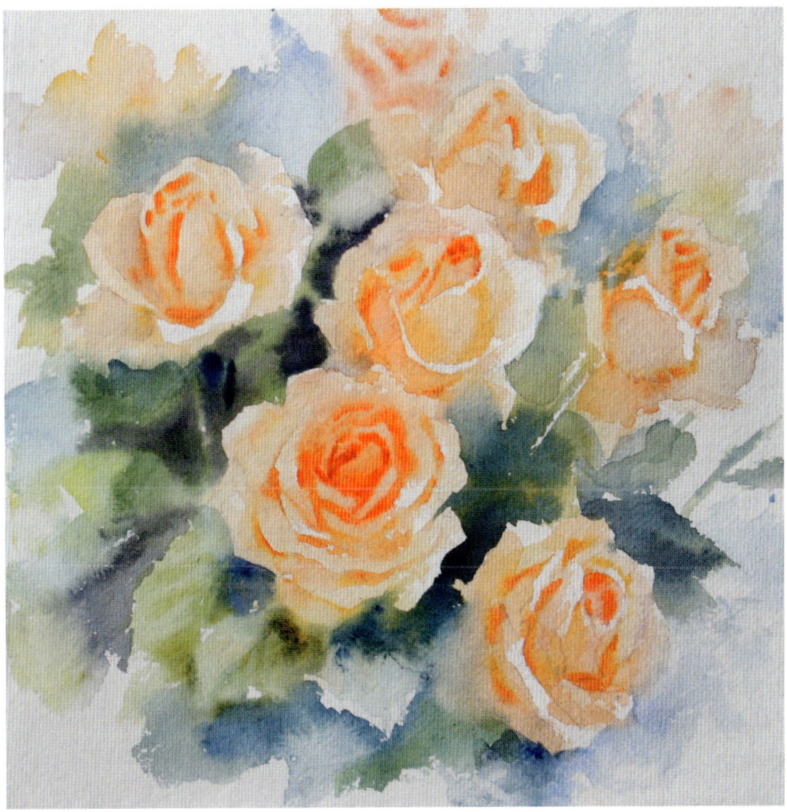

▸ Eine Klasse für sich,

30,5 × 30,5 cm

In meiner Begeisterung, diese hinreißenden Rosen zu malen, wählte ich als erste Farben Lasurorange und Preußischblau. Sehr schnell erkannte ich, dass die Grüntöne der Blätter mehr Gelb brauchten, um lebhaft zu wirken. Aus diesem Grund wechselte ich meine Palette zu Indischgelb, welches, gemischt mit Rubinrot (Permanent Rosa), ein ebenso dynamisches Orange ergibt und, dem Blau hinzugefügt, ideal für die Blätter war. Die orangenen Farbtöne sind voneinander ununterscheidbar, was wieder einmal beweist, dass es bei der Aquarellmalerei nicht um die Abstimmung einzelner Farben, sondern um Farben in Kombination geht!

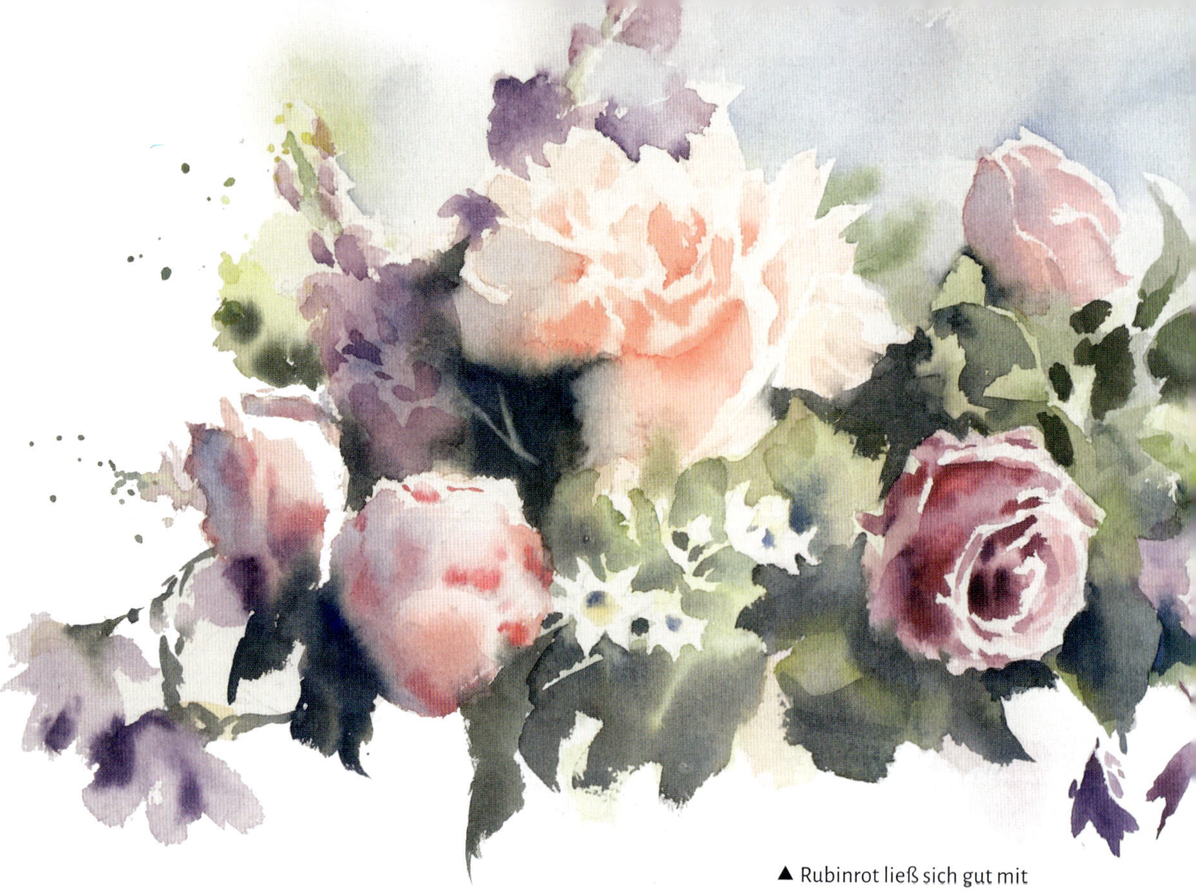

▲ Rubinrot ließ sich gut mit Aureolin zum Pfirsichrosa der mittleren Pfingstrose mischen. Aureolin eignete sich auch gut für das Hellgrün der Blätter, was mein Gelb bestätigte. Dies gab dann meine Wahl für das Blau (Ultramarinblau) vor, weil der Mix beider Farben ein natürliches Grün sowie mit Schmincke Violett die dunklen Farbtöne ergibt. Es passte zudem für den Hintergrund.

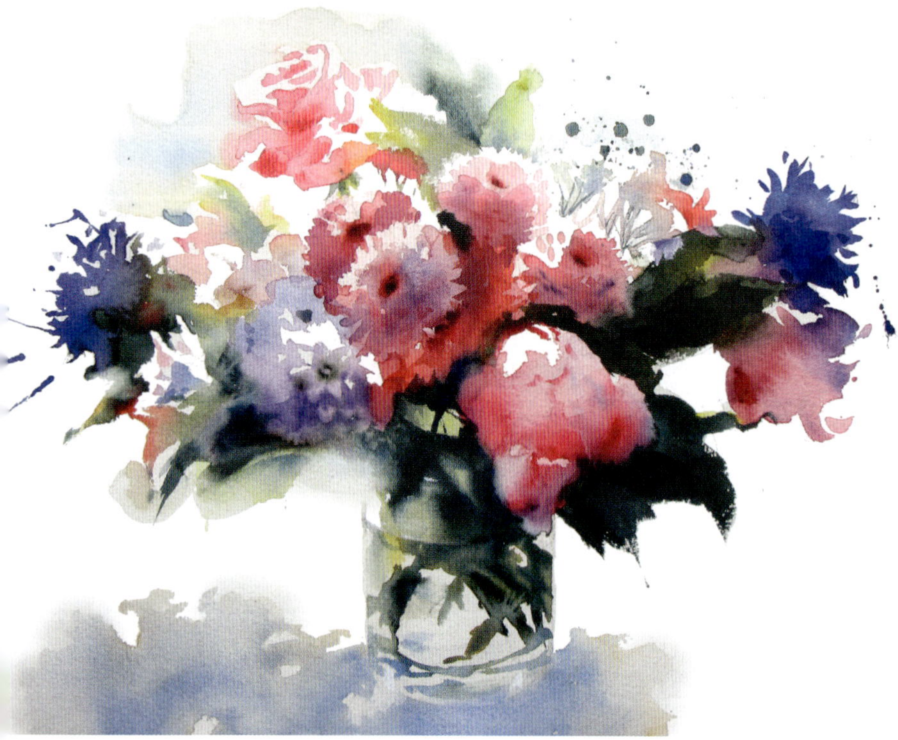

◀ **Sommerreigen,**

56 × 38 cm

Schmincke Violett, Ultramarinblau und Rubinrot (Permanent Rosa) wurden hier in satter Konzentration verwendet. Aureolin diente für das Licht auf den Blättern. Für die Farbe in der Mitte, hinter den kühlen Rosatönen der Chrysanthemen, wollte ich ein zweites, wärmeres Rot, und ebenso für die Freesien, deren Blütenblätter oben rechts und unten links hervorragen. Dafür nahm ich Chinacridonrot hinzu, dessen Wärme und hohe Transparenz sich auch für die Blätter und zur Vertiefung der dunklen Töne eigneten.

Variationen eines Themas

Blumensträuße sind ein nettes Geschenk und ein dankbares Sujet für Gemälde. Von Floristen arrangiert, sind die Sträuße für gewöhnlich nach einem Farbthema zusammengestellt, womit bei der Komposition in farblicher Hinsicht bereits eine Vorarbeit geschehen ist. Bei den drei hier gemalten Sträußen sind ähnliche Rosa-, Mauve-, Violett- und Blautöne Teil ihres Themas, und in jedem Gemälde habe ich das gleiche Blau (Ultramarinblau), Violett (Schmincke Violett) und Rosa (Rubinrot/Permanent Rosa) verwendet, dann aber den Rot- und Gelbanteil leicht verändert, um die spezifische Farbgebung jedes einzelnen Straußes zu erreichen.

▼ **Eiliger Blumenstrauß,**
51 × 40,5 cm

Sein weicheres Aussehen verdankt dieser Blumenstrauß teils der Schnelligkeit, mit der ich ihn malte, und teils der Aufnahme eines wärmeren Gelbs (Indischgelb). Ich benutzte die gleiche Palette (Schmincke Violett, Ultramarinblau, Rubinrot und Aureolin) wie bei dem oberen Bild auf der linken Seite und brachte das warme Gelb hauptsächlich ein, um die Rosenknospen in der Mitte links und oben rechts zu färben. Ich nahm es in die Grüntöne der Blätter auf, wo es die scharfe Klarheit des kälteren Aureolin und die Tiefe der Farbschattierung abmilderte.

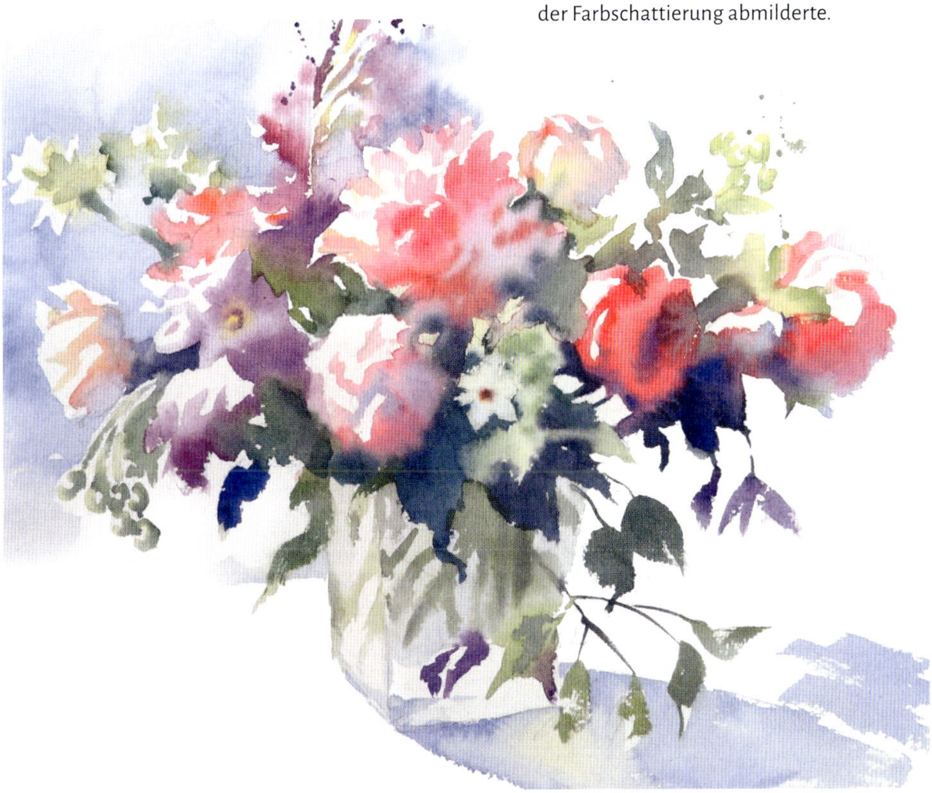

Figuren, Gesichter und Stoffe

Beim Malen von Menschen geht es sowohl um die natürliche Färbung der Haut und der Haare als auch um die oft bunteren, künstlicheren Farben der Kleidung. Figuren in einer von hinten beleuchteten Straße und die Züge eines Porträts lassen sich mit sehr wenigen Farben wiedergeben, aber wenn die künstlichen Farben der Stoffe ins Spiel kommen, wird die Nutzung einer stark reduzierten Palette schwieriger. Das Ziel besteht darin, wie immer mit der geringstmöglichen Zahl an Farben auszukommen und auf mögliche zusätzliche Anforderungen beim Malen der Kleidung vorbereitet zu sein. Solange Ihre Mischungen rein und in der Zahl ihrer Pigmente begrenzt bleiben, wird alles gut gehen. Die reduzierte Palette soll den Malenden nutzen und sie nicht binden oder einschränken, wenn sie nicht von Vorteil ist.

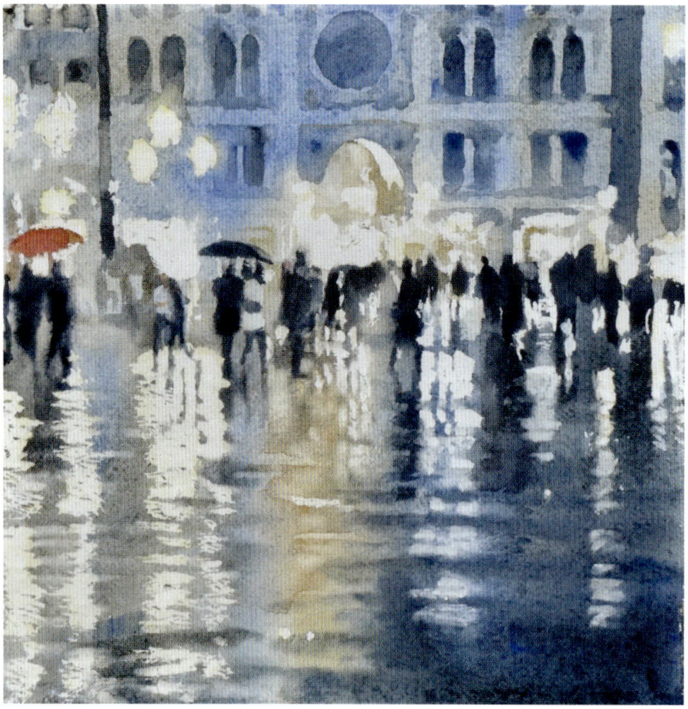

▲ **Der Markusplatz im Regen,**
30,5 × 30,5 cm

Lichter Ocker, Ultramarinblau und Indigo bilden die Farben für dieses Bild eines Regenabends in Venedig. Das isoliert verwendete Kadmiumrot des auffälligen Regenschirms belebt die Szene.

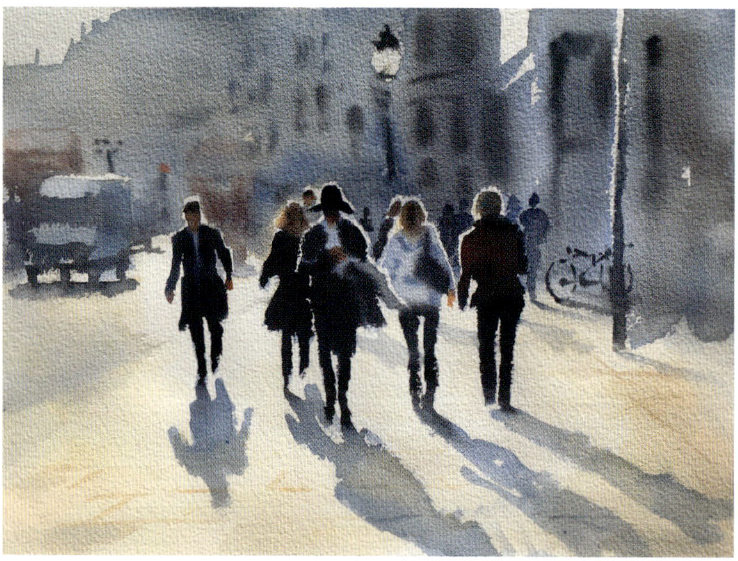

▶ Fenster zur Welt,

56 × 38 cm

Lichter Ocker, Kadmiumgelb, Schmincke Violett, Kadmiumrot, Umbra natur, Coelinblau, Alizarin-Karmesin, Indigo, Preußischblau, Hellrot, Ultramarinblau und Siena gebrannt – 12 Farben sind insgesamt in diesem Gemälde vertreten, sodass man wahrlich nicht von einer reduzierten Palette sprechen kann! Und doch erscheint das Gemälde in seiner generellen Farbgebung nicht bunter als die beiden Bilder auf der linken Seite, die mit einer reduzierten Palette gemalt sind. Die einzelnen Farben sind hier an die Gegenstandsfarben der Hüte und Kleidungsstücke gebunden, aber alle sind miteinander durch das warme Ultramarinblau verknüpft.

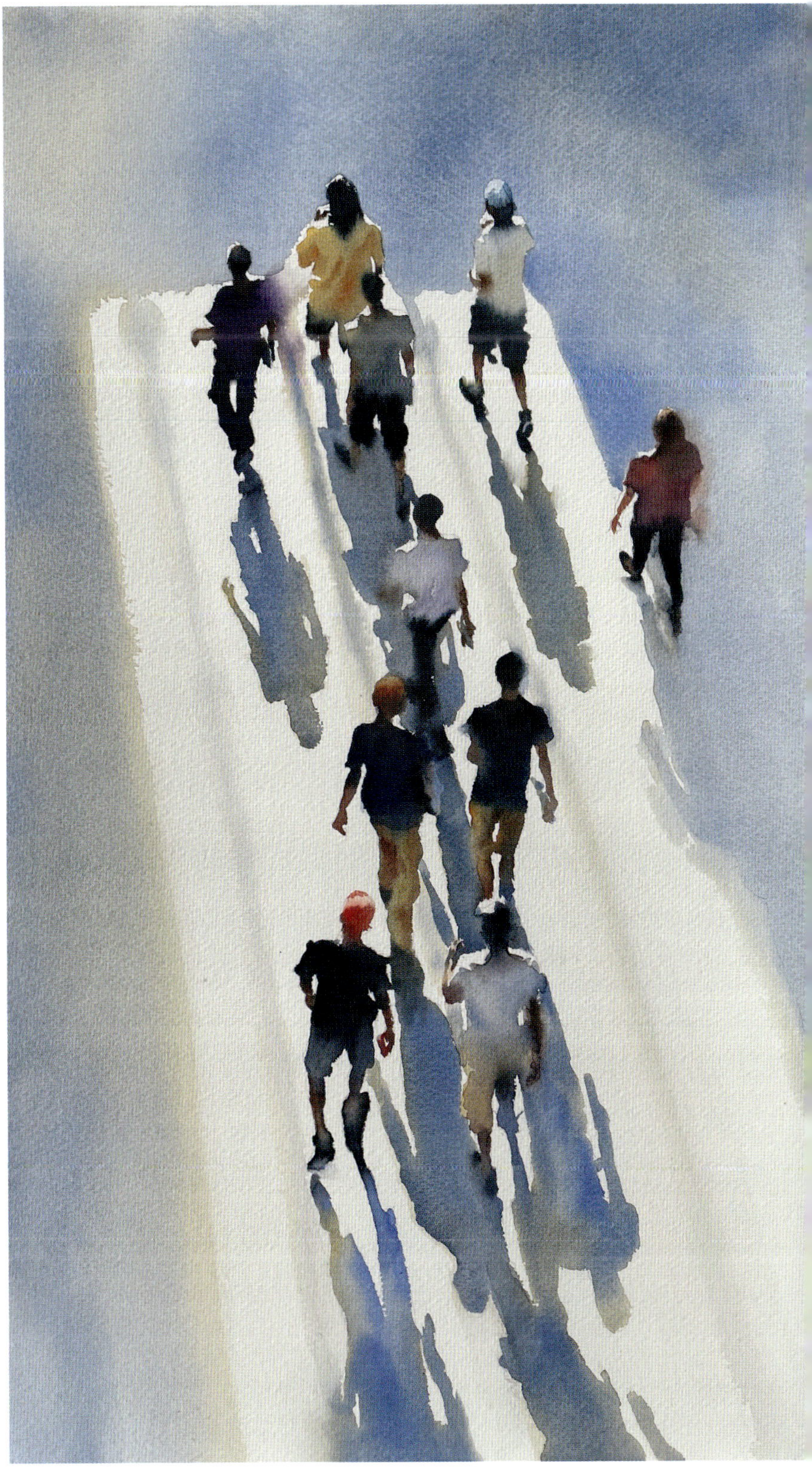

◀ Jeder für sich,

25,5 × 35,5 cm

Bei dieser Londoner Straßenszene wurden die Umrisse der Figuren mit Ultramarinblau und Siena gebrannt gemalt, Kadmiumrot wurde nass-in-nass für die Busse und die rechte Jacke hinzugefügt. Lichter Ocker gibt das helle Licht wieder.

Beispiel:

Figuren in einer Szenerie

Ultramarin feinst

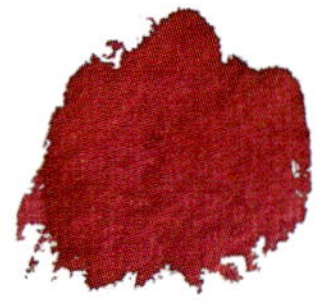

Rubinrot (Permanent Rosa)

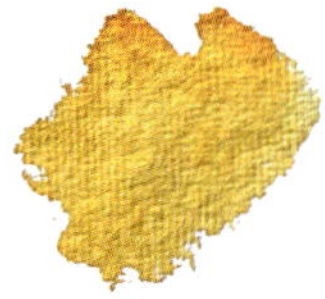

Indischgelb

FARBAUSWAHL

Ausgewählt wurden Ultramarin feinst als warmes Blau für den Schatten und, gemischt mit Siena gebrannt, für die Schwarz- und Grautöne; Lichter Ocker für die Eigenfarbe der Wände und, gemischt mit dem Blau, für das stumpfe Grün der Blätter; Siena gebrannt für die Hauttöne sowie Rubinrot (Permanent Rosa), gemischt mit Indischgelb, für das lasierende Rot der Kleidung.

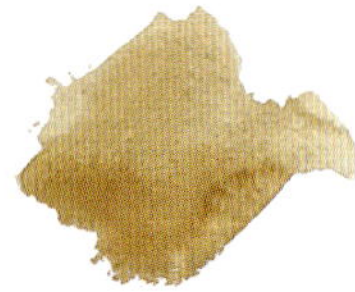

Lichter Ocker

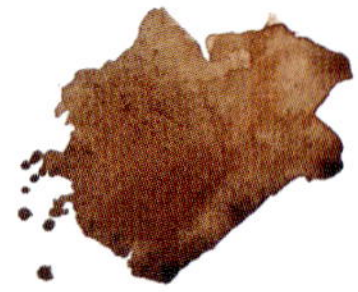

Siena gebrannt

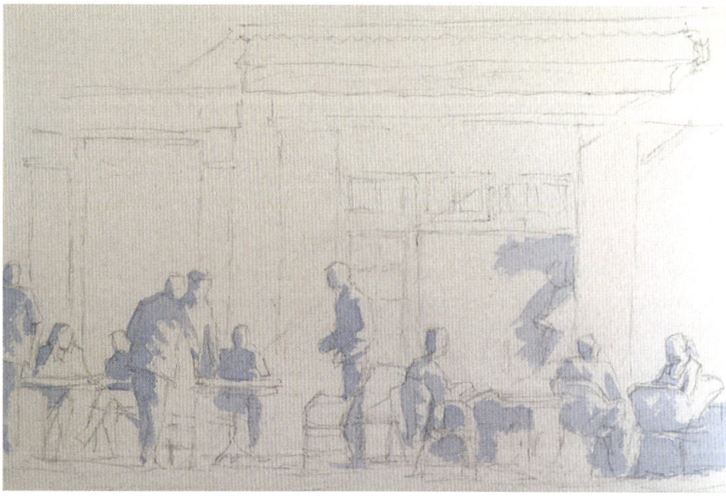

1 Nach dem Skizzieren der Szene trug ich verdünntes Ultramarinblau auf die verschatteten Partien der Figuren auf. Das Auftragen der Schatten gleich zu Anfang etabliert das Muster von Licht und Schatten und betont den Einfallswinkel des Lichts.

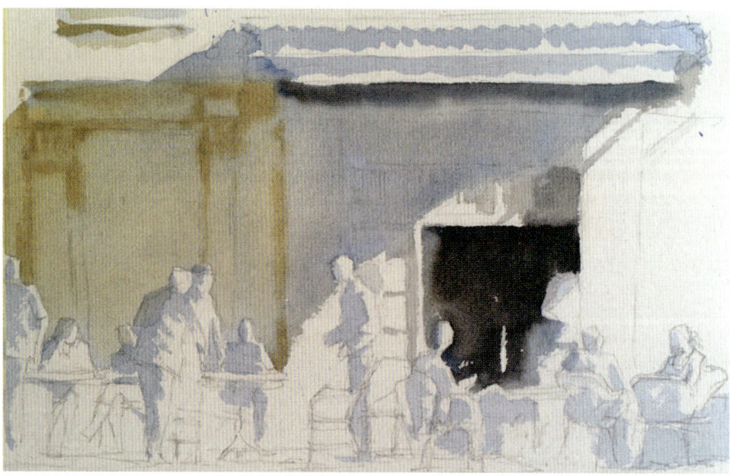

2 Nun trug ich den verschatteten Bereich des Hintergrunds in einer mitteldunklen Mischung aus Lichter Ocker und Ultramarinblau auf und mischte es so stark, dass die belichteten Seiten der Figuren hervortraten. Dann stellte ich ein dunkles Grau aus Ultramarinblau und Siena gebrannt für den Türbereich her, das ich zum Malen der Fenster verdünnte.

3 Ich legte eine blasse Lavierung aus verdünntem Indischgelb und Lichter Ocker über die sonnenbeschienene Wand und den Boden. Als diese Schicht fast trocken war, legte ich die geworfenen Schatten in Ultramarinblau darüber.

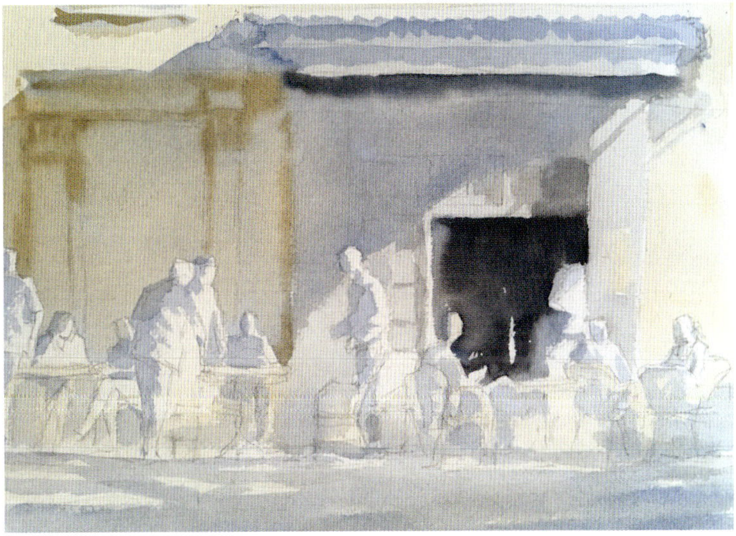

4 Ich dunkelte die schattigen Seiten der Figuren mit Blau und Braun ab und tönte die rote Kleidung in einem Mix aus Rubinrot und Indischgelb. Danach schuf ich Kontrast, indem ich dunklere Schatten gegen mittlere Nuancen und stärkere Farbtöne gegen lichte Bereiche setzte. Ich färbte die Gesichter und Extremitäten mit blassem Siena gebrannt und ließ an Lichtstellen das Papier unberührt.

▼ Café de Provence,
25,5 × 35,5 cm

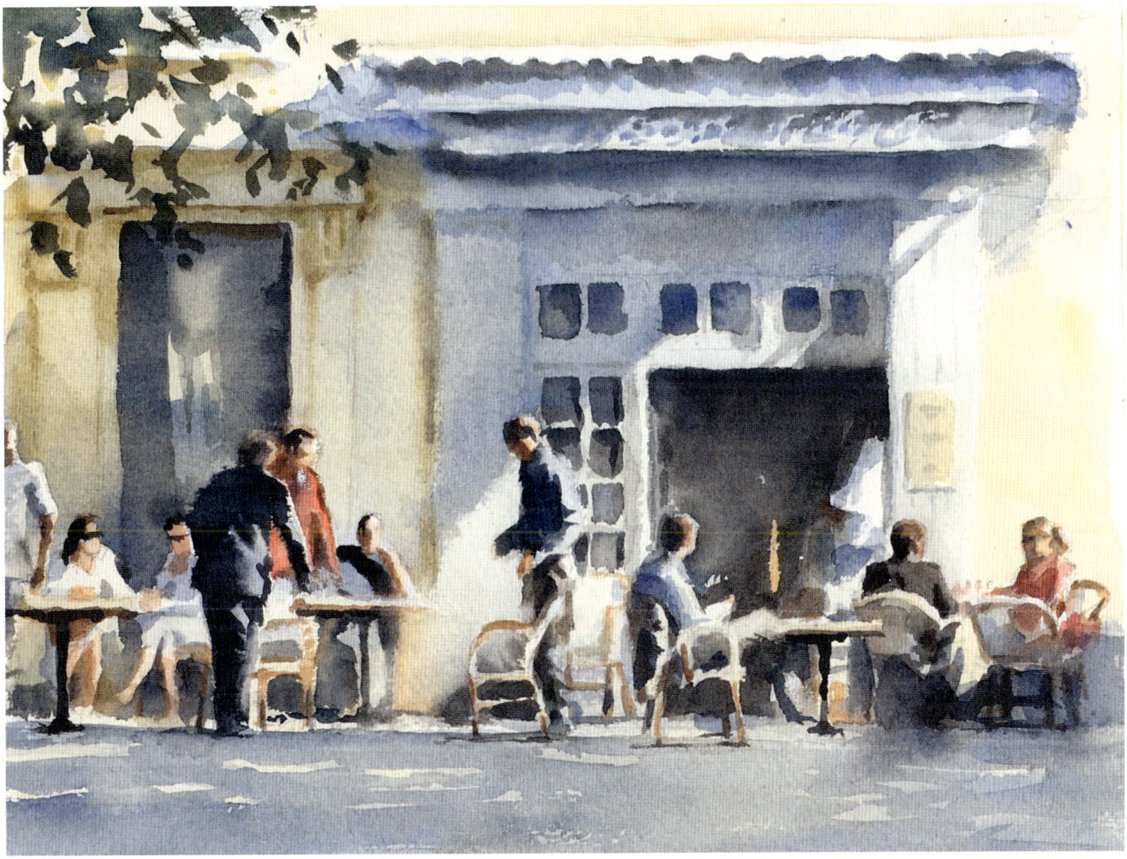

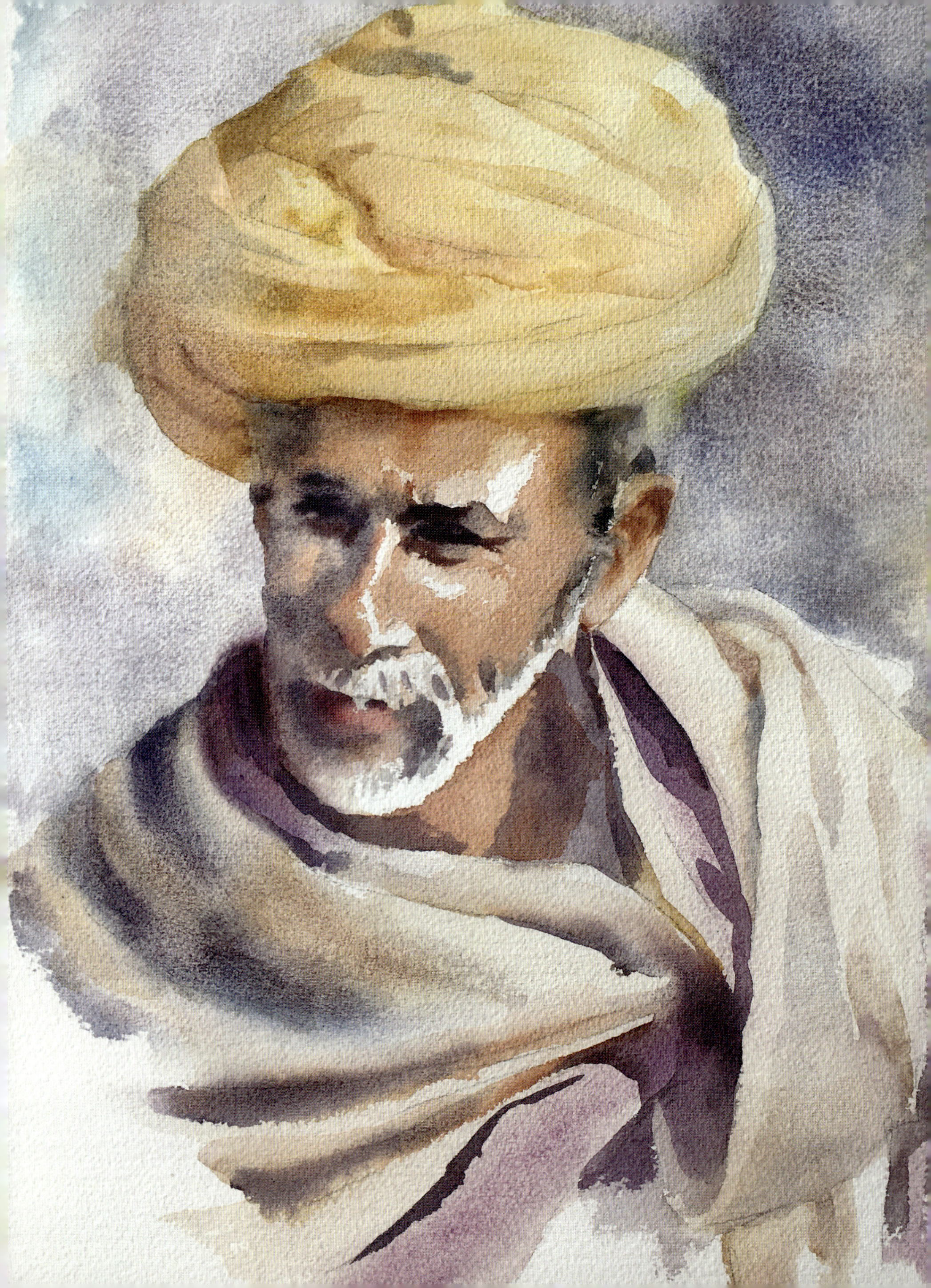

◀ **Der Kamelhändler,** *40,5 × 30,5 cm*

Sechs Farben wurden zum Malen dieses Porträts verwendet, um die Körnung zu maximieren. Die drei beteiligten supergranulierenden Farbtöne von Schmincke enthalten mehrere Pigmente. Um der Gefahr der Eintrübung vorzubeugen, benutzte ich zum Mischen mehrere verschiedene Paletten.

Supergranulierende Farben: Gletscher Türkis, Tundra Orange und Galaxie Violett.

Farben aus einem Pigment: Lasur Siena, Lichter Ocker und ein Tupfer Alizarin-Karmesin auf den Lippen.

Farben von Stoffen und Haut

Die Farbgebung der Haut ist zwar natürlich, zeigt aber in ihren belichteten und schattigen Partien häufig so viele Farben wie die abwechslungsreichen Farbtöne künstlicher Stoffe. Kleidungsstücke legen sich in Wellen und Falten, in denen der Farbton häufig abgedunkelt erscheint, und ihre Eigenfarben liegen hauptsächlich im mittleren Bereich zwischen Licht und Schatten. Daher müssen grelle Lokalfarben hier nicht so kräftig gemalt werden, wie der erste Eindruck vielleicht nahelegt.

Die Textur von grobem Gewebe lässt sich sehr effektiv wiedergeben, indem man die Eigenschaften der granulierenden Farben nutzt. Einige hochwertige Markenfarben kombinieren mehrere granulierende Farben, um diese Eigenschaft zu verstärken; für das Porträt auf der linken Seite wurden drei dieser kombinierten Farben verwendet.

▶ **Am Abgrund, Himba-Mädchen,** *25,5 × 28 cm*

Die verschatteten Körperteile des Himba-Mädchens, das stark von einer Seite belichtet war, zeigen eine Bandbreite von Violetttönen, die zart mit Schmincke Violett, Lasur Siena und Lichter Ocker wiedergegeben wurden.

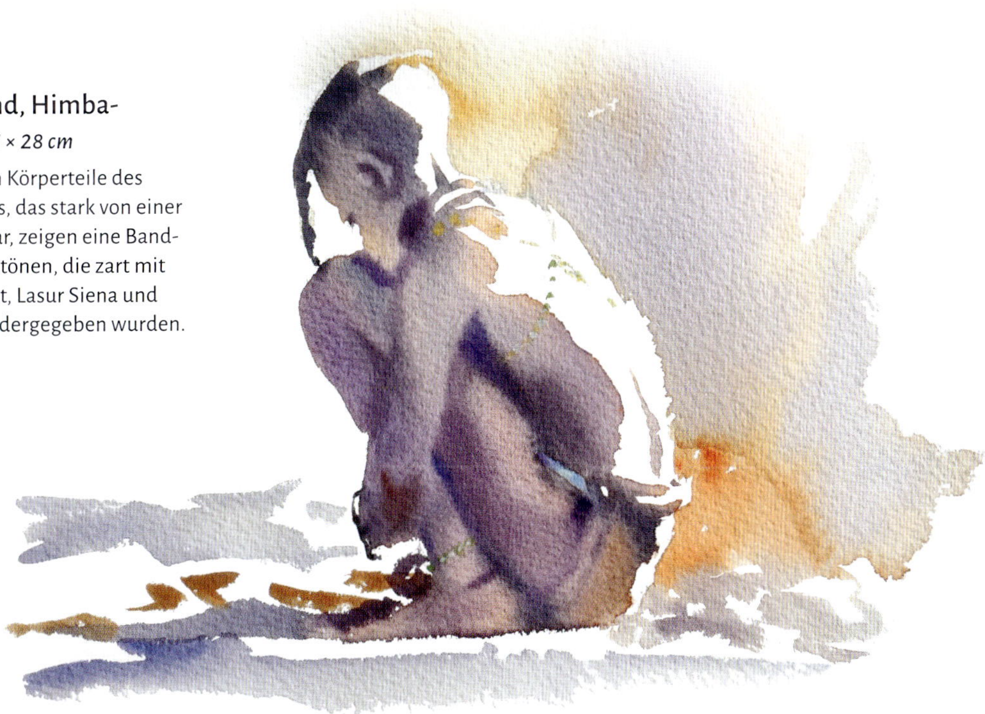

Die Kraft des Kadmiumrots

Nach meiner Ansicht gibt es keinen Ersatz für Kadmiumrot. Dieses kräftige deckende Pigment lässt rote Kleidung wie kein anderes Rot in Aquarellen hervorstechen. Um diese mutige Farbe im Schatten zu vertiefen, verwende ich Schmincke Violett oder Krappbraun wegen ihrer starken Transparenz und großen Farbtiefe, wie hier bei diesen Askari zu sehen, die in ihre traditionellen Massai-Decken gehüllt sind.

▼ Askari, *66 × 30,5 cm*

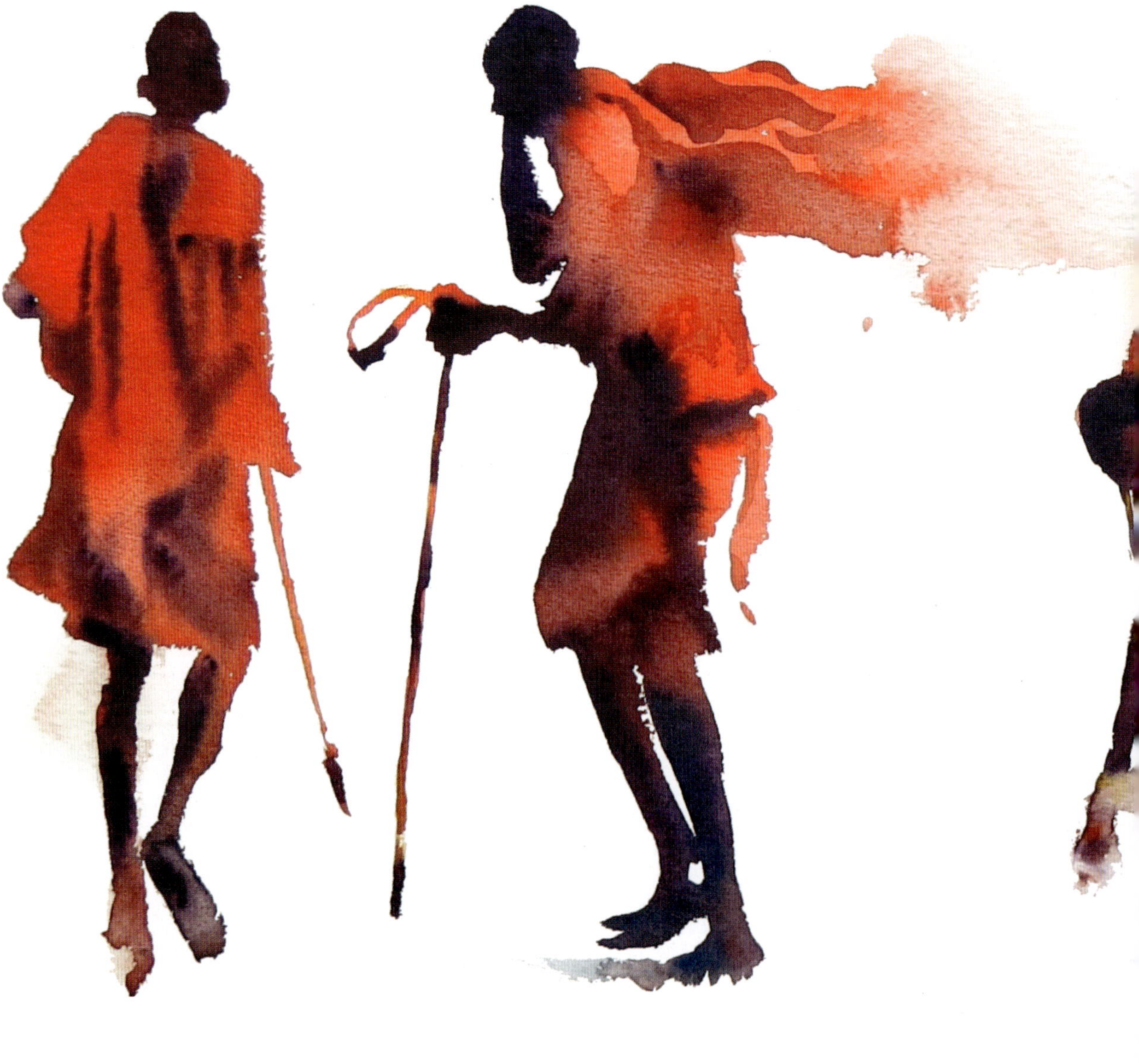

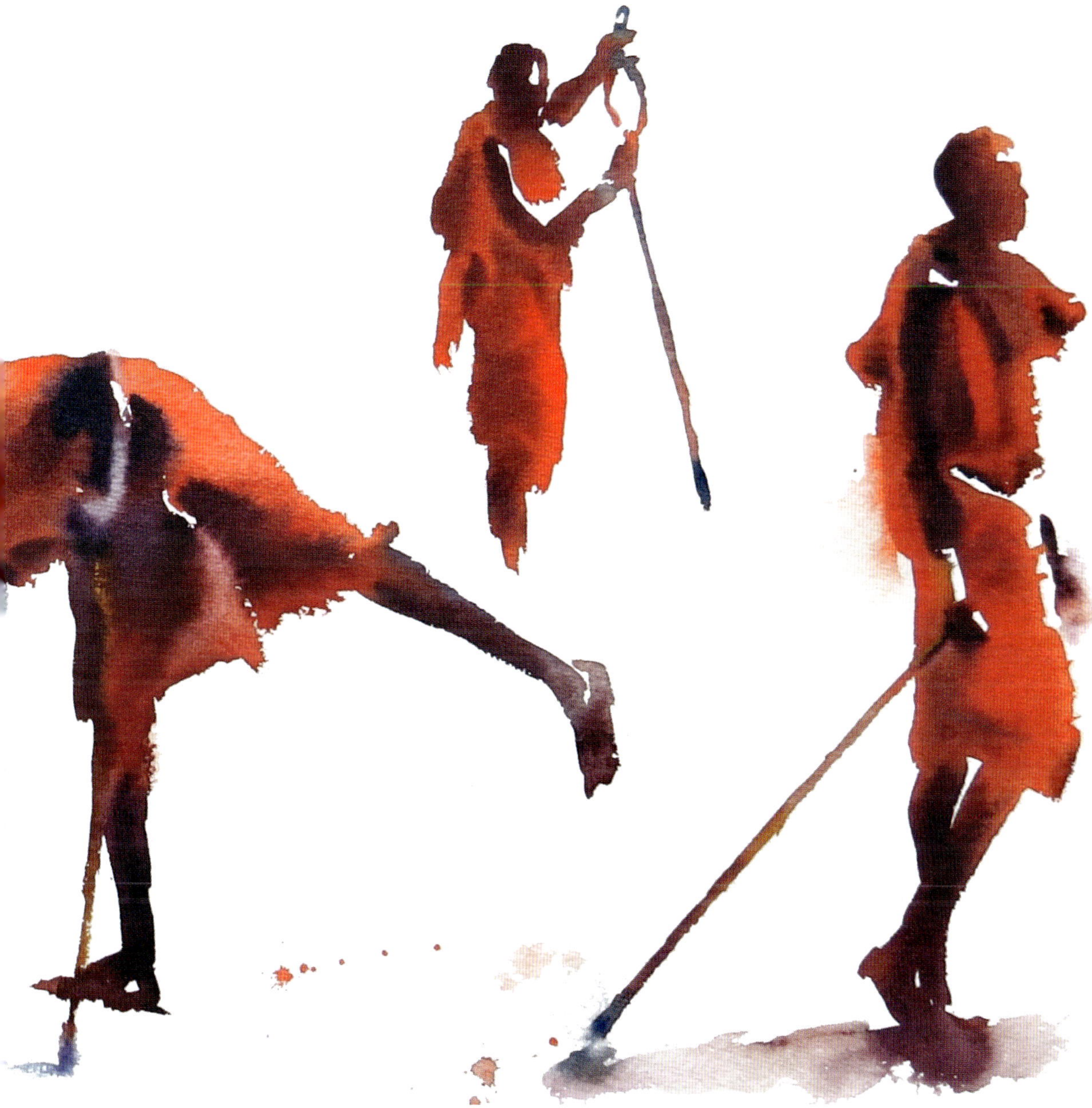

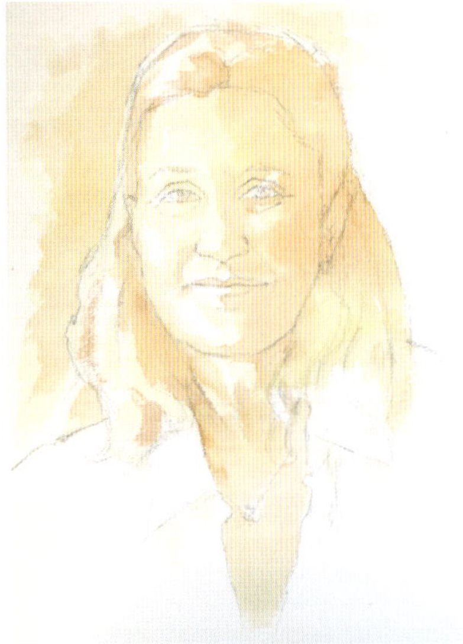

Beispiel:

Einfangen der Hauttöne – ein Porträt

Ein Leuchten hervorzurufen, ist eine der reizvollsten Fähigkeiten der Aquarellmalerei. Der Schlüssel liegt in der schrittweisen Abstufung des Lichts und der Bewahrung der Transparenz beim Überlagern. Bei diesem Porträt wollte ich den Hauttönen Wärme und ein lebendiges Leuchten geben. Die Fertigstellung nahm viel Zeit in Anspruch, weil jede der dünnen Farbschichten komplett getrocknet sein musste, ehe die nächste aufgetragen werden konnte.

FARBAUSWAHL

Indischgelb und Lasur Siena wurden wegen ihrer Wärme und Transparenz ausgewählt, um den Glanz von Haut und Haar darzustellen. Kadmiumrot wurde ausgesucht, um den mittelhellen Partien des Gesichts Wärme hinzuzufügen und die Lippen zu färben; seine Deckkraft wurde durch die starke Verdünnung des Farbauftrags begrenzt. Ultramarinblau kam in die Auswahl, weil sich mit Lasur Siena dunkle Brauntöne ergeben, sowie wegen der abhebenden Eigenschaft, falls ich die Augenlinien korrigieren müsste. Die Farbe war ideal für den Schatten auf der Bluse.

1 Ich vermischte überall auf dem Papier – außer bei den Augen und den Glanzlichtern, die weiß blieben – blasse, verdünnte Lösungen von Indischgelb und Lasur Siena nass-in-nass mit dem breiten Pinsel.

2 Ich begann dann mit den Augen und vermischte zur Wiedergabe der Linien der Augenlider und der dunklen Pupillen Lasur Siena mit Ultramarinblau. Ich färbte die Augen mit einer Mischung aus Gelb und Blau und die Wangen und Lippen mit verdünntem Kadmiumrot.

3 Die beleuchteten Partien der Haare malte ich mit reinem Lasur Siena, das ich für die beschatteten Bereiche mit Ultramarinblau mischte. Ich nutzte das (aus Ultramarinblau und Indischgelb gemischte) Grün des Hintergrunds, um das Licht im Haar herauszustellen. Ich verstärkte die Farbe der Lippen mit einer weiteren Schicht Kadmiumrot und begann, den Schatten auf der weißen Bluse hineinzupinseln.

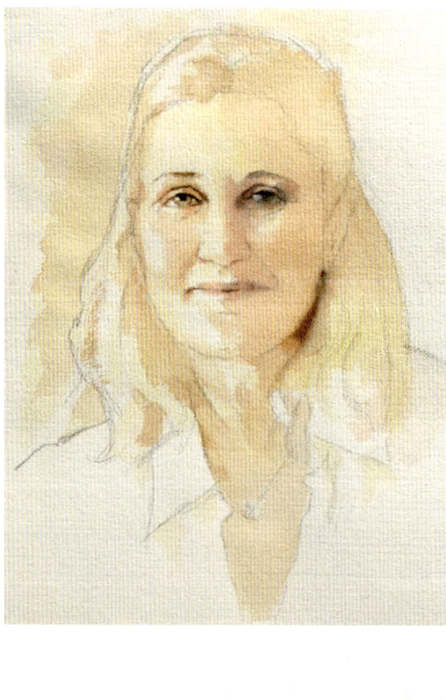

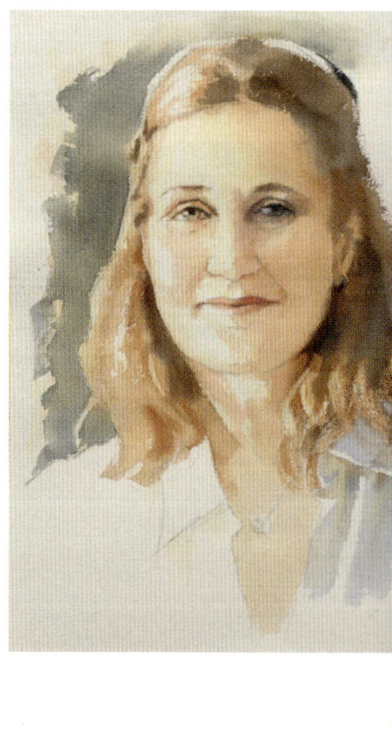

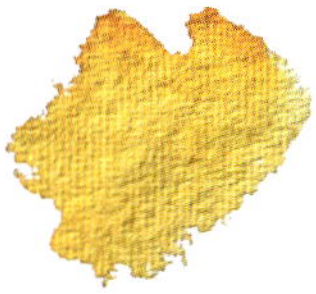

Indischgelb

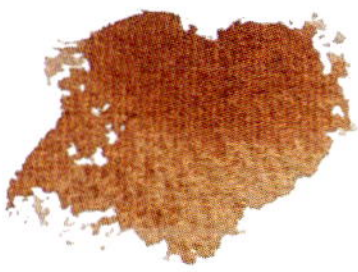

Lasur Siena

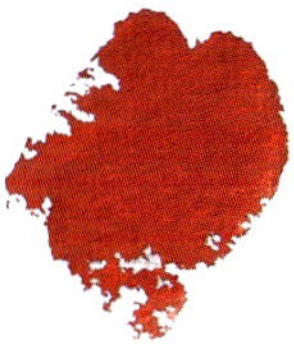

Kadmiumrot

Ultramarin feinst

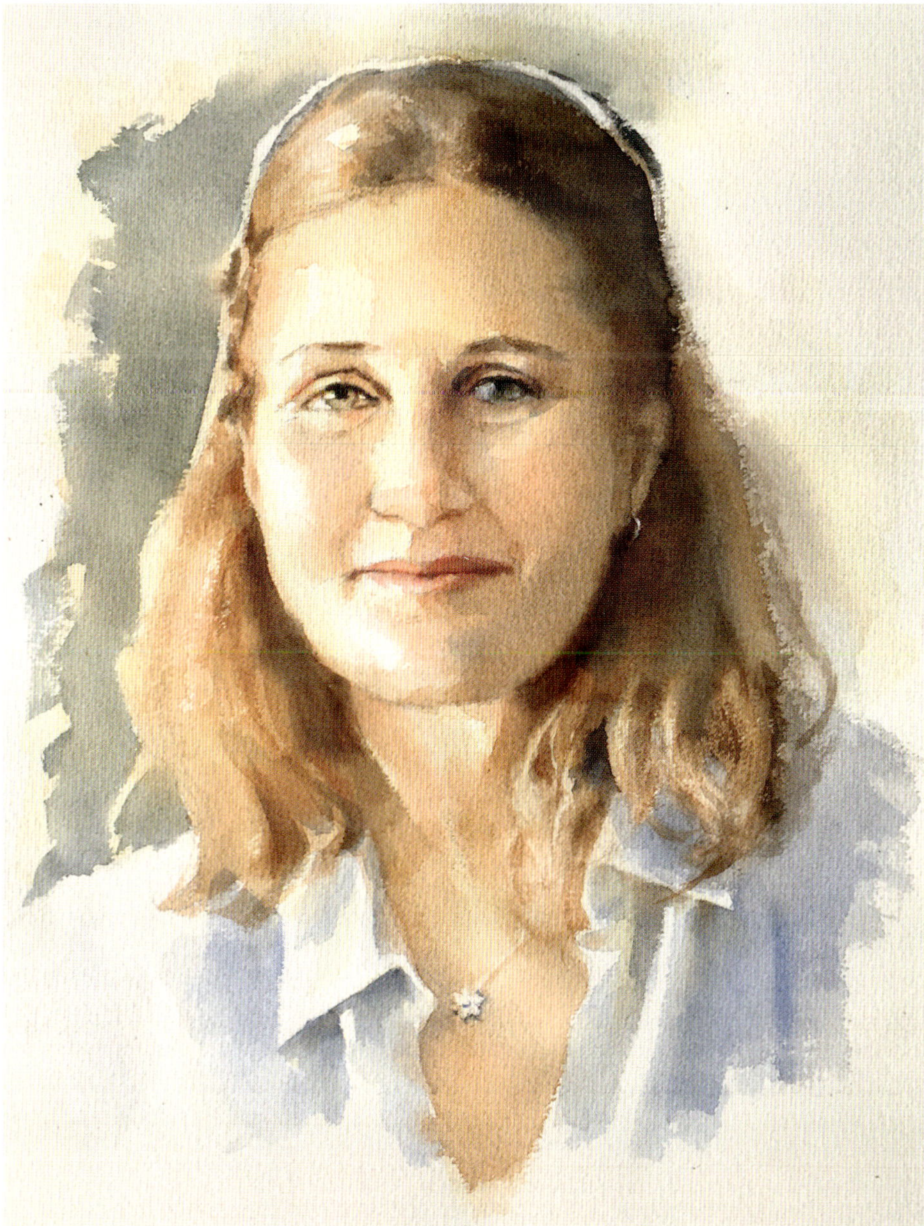

▲ **Porträt von Dee,**
51 × 40,5 cm

4 Sobald die Bluse und der Hals vollendet waren, vertiefte ich die Färbung der Gesichtszüge mit zahlreichen dünnen Schichten aus Lasur Siena, Kadmiumrot und Ultramarinblau. Ich ließ jede Schicht erst trocknen, bevor ich die nächste auftrug, um jedes Risiko einer Eintrübung durch unbeabsichtigtes Verschieben von Pigmentpartikeln zu verhindern.

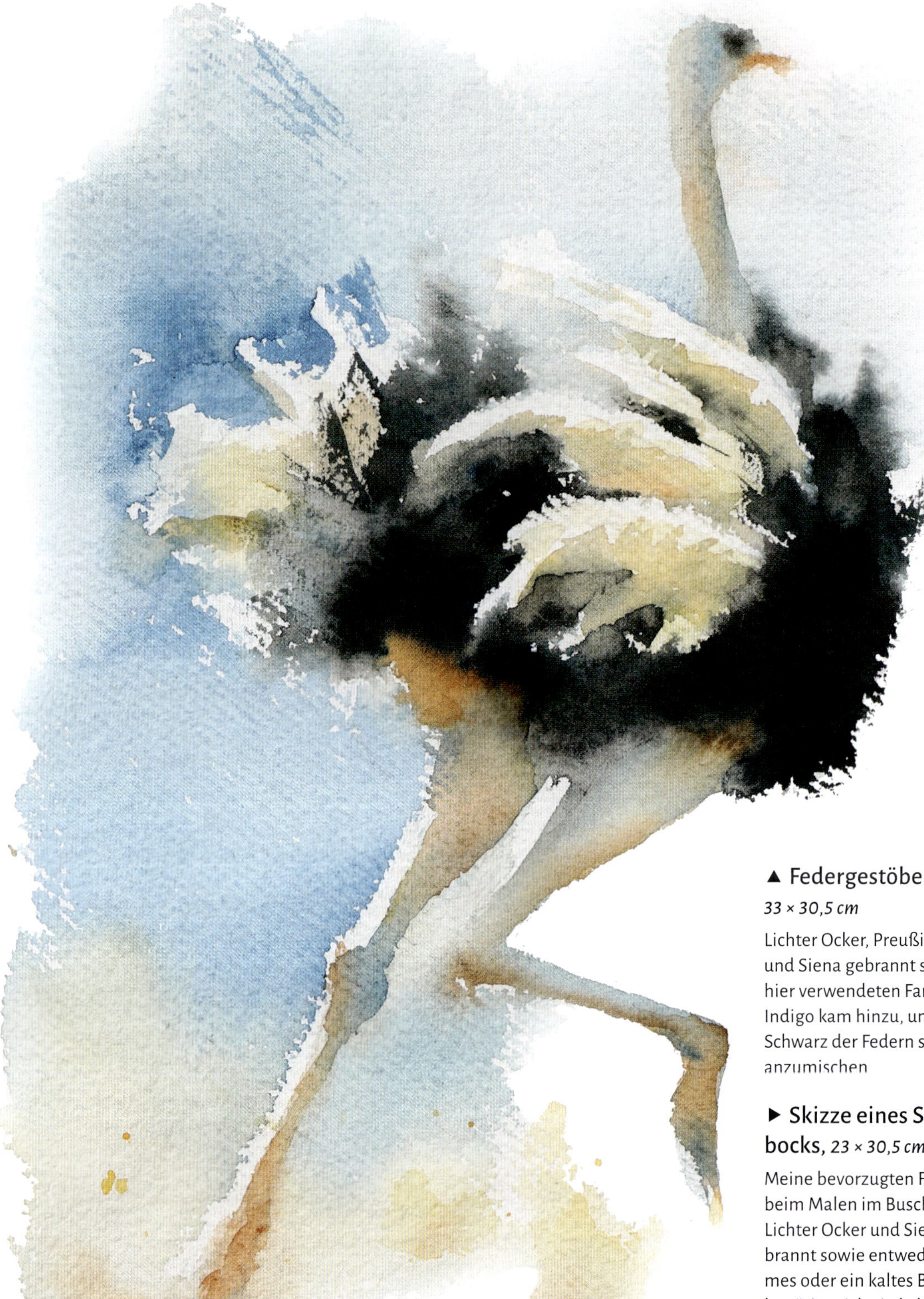

▲ **Federgestöber,**
33 × 30,5 cm

Lichter Ocker, Preußischblau und Siena gebrannt sind die hier verwendeten Farben; Indigo kam hinzu, um das Schwarz der Federn schneller anzumischen

▶ **Skizze eines Springbocks,** *23 × 30,5 cm*

Meine bevorzugten Farben beim Malen im Busch sind oft Lichter Ocker und Siena gebrannt sowie entweder ein warmes oder ein kaltes Blau. Hier benötigte ich ein kaltes Blau zum Mischen der Grüntöne und wählte daher Preußischblau.

Tiere und Natur

Meine Vorliebe für eine reduzierte Palette stammt zweifellos vom Malen von Tieren und der Natur draußen im afrikanischen Busch. Sie bietet eine befriedigende Möglichkeit, lebhafte Aquarelle mit reicher Farbgebung zu malen und dabei wenig Materialien mit sich zu führen, zügig vorzugehen und mit schnellem Eintrocknen umgehen zu können. Der Einsatz weniger Farben, die nass-in-nass hinzugefügt werden, wurde zu meiner Arbeitsweise auf Safaris, und ich habe diese in mein Atelier und in andere Umgebungen mitgenommen.

Tiere besitzen eine Tarnfärbung, die mit den natürlichen Farben der afrikanischen Landschaften verschmilzt und gut mit einer reduzierten Palette wiedergegeben werden kann. Abgesehen von den Vögeln, die oft vielfarbig sind, lassen sich zahlreiche Tiere mit einer sehr geringen Bandbreite von Grau-, Braun-, Ocker- und Schwarztönen malen. Die Tertiärfarben bestehen aber, wie schon gezeigt wurde, aus den drei Primärfarben und zeigen Blau-, Violett-, Gelb-, Rosa- und Goldtöne innerhalb ihrer neutraleren Grundfärbung. Eine karmesinrote Zunge oder eine rosafarbene Schnauze können die einmalige Verwendung eines zusätzlichen Rottons bedingen. Auch wenn diese Motive also für eine reduzierte Palette geeignet erscheinen, können sie dennoch eine größere Bandbreite von Mischungen aus einer Palette mit drei, vier oder fünf Farben verlangen.

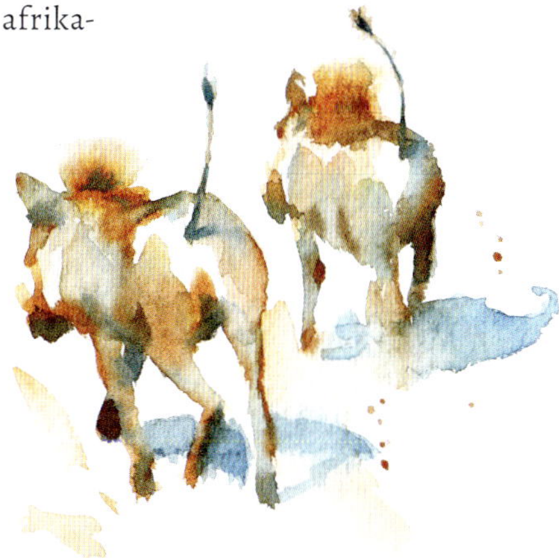

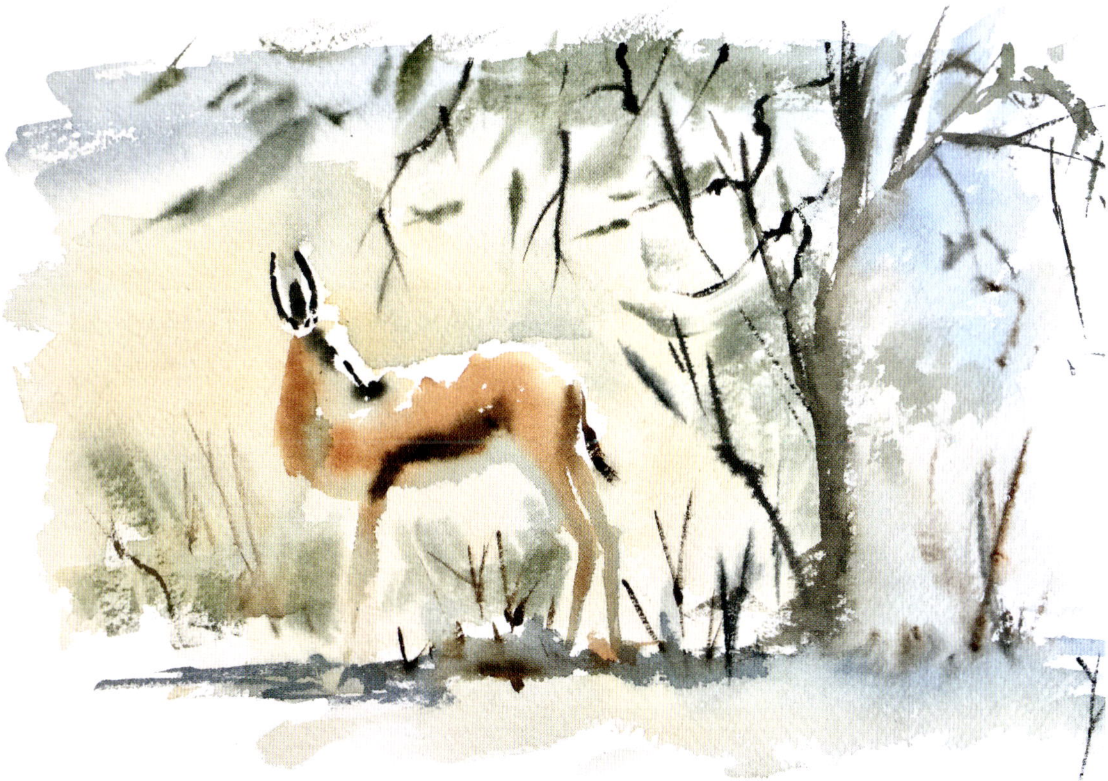

▼ **Gleichgewicht der Natur,**

28 × 38 cm

Lichter Ocker, Ultramarinblau und Siena gebrannt wurden gewählt, um diese Stute mit ihrem Fohlen zu malen. Für die Landschaft wurde kein Grün benötigt, also konnte auf ein kaltes Blau verzichtet werden. Das warme Blau mischte sich gut mit dem Braun zum Schwarz für die Streifen der Zebras.

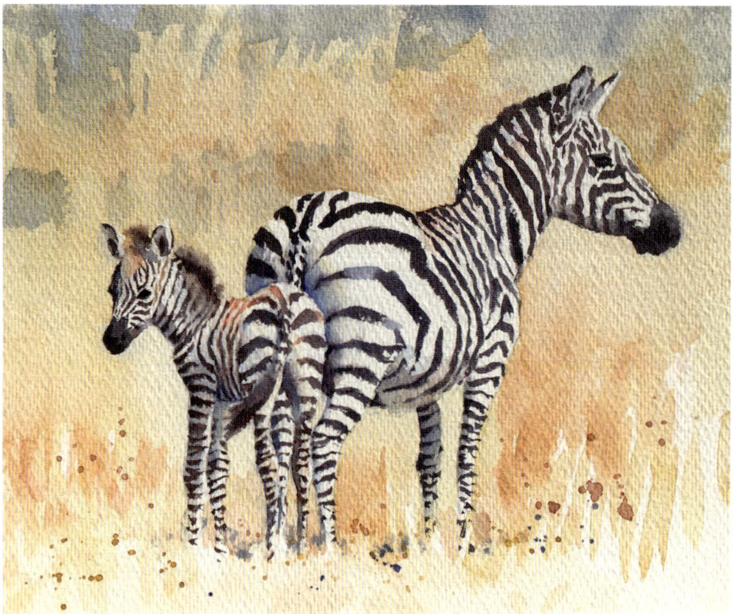

Farbfavoriten

Die Erdfarben Siena natur, Lichter Ocker, Umbra natur, Siena gebrannt und Umbra gebrannt bieten eine ideale Bandbreite an Gelb-, Rot- und Brauntönen zur Wiedergabe von Tieren und der Landschaft. Beim Blau wechsele ich im Allgemeinen zwischen einem kalten und einem warmen Farbton; die Wahl hängt dabei für gewöhnlich von der Färbung des Blattwerks ab. Wenn kein Grün erforderlich ist, richtet sich die Auswahl nach der Temperaturtendenz der im Schatten liegenden weißen Bereiche und der Tiefe der dunklen Töne. Im Busch sind Preußischblau und Ultramarinblau meine Favoriten. Als schnell verfügbare Alternativen habe ich Kobaltblau, Coelinblau und Indigo in meiner Palette.

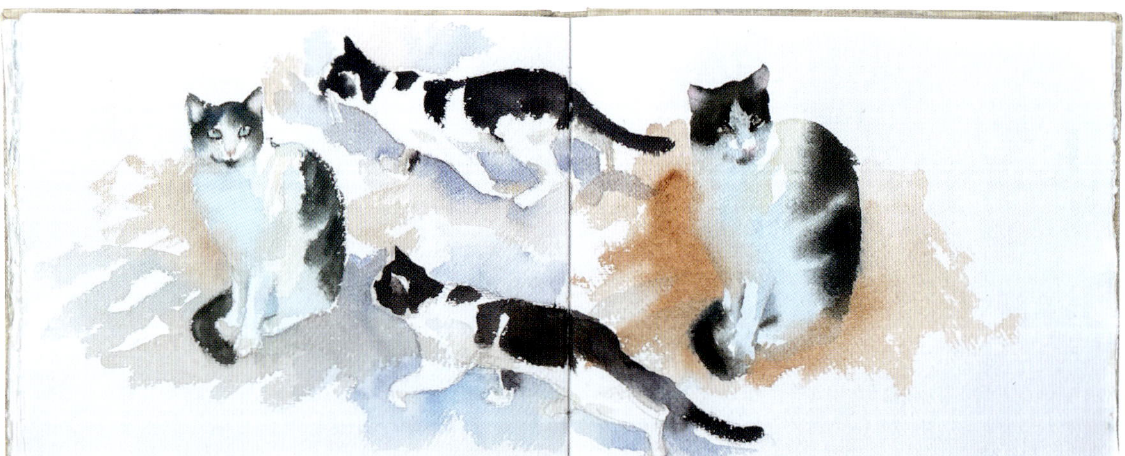

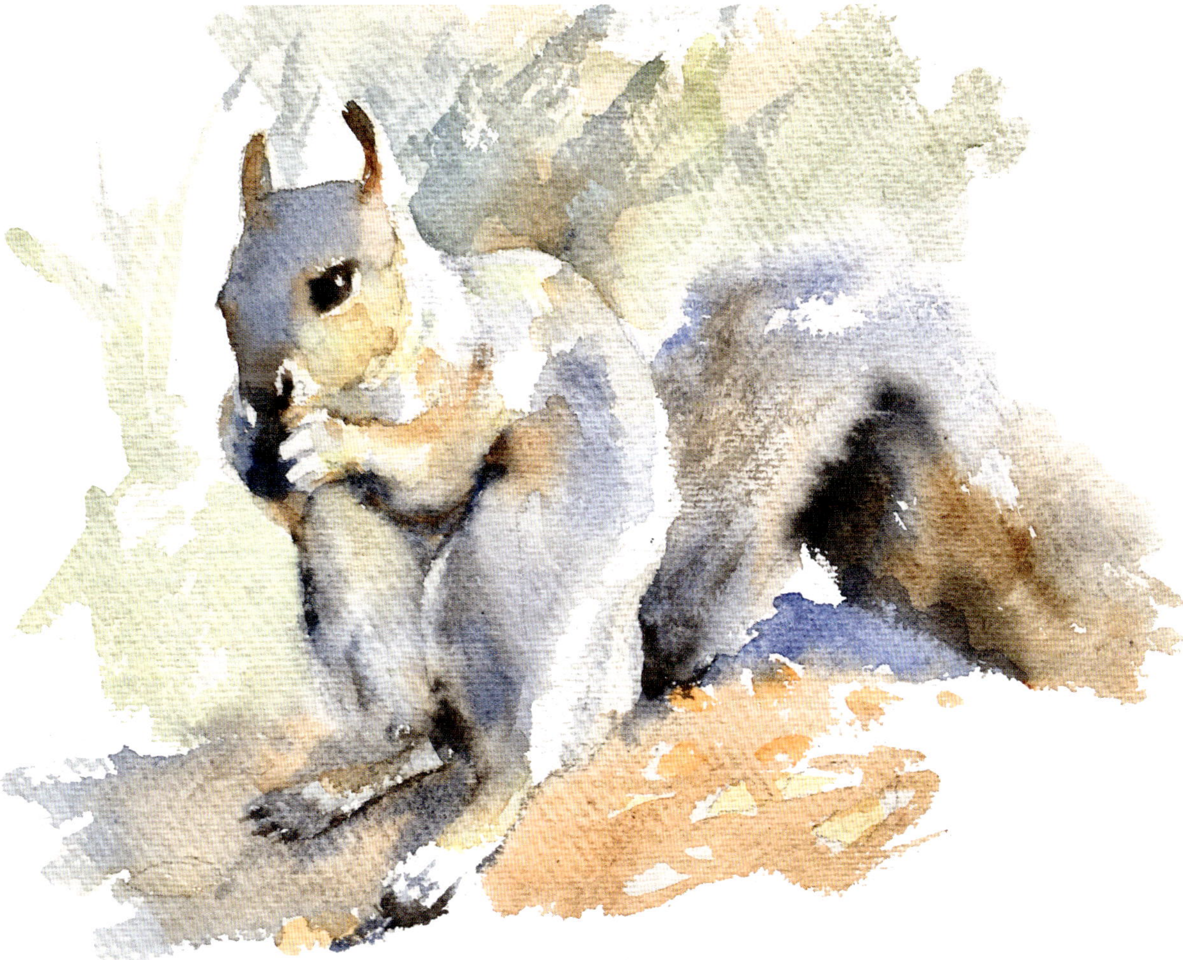

▲ **Kühn und mutig,** *20 × 25,5 cm*

Dieses mutige Grauhörnchen war so fokussiert auf die Früchte der Natur, dass es sich von der Künstlerin, die es beobachtete, nicht beunruhigen ließ. Aureolin wurde ausgesucht, um mit dem warmen Blau (Ultramarinblau) ein möglichst leuchtendes Grün mischen zu können. Das warme Blau wiederum wurde benötigt, um (mit Siena gebrannt) das Grau für das Fell zu erschaffen.

◄ **Der Besucher, Khadi-Skizzenbuch,** *20 × 51 cm*

Während des Corona-Lockdowns besuchte dieser Kater regelmäßig meinen Garten, also skizzierte ich ihn vom Balkon aus. Lichter Ocker und Siena gebrannt wurden im gesamten Bild benutzt, aber die Blaus variieren: Bei den sitzenden Posen links und rechts verwendete ich Preußischblau, bei den Laufhaltungen in der Mitte Ultramarinblau. Der Unterschied zwischen dem kalten und dem warmen Blau lässt sich leicht in den verschatteten weißen Bereichen erkennen und ebenso der Unterschied der Schwarztöne, die aus dem jeweiligen Blau und dem Braun gemischt wurden.

Atmosphärische Erscheinungen andeuten

Aquarellfarben eignen sich gut, um atmosphärische Erscheinungen wiederzugeben. Hitze und Staub sind typische Merkmale vieler Naturhabitate und Motive, die ich gerne in Afrika male. Hier wurde Schmincke Violett zusammen mit zwei anderen warmen Farben, Siena gebrannt und Lichter Ocker, verwendet, um die staubige Parade der Elefanten in einen die Hitze verratenden Dunst zu hüllen.

▼ Geräuschlos im aufsteigenden Staub,
28 × 56 cm

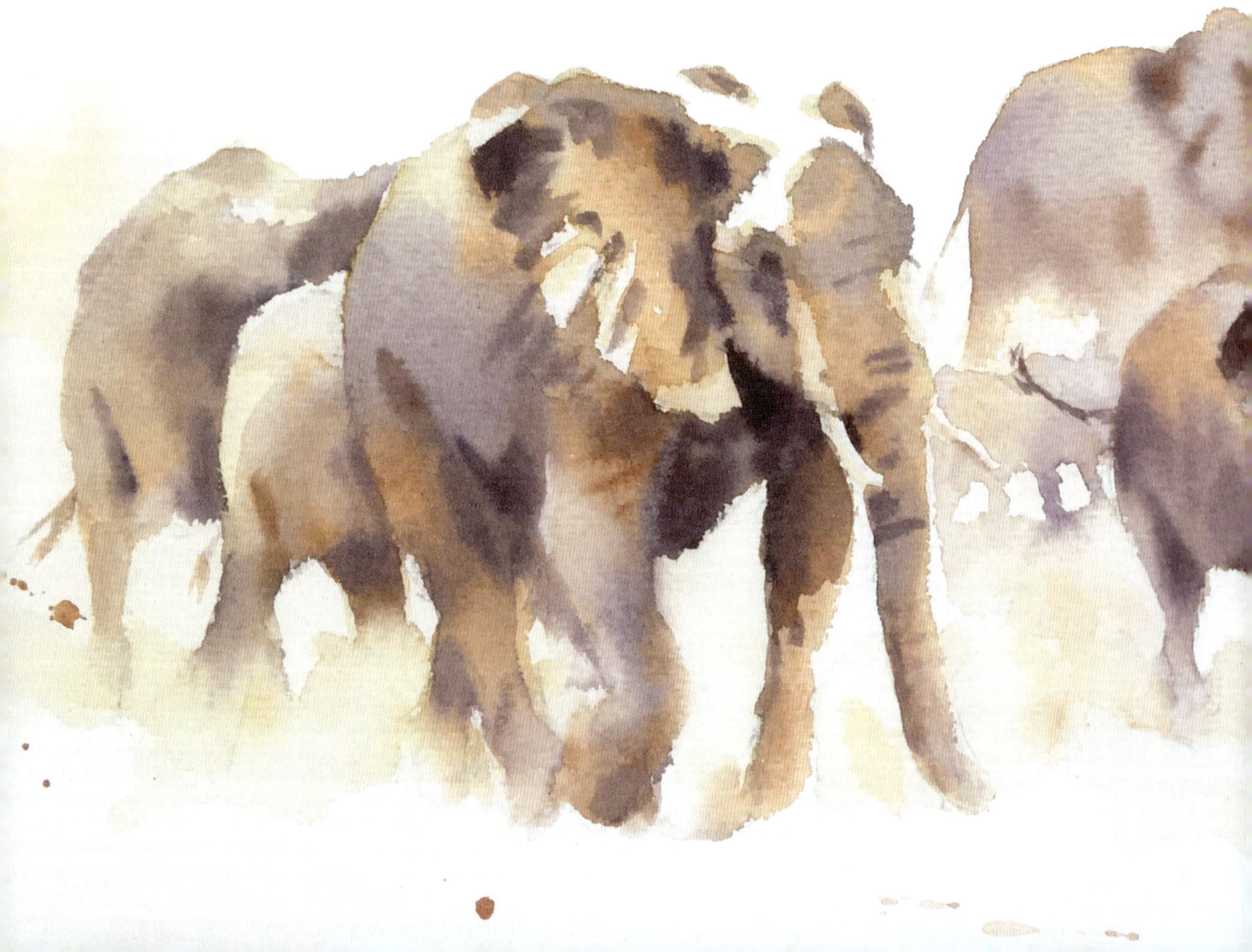

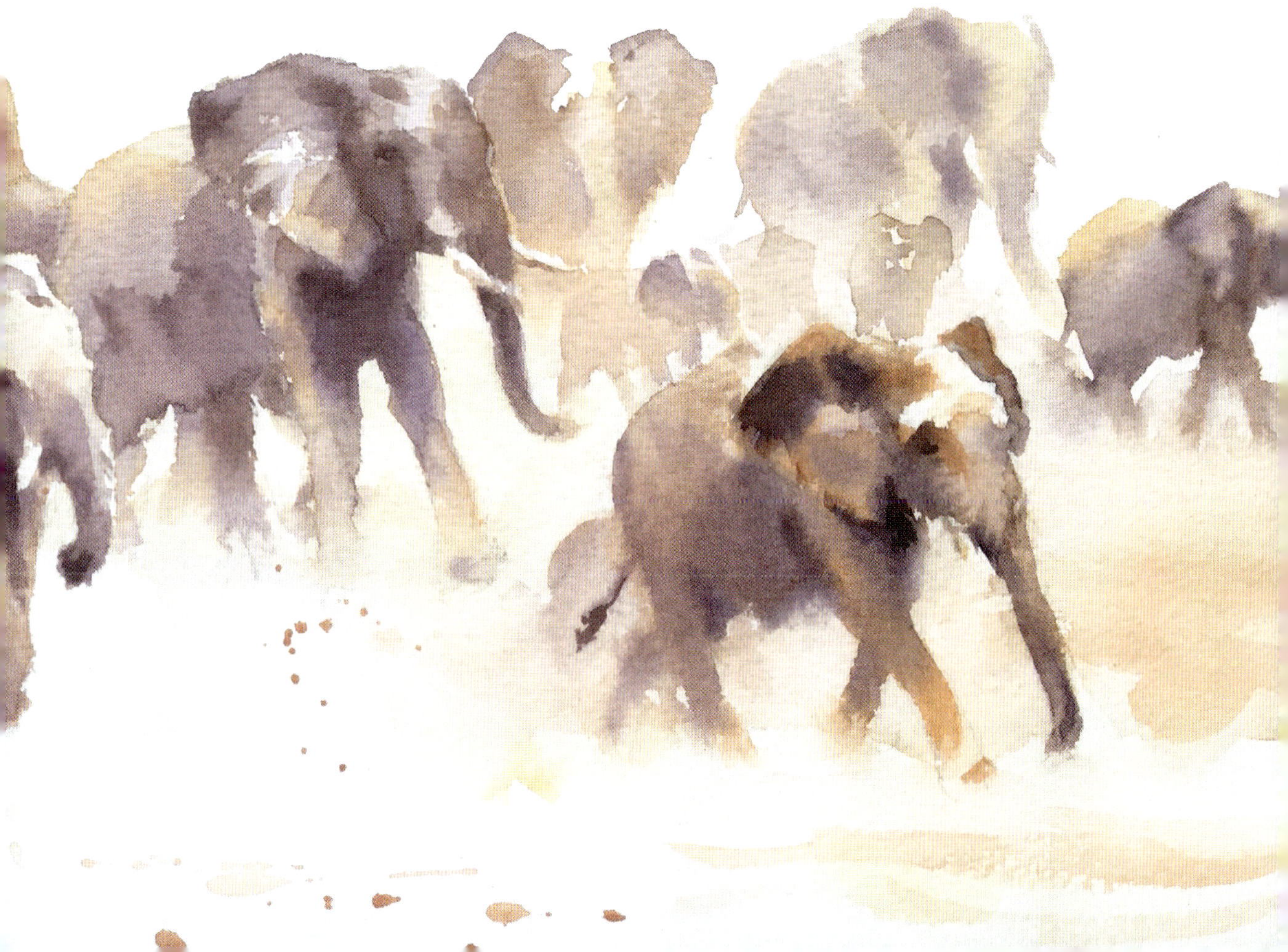

Die Temperatur kontrollieren

Als eine Mischung aus Rot und Blau ist Violett im Vergleich mit Blau eine warme und im Verhältnis zu Rot eine kalte Farbe. Es lässt sich daher verwenden, um die Temperaturtendenz der angrenzenden Farben zu manipulieren und ebenso, um sich von der benachbarten Farbe manipulieren zu lassen.

Indem die dunklen Reiter auf diesem Bild mit sehr kaltem Indigo gemalt wurden, wirkt das Schmincke Violett auf den Hälsen, Rümpfen, Schweifen und Beinen der Pferde durch den Kontrast wärmer, besonders auch in der Mischung mit Lichter Ocker. Das Ultramarinblau, das in der Regel ein warmes Blau ist, erscheint kühler in der Begleitung von Violett und Gelb, aber nicht so kalt wie das Indigo. Die Abstufung der Temperaturen, von einem kalten, dunklen Ton über mitteldunkle Blau- und die begleitenden Mauvetöne bis hin zu dem warmen Gelb, bringt in dem Lichter Ocker (das manchmal ziemlich stumpf wirken kann) ein wunderbares Leuchten heraus. (Es gibt übrigens ein klein wenig Alizarin-Karmesin in dieser Palette, aber seine Wärme ist bedeutungslos und angesichts des strahlenden Violetts gar nicht zu bemerken.)

▸ **Arena**, *56 × 56 cm*

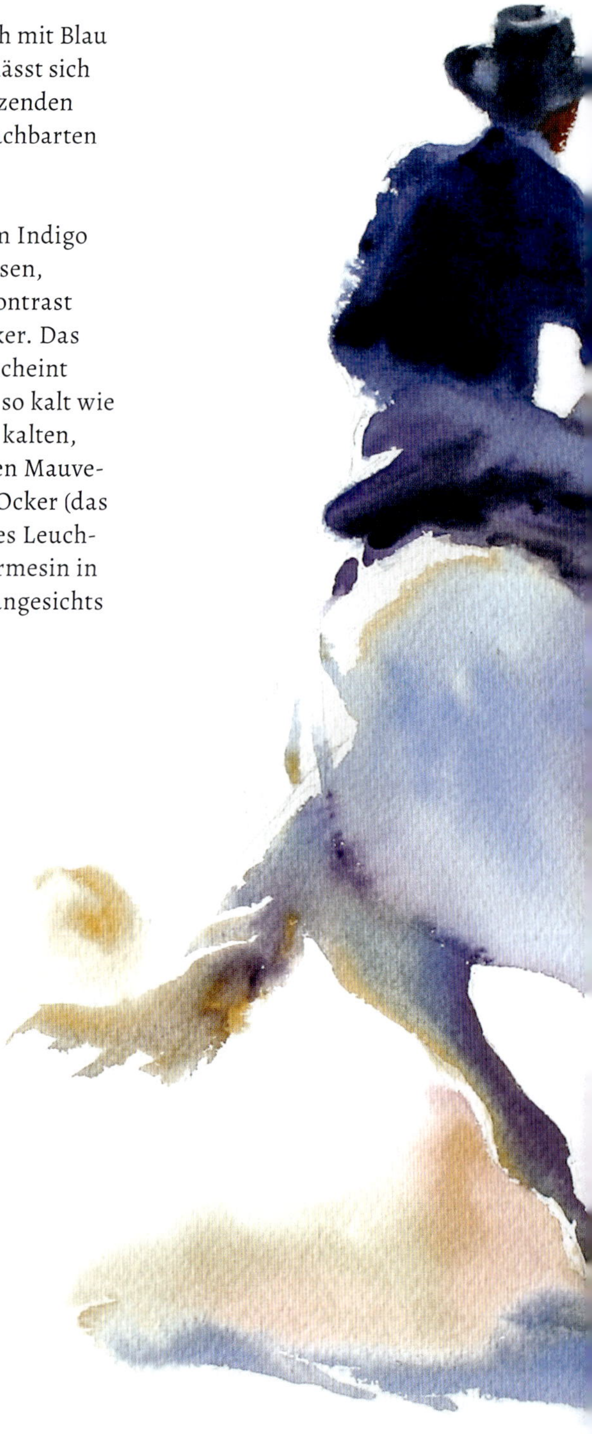

Lasurorange

Orange kommt in der Natur bei den Tieren und in der Landschaft vor: Die Schnäbel und Beine vieler Vögel sind orangefarben, und die Erde ist häufig durch die Oxidation von Eisen orange oder rot getönt. Es gibt mehrere fertige Oranges, aber ich finde Lasurorange, ein modernes, aus Pyrrol hergestelltes Pigment, am nützlichsten, weil diese Farbe stark lasierend ist und daher gut zu dunkelbraunen, grauen und schwarzen Farbtönen beitragen kann.

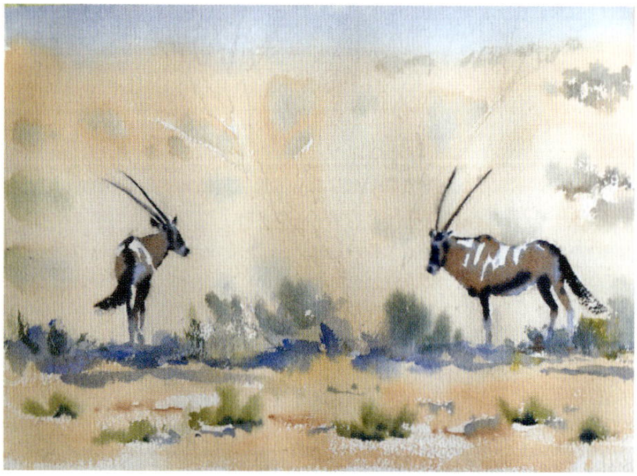

▶ **Schritt 1:** Da die Spießböcke vermutlich bald ihren Platz im Schatten verlassen würden, malte ich sie zuerst, wofür ich Siena gebrannt und Ultramarinblau verwendete. Gleich darauf bedauerte ich, nicht Lasurorange zusammen mit Ultramarinblau benutzt zu haben, denn Siena gebrannt war zu farbintensiv für die leicht orangefarbene Tönung des Sands der Kalahari. Also legte ich eine Lavierung aus Lasurorange über fast den ganzen Hintergrund und übermalte die Felle, um die Farbgebung überall aufeinander abzustimmen.

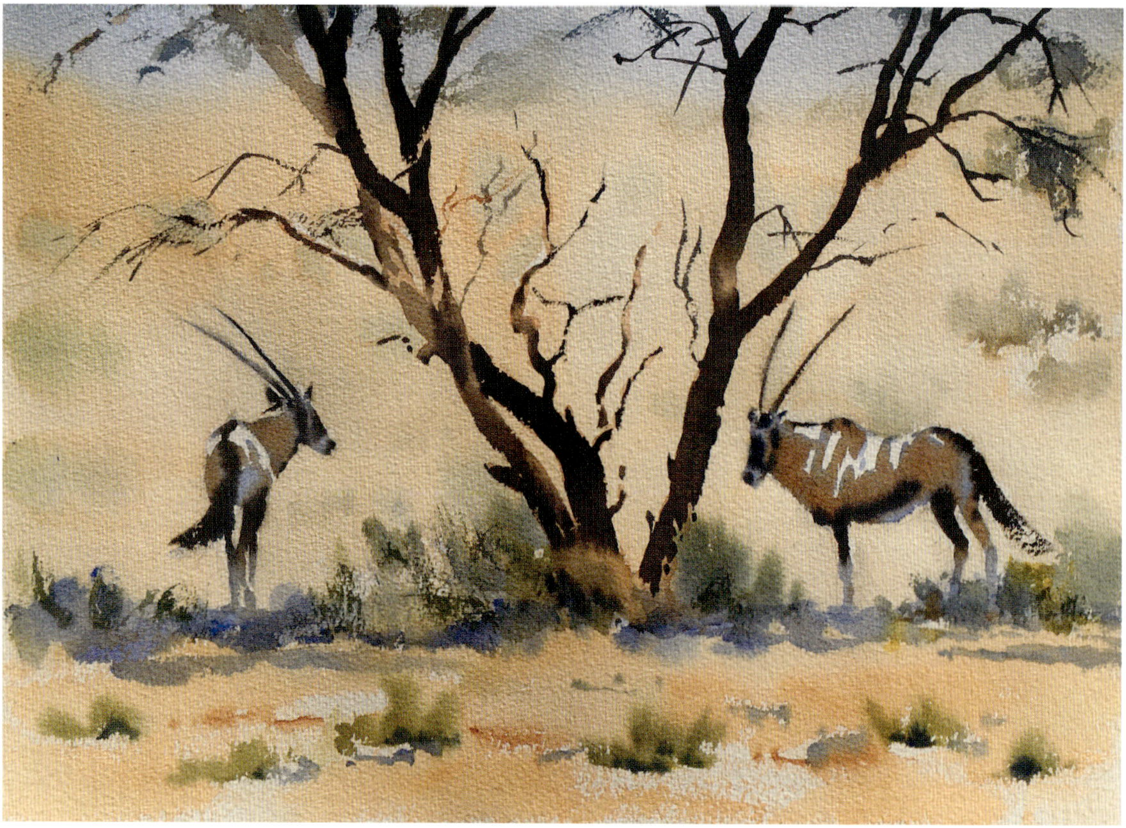

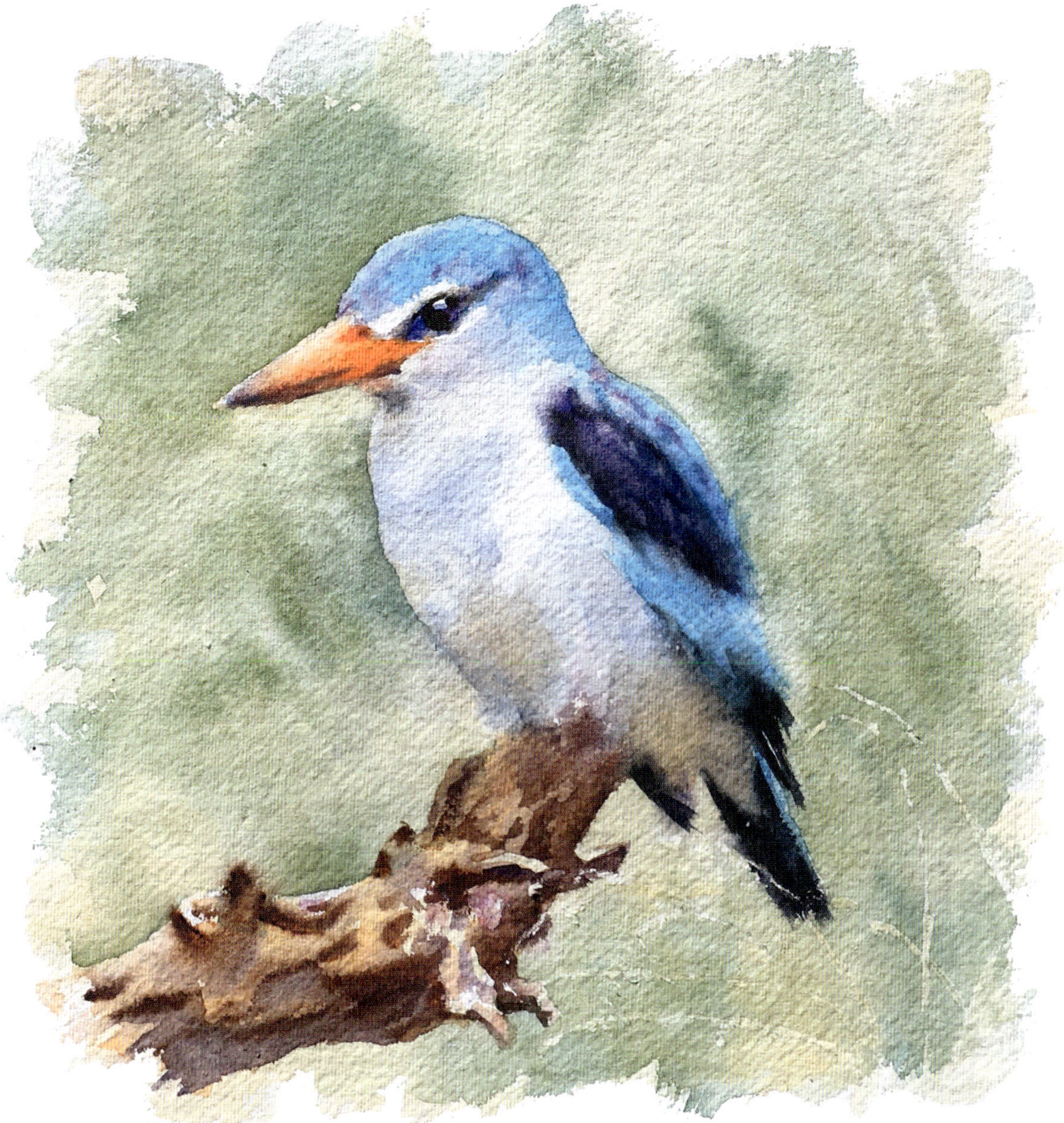

◀ Obdach in der Kalahari, *28 × 38 cm*

Schritt 2: Als ich nun den Baum hineinmalen wollte, wählte ich Umbra gebrannt, weil es wie Siena gebrannt eine Erdfarbe ist und sich mit dem Orange zu einem warmen Dunkelbraun mischen ließ. Durch den Einsatz dieser kühleren Erdfarbe, die weniger Rot enthält als Siena gebrannt, konnte ich die Wärme von Lasurorange herausstellen, die dunklen Farbtöne der Spießböcke mit dem Baum verbinden und mich auf nur zwei Farben (Umbra gebrannt und Lasurorange) zum Malen des dunklen Stamms und der Äste beschränken.

▲ Eisvogel, *30,5 × 30,5 cm*

Die intensive Färbung des Eisvogels und sein orangefarbener Schnabel verlangten spezifische Farben. Um diese auf die geringstmögliche Zahl zu begrenzen, wählte ich das Orange und die Farbtöne des Türkis zuerst aus. Lasurorange war ideal für den Schnabel und ließ sich nutzen, um die Rinde abzutönen und zu dem Schwarz für den Schwanz beizutragen. Kobaltcoelin eignete sich für das Türkis und konnte als halbdeckende Farbe den Ton aufhellen. Violett wurde für den Flügel mit dem Türkis und für die schwarzen Schwanzfedern mit dem Orange und dem Blau verbunden. Da Gelb für den grünen Hintergrund nötig war, nahm ich Indischgelb wegen seiner Wärme und Transparenz und vermischte es mit Kobaltcoelin.

▼ Im Schatten ruhend,
30,5 × 40,5 cm

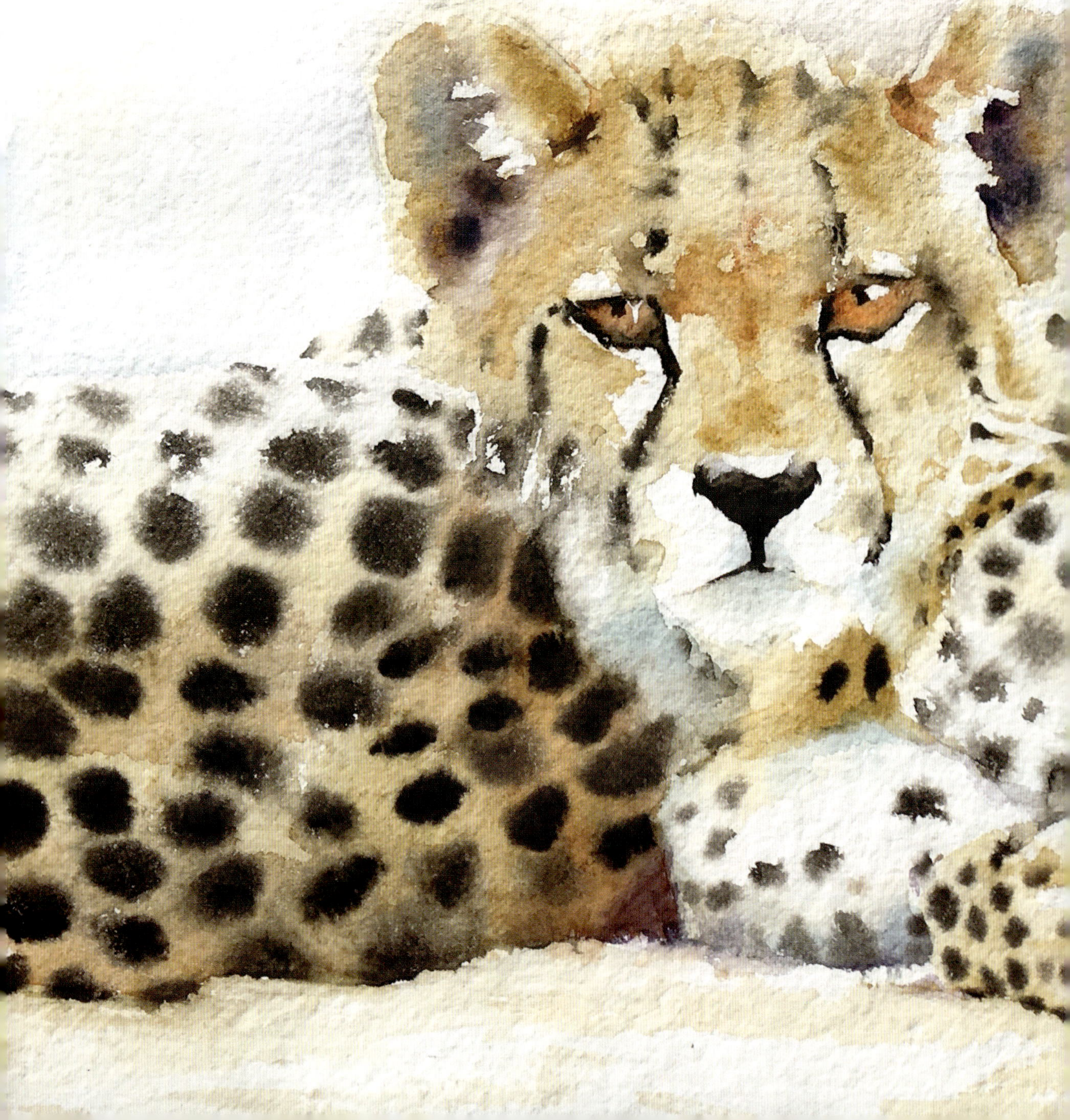

Fellmuster

Die Muster auf dem Fell eines Tieres sind ein auffälliger und integraler Bestandteil seiner Identität. Manchmal kann man sie nutzen, um die Gestalt zu formen – etwa bei Streifen –, in anderen Fällen wird zunächst die grundlegende Form gemalt und erst im Anschluss werden die Muster aufgetragen. Ich male für gewöhnlich die Muster mit einer Mischung derselben Farben, die ich zum Malen der Gestalt benutzt habe, doch manchmal, wie im vorliegenden Fall, ist eine andere Farbe passender.

FARBAUSWAHL

Ultramarinblau, Lichter Ocker und Siena gebrannt wurden benutzt, um die Gestalt dieses jungen Gepards zu malen, ehe das Fellmuster und die Gesichtsmerkmale hinzugefügt wurden. Für diese entschied ich mich zur Verwendung von Sepiabraun aufgrund seiner Trägheit beim Einsatz nass-in-nass. Eine nützliche Eigenschaft deckender Farben ist, dass sich ihre großen, dichten Partikel langsamer ausbreiten als die feinen, leichten Partikel lasierender Pigmente. Da ich wollte, dass die Flecken weiche Kanten haben, sie aber ihre Form behalten sollten, wenn sie auf die feuchte Lavierung des Körpers aufgemalt wurden, brauchte ich ein sich langsam ausbreitendes Pigment. Das deckende Sepiabraun war für diesen Zweck gut geeignet. Um die Gesamtharmonie sicherzustellen, nutzte ich es auch im Gesicht und in der Andeutung der Klauen.

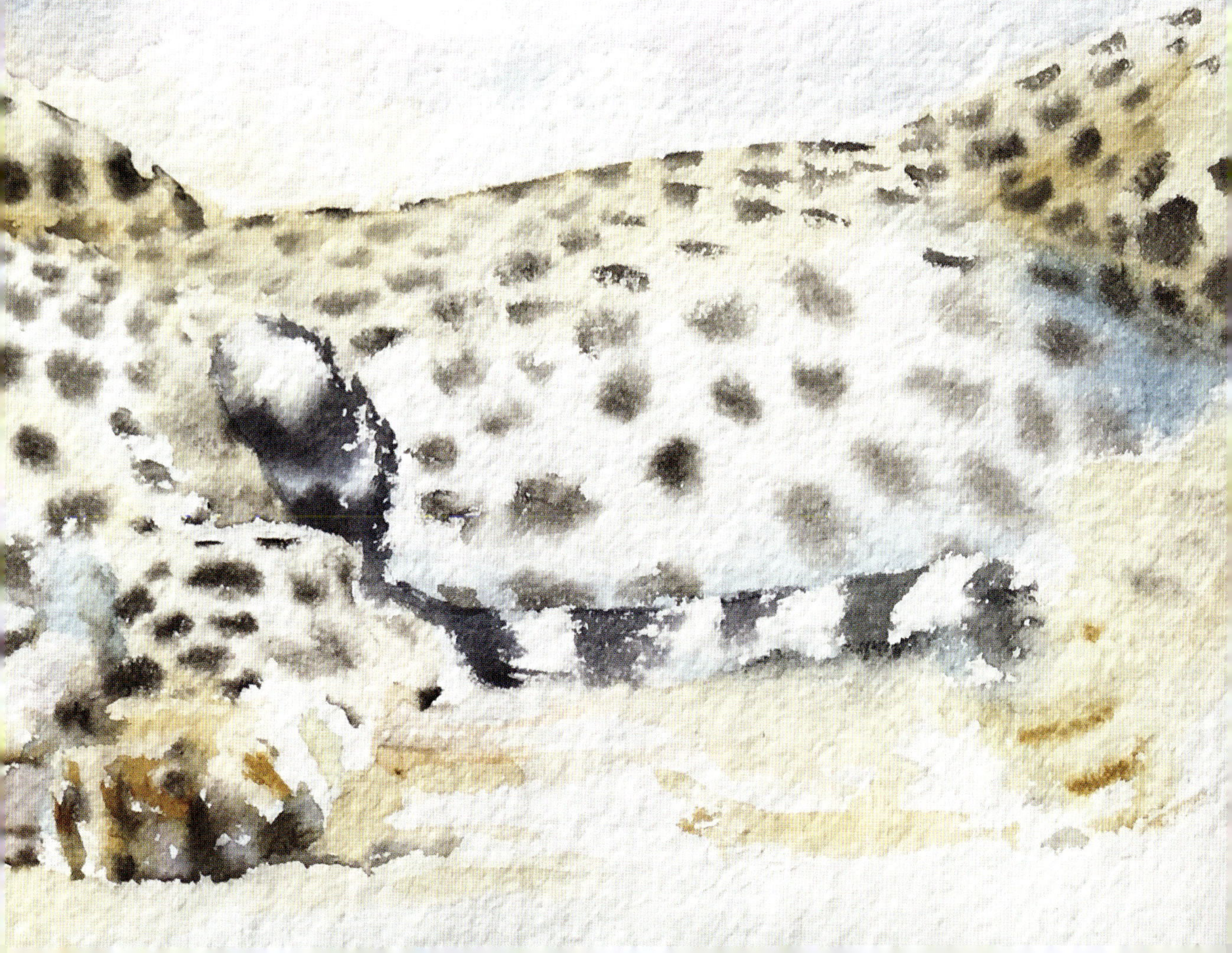

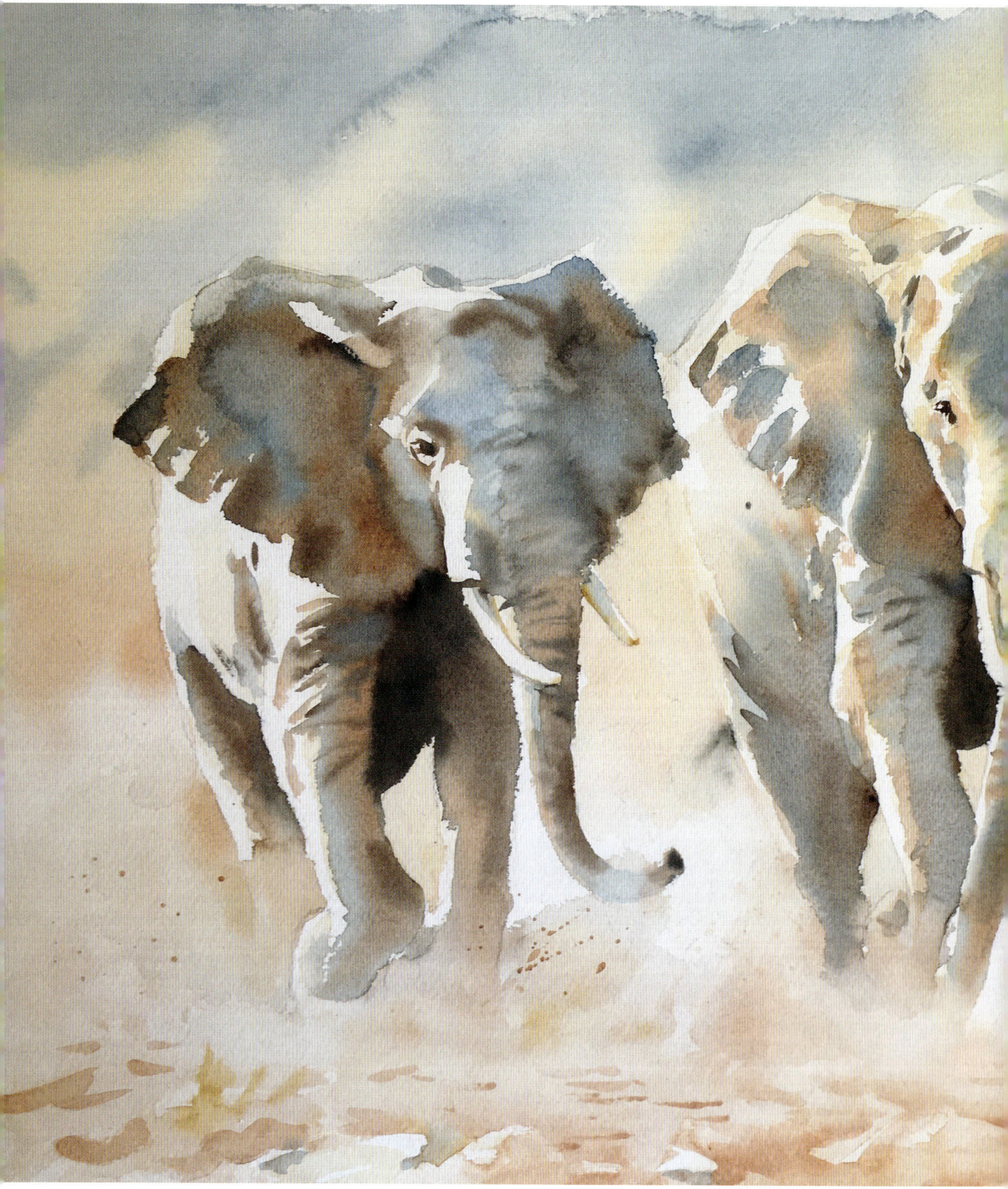

Schlusswort

Mit der Lektüre dieses Buchs haben Sie ein tieferes Verständnis der Farbkombinationen erworben und wissen, warum und wie jede Farbe ausgewählt wird. Mit diesem Rüstzeug können Sie Ihre eigenen überzeugenden reduzierten Farbpaletten zusammenstellen. Es gibt Tausende möglicher Kombinationen; und wir haben das Privileg, aus viel mehr Farben wählen zu können als unsere Vorgänger:innen.

Das Wunderbare an der Aquarellmalerei ist ihre Frische und Spontaneität. Sie ist ein Medium, das von Beschränkungen profitiert: Die Begrenzung der Pinselstriche, der Farbschichten und der Farben im jeweiligen Gemälde gehört zu ihren Stärken; die Kunst der reduzierten Palette ist ein Aspekt jenes »Weniger ist mehr«, der sich leicht in die Praxis übernehmen lässt.

Ich kann Ihnen nicht versprechen, dass die Verwendung von weniger Farben und eine vertiefte Kenntnis über sie zu besseren Bildern führen wird, aber es wird Sie zu einem besseren Maler oder einer besseren Malerin machen. Die Zahl der möglichen Mischungen ist grenzenlos, die Herausforderung – sowohl intellektuell als auch ästhetisch – stimulierend, und die Freude und Magie stellen sich häufiger ein, wenn man über ein Mittel verfügt, Probleme, die Bilder beeinträchtigen, zu eliminieren. Lernen ist effektiver, wenn es Spaß macht: Meine Hoffnung ist, dass Sie sich so sehr für die Farben, ihre Töne, Schattierungen, Temperaturtendenzen, ihre Transparenz und ihre anlösbaren Eigenschaften begeistern, dass Sie ebenso viel Freude an Ihrer Palette und dem Malen auf Papier finden wie ich – und Sie dabei jedes Gemälde als eine Entdeckungsreise und als spannendes Experiment verstehen.

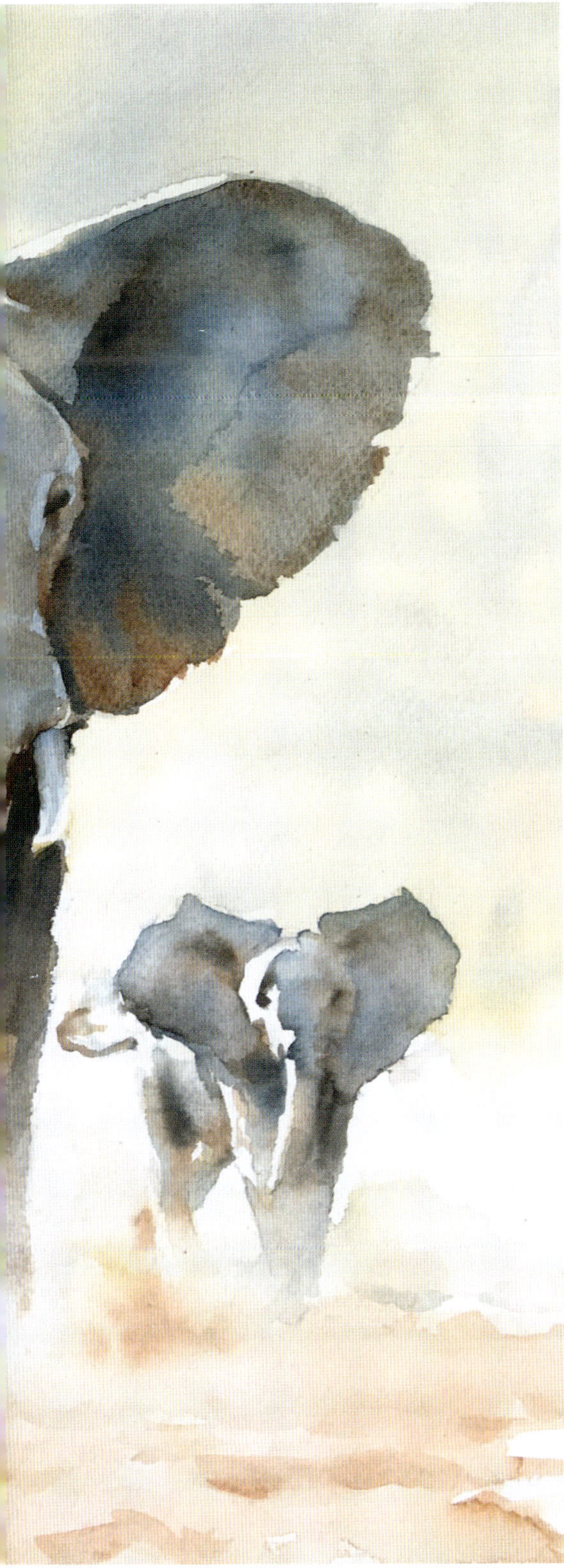

◀ **Beschützer,** *56 × 76 cm*

Siena gebrannt, Lichter Ocker und Preußischblau bilden die Rot-Gelb-Blau-Farbkombination in diesem Gemälde. Dies ist ein Drei-Farben-Set, das ich häufig verwende und das mich immer aufs Neue begeistert. Ich habe das Gefühl, dass es allein beim Mischen dieser drei Farben immer noch sehr viel zu entdecken gibt und dass ich den ganzen Reichtum ihrer Möglichkeiten bis zum Ende meines Lebens nicht werde ausschöpfen können.

Register

Verweise auf Gemälde sind **fett** gedruckt.

Danksagung

Dies ist das Buch, das ich irgendwann einmal schreiben musste! »Weniger ist mehr«, lautet mein Motto in der Aquarellmalerei, und die reduzierte Palette ist mein Modus Operandi. Ich bin daher Tina Persaud vom Verlag Batsford sehr dankbar für die Anregung, dieses Buch zu schreiben, und ebenso dankbar bin ich meiner geduldigen und ermutigenden Lektorin Kristy Richardson, die es für den Druck vorbereitet hat.

Mein Dank gilt den Gestalterinnen Gilda Pacitti und Sally Bond, die dafür sorgten, dass das Buch noch besser aussieht, als ich zu hoffen gewagt hätte: Natürlich wollte ich meine Gemälde so groß wie möglich reproduziert sehen, und sie haben dabei keine Mühen gescheut! Ich werde Cathy Gosling immer dankbar sein, weil sie als Erste Vertrauen in mein Schreibprojekt setzte und seither eine gute Freundin geblieben ist. Dieses Buch wurde während der Corona-Pandemie geschrieben, und ich danke Angela Bayes für ihre unerschütterliche Unterstützung während dieser schwierigen Zeit sowie Marta di Gioia, die mich über Social Media mit meinen Leser:innen in Kontakt hielt.

Aquarellmaler:innen profitieren von ausgezeichneten Materialien, und mein Dank geht daher an Schmincke, die meine charakteristische Horadam-Aquarellfarbenpalette und die meisten der anderen wunderbaren Farben produzieren, mit denen ich meine Bilder male. Insbesondere danke ich Markus Baumgart und Marcel Kohns für ihre großzügige Unterstützung und das gemeinsame Interesse an der Chemie der Farben. Die meisten meiner Aquarelle sind auf 100 %-Baumwollpapier von Saunders Waterford gemalt; meine Zobelpinsel stammen von The SAA.

Ein Buch bedeutet nichts ohne seine Leser:innen, und es ist ein Segen, dass diese sich freundlicherweise (zwischen dem Malen ihrer eigenen Bilder!) die Zeit nehmen, um mir mitzuteilen, wie sehr sie meine Kunst und meine Lektionen schätzen. Ihnen allen danke ich für Ihre Unterstützung, denn Sie machen das Schreiben von Büchern zu einem großen und wahrlich lohnenden Vergnügen.

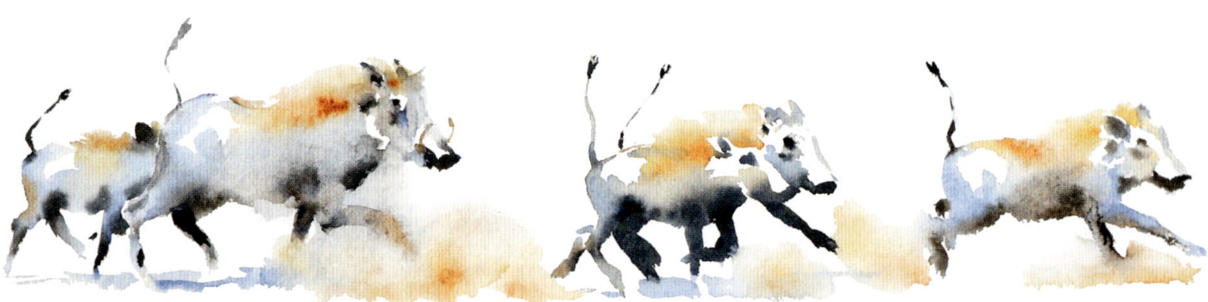